车辆和驾驶人管理概论

Cheliang He Jiashiren GuanliGailun

李江平　李晓东　著

CPPSUP 中国人民公安大学出版社

图书在版编目（CIP）数据

车辆和驾驶人管理概论 / 李江平，李晓东著. -- 北京 ：中国人民公安大学出版社，2012.2 （2012.7重印）

ISBN 978-7-5653-0768-3

Ⅰ. ①车… Ⅱ. ①李… ②李… Ⅲ. ①机动车－交通运输管理－概论②机动车－驾驶员－交通运输管理－概论 Ⅳ. ①F540.8②U471.3

中国版本图书馆CIP数据核字（2012）第017818号

车辆和驾驶人管理概论

李江平　李晓东　著

出版发行：中国人民公安大学出版社
地　　址：北京市西城区木樨地南里
邮政编码：100038
经　　销：新华书店
印　　刷：北京中科印刷有限公司

版　　次：2012年2月第1版
印　　次：2012年7月第2次
印　　张：27
开　　本：787毫米×1092毫米　1/16
字　　数：460千字

书　　号：ISBN 978-7-5653-0768-3
定　　价：60.00元

网　　址：www.cppsup.com.cn　　www.porclub.com.cn
电子邮箱：zbs@cppsup.com　　zbs@cppsu.edu.cn

营销中心电话：010-83903254
读者服务部电话（门市）：010-83903257
警官读者俱乐部电话（网购、邮购）：010-83903253
公安业务分社电话：010-83905641

本书咨询电话：（010）63485228　63453145

序

短短十余年间，中国实现了进入汽车社会的梦想，汽车发展速度如此惊人，以至于我们在享受着汽车社会的高速、舒适、便捷的同时，还来不及全面思索汽车文明应有的内涵。曾经去过西方发达国家的同志或许都有一个共同的感受，一个成熟的汽车社会，绝不仅仅标志着宽阔平坦的公路和穿梭不息的车流，更意味着一套完善的管理体系、一种先进的汽车文化、一个心理素质和行为素质与汽车社会相适应的交通参与群体，而后者，恰恰是我们当前长期萦绕不去的重要思考课题。

责任之道行于众，汽车文明建设的倡导和践行需要全社会的参与，更是公安交通管理部门的重要职责。道路交通管理体制改革二十五年以来，全国机动车和驾驶人数量持续高速增长，截至2011年，全国机动车保有量和驾驶人数量分别是1987年的21倍和19倍。面对数量如此庞大的机动车和驾驶人，怎样有效实施管理，更好地开展服务，既是对公安交通管理部门管理与服务水平的考验，更关系到保障道路交通安全、维护人民群众生命财产安全，关系到保障民生、改善民生、构建社会主义和谐社会，关系到经济社会科学发展、协调发展、可持续发展。

以史为鉴，可以知兴替。道路交通管理体制改革二十五年以来，全国公安交通管理部门始终坚持将车辆和驾驶人管理作为道路交通管理工作的重要基础，作为公安机关服务经济社会发展、服务群众的重要窗口，以创建人民满意车辆管理所为目标，经过长期探索和实践，车辆和驾驶人管理法律法规从无到有、从简单化到体系化、从基本形成到不断完善，管理理念从“注重管理”转变为“管理与服务并重”，职责定位从“单纯的办牌办证”转变为“以预防交通事故为中心”，经历了一个“实践、认识、再实践、再认识”的发展过程，车辆管理所正规化建设取得了长足进展，整体面貌发生了明显的改观。

立足当下，开启新篇章。随着经济社会的不断发展、人民群众需求的不断提高，站在新的历史起点上审视车辆和驾驶人管理工作，历史遗留问题和发展带来的挑战并存，使我们倍感责任和压力重大：相对集中、单一的管理模式与人民群众对公共服务多元化的需求不适应；相对传统、复杂的业务流程与现代社会快节奏的生活方式不适应；机动车检验、驾驶人考试工作遗留问题与把好预防交通事故第一道防线的总体要求不适应；交警队伍警力不足、素质不高与机动车、驾驶人数量迅猛增长的发展态势不适应。要从根本上扭转这些不适应，必须立足形势任务，倾听民意呼声，进一步解放思想，改革创新，充分运用社会、道德、法治、科技的力量加强管理，以创新求发展，以创新破难题，努力将车辆管理所建设成为亲民、严格、规范、廉洁的窗口。

公安部交通管理局组织专门人员，经过两年的调研，形成了《车辆和驾驶人管理概论》这本书。本书从车辆和驾驶人管理发展历程出发，全面总结取得的成绩，科学提炼工作经验，客观评述地位作用，系统介绍了车辆和驾驶人管理的理论与实践。风格特点突出专业性、学术性，引用资料详实，工作成效总结客观，基本概念界定准确，结合各历史时期经济社会发展的时代背景和历史事件，采用图文并茂的形式，语言丰富，文字流畅，可读性强。本书的出版，填补了车辆和驾驶人管理基础理论的空白，是广大交通民警熟悉业务知识、提高理论水平的基本读物，也是公安交通管理部门组织培训干部的基础教材，还是向社会宣传车辆和驾驶人管理知识、让社会了解车辆和驾驶人管理工作的重要工具。

乘风破浪会有时，直挂云帆济沧海。希望各级公安交通管理部门切实增强居安思危、奋发图强的紧迫感和责任感，增强勇于变革、勇于创新的自觉性和坚定性，进一步解放思想、与时俱进，以创新的精神、创业的态度、创优的追求，推动车辆和驾驶人管理工作在新的历史起点上取得新发展、迈出新步伐。

是为序！

杨　钧

二〇一二年一月

前言

新中国成立以来，车辆和驾驶人管理制度不断调整完善，管理手段不断创新发展，工作整体面貌发生了根本的变化。站在新的历史起点上，总结车辆和驾驶人管理走过的历程，梳理管理工作中的得与失，明确今后的发展方向就显得尤为重要。为此，我们决心编写《车辆和驾驶人管理概论》一书。

本书共分六章，分别概述了车辆和驾驶人管理的内涵、属性、主要内容、基本原则和社会功能，回顾了我国车辆和驾驶人管理的历史沿革与发展历程，阐述了目前的相关制度和管理政策，总结了近年来我国车辆和驾驶人管理的相关探索与实践活动，介绍了国外车辆和驾驶人管理的一些先进经验与启示，分析了我国车辆和驾驶人管理面临的形势与挑战以及存在的制约因素，提出了今后的指导思想、发展理念和发展方向，力求对车辆和驾驶人管理有一个比较系统全面的介绍与深入审慎的思考。希望本书能够对理解和把握车辆和驾驶人管理的内涵有所帮助，更希望能够抛砖引玉，引起各级公安交通管理部门领导、广大车驾管民警以及相关部门和专家学者对车辆和驾驶人管理工作的积极思考，从而推动车辆和驾驶人管理的理论研究与创新实践。

本书在编写过程中，查阅了大量珍贵的历史文献资料，深入基层开展了广泛调研，多次召开会议进行专题研究，并邀请从事车辆和驾驶人管理工作多年的老同志进行了座谈，数易其稿。公安部交通管理科学研究所研究员秦煜麟同志、江苏省公安厅交警总队原总队长洪维志同志等对书稿提出了许多宝贵的意见和建议，公安部交通管理局刘雪梅、王健、王国强、公安部交通管理科学研究所包勇强、许锡忠、应朝阳、广西交警总队廖巍、山东交警总队张贤艳、上海交警总队李莉、青岛交警支队陈磊、武汉交警支队承维宪、广州交警支队刘敏辉等同志做了大量的资料收集整理和文字校对工作，在此一并表示感谢。由于道路交通管理体制改革前的相关资料收集较为不易，车辆和驾驶人管理的内容又相当庞杂，本书的研究成果只能算是管窥之见，有待不断丰富与完善，书中不妥之处在所难免，敬请读者批评、指正。

作者于北京

二〇一二年一月

CONTENTS **目 录**

第一章 车辆和驾驶人管理概述

第一节 车辆和驾驶人管理的内涵 1

一、车辆和驾驶人管理的渊源

二、车辆和驾驶人管理的概念

三、车辆和驾驶人管理的要素

第二节 车辆和驾驶人管理的属性 9

一、社会性

二、服务性

三、技术性

第三节 车辆和驾驶人管理的主要内容 14

一、车辆管理的内容

二、驾驶人管理的内容

三、监督管理的内容

四、其他管理内容

第四节 车辆和驾驶人管理的基本原则 17

一、依法管理

二、以人为本

三、创新发展

第五节 车辆和驾驶人管理的社会功能 25

一、道路交通管理的重要基础

二、公安机关执法的重要关口

三、服务经济社会的重要手段

四、服务人民群众的重要窗口

第二章　车辆和驾驶人管理发展历程

第一节　车辆和驾驶人管理历史演变　28

一、多部门共同管理阶段（1949年–1985年）

二、统一管理起步阶段（1986年–1995年）

三、规范化管理阶段（1996年–2003年）

四、法治化管理阶段（2004年至今）

第二节　车辆管理的历史沿革　60

一、机动车管理分类

二、机动车登记

三、机动车牌证

四、机动车检验

五、机动车报废

六、特殊车辆管理

七、机动车保有量

八、非机动车管理

第三节　机动车驾驶人管理发展历程　117

一、驾驶证分类

二、驾驶证式样

三、驾驶人考试

四、驾驶证审验

五、驾驶人培训

六、驾驶人记分管理

七、驾驶人数量

第三章　车辆和驾驶人管理制度

第一节　机动车管理　148

一、机动车登记制度

二、机动车检验制度

三、机动车强制报废制度

四、机动车牌证管理制度

第二节　驾驶人管理　181

一、驾驶证申领制度

二、驾驶人考试制度

三、驾驶证审验制度

四、驾驶人交通安全违法累积记分制度

第三节　临时入境机动车和驾驶人管理　207

一、概　述

二、临时入境机动车管理制度

三、临时机动车驾驶许可制度

四、国际道路运输协定

第四节　非机动车登记制度　216

一、非机动车登记制度的内涵

二、非机动车的种类

三、非机动车登记管理

第五节　管理机构及职责　221

一、行政主体及其办事机构

二、行政管辖权限

三、行政监督

四、行政责任

第四章　车辆和驾驶人管理探索与实践

第一节　服务型车辆管理所建设　232
一、服务型车辆管理所的提出
二、服务型车辆管理所的内涵
三、服务型车辆管理所的举措
四、服务型车辆管理所的成效
第二节　第一道防线建设　246
一、第一道防线的确立
二、第一道防线的建设
三、第一道防线的内容
第三节　信息化建设　270
一、机动车登记和驾驶证管理信息系统
二、机动车和驾驶证业务统计监管系统
三、机动车驾驶人考试智能评判和监管系统
四、机动车安全技术检验机构联网与监管系统
五、公安交通管理综合应用平台建设应用
第四节　正规化建设　286
一、组织管理实现标准化
二、重点岗位实现专业化
三、执法监督实现制度化
四、教育培训实现常态化
五、车管正规化建设取得明显成效

第五章　国外车辆和驾驶人管理经验与启示

第一节　国外车辆管理　303
一、车辆管理模式

二、机动车登记程序和要求
三、机动车检验制度
四、机动车报废制度
五、机动车牌证制度
六、重点机动车管理
第二节　国外驾驶人管理　324
一、申领驾驶证条件
二、驾驶人培训
三、驾驶人考试
四、驾驶证管理
五、驾驶人管理
第三节　国外车辆和驾驶人管理的经验与启示　349
一、国外车辆和驾驶人管理经验
二、对我国机动车和驾驶人管理的启示

第六章　车辆和驾驶人管理发展环境和发展方向

第一节　车辆和驾驶人管理面临的形势和挑战　360
一、经济社会发生深刻变化
二、和谐社会建设成为执政目标
三、民主法治建设全面推进
四、科学发展观成为时代特征
五、交通安全形势仍然严峻
第二节　当前车辆和驾驶人管理存在的制约因素　368
一、车辆和驾驶人管理自身发展的制约
二、车辆和驾驶人管理外部环境的制约
第三节　车辆和驾驶人管理的发展理念　377
一、车辆和驾驶人管理的指导思想

二、车辆和驾驶人管理的发展理念
第四节　车辆和驾驶人管理的发展方向　383
一、转变管理和服务理念
二、构建“规范化服务型”车辆和驾驶人管理体系

车辆和驾驶人管理工作大事记　391

附　录　411

结　语　414

参考文献　416

第一章
车辆和驾驶人管理概述

第一节 车辆和驾驶人管理的内涵

一、车辆和驾驶人管理的渊源

车辆伴同人类活动而产生，又促进社会的进步和发展，是历史文明的象征、科学进步的标志。中国是最早使用车辆的国家之一，早在四千多年前的黄帝时期就已经出现了车辆，到了春秋战国时期车辆已十分普遍，广泛应用于运输和战争，大街上已有了“车毂击，人肩摩”①的繁荣景象。在随后的几千年里，车辆几经革新，先后经历了单辕双轮车、双辕车、独轮车等阶段，但其动力始终局限在人力和畜力。对车辆和驾驶人的管理，也是自古有之，夏禹时代就设有“车正”一职专管车马，秦统一中国后，修筑驰道，实行车同轨。睡虎地秦简《除吏律》②记载：“驾驺除四岁，不能驾御，赀教者一盾；免，赏（偿）四岁繇（徭）戍。”③以后的各个朝代，均设有专门机构和官职，制定

①参见（西汉）刘向：《战国策·齐策一》：“监淄之途，车毂击，人肩摩，连衽成帷，举袂成幕，挥汗成雨。”

②睡虎地秦简，又称云梦秦简，是指1975年12月在湖北省云梦县睡虎地秦墓中出土的大量竹简，分类整理为十部分内容，包括《秦律十八种》、《秦律杂抄》等，其中《除吏律》为其比较典型的军事律文。

③说明秦代御者（驾车人）要经过长达四年的训练，过了四年如果仍不能驾车，要罚教习之人一盾，御者本人免职，且要补服四年的徭役。正是因为对御者的严格训练，才保证了古代战车的战斗力。

相应的法规和准则，对道路交通（包括车辆和驾驶人）进行管理。但是，由于与车辆发展相匹配，我国古代的车辆和驾驶人管理也只是限于非机动车。

图1–1　世界上第一辆汽车

图1–2　世界上第一辆四轮汽车

1885年，德国工程师卡尔·本茨（Karl Benz）设计制造了一辆装汽油机的三轮汽车（图1–1），这是世界上最早的汽车。1886年，另一名德国工程师戈特里布·戴姆勒（Gottlib Daimler）成为世界上第一辆四轮汽车（图1–2）的创始者，被人们称做世界汽车之父，1886年因此被称为汽车的诞生年。[1]

1901年，匈牙利人李恩时（Leinz）将两辆美国制造的奥兹莫比尔（Oldsmobile）牌汽车（图1–3）自香港运到了上海，开中国汽车风气之先，成为我国最早出现的汽车。[2] 1902年1月，上海公共租界工部局决定向李恩时

图1–3　我国第一辆汽车——美国的奥兹莫比尔牌汽车

---

①参见陈家瑞主编：《汽车构造》（第五版），人民交通出版社 2006年版，第2～3页。

②还有一种说法是，1902年，直隶总督袁世凯用1万两白银购进了一辆第二代奔驰牌小轿车作为慈禧六十大寿的贡礼敬献给慈禧太后，这是我国最早出现的汽车。现该车陈列于颐和园。

的汽车颁发临时牌照，准许上街行驶，每月缴税金2银元，并在1902年增设汽车执照专项，起草制定了车主遵守的规则。这是我国第一次对机动车和驾驶人进行的规范管理。1920年前后，一些汽车较多的城市率先制定了地方性的车辆管理法规，随之也产生了管理车辆的机关。由于各地的情况不同，当时汽车主要行驶在城市内，各地车辆主管机关也不一致，上海、北平驾驶人考试和车辆检验工作由公用局主管，青岛由公安局主管，全国没有统一的车辆管理机关。1931年5月31日，我国第一辆国产汽车——民生牌75型载货汽车（图1-4）在沈阳诞生，这是张学良主持生产的国产汽车，民生则取意自三民主义中的“民生”，是我国汽车工业发展史的开端。

图1-4　我国第一辆国产汽车——民生牌75型载货汽车

此后，随着机动车数量的不断增加，车辆和驾驶人管理也不断丰富和完善，民国时期已经逐渐形成了一系列的管理制度。1939年，国民政府行政院核准公布了《汽车管理规则》和《汽车驾驶人管理规则》，统一了全国车辆管理法规；交通部设立了汽车监理机构，主管全国车辆管理的指导工作，统一制作汽车牌照。到1949年新中国成立时，全国约有5万辆汽车，大多是从国民党军队手中缴获的。新中国成立以后，随着我国汽车、摩托车工业的发展，国家从机动车生产、销售、登记、使用等方面对机动车进行规范管理，从驾驶许可、驾驶行为等方面对机动车驾驶人进行规范管理，并逐步通过法律、法规、规章、文件、标准等形式对管理措施进行确定，形成了一整套完整的车辆和驾驶人管理制度。

二、车辆和驾驶人管理的概念

（一）广义的车辆和驾驶人管理

从广义上讲，车辆和驾驶人管理是政府相关部门依据国家法律、法规、规章、制度及相关政策和技术标准，对车辆的生产、销售、使用、报废等环节以及驾驶人的驾驶许可、驾驶行为等实施管理、监督的行政行为。车辆和驾驶人管理的对象是车辆和驾驶人。在道路交通管理中，车辆，是指在道路上行驶的车辆，包括机动车和非机动车；驾驶人，是指驾驶机动车或非机动车上道路行驶的人员，包括机动车驾驶人和非机动车驾驶人。

广义的车辆和驾驶人管理是一个综合管理系统，不仅涵盖道路交通管理的全部内容，而且囊括了相关政府管理部门涉及车辆和驾驶人管理的全部内容，包括车辆的发展政策、生产管理、销售管理、登记管理、使用管理和报废管理，以及驾驶人的许可、培训、考试和日常管理等，涉及公安、发展改革、工业和信息化、交通运输、质量监督、环境保护、工商、商务、税务、海关、保险、农业（农业机械）、军队、武装警察部队等多个管理部门的工作。其中，公安部门负责指导、监督机动车登记、安全检验、驾驶人考试、驾驶证核发、审验，以及对机动车和驾驶人的日常管理和路面管理等工作；发展改革、工业和信息化部门负责制定车辆产业发展政策和管理生产行业；交通运输部门负责营运机动车及其驾驶人的管理，以及驾驶培训行业的监督管理；质量监督部门负责车辆产品质量的检验监管、缺陷机动车产品召回、机动车安检机构的资格许可和监督管理；环境保护部门负责机动车的污染防治管理；工商部门负责车辆销售、交易管理；商务部门负责制定汽车流通服务政策，指导汽车流通服务市场建设，指导报废汽车管理和老旧汽车更新工作；税务部门负责车辆购置税、车船使用税等税收工作；海关部门负责进口机动车和监管机动车管理，以及走私机动车的查处工作；保险监督管理部门负责机动车交通事故责任强制保险等保险行业的监督管理；农业（农业机械）主管部门负责上道路行使拖拉机的牌证核发及其驾驶人培训、考试和核发驾驶证工作；军队、武装警察部队的有关部门负责部队在编机动车牌证核发、检验及驾驶人考核工作。[①]

（二）狭义的车辆和驾驶人管理

从狭义上讲，车辆和驾驶人管理是公安交通管理部门依据国家法律、法规、规章和相关技术标准，对车辆进行登记、核发牌证，对驾驶人进行考试、审验、核发驾驶证、教育管理，以及对机动车检验、驾驶培训等活动进行监督管理的行政行为。本书所称的车辆和驾驶人管理是指狭义的概念。

与广义的车辆和驾驶人管理概念相比，狭义的车辆和驾驶人管理最主要的特点是管理的主体和范围不同，其管理的主体限于公安交通管理部门，管理的范围限于机动车登记、检验和驾驶人考试、发证、审验等工作。

三、车辆和驾驶人管理的要素

要素是构成事物的必要因素，即事物必须具有的实质或本质、组成部分。从不同侧面看管理过程，车辆和驾驶人管理可以分为管理主体、管理对象、管理载体、管理法律性质、管理依据、管理目的六大构成要素。

（一）车辆和驾驶人管理的主体

车辆和驾驶人管理的主体是公安交通管理部门。《中华人民共和国道路交通安全法》（以下简称《道路交通安全法》）第8条规定，“机动车经公安机关交通管理部门登记后，方可上道路行驶”。第19条第2款规定：“申请机动车驾驶证，应当符合国务院公安部门规定的驾驶许可条件；经考试合格后，由公安机关交通管理部门发给相应类别的机动车驾驶证。”因此，从法律规定来讲，车辆和驾驶人管理的主体是公安交通管理部门。车辆管理所作为公安交通管理部门的内部机构，具体负责各项车辆和驾驶人管理工作。车辆和驾驶人管理的具体行为是以公安交通管理部门的名义作出的，由公安交通管理部门承担相应的法律后果和法律责任。2004年6月，公安部下发了《关于变更机动车驾驶证、行驶证、登记证书证件印章

[①]参见第十一届全国人民代表大会第一次会议批准的国务院机构改革方案和《国务院关于机构设置的通知》（国发〔2008〕11号）、《道路交通安全法》及其实施条例。

名称的通知》（公交管〔2004〕113号），规定机动车驾驶证、行驶证、登记证书上加盖的印章的名称统一为“××省（自治区、直辖市）公安厅（局）交通警察总队（交通管理局）”和“××省（自治区、直辖市）××市（地、州、盟）公安局交通警察支队（交通管理局）”。

需要说明的是，根据《道路交通安全法》的规定，有两类机动车和驾驶人的管理主体不是公安交通管理部门：一是中国人民解放军和中国人民武装警察部队在编机动车牌证、在编机动车检验以及机动车驾驶人考核工作，由中国人民解放军、中国人民武装警察部队有关部门负责。二是对上道路行驶的拖拉机的登记、检验和驾驶证申领、核发等，由农业（农业机械）主管部门行使公安交通管理部门的管理职权。

（二）车辆和驾驶人管理的对象

车辆和驾驶人管理的对象是车辆和驾驶人。在道路交通管理中，车辆包括机动车和非机动车。机动车，是指由动力装置驱动或者牵引，上道路行驶的供人员乘用或者用于运送物品，以及进行工程专项作业的轮式车辆。[①]机动车包括汽车、电车、摩托车、挂车、上道路行驶的拖拉机、轮式专用机械车等。非机动车，是指以人力或者畜力驱动，上道路行驶的交通工具，以及虽有动力装置驱动但设计最高时速、空车质量、外形尺寸符合有关国家标准的残疾人机动轮椅车、电动自行车等交通工具。[②]常见的非机动车主要有自行车、电动自行车、人力车、畜力车、残疾人机动轮椅车等。驾驶人，包括机动车驾驶人和非机动车驾驶人。其中，机动车驾驶人，是指能够独立驾驶机动车上道路行驶，并经主管部门考试合格，依法取得机动车驾驶证的人员。机动车驾驶人分为汽车驾驶人、摩托车驾驶人、拖拉机驾驶人等，其中，每个种类又区分为不同的准驾车型，如汽车驾驶人包括大型客车驾驶人、牵引车驾驶人、城市公交车驾驶人、大型货车驾驶人、小型汽车驾驶人等。截至2011年年底，全国机动车保有量为224788638辆。其中，汽车105787698辆、摩托车102602397辆、挂车1723018辆、上道路行驶的拖拉机14651082辆、其他机动车24443辆；全国机动车驾驶人为235623439人，其中，汽车驾驶人173813961人。

[①]参见《道路交通安全法》第119条。

[②]参见《道路交通安全法》第119条。

（三）车辆和驾驶人管理的载体

车辆和驾驶人管理的载体是办理车辆和驾驶人牌证。机动车和驾驶人管理的主要内容包括机动车登记、检验和驾驶证申领、考试、审验两大类。其中，机动车登记包括注册登记、变更登记、转移登记、抵押登记和注销登记；机动车检验包括机动车定期安全技术检验和办理登记前的安全技术检验。驾驶人管理包括驾驶证核发、驾驶人考试、审验。这几项基本管理内容又衍生出补换领机动车牌证、撤销机动车登记、补换领机动车驾驶证、注销机动车驾驶证、受理驾驶人身体条件证明、延期办理换证等一系列具体业务。非机动车管理的主要内容是办理非机动车登记和核发非机动车牌证。以上这些管理内容主要是通过车辆和驾驶人牌证来实现，如核发、换发、收回、注销机动车号牌、行驶证、登记证书、检验合格标志、驾驶证等。

（四）车辆和驾驶人管理的法律性质

车辆和驾驶人管理的法律性质是行政行为。从法律意义上讲，车辆和驾驶人管理工作属于行政行为，即行政机关行使行政职权，作出的能够产生行政法律效果的行为。车辆和驾驶人管理涉及每一个相关的公民、法人或者其他组织的合法权益，因而是行政行为；具体到每一项车辆和驾驶人管理业务是具体行政行为，具有公定力、确定力、拘束力和执行力。其中，作为车辆和驾驶人管理核心内容的机动车登记和驾驶证核发，均属于行政许可。按照《中华人民共和国行政许可法》（以下简称《行政许可法》）的规定，行政许可，是指行政机关根据公民、法人或者其他组织的申请，经依法审查，准予其从事特定活动的行为。而《道路交通安全法》有关“机动车经公安机关交通管理部门登记后，方可上道路行驶”的规定，将机动车登记作为准予上道路行驶的许可条件；有关“驾驶机动车，应当依法取得机动车驾驶证”的规定，将核发机动车驾驶证作为准予驾驶机动车的许可条件。

从行政行为的性质来讲，机动车登记、驾驶证核发具有以下几个特点：（1）是一种具体行政行为，即是针对特定的公民、法人或者其他组织作出的，是具体行政行为而不是抽象行政行为，属于行政执法行为的范畴；（2）是一种依法申请的行政行为，即必须由行政相对人提出申请才能实施，相对人的申请是机动车登记、驾驶证核发的必经程序和条件，公安交通管理部门不能对尚未提出申请的对象主动办理登记或者发放驾驶证；（3）是一种要式行政行为，即应遵循一定的法定程序，应以正规的文书、格式、日期、牌证、印章等形式作出许可，颁发机动车牌证、驾驶证等许可证件；（4）是一种须经依法审查的行政行为，即公安交通管理部门应当根据事前公布的标准和条件对申请人的申请进行审查、考试或考核，作出是否准予登记、准予发证的决定，审查应当公开、公平和公正，依照法定的权限、条件和程序，以保证其合法性；（5）是一种授益行政行为，即是赋予行政相对人某种权利或资格，准予其从事某种特定活动的行为，这是车辆和驾驶人管理区别于其他交通管理工作的重要特点，如交通违法处理、交通事故处理等均属于负担行政行为，是科以相对人义务，剥夺或限制相对人权利的行政行为。

（五）车辆和驾驶人管理的依据

车辆和驾驶人管理的依据是法律、法规、规章、规范性文件和相关技术标准。车辆和驾驶人管理属于行政行为，因此要遵循依法行政的基本原则，按照国家的法律、法规等规定行使管理职权。常用的法律主要有《道路交通安全法》、《行政许可法》等；常用的行政法规主要是《中华人民共和国道路交通安全法实施条例》（以下简称《道路交通安全法实施条例》）；常用的公安部部门规章有《机动车登记规定》、《机动车驾驶证申领和使用规定》、《警车管理规定》、《临时入境机动车和驾驶人管理规定》，规范性文件有《机动车登记工作规范》、《机动车驾驶证业务工作规范》等，此外，还包括一些省、自治区、直辖市和较大的市人民代表大会及其常务委员会制定的地方性法规；技术标准包括《机动车运行安全技术条件》（GB 7258-2004）、《道路车辆外廓尺寸、轴荷及质量限值》（GB 1589-2004）等国家标准，以及《机动车查验工作规程》（GA 801-2008）、《机动车号牌》（GA 36-2007）、《机动车驾驶人场地驾驶技能考试系统》（GA/T 554-2008）等行业标准。

（六）车辆和驾驶人管理的目的

车辆和驾驶人管理的目的是保障道路交通安全、有序、畅通。车辆和驾驶人是道路交通的构成主体，车辆和驾驶人管理是道路交通管理的重要组成部分，其主要目的是建立和完善车辆和驾驶人管理体系，预防和减少交通事故，维护道路交通秩序，提高通行效率。重点通过驾驶许可确认（认证、审验、考试等）、机动车登记（核发号牌、机动车检验合格标志、行驶证等）

与常态监督管理等手段，采取强化驾驶人教育培训、规范驾驶人考试、科学制定机动车标准、严格机动车查验等措施，实现提高驾驶人安全驾驶技能、文明驾驶素质，确保上路机动车安全技术性能的社会管理效果，促进道路交通三要素（人、车、路）的和谐发展。

第二节　车辆和驾驶人管理的属性

车辆和驾驶人管理具有社会性、服务性和技术性三个基本属性。

一、社会性

车辆和驾驶人管理是公安交通管理的重要组成部分，是道路交通管理工作的前提和基础。从世界各国道路交通管理的普遍经验来看，都是首先建立了车辆和驾驶人管理制度，在此基础上形成道路交通管理制度。机动车只有办理了登记，领取了号牌、行驶证、登记证书、检验合格标志等法定证件，驾驶人只有依法通过考试，取得了驾驶证，道路交通管理才能有管理的依据和载体。

在由人、车、路、交通环境构成的道路交通系统基本要素中，人和车是参与道路交通的主体，是最主要的因素。从保障道路交通安全、有序、畅通的角度，驾驶人应当具有良好的职业道德、安全意识、身体素质、心理素质和熟练的驾驶技术，机动车应当具有良好的动力性、通过性、稳定性和安全性。车辆和驾驶人管理的核心和重点是机动车上路的行驶准入和驾驶人驾车的资格准入，车辆登记检验把关是否到位、驾驶人考试发证是否严格，关系到预防道路交通事故的成效，关系到人民群众的生命财产安全，这是车辆和驾驶人管理社会性的内在要求。

车辆和驾驶人管理直接管理着部分生产力要素，与经济社会的发展关系密切。车辆是否具备安全的上路运行条件、驾驶人是否具备合格的驾驶意识和技能，关系到能否为社会创造安全、有序的发展环境；车辆和驾驶人管理制度是否科学、高效，满足市场经济的发展需要和社会群众的消费需要，关系到国家汽车工业、摩托车工业等重要国民经济产业的发展；车辆和驾驶人管理制度是否严格、统一，督促机动车生产、使用走上规范管理的良性发展轨道，关系到汽车产业和交通运输市场的健康发展；车辆登记检验环节能否堵住走私车、盗抢车上牌的漏洞，关系到国家对外政策和关税政策的实施，关系到公安机关打击犯罪、保护人民、服务社会的重大历史使命；驾驶人考试制度是否严格、对驾驶人培训教育的监管是否有效，关系到文明交通、安全交通风尚的养成，关系到整个社会主义精神文明建设的成果。

车辆和驾驶人管理的社会性体现在它的政策性强，与国民经济发展结合紧密，与国家的大政方针联系紧密。2009年，为应对全球性的经济危机，国务院陆续出台了十大重要产业调整振兴规划，其中，汽车产业调整振兴规划推出了汽车摩托车下乡、汽车以旧换新、减免车辆购置税等一系列政策，这是实现惠农、强农目标的需要，也是拉动消费、带动生产的重要措施。车辆和驾驶人管理就要对国家的政策变化快速作出反应，主动调整，积极应对，以适应一个时期内车辆和驾驶人数量快速增长的新形势，适应群众对车驾管服务提出更高要求的新需求。车辆和驾驶人管理要主动适应社会的发展要求，坚持科学发展，更加注重全面协调可持续发展，更加注重统筹兼顾，更加注重保障和改善民生，促进社会公平正义的实现。

二、服务性

从行政学意义上讲，车辆和驾驶人管理属于公共服务。[①] 当前，随着经济社会的发展，以“公共权力”为核心的传统行政已不适应当下社会发展需要，以“公共服务”为核心的现代行政已成为一种时代趋势。建设服务型政府成为新的历史条件下社会和群众提出的一项重要任务，政府不仅要履行好促进经济健康发展的职能，为构建和谐社会创造物质基础，而且要履行好社会管理职能，为群众提供更多、更好的公共服务，切实维护社会公正、社会秩序和社会稳定。[②]公共服务是一种基本服务、大众化服务、非营利服务，具

[①]公共服务（Public Service）是21世纪公共行政和政府改革的核心理念，包括加强城乡公共设施建设，发展教育、科技、文化、卫生、体育等公共事业，为社会公众参与社会经济、政治、文化活动等提供保障。公共服务以合作为基础，强调政府的服务性，强调公民的权利。

[②]参见中共中央宣传部理论局：《2007理论热点面对面》，学习出版社、人民出版社2007年版，第50~51页。

有均等化、透明化、法制化等特征。

在现代社会，汽车已经进入寻常百姓家，驾车出行已成为人们的一种重要出行方式，车辆和驾驶人管理工作与普通群众的生活联系越来越紧密。车辆和驾驶人管理成为公安机关社会管理和公共服务的重要组成部分，车辆管理所成为服务经济社会发展、服务人民群众的最直接的前沿窗口。服务性成为当前车辆和驾驶人管理的一个重要的基本属性。

车辆和驾驶人管理的服务性首先体现在它的法治性。从法律意义上讲，车辆和驾驶人管理属于行政行为，要从行政执法的高度来认识车辆和驾驶人管理的重要性。车辆和驾驶人管理不仅仅是简单的办牌、办证，办牌、办证只是一个外在的表现形式，从实质意义上来讲，驾驶人考试、发证，机动车查验、登记，都是执法行为，都是在履行法律赋予的职责。因此，车辆和驾驶人管理必须要始终贯穿依法行政的基本原则。依法行政原则，又称行政合法性原则，是指行政机关的一切管理活动都必须符合法律规定，只有在法律明确授权的情况下，行政机关才能实施具体的执法行为。行政机关实施管理活动必须做到职权法定、职权职责统一和于法有据。[①] 车辆和驾驶人管理要做到严格依法行政，就应当实现管理意识的法治化、行使职权的法治化、办理程序的法治化、行政责任的法定化。要牢固树立规范执法的意识，按照公安部党委关于执法规范化建设的要求，进一步完善规章制度，以标准化促进规范化；加强执法管理，以科学化推动规范化；推进信息化建设，以信息化支撑规范化；强化业务培训，以专业化保障规范化。

车辆和驾驶人管理要坚持正确处理管理与服务的关系，切实做到寓管理于服务之中，在服务中实现管理，大力推进服务型车辆管理所建设。服务型车辆管理所应是以人为本的车辆管理所，每一项政策的出台、每一个举措的实施、每一笔业务的办理在依法、依规的前提下，从程序上、环节上设身处地地从当事人的角度考虑，体现亲情化服务、人性化管理、市民化待遇；服务型车辆管理所应是透明公开的车辆管理所，尊重公民的知情权、参与权和监督权，做到权力在阳光下运行；服务型车辆管理所应是规范高效的车辆管

[①] 参见马怀德主编：《行政法与行政诉讼法》，中国法制出版社2000年版，第37页、第47页。

理所，车驾管民警要在专业知识全面扎实、专业技能熟练稳定的基础上，养成统一规范的服务定式，养成严谨负责的职业精神，做到对工作高度负责、一丝不苟，对服务对象不卑不亢、一视同仁，让老百姓感受到交通管理更公正、更便捷、更高效。

三、技术性

车辆和驾驶人管理业务涉及机动车分类管理、安全性能检验、机动车牌证管理、机动车驾驶人分类管理、考试标准、信息系统管理等一系列技术问题，涉及许多国家法律、法规、政策、制度、标准的制定和执行。

车辆和驾驶人管理的技术性体现在它的规范性，通过一系列统一的法律、法规、政策、制度来实现。车辆和驾驶人管理的法律依据全国统一，都必须按照《道路交通安全法》及其实施条例、《机动车登记规定》、《机动车驾驶证申领和使用规定》等全国性的法律、法规、规章实施管理；管理的制度规范全国统一，均按规定实施机动车登记制度、机动车检验制度、机动车强制报废制度、驾驶人考试制度、驾驶证记分制度等管理制度，执行统一的标准、条件和程序；管理的外在形式全国统一，均执行统一规格、统一式样的机动车号牌、行驶证、登记证书、驾驶证等牌证；管理的信息系统全国统一，均适用全国统一的机动车登记系统和驾驶证管理系统办理业务，数据库标准和管理软件全国统一，等等。从这个意义上讲，车辆和驾驶人管理是国家事权，地方公安机关无权设定与全国性规定相抵触、相矛盾的管理事项，这是依法行政基本原则在执行中的具体体现，也是维护国家和人民利益的根本保障。需要注意的是，统一性不等于同一性，统一性是各个车辆管理所必须遵守的共性的、基本的规范制度，在统一的前提下，允许各车辆管理所创新管理、创新服务，在管理模式、方法和手段等方面创造新经验、积累新经验，更好地服务经济社会发展。

车辆和驾驶人管理的技术性体现在它的专业性，通过一系列的国家标准、行业标准来实施。“标准”是在科学技术指导下通过大量实践积累而形成的，具有科学性、先进性和规范性，是各有关行业必须遵守的技术规范。国家标准，是指由国家标准化主管机构批准、发布，对全国经济、技术发展有重大意义，且在全国范围内统一的标准。行业标准，是指对没有国家标准而又需要在全国某个行业范围内统一的技术要求所制定的标准，是对国家标准的补充。车辆和驾驶人管理常用的国家标准和行业标准有20多个，包括《机动车运行安全技术条件》（GB 7258-2004）、《道路车辆外廓尺寸、轴荷及质量限值》（GB 1589-2004）、《机动车安全技术检验项目和方法》（GB 21861-2008）、《道路车辆 车辆识别代号（VIN）》（GB 16735-2004）、《机动车驾驶证件》（GA 482-2008）、《机动车号牌》（GA 36-2007）、《机动车行驶证》（GA 37-2008）、《机动车登记证书》（GA 369-2005）、《机动车查验工作规程》（GA 801-2008）、《机动车类型 术语和定义》（GA 802-2008）、《机动车登记信息采集和签注规范》（GA 805-2008）、《车辆和驾驶人管理印章》（GA 803-2008）等。车辆和驾驶人管理要监督国家标准和行业标准的贯彻执行，对需要重新制定、修改有关技术标准的，要及时提出制定、修订意见。

车辆和驾驶人管理的技术性还体现在运用先进的科学技术、方法、手段和设备，创新管理、规范管理。车辆和驾驶人管理的社会性、服务性等特性，决定了它要不断适应经济社会发展的新形势，适应人民群众提出的新要求，不断提出新思路、新举措，不断研发先进的新技术、新装备，不断提升管理和服务水平。

车辆和驾驶人管理的技术性要求从事这项工作的人员不仅要具备相应的法律法规、政策理论水平，还要掌握熟练的专业知识和技能，包括车辆构造、性能、检验知识，甄别嫌疑车辆、假牌假证技术，安全驾驶理论、驾驶心理学知识，驾驶技能训练和考试技术，计算机操作技能，等等。因此，对车辆和驾驶人管理队伍的人员培训尤为重要，自2005年开始，公安部对专业性较强的两个关键性的执法岗位——考试员和查验员建立了专业资格管理制度，即考试员资格管理制度和查验员资格管理制度。考试员和查验员由省级公安交通管理部门统一考试、统一发证，持证上岗。[①]

[①]参见公共安全行业标准《机动车查验工作规程》（GA 801-2008）；公安部交通管理局《机动车驾驶人考试员资格管理办法》（公交管〔2005〕179号）。

第三节 车辆和驾驶人管理的主要内容

一、车辆管理的内容

根据《道路交通安全法》的规定，车辆管理分为机动车管理与非机动车管理。机动车管理主要围绕机动车登记制度、机动车检验制度和机动车强制报废制度三项基本制度展开。

（一）机动车登记

公安交通管理部门根据机动车所有人的申请，经依法审查，对机动车的主要特征及其所有人的基本信息进行登记，核发登记证书、号牌、行驶证和检验合格标志。机动车登记是准予机动车上道路行驶的法定登记。机动车登记分为注册登记、变更登记、转移登记、抵押登记和注销登记。对尚未登记的机动车，需要临时上道路行驶的，公安交通管理部门应当按规定核发临时行驶车号牌。临时进入我国境内行驶的机动车，公安交通管理部门应当按规定核发临时入境机动车号牌和行驶证。

（二）机动车检验

机动车安全技术检验机构依据法律、法规的规定，运用技术检测手段，对机动车发动机、转向系、制动系、行驶系、照明和信号装置、安全防护装置等安全技术性能进行检验，确认其是否符合国家安全技术标准。机动车检验分为登记前的准入检验和登记后的定期检验。定期检验要根据车辆用途、载客载货数量、使用年限等情况，确定不同的检验周期。公安交通管理部门负责对机动车安全技术检验机构的检验行为进行监督管理，对经检验符合国家安全技术标准的机动车，核发机动车检验合格标志。机动车安全技术检验项目由国务院公安部门会同国务院质量技术监督部门规定。

（三）机动车强制报废

达到国家强制报废标准的机动车，应当强制回收解体，并办理机动车注销登记。已注册登记的机动车达到国家规定的强制报废标准的，公安交通管理部门应当在报废期满的2个月前通知机动车所有人办理注销登记。机动车所有人应当在报废期满前将机动车交售给机动车回收企业，由机动车回收企业将报废的机动车登记证书、号牌、行驶证交公安交通管理部门注销。机动车所有人逾期不办理注销登记的，公安交通管理部门应当公告该机动车登记证书、号牌、行驶证作废。

（四）非机动车管理

根据《道路交通安全法》的规定，依法应当登记的非机动车，经公安交通管理部门登记后，方可上道路行驶。依法应当登记的非机动车的种类，由省、自治区、直辖市人民政府根据当地实际情况规定。非机动车的外形尺寸、质量、制动器、车铃和夜间反光装置，应当符合非机动车安全技术标准。

二、驾驶人管理的内容

根据《道路交通安全法》的规定，驾驶人管理主要是指机动车驾驶人的管理。机动车驾驶人管理主要围绕驾驶人考试制度、驾驶证核发制度、驾驶证审验制度和交通违法累积记分制度四项基本制度展开。

（一）驾驶人考试

对申请机动车驾驶证的人员，公安交通管理部门依法进行法律、法规和交通安全知识，以及道路驾驶技能的考试，考试合格后才能核发机动车驾驶证。驾驶人考试制度是驾驶人管理制度的核心和基础。

（二）驾驶证核发

对申请机动车驾驶证的，公安交通管理部门依法审查其驾驶许可条件，符合条件并考试合格的，依法核发相应准驾车型驾驶证。持有境外机动车驾驶证的人，符合我国的驾驶许可条件，经考核合格的，发给中国的机动车驾驶证。临时进入我国境内需要驾驶机动车的，公安交通管理部门应当按规定核发临时机动车驾驶许可。

（三）驾驶证审验

公安交通管理部门依法定期对驾驶人的身体条件、驾驶记录、遵守道路交通法律、法规情况等进行审验，它是道路交通安全管理的重要组成部分。《机动车驾驶证申领和使用规定》对驾驶证审验方式进行了改革，除在驾驶证有效期满换证时进行定期审验外，如果无满分记录，驾驶人无需到车辆管理所进行年审，但考虑到道路交通安全的需要，年龄在60周岁以上或者驾驶大型客车、货车的驾驶人，每年或者每两年应进行一次身体检查。

（四）交通违法累积记分

对违反道路交通安全法律、法规的驾驶人，根据情节严重程度，对驾驶证记以一定的分值，对违法行为记分累积达到满分的，依法进行道路交通安全法律、法规和相关知识的教育和考试。交通违法累积记分制度是预防和减少机动车驾驶人交通违法行为的一种有效的教育措施，也是国际上的一种通行做法。

三、监督管理的内容

（一）对安检机构的监督管理

通过办理机动车登记、核发机动车安全技术检验合格标志等手段，配合质量技术监督部门对机动车安全技术检验机构进行监督管理。

（二）对驾驶培训的监督管理

通过考试质量分析、通报等手段，配合交通主管部门对驾驶培训学校（机构）的驾驶培训情况进行监督管理。

（三）监督上道路行驶拖拉机的登记

对农业（农业机械）主管部门办理上道路行驶拖拉机登记、核发牌证的行为进行监督。

四、其他管理内容

（一）机动车牌证管理

机动车登记证书、号牌、行驶证、检验合格标志、临时入境机动车号牌和行驶证是机动车上道路行驶的法定证件，机动车驾驶证、临时机动车驾驶许可是驾驶人驾驶机动车上道路行驶的法定证件，公安交通管理部门对机动车牌证、机动车驾驶证实施统一管理，牌证的式样设计、生产制作、发放管理、安装规范等都有统一的管理制度。机动车登记证书、号牌、行驶证、检验合格标志、机动车驾驶证、临时入境机动车号牌和行驶证、临时机动车驾驶许可的式样由公安部规定并监制。

（二）机动车和驾驶人数量统计研判

定期对机动车保有量、分布、增长情况等进行统计分析，对机动车驾驶人数量、年龄情况、增长情况等进行统计分析，为道路交通管理提供准确、完整的基础信息，为研究制定管理政策提供依据。

（三）驾驶人交通安全教育

对驾驶人进行交通安全教育是道路交通管理永恒的主题。公安交通管理部门在驾驶人考试、驾驶证核发、驾驶证审验、机动车登记、机动车检验等各个工作环节中，都应当贯穿驾驶人交通安全教育这一主线。

第四节　车辆和驾驶人管理的基本原则

《道路交通安全法》作为我国第一部全面规范道路交通参与人权利义务关系的基本法律，从我国实际出发，提出了保障道路交通有序、安全、畅通的指导思想，明确了依法管理、方便群众的基本原则，在此基础上实现科学发展、和谐发展。为此，公安部提出车辆和驾驶人管理的基本原则在于依法管理、以人为本、创新发展。这些原则贯穿车辆和驾驶人管理整体工作之中，集中体现车辆和驾驶人管理的根本价值和目的，对车辆和驾驶人管理的制度设计与执行具有普遍的指导意义。

一、依法管理

坚持依法治国，建设社会主义法治国家，是我们党治国理政的基本方略。依法行政、依法管理是依法治国基本方略在行政管理领域的集中体现，是实现社会公平正义的根本保障。从世界范围法治建设的规律来看，一个国家的警察管理和执法水平往往反映出这个国家的法治水平，关系到一个国家的形象。车辆和驾驶人管理工作是公安机关社会管理和行政执法的重要组成部分。车辆管理所是公安机关中与人民群众打交道最多、联系最紧密的执法窗口之一，其执法能力和执法水平直接影响着公安机关的形象，直接关系到道路交通管理的整体工作成效。特别是随着我国社会主义民主政治建设的推进和互联网时代的到来，人民群众政治参与意识明显提高，法律意识、维护自身权益的意识明显增强，社会监督、舆论监督的力度、广度明显加大，对车辆和驾驶人管理依法行政提出了更紧迫的要求。

坚持依法管理，是由车辆和驾驶人管理的法治性决定的，是依法行政的基本原则在车辆和驾驶人管理工作中的体现。在行政法学上，依法行政原则最主要表现为职权法定原则。在现代法治社会里，行政权力与公民权利的运行规则有着明显的区别。对于公民而言，只有当法律明文禁止时，公民才不得为之；凡是法律没有明文禁止的，公民都有权为之。但对行政机关而言，只有法律明文规定或授权的才可以为，“法无明文规定不得为”，“有法才有权行使”。因此，依法行政要求行政机关必须在法律规定的职权范围内活动，非经法律授权不得行使某项职权，尤其是在涉及剥夺公民权利、科以公民义务的时候，必须要有法律的明确授权。[1]车辆和驾驶人管理要坚持依法管理，就应当遵循这一条基本原则，严格按照法律、法规的规定行使职权，否则就要受到法律追究，承担法律责任。

第一，坚持依法管理，就是要坚持严格执法，把维护法律的权威性作为最基本的职责定位。“天下之事，不难于立法，而难于法之必行”[2]。公

[1]参见周佑勇主编：《行政法专论》，中国人民大学出版社2010年版，第81页。

[2]参见（明朝）张居正：《请稽查章奏随事考成以修实政疏》，原文为“天下之事，不难于立法，而难于法之必行；不难于听言，而难于言之必效”。国务院总理温家宝2008年5月4日在中国政法大学与学生共度青年节、热议依法治国时引用此话解释法治精神。

安交通管理部门作为重要的执法机关，机动车登记、驾驶人考试、驾驶证核发等作为重要的执法工作，必须遵循严格执法的基本原则，严格按照法律、法规、规章等规定的要求和程序办理。车辆和驾驶人管理贯彻严格执法的原则，最重要的是要牢固树立“法律至上”的理念和意识，把法律、法规赋予的职责落实到位。具体而言，就是严格执行法律赋予的车辆和驾驶人源头管理的职责，牢牢把住机动车行驶准入和驾驶人驾驶准入两个重要关口，落实好机动车检验和驾驶人考试两项重要职责，保证登记的每一辆机动车都符合安全上路的条件，发证的每一个驾驶人都具备安全驾驶的素质，把好预防道路交通事故第一道防线。

第二，坚持依法管理，就是要坚持规范执法，把保障执法工作的制度化作为最基本的工作要求。执法规范化是执法工作的生命线，规范执法行为，就是要把执法工作纳入到法律化、制度化、程序化轨道，要用制度规范来制约权力，约束和规范执法行为。车辆和驾驶人管理依法行政，要使车驾管民警牢固树立严格依法履行职责的观念、法律面前人人平等的观念、尊重和保障人权的观念，进一步强化程序意识、权限意识和接受监督意识，自觉抵御权力、关系、人情、利益等各种因素的影响和干扰，切实发挥维护社会公平正义的重要作用；要加强执法监督，利用现代信息技术手段，健全全方位的工作监管体系，使每一名民警在监督下工作、每一笔业务在监督下办理；要严格落实责任追究，严肃查处违反制度的行为，对违反制度的人和事，要发现一起、查处一起，决不姑息迁就，真正做到谁碰了“高压线”，谁就要受到应有的惩罚。

第三，坚持依法管理，就是要坚持执法为民，把维护社会公平正义作为最基本的价值追求。现代法律追求的价值是秩序、正义和人权等，其中，秩序是最低价值，人权是最高价值，而正义是基本价值。[①] 车辆和驾驶人管理要做到依法行政，除了要坚持严格执法、规范执法外，还必须坚持执法为民，做到实质正义和程序正义的统一，维护社会的公平正义，这就要求车辆和驾驶人管理不仅要在形式上符合法律、法规的规定，更要在实质上符合法律、法规的基本精神，遵循行政均衡、信赖保护等原则，既要防止“用大炮打小鸟”等不合乎情理的做法，也要防止“朝令夕改”等不恪守信用的做法，最

① 参见周佑勇主编：《行政法专论》，中国人民大学出版社2010年版，第79页。

大限度地维护人民群众的合法权益；要坚持严格、公正、规范执法与理性、平和、文明执法的有机结合，坚持法、理、情的有机统一，切实把追求效率与实现公正、执法形式与执法目的更加紧密地结合起来，真正实现执法的法律效果、政治效果和社会效果的有机统一。（图1-5）

图1-5　2007年5月25日，胡锦涛总书记接见国务院命名的“人民满意车辆管理所”成都市车辆管理所代表

二、以人为本

道路交通具有广泛性、开放性和互动性，决定着人的因素始终是第一位的。道路交通管理的主体和客体均是由人参与的，管理目标是为了提高人们的生活水平和质量，创造和谐的交通出行环境。坚持以人为本，倡导人性化管理，有利于得到广大人民群众的支持，有利于道路交通管理措施的实施，有利于道路交通管理各项任务的完成，有利于形成良好的道路交通环境和管理环境。车辆和驾驶人管理工作是公安机关社会管理和公共服务的重要组成部分，是公安工作中与经济社会联系最为密切、直接为经济社会发展和人民群众生产生活服务的一项业务工作。因此，车辆和驾驶人管理必须坚持以人为本的理念。

坚持以人为本，是由车辆和驾驶人管理的服务性决定的，是科学发展观在车辆和驾驶人管理工作中的体现。科学发展观要求坚持以人为本，以实现人的全面发展为目标，从人民群众的根本利益出发谋发展、促发展，不断满足人民群众日益增长的物质文化需要，切实保障人民群众的经济、政治和文化权益，让发展的成果惠及全体人民。车辆和驾驶人管理落实科学发展观，落实以人为本的发展理念，就要始终以人为中心，把理解人、尊重人、调动人的积极性放在首位，体现在具体管理工作中就是要遵循公开、公正、便民三大基本原则。

第一，坚持公开原则是实现以人为本的前提。“阳光是最好的防腐剂”，公开的本质是对公众知情权、参与权和监督权的保护，是强化民主政治、防止行政腐败、促进社会和谐的有效途径。车辆和驾驶人管理坚持公开原则，就要求管理的依据、条件、过程和结果要公开，要让社会公众周知，让行政相对人及时了解。公开原则的基本要求，一是管理的主体要公开，哪些公安交通管理部门有权办理哪些业务，应当让公众知晓；二是办理的条件要公开，需要提交哪些证明、凭证，缴纳哪些费用等要告知公众，条件应当是规范的、明确的，不得附加法律、法规、规章规定之外的其他条件；三是办理的程序要公开，包括申请、受理、审查、决定等程序应当是具体的、明确的和公开的；四是办理的期限要公开；五是作出的是否准予登记、准予发证的决定要公开，对不予登记的，要书面说明理由。公开的方式多种多样，可以在办公场所公示，也可以通过报纸、电视、广播、互联网等媒体向社会公告。公开原则还意味着车辆和驾驶人管理政策的设定是开放的，需要社会公众的广泛参与，制定政策要加强调查研究和比较论证，集思广益，建言献策，善于听取社会公众的意见，提高政策的科学性、公开性和透明度，推进决策的民主化。

第二，坚持公正原则是实现以人为本的核心。“事不公则心不平，心不平则气不顺，气不顺则难和谐”，公平、公正关系到政府基本职能的实现，关系到社会的和谐稳定。车辆和驾驶人管理坚持公平、公正，就要求办理所有业务公平正直、没有偏私，要平等地对待所有的机动车所有人和驾驶人，平等和公正地适用法律，不能对不同地位、不同地区、不同经济条件的机动车所有人设定不同的条件，给予不同的待遇。车辆和驾驶人管理坚持公平、公正，对符合法定条件的机动车都应当办理登记，对不符合条件的一律不得办理登记。办理机动车登记、进行驾驶人考试、发证要运用一个标准、一把尺子来衡量，符合条件的都必须予以快捷办理，不符合条件的不得以任何形式办理，不得推诿、不得刁难，使每一名群众都能受到公平、公正的对待。选取机动车号牌号码，要严格按照规定采用计算机自动选取和由机动车所有人自行编排的方式，不得指定、预留号牌，使社会公众公平地享用公共资源。

第三，坚持便民原则是实现以人为本的关键。便民是我国法律制度的重要价值取向，也是行政机关履行行政职责、行使行政权力应当恪守的基本准则。《行政许可法》将便民原则设定为行政机关实施行政许可的基本原则。公安工作涉及人民群众生产、工作、生活的各个环节，与人民群众的切身利益息息相关。“立警为公、执法为民”是公安工作的根本宗旨。车辆管理所承担着车辆登记、驾驶人考试、驾驶证核发等工作，是公安机关服务经济社会发展、服务人民群众的重要窗口，其主要工作均属于行政许可的范畴。车辆和驾驶人管理要主动适应人民群众对公共服务的期待和要求，将方便群众、服务群众作为车辆管理工作的根本出发点，坚持管理与服务的有机统一，在服务中实施管理，在管理中体现服务。车辆和驾驶人管理坚持便民原则，就是要在办理车辆和驾驶人管理业务中为群众提供便利，使其快捷、方便、廉价地申请并获得许可，提高办事效率，提供优质服务。（图1–6）

图1–6　2011年12月6日，中共中央政治局常委、中央政法委书记周永康同志视察宁波市车辆管理所便民服务工作

三、创新发展

创新是以新思维、新发明和新描述为特征的一种过程。创新是人类特有的认识能力和实践能力，是人类主观能动性的高级表现形式，是推动民族进步和社会发展的不竭动力。创新是发展的前提和保证，发展是创新的结果和升华，社会管理创新是社会管理完善和发展的“主发动机”。经济社会是不断发展变化的，人民群众的物质文化需求也随之不断提高并趋多样化，这些对车辆和驾驶人管理提出了更高的要求和期待。车辆和驾驶人管理必须坚持创新发展的理念，以创新求发展，以创新促和谐。

坚持创新发展，是由车辆和驾驶人管理的社会性决定的。车辆和驾驶人管理与经济社会的发展密不可分，与国家的各项方针政策联系紧密，必须主动适应经济社会的发展要求，积极创新发展。面对现阶段我国工业化、城镇化快速发展的形势和人民群众的新期待、新要求，车辆和驾驶人管理工作面临难得机遇，又存在严峻挑战。在这个时期，我国国民经济快速发展，机动车和驾驶人数量激增，科技手段在社会管理中广泛应用，这都为车辆和驾驶人管理提供了发展的潜力和动力，但随之产生的车辆和驾驶人数量快速增长与警力资源严重不足、道路交通事故危害凸现、群众对办事效率和服务质量越来越高的要求等现状也给车辆和驾驶人管理提出了难题和挑战。道路交通的复杂性、多变性和参与者的普遍性、多样性，决定了车辆和驾驶人管理的管理模式、管理机制和管理手段不可能是一成不变、放之四海而皆准的，而是应当不断发展完善的。车辆和驾驶人管理创新发展应当以科学发展观为指导，依据社会发展的态势，紧紧围绕安全、有序、畅通的总目标，紧密结合工作实际，立足法定职责、立足形势任务、立足民意呼声，以解决车辆和驾驶人管理工作中群众反映的突出问题和破解发展难题为切入点，运用新的管理理念、知识、技术、方法，改进传统管理模式，构建新的管理机制，激发社会活力，促进社会和谐。车辆和驾驶人管理创新发展应当在管理理念、管理方法、管理制度三个方面求创新、求发展。

第一，坚持创新发展要以创新管理理念思路为先导。按照现代行政管理“服务行政、公平行政、透明行政、高效行政、责任行政”的要求，充分利用社会公共管理资源，注重运用社会的力量、法制的力量、道德的力量和科技的力量，发挥建立公众参与交通管理工作格局，实现管理模式由政府主导型向社会合作型转变，推动建立政府行政功能同社会自治功能互补、政府管理力量同社会调节力量互动的社会管理网络。

第二，坚持创新发展要以创新管理方式方法为突破口。按照社会管理为经济社会发展提供更和谐环境、为人民群众提供更便捷高效服务的新要求，车辆和驾驶人管理要大力推进信息化科技应用，改进管理手段和服务模式，健全网点式管理服务体系，建立信息化管理服务平台，实现管理方式由防范型向服务型转变，管理手段由传统式向智能化转变，让群众感受到更快捷、更便利、更文明、更和谐。

第三，坚持创新发展要以创新管理体制机制为保障。按照提高自身履职能力、服务公安工作大局的要求，车辆和驾驶人管理要抓住体制性、机制性、源头性、根本性问题，改革和完善管理制度机制，建立健全交通管理业务信息共享机制、驾驶人安全驾驶信用机制、驾驶人培训和考试机制、机动车安全性能监管机制，大力加强执法规范化建设、信息化建设、和谐警民关系建设，提高执法公信力和群众满意度，推动交通管理工作长远发展，为经济社会发展与社会和谐稳定提供有力保障。（图1–7）

图1–7　2010年6月26日，国务委员、公安部部长孟建柱同志视察深圳市车辆管理所社会管理创新工作

第五节 车辆和驾驶人管理的社会功能

车辆和驾驶人管理是道路交通管理工作的基础，是公安工作的重要组成部分，是服务群众、服务经济社会发展的重要窗口。车辆和驾驶人管理的社会功能主要体现在为道路交通管理服务、为公安工作大局服务、为经济社会发展服务、为人民群众服务四个方面。

一、道路交通管理的重要基础

社会平安是最重要的民生，也是最基本的发展环境。道路交通安全事关人民群众的生命财产安全，事关人民群众的安居乐业，是建设平安交通、构建和谐社会的重要标准。大力加强和改进道路交通安全工作，最大限度地预防道路交通事故的发生，最大限度地减少道路交通事故给人民群众生命财产造成的损失，是保障民生、改善民生的具体体现，是公安机关的重大责任。

车辆和驾驶人管理是道路交通安全管理的重要基础。车辆管理所是驾驶人驾驶准入和车辆行驶准入的关口，驾驶人考试关口把得严不严、车辆登记查验关口把得牢不牢，直接影响到道路交通的安全、畅通，直接关系到人民群众的生命财产安全。如果车辆管理所没有认真履行职责，没有严格把关，让不合格的驾驶人和车辆上路，就等于放出“马路杀手”，严重危害道路交通安全，危害人民群众的生命财产安全。从这个意义上讲，车辆和驾驶人管理是预防道路交通事故的第一道防线。车辆管理所全体民警都要牢固树立第一道防线的责任意识，从落实科学发展观、构建和谐社会的高度，从维护最广大人民群众生命安全的高度，从肩负的社会责任和政治责任的高度，充分认识车辆和驾驶人管理工作在预防事故工作中作为第一道防线的重大作用，进一步增强责任感和使命感，切实提高对车辆和驾驶人管理工作重要性的认识。车辆和驾驶人管理的基本职能，就是要研究机动车在道路交通活动中的特点和规律，有针对性地制定管理措施，通过对车辆的登记、检验和日常监管，保证机动车技术状态的良好，保证行车安全；研究驾驶人在道路交通活动中的特点和规律，制定驾驶人管理对策，通过对驾驶证核发、驾驶人考试和教育管理，使驾驶人具备一定的安全驾驶素质，保证驾车安全。

二、公安机关执法的重要关口

公安机关是国家政权的重要组成部分，是我国人民民主专政政权中具有武装性质的治安行政和刑事司法的专门机关，其任务是维护国家安全，维护社会治安秩序，保护公民的人身安全、人身自由和合法财产，保护公共财产，预防、制止和惩治违法犯罪活动，保障改革开放和社会主义现代化建设的顺利进行。

车辆和驾驶人管理工作是公安工作的重要组成部分，是公安机关依法履行执法职能，打击违法犯罪的前沿阵地。近年来，走私、盗抢机动车犯罪、利用机动车从事违法犯罪、交通肇事逃逸等涉车犯罪活动不断发生，对社会治安和人民群众生命财产安全造成严重的威胁。能够在机动车登记、检验环节杜绝为走私、盗抢机动车办理牌证，防止其披上合法的外衣，是车辆管理工作的基本职责；能够在机动车登记、检验环节有效查处假牌、假证等违法行为，规范机动车牌证管理，是车辆管理工作的基本职责；能够在机动车、驾驶证业务办理中及时发现违法犯罪肇事逃逸人员，协助有关部门破获刑事犯罪案件，是车辆和驾驶人管理工作的重要任务；能够利用机动车登记和驾驶证管理系统和信息，查获违法犯罪嫌疑人的轨迹，是车辆和驾驶人管理工作的重要使命。因此，强化车驾管民警的执法能力，提高机动车查验和证件鉴别水平是打击涉车违法犯罪的关键。车管部门应与其他公安业务部门密切配合，实现机动车和驾驶证信息跨地域、跨警种、跨系统的交换和共享，为打击犯罪、保护人民、维护社会治安秩序作出贡献。

三、服务经济社会的重要手段

道路交通是经济发展的大动脉，是社会进步的基础。交通运输是国家经济建设的命脉，交通运输在工业化生产、产品流通、市场经营、社会综合功能等方面起着重要作用，是社会政治、经济、文化、军事等方面联系交往的手段。汽车工业是国家经济社会发展的支柱产业，纵观改革开放以来的经济建设成就，充分证明了汽车工业在拉动内需、促进增长、提高人民生活水平等方面所发挥的显著作用。

车辆和驾驶人管理工作与交通运输业、汽车工业、城市规划和建设、人民生活质量等密不可分，国家经济社会发展的基本方针、政策是车辆和驾驶人管理工作的依据和导向。反过来，车辆和驾驶人管理对经济社会发展发挥着重要的推动和保障作用，它是国家经济社会发展的“助推器”，在机动车登记、检验、驾驶人考试、发证等方面提供高质量、高效率的服务，促进国家完善汽车消费政策、促进汽车产业科学、健康发展等政策的落实；它是国家经济社会发展的“晴雨表”，做好机动车保有量、驾驶人数量的统计、分析，保障政府更好地研判经济社会发展的实情和发展趋势，为国家实施宏观调控和管理提供基础性依据；它是国家经济社会发展的“试金石”，车辆和驾驶人管理全面反映车辆、驾驶人、道路等方面的指标，需要统筹考虑社会各方面的承受能力，实现促进经济增长、城市建设、环境保护、人民生活等协调发展，构建和谐交通环境的目标。

四、服务人民群众的重要窗口

近年来，随着经济的发展和人民群众生活水平的提高，我国公共需求呈现出增长迅速、主体多元、需求多样的特点。人民群众不仅要求实现基本公共服务均等化，而且还要求优质、高效、便捷、热情；不仅更加注重合法权益的保障，而且更加追求幸福指数的提高，对建设服务型政府、构建和谐社会的需求更加强烈。

车辆管理所承担着车辆登记、驾驶人考试、驾驶证核发等公共服务工作，与人民群众的切身利益息息相关，是公安机关服务人民群众的重要窗口，是公安机关与人民群众密切联系的纽带和桥梁。车辆管理所要主动适应人民群众的新期待，切实提高社会管理和服务水平。为满足人民群众对公共服务优质、高效、便捷、热情的新期待，车辆管理所要把方便人民群众工作生活、促进经济社会又好又快发展作为车管工作的主要方向，把观念创新、制度创新、管理创新作为车辆管理所社会管理改革的重点，从政策上促进、从制度上保证整个社会的创造活力；要坚持管理与服务的有机统一，在服务中实施管理，在管理中体现服务。

第二章
车辆和驾驶人管理发展历程

第一节 车辆和驾驶人管理历史演变

新中国成立后，随着我国汽车工业的兴起和汽车保有量的逐步增长，交通运输成为了国民经济的命脉，推动着社会主义事业的不断发展。如何加强车辆和驾驶人管理，保证交通运输更好地为社会主义建设服务，成为摆在管理部门面前的一个重要课题。经过60多年的摸索与调整，我国车辆和驾驶人管理工作逐步迈入法制化、科学化轨道，并进入了一个崭新的发展时期。纵观我国车辆和驾驶人管理发展历程，大致可分为多部门共同管理、统一管理起步、规范化管理和法治化管理四个阶段。

一、多部门共同管理阶段（1949年–1985年）

这个阶段的时间跨度长达30多年，期间正处于我国几个重要的历史时期，包括新中国成立后社会主义改造和全面建设社会主义时期、文革时期和社会主义现代化建设初期。这个阶段的车辆和驾驶人管理由公安、交通、农机等多个部门共同管理，车辆和驾驶人管理工作受国家政治、经济和管理体制影响较大。

（一）汽车工业兴起促使机动车和驾驶人管理提上重要日程

新中国成立初期，我国还没有自己的汽车工业。1949年3月，毛泽东主席乘坐从国民党军队手中缴获的美式军用吉普车检阅部队的照片被斯大林看到（图2–1），他就马上批示有关部门将当时苏联制造的最先进的吉斯牌高级轿车（图2–2）赠送给中国领导人，这对新中国的领导人产生了很大的触动。

图2–1　毛主席乘美式军用吉普车检阅部队

图2–2　斯大林赠送给毛主席的吉斯牌轿车

1953年7月15日，在党和国家领导人的亲自推动下，长春第一汽车制造厂破土动工，毛主席为奠基仪式亲自题写了“第一汽车制造厂奠基纪念”。时隔三年，1956年新中国生产的第一辆国产汽车——解放CA10四吨载重卡车（图2–3）下线，毛主席又亲自为其命名“解放”，对于当时工业整体水平非常落后的中国人来说，这确实是一次经济上的解放。在轿车生产方面，1958年5月5日，第一汽车制造厂试制东风牌轿车成功，这是新中国自制的第一辆轿车。东风牌轿车试制成功后，被很快运往北京中南海，1958年5月21日，毛主席亲自参观并乘车绕花园行驶，随后高兴地说：“坐上我们自己制造的小汽车了！”（图2–4）但是，由于技术不太成熟，经常发生故障，因此东风牌轿车最终没有批量生产。两个多月后，第一汽车制造厂又成功设计制作了第一辆红旗牌高级轿车，并得到批量生产，影响了中国人近半个世纪。“乘东风，展红旗”，这句20世纪50年代的口号对应了我国汽车工业发展史上最重要的两款轿车车型。

图2-3　第一代解放CA10四吨载重卡车

图2-4　毛主席在中南海视察东风牌轿车

1968年，第二汽车制造厂在湖北十堰市动工兴建，一批汽车修配企业发展成为汽车厂和长途客车厂，城建和交通部门也设立了一批公交客车厂。这个时期由于各制造企业缺乏自主活力，且仅重视发展中型货车，又经历了文化大革命的汽车生产滑坡期，直到1978年改革开放后，才又重新迈进蓬勃发展的新时期。从1956年到1985年，我国共生产汽车217万辆，全国有37个汽车制造厂、200多个汽车改装厂、2000多个汽车配件厂、约72万名汽车制造工人，年生产能力已达到30万辆（图2-5，汽车年产量图）。1950年，我国汽车保有量为5.43万辆，随着汽车工业的发展，我国的汽车保有量得到了快速增长，到1985年已经达到321.12万辆（图2-6，汽车保有量图）。尽管如此，我国汽车保有量与世界一些发达国家相比还是非常少的，与加快社会主义建设要求的矛盾仍就十分突出。

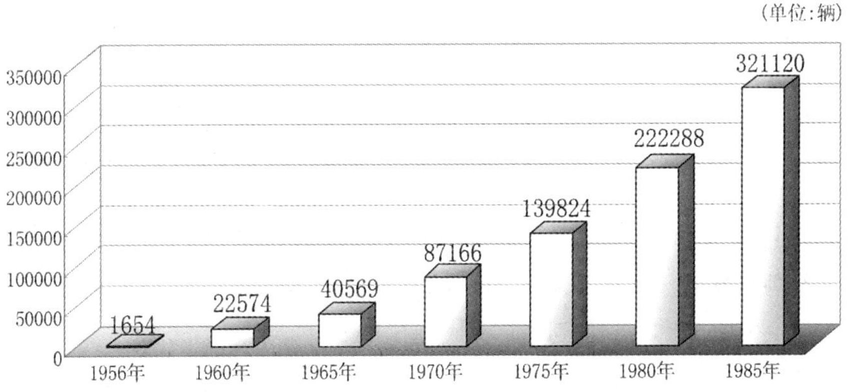

图2-5　1956年至1985年全国汽车年产量

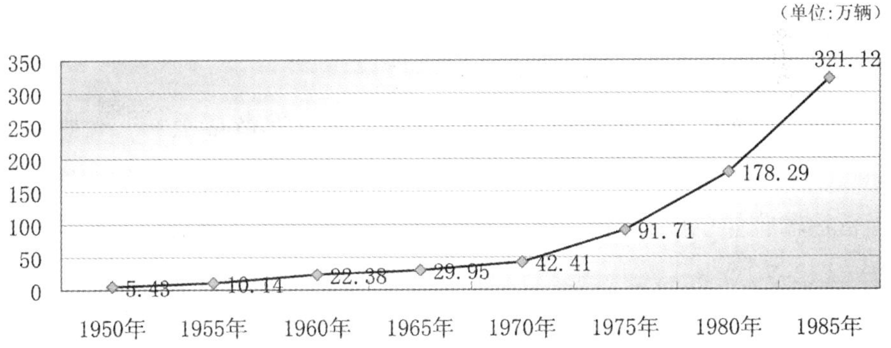

图2-6　1950年至1985年全国汽车保有量

要保证社会主义改造和社会主义建设顺利进行，必须要推动汽车工业、交通运输业的快速发展，这是工业发达国家的发展规律，也是我国经济社会发展的必然趋势。

从新中国成立后汽车工业的起步到大步发展，汽车保有量的增长和汽车工业的发展所带来的各种问题已经开始显现，交通事故的增长、事故伤亡人数的上升、汽车尾气排放的污染、能源的消耗和涉车违法犯罪问题的发生等均已凸显了车辆和驾驶人管理工作的重要性，车辆和驾驶人管理提上了国家行政管理的重要日程。1950年，政务院批准发布的《汽车管理暂行办法》是新中国成立后我国第一个车辆管理法规；1960年，经国务院批准，交通部发布了《机动车管理办法》，该办法第一次对车辆和驾驶人管理进行了规范。这个时期内，国家对车辆和驾驶人管理行政机构的职责分工也进行了多次调整，形成了公安、交通、农机等多部门共同管理的格局，对当时的车辆和驾驶人管理发挥了有效的作用，客观体现了这个时期国家对车辆和驾驶人管理的重视程度。

（二）国营运输企业成为机动车和驾驶人管理的重要载体

新中国成立初期，我国选择并实行了计划经济体制，进一步推动工业化建设。1954年9月，在我国第一届全国人民代表大会上，周恩来总理在《政府工作报告》中提出了实现“四个现代化”的目标。

交通运输是四个现代化建设的“先行官”。随着公路设施的改善和汽车工业的推动，道路运输现代化得到了较快的发展，当时人民政府已经将官僚资本主义汽车运输业改造成为社会主义全民所有制企业，对私营汽车运输业加强管理和引导，实行了公私联营，这个时期的交通运输基本上都是由国营货运车队、公交客运企业等承担。

当时的驾驶员都是“单位人”、机动车都是“单位车”，驾驶员学习培训、车辆检验都是由运输单位在公安交通管理部门的监督下组织实施，这些国营运输企业也成为当时特定的历史条件下机动车和驾驶人管理的重要载体。（图2–7）

图2–7　20世纪70年代的国营运输车队

在驾驶员管理方面，《机动车管理办法》明确规定，机动车驾驶员分类包括职业驾驶员、非职业驾驶员、实习职业驾驶员和学习驾驶员。在当时，驾驶员是一个非常让人尊敬、非常荣耀的职业。（图2–8）

驾驶员主要来自于各级交通运输部门和拥有机动车的厂矿企业，出于安全生产的考虑，对驾驶员的选拔、培训也较为严格，既要审查身体条件，也要审查政治条件。一般情况下，运输单位根据实际需要，选拔优秀职工进行培训，承担运输任务。在20世纪80年代以前，驾驶员培训主要是由各运输单位（包括汽车生产厂、出租、公交、专线车等国营运输企业）自行组织进行，运输单位根据运输任务制订驾驶员培训数量和计划，然后按照要求到公安交通管理部门办理学习驾驶证，最后通过组织驾驶技能培训班或有驾驶执照并有一定经验的教练员进行专门培训。（图2-9）

图2-8　当时的汽车驾驶员十分荣耀

图2-9　1953年上海市公交公司无轨电车驾驶员训练班结业合影

这一时期的驾驶员培训，尽管没有全国统一的培训大纲、培训计划，但由于驾驶员数量较少，各单位出于安全生产的考虑，对培训工作非常重视，通常采用“师傅带徒弟”的方式传授驾驶技能。一般情况下，徒弟要跟师傅随车学习6个月以上才能到公安交通管理部门申请考试，考试合格后发给实习职业驾驶员证或非职业驾驶员证。实习职业驾驶员安全驾驶车辆半年以上，由单位提出意见，经公安交通管理部门核准后换发职业驾驶员证。这种培训虽然简单，但能够满足当时的实际需要，培训的驾驶员也可以胜任驾驶岗位，但是通过这种方式培训的驾驶员数量少，随着我国汽车保有量的增长和汽车运输行业的发展，已不能够满足对驾驶员的需求。改革开放以后，随着交通运输行业的改制、个体经营户的出现，私人拥有汽车开始增多，专门的驾驶培训机构开始具备规模，驾驶员培训开始进入专业化、系统化阶段。

在车辆管理方面，对车辆的定期检验、维修保养等工作也基本是依托交通运输单位进行的，车辆管理机关主要是进行监督。《机动车管理办法》规定，车辆管理机关对领有号牌和行车执照的车辆，每年进行一次总检验；也可委托车辆所属单位自行检验，由车辆管理机关督促检查。对保养修理制度健全的车辆所属单位，可以结合车辆保养修理出厂检验办理，不另办总检验。另外，机动车的保养修理单位（大多是运输单位的下属单位）负责保证车辆装载行驶安全的有关保养修理工作，由车辆管理机关进行监督和检查（图2–10）。保养修理单位应将所制订的车辆保养制度报送车辆管理机关备查。

图2–10　20世纪60年代的福建漳州运输车队进行车辆检修

这个时期的“单位人”和“单位车”相对固定，数量较少，车辆管理机关进行审验和驾驶员安全教育大多采取预约登门的方式集中进行，由单位提出申请，车辆管理机关排出计划并下发通知，然后派人到这些运输企业组织进行审验。车辆和驾驶人的审验分为月度检查和年度审验，因此，也被称为“月检”和“年审”。月检时要签注月检卡，缺少签注的不得参加年审；年审时车辆和驾驶人同时进行，除法规规定的项目外，对驾驶员还要集中进行安全教育，随机出题对驾驶员进行抽考，及格率与年审直接挂钩，这些措施在当时的管理中起到了积极的作用。

（三）机动车和驾驶人管理具有明显的计划经济特征

在物品紧缺的计划经济时代，我国老百姓的日常生活总离不开各种票证，小到油盐酱醋，大到生产生活用品，无一例外地都需要凭票证供应。大家比较熟悉的有粮票、布票，其实汽车供应也有票，当时的汽车票叫“汽车生产供应证”，也是那个时代的产物。面对汽车产品供应和需求的矛盾，1981年，国家计划委员会（国家计委）、国家经济委员会（国家经委）联合发文，对汽车生产（进口）实行计划供应，按国家年度计划开始发放汽车生产供应证。同年，公安部、交通部、全国控制社会集团购买力办公室（全国控办）下发《关于发放小汽车、大轿车牌照有关问题的通知》，明确小轿车、大客车是国家统一分配和专项控制购买的商品，所有机关、团体、部队、学校、企业、事业单位购买时都要按国家规定经过审查批准。车辆管理机关应凭国家物资总局统一印制的汽车生产供应证核发行车牌照。（图2–11）

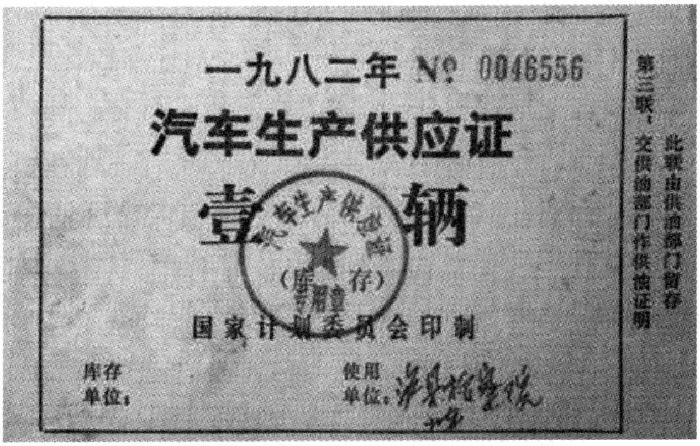

图2–11　1982年的汽车生产供应证

为了适应汽车工业的大发展，1985年，国家计委取消了汽车生产供应证，开始着手制定实行生产许可证制度，同时委托中国汽车工业公司、公安部、交通部、全国控办共同制定过渡办法。在此期间，根据中国汽车工业公司对汽车产品鉴定审批结论，定期公布国家计划内汽车生产企业目录和产品目录（包括进口散件组装汽车）。为便于核对出厂合格证，生产企业必须在发动机和大梁明显部位轧印编号。车辆管理机关凭目录和车辆来历凭证、车辆出厂合格证，经车辆检验合格后办理牌照核发手续。属于社会集团购买力控制购买的汽车，凭准购证购买和核发牌照。当时已经要求各地加快车辆检验场地和测试设备建设，对拼装汽车和倒卖更新的报废汽车一律不发牌照。直到1989年，中国汽车工业联合会和公安部印发了《全国汽车、民用改装车和摩托车生产企业及产品目录管理暂行规定》，将《全国汽车、民用改装车和摩托车生产企业及产品目录》（以下简称《目录》）作为办理车辆牌照的依据，车辆管理机关对列入《目录》的产品严格按照机动车检验的法定标准和有关规定进行检验，合格后办理牌证核发手续。自此，全国统一实行汽车产品《目录》管理。

（四）机动车和驾驶人管理体制处于调整过渡期

新中国成立后，随着道路交通管理体制的变革和道路交通管理工作的发展，机动车和驾驶人管理体制经历了从共同管理到统一管理、从部门分权到职责统一的发展历程。

新中国成立初期，根据当时的职责分工，全国的车辆和驾驶人管理由交通部门负责（称为车辆监理），当时仅有19个大中城市（后来增加到39个）的车辆和驾驶人管理由公安部门负责。此后，全国经历了两次交通管理体制改革。

第一次体制改革是1983年，国务院《关于公安与交通部门交通管理工作分工问题的通知》规定，各省、市、自治区人民政府驻地城市、开放的旅游城市和公安部门现在管理的城市，共计105个城市的市区的交通管理由公安部门负责，其他地区仍由交通部门管理。1983年4月15日，公安部下发《关于抓紧做好接管部分城市车辆管理准备工作的通知》，确定各接管车辆管理工作的城市，可在交通大队设立车辆管理所，对外名称可用“××市公安局车辆管理所”（图2-12）。在这期间，随着农业机械化的发展，拖拉机管理提上日程，由此基本形成了大中城市以公安部门为主、中小城市以交通部门为

图2–12 北京市车辆管理所旧貌

主、农村以农机部门为主的三家分别管理的机动车和驾驶人管理格局。

第二次体制改革是1986年，这是新中国成立以来力度最大的一次交通管理体制改革。国务院《关于改革道路交通管理体制的通知》（国发〔1986〕94号）规定，全国城乡道路交通由公安机关负责管理，其中包括车辆检验、驾驶员考核与发牌发证。这次改革基本实现了道路交通的统一管理，但同时规定，有关农用拖拉机的道路行驶安全技术检验、驾驶员考核、核发牌证等工作，公安机关可以委托农机部门负责，并有权进行监督、检查。至此，机动车和驾驶人管理工作实现了机构合并统一，“车辆监理”在历经了大半个世纪之后全部消失，取而代之的是“车辆管理”。

（五）机动车和驾驶人管理依据表现为多部门共同立法

新中国成立后，百废待兴，各项管理工作亟待理顺，各种管理制度、规范从无到有、逐步形成。机动车和驾驶人管理方面，由公安部、交通部等多部门共同立法管理，当时机动车数量较少，大多集中在城市，且几乎全部为国有或者集体所有，并呈现出车辆种类不一、构成复杂、车况参差不齐的特点；机动车驾驶人学习、考试方法、内容方面各地不同，没有统一的标准和科目。1950年和1951年，公安部和交通部分别就“城市机动车管理”问题请示政务院，政务院批复：“中央及大行政区直辖市和东北区省属市中等以上城市，车辆管理由公安机关管理。”由此，公安部门负责六大行政区直属市内的交通安全管理工作，交通部门负责其他城市和地区的交通安全管理工作。之后，随着农业机械化的发展，农业部门也加入了对农业机械的管理工作。这一时期由于全国的机动车和驾驶人管理由交通、公安、农机等多部门共同负责，各项管理法规也都是由这些部门共同讨论起草制定（涉及共同性问题）或以某部门为主起草制定的，由多部门共同来实施。在这30多年的时间里，与机动车和驾驶人管理相关的重要法规有11部，其中1950年的《汽车管理暂行办法》由政务院批准发布；1950年的《汽车管理暂行办法实施细则》、1960年的《机动车管理办法》[①]、《公路交通规则》由交通部发布；公安部在1951年和1955年分别发布实施了《城市陆上交通管理暂行规则》和《城市交通规则》；1959年试行的《关于城市交通规则的补充规定（草案）》由交通部、水产部、农业部、农垦部、公安部联合发布；1972年的《城市和公路交通管理规则》（试行）由公安部、交通部联合发布。多部门共同制定法规、共同执行实施、分头进行管理虽然是当时形势发展的需要，但所带来的弊端也是显而易见的。为克服这个弊端，1983年3月20日，国务院印发《关于公安与交通部门交通管理工作分工问题的通知》，从此，道路交通法规大多由公安部发布。1985年7月，公安部发布试行《城市机动车驾驶员考试暂行办法》、《城市机动车辆安全检验暂行标准》和《公安系统机动车考验员管理试行办法》，这是公安部第一次制定下发车辆和驾驶员管理方面的专门性、系统性的规范性文件。

（六）非机动车管理是车辆管理的重要组成部分

新中国成立前，全国公路通车里程少、标准低、质量差，各地公路运输以非机动车为主。新中国成立后，虽然我国汽车工业和交通运输业开始起步发展，但非机动车在交通运输中仍然占有重要地位。这个时期，人力车、畜力车等非机动车管理是车辆管理的重要组成部分，当时的人力车主要有独轮车、地排车、黄包车、人力三轮车、自行车等，畜力车主要是北方的马车、驴车、骡车和南方的牛车。（图2–13、图2–14）

随着交通运输和汽车工业的发展，人力车、畜力车等逐渐退出历史舞台，自行车开始成为百姓理想的交通运输工具。进入20世纪六七十年代，随着民族自行车工业的发展，自行车逐渐成为中国人最重要、最普及的代步工

[①]1960年1月10日国务院批准，1960年2月11日交通部发布施行。

图2–13　20世纪五六十年代的人力车队

图2–14　城乡物资交流，马车就是最得力的交通工具

具。改革开放以后，随着百姓对自行车需求量的增大，自行车更加普及，那时各地每日上下班时壮观的自行车流，更是让中国成为外国人眼中的“自行车王国”。（图2–15）

新中国成立初期，我国对非机动车的管理是由公安机关负责的，当时各地对新中国成立前的非机动车牌照予以作废，并重新核发。1950年3月1日，根据北京市人民政府发布的《北京市各种车辆管理暂行规则》的规定，对非机动车进行登记发照工作，北京市第一次核发非机动车牌照，到1950年年底，共核发牌照自行车187166辆、三轮车22928辆、兽力车19827辆、马拉车63辆、手推车20084辆、排子车2043辆、人力车1398辆。随着全国实行“限

图2-15 自行车成为我国百姓主要的交通工具

制发展、逐渐转业”的方针，除自行车、人力三轮车外，各地不再增发人力车、畜力车牌照并逐步取缔。20世纪70年代以后，各地非机动车管理仅限于自行车、人力三轮车等，每年审验一次，每隔3至4年换发一次牌照，由各地公安机关自行制发。1983年以后，各地逐步成立非机动车管理所，具体负责非机动车管理。对自行车的管理，各地主要依靠各单位内部教育和加强路面管理相结合的方法。大连等市将单位骑车职工按车间、班组组建成自行车安全组，定期开展学习教育活动；北京市在500辆以上非机动车的单位，设立专职交通安全员，并用“交通违章通知书”的形式把职工违章肇事情况通知其所在单位，对其予以教育处理。各大中城市在有条件的道路或路段上开辟自行车专用车道，或实行单向行驶，并采取物体隔离设施，大大改变了混合行驶不安全的状况。部分城市在商业繁华地区、文化体育活动地区和居民楼等自行车比较集中的地区，充分利用广场、空地、胡同，规划、设立自行车停放场所，限定存放范围，并设专人看守。

二、统一管理起步阶段（1986年–1995年）

这个时期是自1986年全国道路交通体制改革到1995年的十年，我国正处于计划经济向市场经济的过渡时期。道路交通管理体制改革后，车辆和驾驶人管理遇到了新的历史发展机遇，进入公安机关统一管理时期，车辆和驾驶人管理模式和法制化建设发生了较大变化。

（一）公安机关统一管理城乡道路交通的体制确立

这一时期，我国实行对外改革开放、对内搞活经济，城乡机动车辆大幅增长，随之也带来交通事故的大幅上升，交通事故死亡人数从1983年的2.4万人增加到1986年的5万人。国务院经研究认为，交通安全管理统一由公安部门管理更有利于交通安全工作，更有利于形成预防和减少道路交通事故的合力。1986年10月7日，国务院下发《关于改革道路交通管理体制的通知》（国发〔1986〕94号），对全国道路交通管理体制进行了重大改革，将全国城乡道路交通划归公安机关统一管理，从根本上解决了道路交通由多部门管理的历史遗留问题。该通知明确了“公安机关对全国城乡道路交通依法管理，包括交通安全宣传教育、交通指挥、维护交通秩序、处理交通事故和车辆检验、驾驶员考核与发牌发证、路障管理以及交通标志、标线等安全设施的设置与管理等”。车辆和驾驶人管理遇到了新的历史发展机遇，进入公安机关统一管理阶段。

道路交通管理体制改革之前，公安交通管理工作没有专门的管理机构。1949年11月16日，经政务院批准，公安部设立治安行政局，职责包括城市交通管理；1951年，治安行政局成立交通消防科；1953年，根据道路交通的发展，治安行政局成立交通处，基本职责是负责城市交通管理，维持城市交通秩序，部分城市在公安局设立交通处、科。1986年12月31日，公安部正式挂牌成立交通管理局，下设车辆管理处。[①]各省、自治区、直辖市公安厅、局相继成立车辆管理处、科；各地、市、州公安局交通大队相继成立车辆管理所。1987年4月7日，公安部下发《关于传达李鹏副总理对道路交通管理体制改革的指示的通知》，要求各地公安机关在各级政府领导下，抓紧完成道路交通管理体制改革的交接工作。1987年年底，各地公安机关完成了公路交通管理的接收任务，全国各级公安交通管理机构逐步健全，全国车辆和驾驶人管理体制基本理顺。

（二）《中华人民共和国道路交通管理条例》应运而生

公安部交通管理局成立后，办的第一件大事就是将《中华人民共和国道路交通管理条例》（以下简称《道路交通管理条例》）（草案）上报国务院。

[①]2009年11月，根据国务院批准的《公安部主要职责内设机构和人员编制规定》和公安部各局内设机构方案，公安部交通管理局“车辆管理处”名称调整为“车辆和驾驶人管理处”。

早在1972年3月，公安部与交通部就联合发布了《城市和公路交通管理规则》（试行），这可以说是《道路交通管理条例》的前身。这个规则是《道路交通管理条例》出台前执行时间最长的一个法规，但其中也存在许多不足的地方，关键还是公安、交通两部门在一些方面存在交叉管理、交叉执法的问题。从20世纪80年代初期，公安部和交通部组成专门的联合调研小组，并邀请来自北京、河北、天津、安徽等地交通管理方面的专家，就完善道路交通管理法规进行专题调研。专家们查找、翻阅了大量的国内外资料，并就《城市和公路交通管理规则》（试行）里的内容进行了反复论证，形成了《道路交通管理条例》（草案）。但是，由于一些方面的管理职责没有理顺，立法工作一度搁置。1986年，国务院下发《关于改革道路交通管理体制的通知》，规定全国城乡道路交通由公安机关负责统一管理，《道路交通管理条例》立法工作重新启动并顺利出台。1988年3月9日，国务院发布了《道路交通管理条例》，自1988年8月1日起施行。《道路交通管理条例》对车辆和驾驶人管理工作进行了明确规定，车辆必须经过车辆管理机关检验合格，领取号牌、行驶证，方准行驶，号牌须按指定位置安装，并保持清晰，号牌和行驶证不准转借、涂改或伪造；规定机动车驾驶员必须经过车辆管理机关考试合格，领取驾驶证，方能驾驶车辆。《道路交通管理条例》由各级公安机关负责实施、由公安部负责解释，同时规定上道路行驶的专门从事运输和既从事农田作业又从事运输的拖拉机安全技术检验、驾驶员考核、核发全国统一的道路行驶牌证等项工作，公安机关可以委托农业（农业机械）部门负责，

图2-16　群众上街宣传《道路交通管理条例》

并有权进行监督、检查。《道路交通管理条例》的出台，为全国车辆和驾驶人管理工作奠定了重要的基础。（图2–16）

（三）机动车和驾驶人管理的配套规范逐步建立

20世纪80年代中后期以来，随着《道路交通管理条例》的颁布实施，机动车和驾驶人管理开始进入法律制度和规范体系逐步建立时期。《道路交通管理条例》对车辆和驾驶员管理大多属于通行方面的规定，对车辆登记、驾驶证申领等方面的内容并无详细叙述，而且缺乏与之配套的行政规章作为管理依据。这一时期，公安部加快了立法进程，出台了一系列机动车和驾驶人管理方面的规章、制度、标准和规范性文件。1989年2月1日，时任公安部部长王芳签发公安部第1号令，颁布《机动车驾驶员培训学校（班）管理办法》①，这是公安部首次以部令的形式发布部门规章，而且专门针对机动车和驾驶人管理制定发布，可见对此项工作的重视程度。同年，又发布了《机动车辆安全技术检测站管理办法》（公安部令第2号）②、《临时入境机动车辆与驾驶员管理办法》（公安部令第4号）。之后，公安部连续以部令的形式发布了《农用运输车安全基准》（公安部令第12号）、《机动车号牌生产管理办法》（公安部令第13号）、《摩托车安全基准》（公安部令第15号）、《警车管理规定》（公安部令第27号）等规章。1987年10月1日经国家标准局批准发布实施的《机动车运行安全技术条件》（GB 7258–1987）是在《城市机动车辆安全检验暂行标准》的基础上，广泛征求意见制定而成的，它是首次对机动车上道路行驶的安全技术条件作出全国统一的标准化管理规定。目前，《机动车运行安全技术条件》（GB 7258）标准虽几经修订，仍是机动车运行安全的根本标准，是其他有关机动车标准的基础性标准。随后，《机动车驾驶证证件》（GN 43–1988）、《机动车号牌》（GA 36–1992）、《机动车行驶证》（GA 37–1992）等公共安全行业标准相继出台，以标准的形式规范了

---

①《机动车驾驶员培训学校（班）管理办法》发布后，各地公安交通管理部门对驾驶员培训学校（班）开展了整顿，并普遍建立了规范的机动车教练场，使驾驶员培训工作逐步走向规范。

②《机动车安全技术检测站管理办法》发布后，各地全面加强机动车检测站（线）的建设和管理，在当时一个短短的时期内，全国自建和委托的机动车安全检测站已经达到670多个、检测线近千条，有流动检测车600多辆。

全国机动车牌证和驾驶证管理工作。为贯彻执行好机动车牌证标准，自1989年7月1日起，全国开始启用并统一换发新的机动车驾驶证；自1994年7月1日起，全国开始启用并统一换发“九二式”机动车号牌。

与此同时，全国各地公安交通管理部门结合当地实际，研究制定了大量的地方性管理规定，有的还通过当地立法机关和人民政府颁布了地方性法规、规章。比如，北京市先后制定了《机动车类型登记规范》、《进口机动车厂牌型号登记规范》、《机动车车身颜色登记规范》、《机动车车型手册》等规范；山东省、江苏省颁布了《车辆管理工作规范》；辽宁省先后制定了《车辆管理机构设置分工及核发车辆牌证的规定》、《机动车辆业务管理规范》、《机动车检验和驾驶员审验规定》等一整套业务管理规范；云南省制定了《机动车注册登记办法》、《教练车和教练员管理办法》；上海市人民政府颁布了《上海市交通违章抄告暂行规定》，上海市公安局发布了《上海市机动车驾驶员违章记分办法》，这些地方性法规、规章加强了对机动车和驾驶人的动态管理。

这个阶段，根据实际工作中遇到的问题，公安部还就某些具体事项及时下发文件作出相应调整、补充和完善。1993年，为严厉打击当时比较猖獗的走私进口汽车违法犯罪活动，国务院办公厅下发《关于加强进口汽车牌证管理的通知》（国办发〔1993〕55号），对进口汽车牌证核发、统计和复核，海关证明的签发和备案等作出了规定。同年，公安部、海关总署、国家工商行政管理局联合下发《关于贯彻实施〈国务院办公厅关于加强进口汽车牌证管理的通知〉有关问题的通知》（公发〔1993〕97号），对贯彻实施国务院办公厅《关于加强进口汽车牌证管理的通知》提出了公安交通管理部门在办理核发进口汽车、摩托车牌证手续时，要首先查验有无海关签发的《货物进口证明书》，或者全国统一的《没收走私汽车、摩托车证明书》的具体要求。除此之外，公安部还发布了《关于严格审查进口汽车申领牌证手续等有关问题的紧急通知》（公明发〔1993〕2074号）和《关于进一步做好进口汽车牌证管理工作几个问题的通知》（公通字〔1993〕103号）等一系列文件，以规范全国进口汽车登记工作。这些规范性文件虽然零散、繁多，但具有较强的针对性、时效性，在短时期内取得了良好效果，在当时的机动车和驾驶人管理工作中发挥了重要作用。

（四）科学技术在机动车和驾驶人管理中开始应用

随着计划经济向市场经济的转轨，我国经济建设开始飞速发展，机动车和驾驶人数量也大幅增长，过去依靠人工对机动车和驾驶人进行管理的状况已经远远不能适应工作的需要。1988年，公安部发布《机动车管理信息系统分类与代码》和《机动车驾驶员管理信息系统分类与代码》行业标准，全国公安交通管理部门开始投入大量资金和人力、物力，积极开发机动车和驾驶员计算机管理信息系统，并结合换发新驾驶证和“九二式”机动车号牌加快建设进度。（图2–17）

1992年6月3日，公安部交通管理局下发《关于使用计算机管理机动车、驾驶员信息工作的通知》（公交管〔1992〕79号），决定从1993年1月1日起，全国所有的车辆管理所都要使用计算机管理机动车、驾驶员信息及驾驶证、行驶证打印等业务。到1996年，全国所有省、地（市）车辆管理所和县级车管分支机构均实现了计算机管理机动车和驾驶员，统计、查询、检索、制表、办证工作效率和质量大幅提高。计算机在车管工作中的广泛应用，不仅严密和规范了车辆和驾驶人管理工作程序，堵塞了工作漏洞，在加强交通、治安管理和刑侦工作方面也发挥了重要作用。据统计，从使用计算机管理到1996年，仅北京车辆管理所就为治安、交通管理查询机动车193670辆次，协助破获交通肇事逃逸案件143起，这些数字在当时那个年代如果没有计算机应用是不可想象的。至此，机动车和驾驶人管理工作开始走向科技化、信息化。（图2–18）

图2–17　20世纪80年代末机动车驾驶员考试开始使用计算机

图2–18　办理机动车和驾驶证业务开始使用计算机

三、规范化管理阶段（1996年–2003年）

这个时期是《道路交通安全法》颁布前的规范调整期，时间跨度从1996年到2003年。这期间我国经济体制完成了从计划经济向市场经济的转变，加入了世界贸易组织（WTO），经济的快速发展对车辆和驾驶人管理工作产生了巨大影响。这一时期，车辆与驾驶人管理各项工作开始走上规范化建设的道路，我们将其称为规范化管理阶段。

（一）驾驶人考试和驾驶证管理制度基本确立

1996年之前，我国对机动车驾驶证管理、驾驶员考试等工作仅在《道路交通管理条例》中做了比较笼统、概括的表述，驾驶证管理只有《机动车驾驶证证件》（GN 43–1988）公共安全行业标准，驾驶员考试工作执行1985年9月1日起试行的《城市机动车驾驶员考试暂行办法》和《公安系统机动车考验员管理试行办法》，缺乏行政规章进行统一和规范。1996年，为适应我国经济建设的高速发展、满足广大人民群众申领、报考机动车驾驶证的要求，规范迅猛增长的机动车驾驶证申领、考试、发证等业务，公安部相继制定发布了《机动车驾驶证管理办法》（公安部令第28号）和《机动车驾驶员考试办法》（公安部令第29号），于1996年9月1日在全国正式施行。《机动车驾驶证管理办法》对机动车驾驶证的准驾车型进行了详细的分类，明确了驾驶证的申请、考试、发证和审验、换证、注销等具体规定。《机动车驾驶员考试办法》则进一步细化了机动车驾驶人考试内容，考试车辆、场地、道路规定以及考试标准，引入了“科目”考试的概念，并首次提出了考试员资格认证的要求。这两个部令的发布实施，是公安交通管理工作的一项重大改革，对规范机动车驾驶证管理和驾驶人考试制度、简化和统一驾驶证申领程序和申请手续、更好地服务于经济社会发展均发挥了重要的作用。2003年9月，根据公安部推行的三十项便民利民措施，体现便民利民措施在行政许可上的程序固化，时任公安部部长的周永康同志签发了第67号公安部令《关于修改〈中华人民共和国机动车驾驶证管理办法〉和〈机动车驾驶员考试办法〉部分条款的决定》，增加“小型自动挡载客汽车”准驾车型（代号为“Z”），进一步放宽驾驶证申领条件，使之更适应经济社会的发展和人民生活的需要。机动车驾驶证管理和驾驶人考试制度在这个时期得到了基本确立。

（二）全国统一的机动车登记制度逐步建立

20世纪90年代中期前，我国的机动车登记工作尚未统一。1960年的《机动车管理办法》和1988年的《道路交通管理条例》虽然规定了一些属于机动车注册登记的内容，但并没有使用注册登记的概念，也没有把注册登记专门作为一项制度加以确立。1997年，公安部交通管理局在全国统一实行了《机动车注册登记工作规范（试行）》（公交管〔1997〕96号）。1999年，公安部下发了《关于印发〈车辆管理所业务岗位规范〉等5个规定的通知》（公通字〔1999〕46号），建立和完善了车辆管理所内部监督制约机制，进一步加强和规范机动车登记管理。2000年11月，公安部在此基础上制定了《中华人民共和国机动车登记办法》（公安部令第56号，以下简称《机动车登记办法》），同时下发了《机动车登记工作规范》，并于2001年10月1日起正式实施，进一步加强机动车管理，规范机动车登记行为，统一了办理机动车登记的具体情形和办理程序，统一了机动车行驶证和机动车登记证书等机动车牌证的签注要求，统一了机动车档案的管理。这是首部以公安部令的形式向全国发布的关于机动车登记方面的部门规章。[①]

《机动车登记办法》的实施，对加强车辆管理服务经济社会发展起到了很大的推动作用。《机动车登记办法》有两大亮点：第一大亮点在于依据《中华人民共和国担保法》（以下简称《担保法》），建立了机动车抵押登记制度。在当时的社会背景下，随着改革开放的不断深入，经济建设的快速发展，以及人民生活水平的不断提高，消费理财的观念也在悄然发生着变化。“花明天的钱，办今天的事儿”、“贷款消费”成为新的消费理念，开始逐步被中国消费者接受，除了作为不动产的房屋外，贷款购物首当其冲的消费品就是汽车。机动车抵押登记制度的建立对活跃汽车市场、推动经济发展起到了至关重要的作用（图2-19）。第二大亮点在于结合汽

[①]从1987年11月公安部召开修改《机动车管理办法》论证会，到1990年4月完成《中华人民共和国机动车管理条例（征求意见稿）》，到1999年12月9日完成《中华人民共和国机动车登记办法（修改稿）》，到2001年《机动车登记办法》（公安部令第56号）的实施，前后经历了整整14个年头，我国机动车登记工作实现了全国统一。

车销售方式的变化、二手车交易市场的发展，首次启用了机动车登记证书。为机动车所有人颁发具有证明机动车所有权作用的机动车登记证书，适应了机动车消费变化，满足了涉及机动车的经济活动需求，有效保障了车主的合法权益。

图2–19　抵押登记使贷款购车成为可能

（三）机动车和驾驶人信息系统建设和应用迈出坚实步伐

进入20世纪90年代中后期，在经济大潮的冲击下，全国走私、拼装汽车违法犯罪活动十分猖獗，如当时震惊全国的厦门远华走私案，从1994年到1998年，赖昌星团伙走私货物的总金额高达530多亿元人民币，偷逃税款超过300亿元人民币（图2–20）。其中，仅从1997年2月至12月间，就走私各种汽车共计3588辆，案值15.7亿元人民币，偷逃税款9亿元人民币。巨额的利润刺激着犯罪分子铤而走险，不少公安民警和领导也为此以身试法，走上了违法犯罪道路。为此，国务院连续下发多个文件，对进口车牌证管理

图2–20　中央电视台新闻调查播出厦门远华走私案

进行规范，公安部、海关总署、国家工商总局等相继发布文件，严格规范进口机动车登记管理，逐步建立了全国统一的进口汽车注册登记审批和通报制度。但是，办理登记缺乏有效的监管和识别手段，难以有效遏制走私汽车日益猖獗的趋势。

1998年，为了贯彻全国打击走私工作会议精神，严厉打击日益猖獗的走私汽车犯罪活动，公安部在广泛调研的基础上，着手利用计算机和数据库技术堵住走私汽车非法入户的漏洞，构建了部、省两级进口车计算机核查系统网络软硬件平台，将正常进口车信息以及海关、工商、公安罚没的走私车信息进行汇总，建立部、省两级进口车核查数据库，供各地车辆管理所办理进口车业务进行比对，有效克服了过去仅凭“眼看手摸”鉴别进口车凭证真伪、查获的假证无法确定等诸多弊端，解决了困扰进口车入户管理工作的一大难题。1998年8月1日，“全国进口机动车计算机核查系统” 正式启用。刚一启用，即在广西壮族自治区核查出33张伪造的《货物进口证明书》、《没收走私汽车、摩托车证明书》（图2-21），查获33辆走私机动车。以此为线索，破获了一起重大的机动车走私团伙案。2003年以后，公安部又与海关总署建立了进口车数据信息交换系统，对进口车数据进行实时交换比对，堵住了走私汽车非法入户的漏洞，实现了进口车核查的唯一性、安全性、准确性，体现了信息技术不可替代的作用。进口车核查系统是全国公安交通管理部门建设最早、见效最快的业务应用系统，迈出了道路交通管理信息系统建设和应用的第一步。

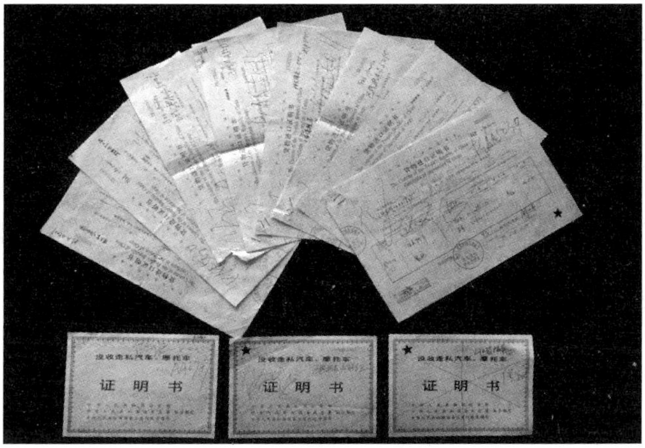

图2-21　1998年广西查获的伪造机动车进口和没收证明

在创建“平安大道”、实施“畅通工程”活动中，为解决各地对无牌无证、假牌假证等交通违法行为查处中的科技应用问题，公安部将机动车和驾驶人信息查询系统建设作为实施道路交通管理信息系统总体方案龙头项目，首次统一了机动车和驾驶人数据标准，以及部、省、市三级系统网络平台，实现了对全国范围内的机动车和驾驶人信息查询，为全国机动车/驾驶人信息资源数据库建设奠定了坚实基础。2002年，公安部交通管理局决定将各省（区、市）交警总队小型机内存储的机动车数据统一汇总并形成全国机动车登记基础数据库；2003年，对全国公安交通管理信息系统机动车数据信息进行了全面清理和补录，进一步提高了机动车数据质量。2003年年底，公安部决定将全国机动车/驾驶人信息资源数据库列为全国“金盾工程”[①]八大基础性信息资源库之一。

（四）管理与服务并重的理念初步形成

随着我国加入WTO后经济的快速发展和人民群众生活水平的提高，公共需求呈现出增长迅速、主体多元、需求多样的特点。人民群众不仅要求实现基本公共服务均等化，而且还要求优质、高效、便捷、热情。由于在体制改革以后，车辆管理所的管理制度主要是基于打击和防范车辆违法犯罪的思路建立起来的，集中体现了岗位设置多、审批环节多等管理性特征，虽然起到了严格管理、保护民警的作用，但降低了服务效率和服务质量。1995年，江泽民总书记为济南交警题词“严格执法，热情服务”，在全国范围内开展了深入学习济南交警活动。各地以此为契机，把改革和加强车管工作、提高服务质量作为深入学习济南交警的重点来抓，在车管工作中认真贯彻题词精神，把“外树形象，内强素质”同改革车管工作、实行科学化管理、人性化服务和提高办事效率有机结合起来，便民利民服务意识在这一时期不断发展。

1997年2月，公安部交通管理局决定对部分汽车生产企业生产的新车办理注册登记时，不再进行安全性能检测，这是我国第一次实施的新车免检制度。2001年7月11日至12日，公安部在大连召开的贯彻《机动车登记办法》工

[①]1998年公安部为适应我国在现代经济和社会条件下实现动态管理和打击犯罪的需要，实现“科技强警”，增强公安系统统一指挥、快速反应、协调作战、打击犯罪的能力，提高公安工作效率和侦查破案水平，提出建设“金盾工程”。

作会议上，时任公安部部长助理孟宏伟明确提出，车管工作要为经济建设服务，为人民群众服务，为公安工作大局服务，为交通管理工作服务。2001年10月，公安部交通管理局决定对1997年公布的免上检测线车型进行调整，进一步扩大国产新车入户免上检测线的范围；取消了对9座（含）以下进口小型客车从登记之日起两年内不得办理转籍、过户登记的限制。

2003年，公安部交通管理局在前几年推出的机动车和驾驶人管理工作服务群众措施的基础上，结合当时正在开展的“贯彻‘十六大’，全面建小康，公安怎么办？”大讨论活动，进行了广泛深入的调查研究，针对机动车和驾驶人管理工作中存在的诸如环节多、不方便等群众最关心、最直接的利益问题，在集中民意、集思广益的基础上，积极研究和提出了放宽驾驶证申请条件、延长小型汽车检验周期、车辆号牌号码电脑公开选取等十七项便民改革措施。公安部党委认为，这十七项改革措施是公安部门贯彻落实党的“十六大”精神的重要举措，是实践“三个代表”重要思想，坚持立党为公、执政为民的具体行动，值得推广。在增加了户籍、出入境、消防管理等警种的便民措施后，公安部于2003年8月7日正式向社会公布三十项便民利民措施（图2–22）。公安部三十项便民利民措施在全国公安机关中唱响了“人民公安为人民”的主旋律，受到了社会各界的普遍欢迎和一致好评。在公安部便民利民措施的带动下，各个行业、各个部门的便民利民措施如雨后春笋般纷纷出台，一时间在全国范围内掀起了推出便民利民措施的热潮。

图2–22　公安部三十项便民利民措施报道宣传

2003年9月5日，国务院召开道路交通安全电视电话会议，第一次提出了车辆和驾驶人管理是预防道路交通事故的第一道防线。严格机动车和驾驶人管理，把好机动车上路准入关口和驾驶人驾驶准入关口，是车辆和驾驶人管理的基本职责。至此，管理与服务并重成为机动车和驾驶人管理工作的主题。在新的发展形势下，筑牢预防道路交通事故第一道防线，进一步方便人民群众工作生活、促进经济社会发展成为车辆和驾驶人管理工作的发展方向。

四、法治化管理阶段（2004年至今）

党的“十六大”把健全社会主义法制、依法治国和建设社会主义法治国家，作为建设中国特色社会主义必须坚持的一条基本经验，对新时期法制建设和立法工作，提出了新的任务和更高的要求。这一时期，我国车辆和驾驶人管理工作全面进入了法治化管理阶段，以《道路交通安全法》及其实施条例为基础、以4个公安部规章为支撑、以有关技术标准为保障的车辆和驾驶人管理法律制度和标准体系基本形成，为实现车管工作法治化提供了有力保障。（图2–23）

图2–23　2011年11月1日，公安部黄明副部长视察成都市车辆管理所规范执法工作

（一）《道路交通安全法》颁布实施

2004年是我国公安交通管理法制建设史上具有里程碑意义的一年。随着我国经济社会的快速发展，机动车和驾驶人数量持续大幅增加，道路交通管理工作面临许多新问题、新情况，原有的《道路交通管理条例》以及其他行政法规、部门规章已经难以适应新形势的要求，新的问题需要法律作出规定；法规与其他法律、司法解释之间存在不协调的问题需要通过法律加以解决；道路交通安全管理方面取得的经验需要以法律的形式加以规定。因此，制定一部权威性高、可操作性强、规范全面、权利义务明确的道路交通管理基本法律已经成为我国经济社会发展和法制建设的客观需要。从1994年起，公安部开始着手《道路交通安全法》的研究和起草工作，期间经过充分酝酿，反复修改，从起草到颁布历时十年。2001年12月24日第九届全国人大常委会第二十五次会议上第一次审议，2002年8月21日第九届全国人大常委会第二十九次会议上第二次审议，2003年6月23日第十届全国人大常委会第三次会议上第三次审议，2003年10月28日第十届全国人大常委会第五次会议上第四次审议并获得通过。法学界称之为“四读”，审议的次数在当时创造了我国法律制定历史审议次数之最。可见，《道路交通安全法》的起草、制定、审议过程十分不易，社会和群众最关切，各方面的争议最多。至此，我国第一部关于道路交通安全的法律——《道路交通安全法》诞生，并从2004年5月1日起正式实施。①

《道路交通安全法》是我国第一部全面规范道路交通活动中参与人权利义务关系的基本法律，是我们做好道路交通管理工作的基础和保障。这部与人民生命财产权利密切相关的法律，充分体现了尊重生命、以人为本的原则，在我国立法方面实现了新的突破，标志着我国道路交通事业全面走向法

①此后，《道路交通安全法》经过两次修正，第一次修正是2007年12月29日，第十届全国人大常委会第三十一次会议审议通过对《道路交通安全法》第76条的修正，进一步明确界定了行人、非机动车与机动车发生交通事故后的责任认定；第二次修正是2011年4月22日，第十一届全国人大常委会第二十次会议审议通过对《道路交通安全法》第91条、第96条的修正，对酒后、醉酒驾驶机动车以及伪造、变造或者使用伪造、变造的机动车牌证设定了更加严厉的处罚措施，醉酒驾驶一律吊销驾驶证且5年内禁驾，并依法追究刑事责任。

治时代的崭新开端，成为以人为本的立法典范。该法用一整章的篇幅对车辆管理工作相关法律规定进行了表述，就车辆和驾驶人管理而言，《道路交通安全法》最主要解决了两个方面的问题：一是从法律层面上确立了车辆和驾驶人管理的几个基本制度，即机动车登记制度、机动车检验制度、机动车强制报废制度、驾驶人考试制度、驾驶证审验制度等。在此之前，车辆和驾驶人管理的核心理论一直是“两个执照”制度，即车辆牌照制度和驾驶员执照制度。二是进一步完善了车辆和驾驶人管理体制。《道路交通安全法》规定农用运输车作为三轮汽车和低速货车，全部由公安部门管理，上道路行驶的拖拉机及其驾驶人的管理职权由农业部门行使。至此，现行的机动车和驾驶人管理体制完全确立下来。（图2–24、图2–25）

图2–24　公安交通管理部门进行《道路交通安全法》学习培训

图2–25　各地广泛开展《道路交通安全法》宣传活动

（二）车辆和驾驶人管理法律法规体系基本形成

《道路交通安全法》在《机动车登记办法》、《机动车登记规范》、《进口机动车登记审批管理规定》、《报废汽车回收管理办法》、《机动车驾驶员考试办法》、《机动车驾驶员管理办法》等法规、规章实施经验的基础上，对车辆管理制度和原则以国家法律的形式予以确定，对基本的业务要求加以明确、完善和规范。2004年4月30日，国务院公布《道路交通安全法实施条例》（国务院令第405号）。同日，公安部发布了《机动车驾驶证申领和使用规定》（公安部令第71号，以下简称71号令）和《机动车登记规定》（公安部令第72号，以下简称72号令），自2004年5月1日起与《道路交通安全法实施条例》同步施行，同年，公安部下发《机动车驾驶证业务工作规范》和《机动车登记工作规范》。作为下位法，71号令和72号令这两个公安部令的施行，凸显出车辆管理工作对于促进公安交通管理工作的重要作用。同时，通过这两个公安部令可以看出公安部在修订部门规章时所遵循的简化手续、方便群众的原则，并在具体的条文中一一体现出来，秉承了《道路交通安全法》以人为本、便民利民的立法理念。

71号令是在公安部第28号、29号和45号令[①]三个部令的基础上修改、合并而成的。“三合一”的目的，一是为了整合管理手段，让源头管理与路面执法形成合力；二是为了增强操作性，把考试、发证、记分三个管理步骤合而为一，既有利于实际管理和执法，又便于社会公众学习掌握；三是为了减少立法成本，提高工作效率。从立法技术上讲，对有内在联系的事物，应尽可能放在一个规定中，这样有利于立法，有利于执法，有利于监督，有利于学习掌握，也有利于配套实施。

72号令则是针对我国经济快速发展，机动车数量剧增，机动车登记出现了一些新情况和新问题，进而对公安部第56号令进行修订形成的。其特点主要体现在：一是随着科技手段的大量应用，进一步简化机动车登记工作的流程，方便群众办理机动车牌证；二是为配合《道路交通安全法》确立的机动车登记制度的落实，对原来部门规章中有关重复或不一致的内容进行调整和修改，确保与《道路交通安全法》及其实施条例配套实施。

从《道路交通安全法》、《机动车驾驶证申领和使用规定》和《机动车登记规定》的名称变化上也可以看出我国民主法治建设的成长轨迹。无论是制定国家法律，还是修改公安部令，多次征求社会群众和学者的意见后，

[①]公安部第45号令是《机动车驾驶员交通违章记分办法》，于1999年12月9日发布，自2000年3月1日起实施。

不少群众和专家提出“交通管理”概念太大、涉及太广，建议法律名称可以着重体现道路交通中的“安全”概念，同时不要重点着墨于“管理”理念，而应当向“服务”理念转变。在全国人大常委会审议时，全国人大常委会组成人员也强调，道路交通首要是安全，其次才是畅通。因此，道路交通安全立法必须体现“尊重生命、以人为本”的原则。经过《道路交通管理条例》到《道路交通安全法》的更名过程，体现了道路交通管理切合民意、注重人文关怀的立法初衷。在《机动车驾驶证申领和使用规定》和《机动车登记规定》的命名上，同样体现了从“强管理”到“重服务”的转型，将“管理办法”变为“申领和使用规定”以及“登记规定”，既符合法律的立法原则，又充分体现部门规章所包含的主要内容。

由此，一个涵盖法律、行政法规、部门规章和标准规范的车辆和驾驶人管理法律体系基本形成。车辆和驾驶人管理工作完成了法制建设初级阶段的主要任务，已具备条件向法制巩固阶段过渡。在这一时期，车辆和驾驶人管理法制建设的主要任务，就是将工作中心转移到法律执行层面上，提高法律制度的执行权威。

（三）车辆和驾驶人管理法律法规体系不断完善

在这一阶段，为积极构建服务型车辆管理所，更好地服务社会群众，全国公安交通管理部门陆续推出车辆和驾驶人管理便民利民措施。便民利民措施的推出，遵循“凡属许可类的措施必须由部令作出规定、属于工作程序类的措施以规范性文件予以规定”的原则，以修订后的公安部令及其工作规范为法律依据，以部门规章的形式对便民利民措施中的许可性规定进行调整，以规范性文件的形式对便民利民措施中的内部程序性规定进行调整。为进一步强化车辆和驾驶人管理法制化建设，使现行规章更适合经济社会发展和交通形势变化，把“以人为本”、“规范执法”的法制理念融入部门规章之中，把有效的便民利民措施通过规章形式予以固化，公安部结合车辆和驾驶人管理的工作实际，借鉴国外的先进经验和成功做法，不断修改完善相关规章制度。

在驾驶人管理方面，2006年，在公安部第4号令和71号令的基础上，公安部修订发布了《临时入境机动车和驾驶人管理规定》（公安部令第90号，以下简称90号令）、《机动车驾驶证申领和使用规定》（公安部令第91号，以下简称91号令）。其中，90号令进一步规范了临时入境机动车和驾驶人管理，统一了临时入境机动车号牌和行驶证、临时机动车驾驶许可的办理条件和程序，为临时入境的机动车上路行驶、驾驶人临时驾驶机动车提供了便利。91号令主要改进了驾驶证管理制度尤其是驾驶人考试制度，严格了大中型客货车驾驶证的申领条件，将实际道路驾驶考试单独设立为一个考试科目，在一定程度上解决了考试针对性不强、难易程度不均衡、重技能培训轻安全意识等问题，引导驾驶人培训和考试从“技能型”转变为“安全型”，切实提高新驾驶人的安全驾驶意识和能力。2009年12月，公安部从“放宽残疾人驾驶汽车身体条件，保障残疾人权益”、“推进便民服务措施，方便群众办理驾驶证”、“完善驾驶证管理制度，突出管理针对性”等三个方面，修订发布了《机动车驾驶证申领和使用规定》（公安部令第111号，以下简称111号令）。（图2–26）111号令允许右下肢或双下肢残疾以及有听力障碍的残疾人驾驶汽车，圆了不少残疾人的驾驶梦想，还为支持残疾人驾驶汽车出行制定了有效的管理措施，以保障残疾人和其他道路交通参与者的人身、财产安全。111号令还推出了更多的便民服务措施，简化了摩托车驾驶证的申领程序，增加了驾驶证因逾期未换证被注销的救济措施，着力提高服务群众水平；同时，进一步完善驾驶证管理制度，严格驾驶人的日常管理，在源头上有效预防和减少道路交通事故，保障道路交通安全。

图2–26　残疾人驾车已经不是梦想

在机动车管理方面，2006年，公安部在第27号令的基础上修订发布了《警车管理规定》（公安部令第89号），以规章的形式明确警车采用“2004

式”外观制式，进一步规范和加强对警车的使用管理，保障公安机关、国家安全机关、监狱、劳动教养管理机关的人民警察和人民法院、人民检察院的司法警察依法执行紧急职务。2008年，公安部本着进一步规范办理程序，优化服务方式，为群众提供更多便利的原则，修订发布了《机动车登记规定》（公安部令第102号，以下简称102号令）。102号令的修订有如下亮点：一是推出了机动车号牌号码自编自选、简化办理机动车登记程序等二十二项便民利民措施，并将近年来公安部推行的便民利民措施通过部门规章形式进行固化；二是进一步规范了机动车登记条件和程序，规范了车辆管理所内部的职能设置和监督机制，明确规定设立县级车辆管理所；三是增加了法律责任的规定，对非法改装机动车、不按规定办理登记等违法行为设定了罚则，体现有法可依、执法必严。

在此基础上，公安部会同有关部门修订了《机动车运行安全技术条件》（GB 7258–2004）、《道路车辆外廓尺寸、轴荷及质量限值》（GB 1589–2004）等国家标准，进一步严格了机动车安全技术要求；制定和修改了《机动车驾驶证件》、《机动车驾驶人场地驾驶技能考试系统》、《机动车号牌》、《机动车查验工作规程》等16个行业标准，全面促进了机动车和驾驶人管理工作的制度化、规范化、标准化。

经过60多年的风雨历程，车辆和驾驶人管理工作在各级党委、政府和公安机关的正确领导和大力支持下，从原来主要依靠规范性文件办理逐步转变为依据法律、法规、规章和标准办理，在共和国法制建设发展史上写下了浓墨重彩的一笔，为依法规范车辆和驾驶人管理、实现车辆和驾驶人工作法治化提供了有力保障。从2004年《道路交通安全法》颁布至今，我国车辆和驾驶人管理工作取得了前所未有的大发展，尤其是2006年以后，各项管理工作以法律体系为支撑、以全国统一版本的机动车登记和驾驶证管理系统等信息化建设为保障、以“以人为本、突出服务”的管理理念为根本、以车管队伍正规化建设和车辆管理所等级评定为新起点，我国的机动车和驾驶人管理步入法治化、规范化、科学化管理的轨道。

车辆和驾驶人管理法律法规标准体系架构图

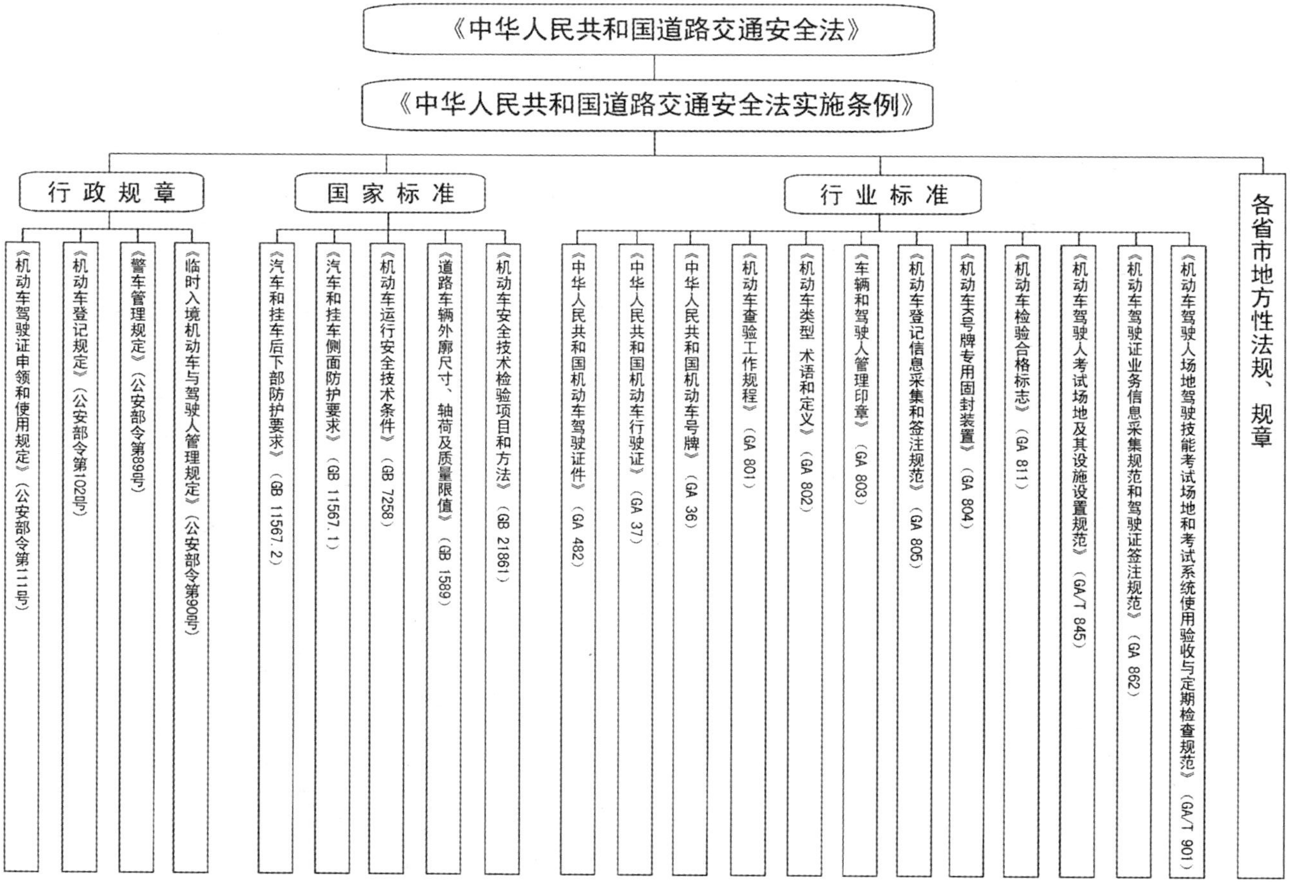

第二节　车辆管理的历史沿革

一、机动车管理分类

对机动车实施分类管理是提高车辆管理效能的有效手段。关于机动车管理分类，因管理角度、适用对象的不同而有所差异。长期以来，我国的机动车管理分类依据主要有两个方面的文件：一是道路交通管理方面的文件，包括《城市和公路交通管理规则》（试行）（1972年公安部、交通部印发）、《道路交通管理条例》（1988年国务院发布）、《道路交通安全法》（2003年中华人民共和国主席令第8号公布）等。二是机动车管理方面的文件，包括《汽车管理暂行办法》（1950年政务院批准发布）、《机动车管理办法》（1960年国务院批准，交通部发布）、《机动车登记工作规范》（2001版和2004版）等。

（一）分类方法和特点

机动车可以根据车轮数和主要技术特征分为汽车、挂车、摩托车和拖拉机等类型。每一类机动车又可以根据规格、结构、使用性质等再分类，如汽车按规格可分为大型汽车、小型汽车和微型汽车；按使用性质可分为载客汽车、载货汽车和专项作业汽车等。

从分类方法来看，道路交通管理法律法规通常是根据机动车的结构和技术特征确定机动车的类型，如1972年《城市和公路交通管理规则》（试行）规定机动车分为大型汽车、小型汽车、二／三轮机动车、轮式拖拉机和电车；1988年《道路交通管理条例》规定，机动车是指各种汽车、电车、电瓶车、摩托车、拖拉机和轮式专用机械车。

机动车管理方面的文件则根据车长、载重量（或总质量）和乘坐人数、用途等特征细分各种类型机动车，如1950年《汽车管理暂行办法》根据载重量是否大于2000公斤将汽车分为大型车和小型车；《机动车登记办法》（公安部令第56号）及其工作规范根据用途将汽车分为载客汽车、载货汽车和专项作业汽车，并根据车长、总质量和乘坐人数将各类汽车分为大（重）型、中型、小（轻）型、微型等规格。

综合分析新中国成立以来我国相关法律、法规和技术标准，我国的机动车管理分类沿革具有以下特点：

第一，机动车类型根据经济社会的发展以及机动车保有量和结构的变化而不断增加、调整，如1950年《汽车管理暂行办法》中，机动车只分为大型车、小型车和机器脚踏车。随着新中国成立后我国拖拉机工业的发展，特别是1958年7月20日新中国的第一台“东方红”拖拉机出厂和1959年中国第一拖拉机制造厂投入生产，我国拖拉机生产量和使用量迅速增加，为规范和加强对拖拉机的管理，1960年《机动车管理办法》在1950年《汽车管理暂行办法》的基础上增加了拖拉机的分类，并明确其包括轮式拖拉机和履带式拖拉机。又如，20世纪80年代中后期，一种在技术特性上介于汽车和拖拉机之间的简易机动车——农用运输车在我国广大农村地区使用越来越广泛，生产量急剧增加，为规范此类车辆的管理，公安部会同有关部门出台了对农用运输车实施管理的相关规定，增加了农用运输车号牌种类，有效保障了农村地区货物运输安全。

第二，机动车分类标准随着机动车管理的需要而越来越细化、科学。比如，为贯彻实施《道路交通安全法》，《道路交通安全法实施条例》取消了“农用运输车”的提法，将三轮农用运输车改名为三轮汽车，将四轮农用运输车改名为低速载货汽车，并将三轮汽车和低速载货汽车纳入货车范畴进行管理。又如，为规范对校车和危险品运输车的管理，公共安全行业标准《机动车类型 术语和定义》（GA 802–2008）在营运机动车细类中增加了危险品运输车，在非营运机动车细类中增加了幼儿校车、小学生校车和其他校车。

第三，机动车管理分类标准与生产分类标准在存在差异的基础上逐步衔接。长期以来，机动车使用管理部门在核发牌照、实施道路交通管理时执行机动车管理分类标准，而机动车生产厂家和生产管理部门在生产、统计分析时则执行另一套生产分类标准。由于机动车生产分类标准与机动车管理分类标准的具体要求之间存在差异，因此在机动车管理工作实践中，常常需要根据不同的背景确定各类机动车的具体内涵。为实现机动车管理分类和生产分类的有效衔接，2009年5月起，公安部组织对国家标准《机动车运行安全技术条件》（GB 7258–2004）进行了修订，根据《道路交通安全法》及其实施条例确定的机动车分类，参照GA 802–2008等标准，将机动车分为汽车及汽车列车、摩托车、拖拉机运输机组、轮式专用机械车和挂车。其中，汽车包括载客汽车、载货汽车和专项作业车，摩托车包括普通摩托车和轻便摩托车，初步实现了机动车管理分类与生产分类的衔接。

（二）历史上重要的机动车管理分类规定

1. 1960年《机动车管理办法》

《机动车管理办法》于1960年2月11日经国务院批准后，由交通部发布，2004年5月1日《道路交通安全法实施条例》施行时废止，该办法是目前我国车辆管理历史上执行时间最长的规定。

根据《机动车管理办法》的规定，机动车分为大型汽车、小型汽车、二轮机动车、三轮机动车和拖拉机。其中，大型汽车，是指载重量2吨（2000公斤）和2吨以上的各种汽车；小型汽车，是指载重量2吨以下的各种汽车；二轮机动车，是指二轮机器脚踏车及其他安装机器行驶的二轮车；三轮机动车，是指三轮汽车、侧三轮机器脚踏车、后三轮机器脚踏车及其他安装机器行驶的三轮车；拖拉机包括轮式拖拉机和履带式拖拉机。

2. 《机动车登记办法》

《机动车登记办法》于2001年1月4日以公安部第56号令发布。为保证《机动车登记办法》的顺利实施，公安部于2001年5月31日以公通字〔2001〕37号文件印发了《机动车登记工作规范》，自2001年10月1日起实施。该工作规范首次从机动车类型、规格术语、结构术语、使用性质等方面对机动车管理分类作出了详尽、细致的规定：

（1）机动车包括汽车、电车、摩托车、农用运输车、拖拉机、轮式自行机械车和挂车，其中，汽车又包括载客汽车、载货汽车及其他汽车（半挂牵引车和专项作业车）。

（2）各类机动车根据规格术语和结构术语再细分，如：载客汽车根据规格术语细分为大型、中型、小型和微型载客汽车；根据结构术语细分为普通客车、双层客车、卧铺客车、铰接客车、越野客车和轿车。载货汽车根据规格术语细分为重型、中型、轻型和微型载货汽车；根据结构术语细分为普通货车、厢式货车、封闭货车、罐式货车、平板货车、集装箱车、自卸货车、特殊结构货车。摩托车根据规格术语细分为普通摩托车和轻便摩托车；根据结构术语细分为二轮摩托车、正三轮摩托车、正三轮载客摩托车、正三轮载货摩托车和侧三轮摩托车。挂车根据规格术语细分为重型、中型和轻型挂车；根据结构术语细分为普通、厢式、罐式、平板、集装箱、自卸全挂车和对应结构类型的半挂车。

（3）机动车根据其使用性质分为营运机动车、非营运机动车和特种机动车，其中，营运机动车的使用性质包括公路客运、公交客运、出租客运、旅游客运、货运和租赁，特种机动车的使用性质包括警用、消防、救护和工程救险。

《机动车登记办法》及其工作规范基本确定了我国现行机动车管理分类制度，其后的《机动车登记规定》（公安部令第72号）及其工作规范、公共安全行业标准《机动车类型 术语和定义》（GA 802-2008）基本沿用了该分类标准。

3. 国家标准《机动车运行安全技术条件》（GB 7258-2004）

国家标准《机动车运行安全技术条件》（GB 7258-2004）是我国机动车运行安全管理最基本的技术标准，适用于在我国道路上行驶的机动车。为贯彻实施《道路交通安全法》及其实施条例，国家标准GB 7258-2004首次对机动车术语和定义做了规定。

根据GB 7258-2004，机动车包括汽车及汽车列车、摩托车及轻便摩托车、拖拉机运输机组、轮式专用机械车和挂车等，但不包括任何在轨道上运行的车辆。其中，汽车分为乘用车、客车、半挂牵引车和货车，三轮汽车、低速货车属于货车的一类；挂车分为中置轴挂车、牵引杆挂车和半挂车；汽车列车分为乘用车列车、货车列车（包括牵引杆挂车列车和中置轴挂车列车）和铰接列车。考虑到与汽车生产行业标准的衔接，GB 7258-2004确定的机动车分类与72号令及其工作规范确定的机动车管理分类并不完全一致，一是将载客汽车分为乘用车和客车；二是将摩托车细分为普通摩托车和轻便摩托车；三是增加了中置轴挂车的分类；四是明确了汽车列车是机动车的一类。

二、机动车登记

机动车登记，是公安交通管理部门根据机动车所有人的申请，依法进行审查，核发机动车牌证，准予机动车上道路行驶的过程。新中国成立以来，机动车登记一直是我国机动车管理的基本要求，但随着时代的变化，登记的内涵不断调整，登记的种类、方式和条件等也不断变化。

从机动车登记依据、登记方式及登记工作的规范性来看，我国的机动车登记工作经历了三次大的转变，第一次是1997年机动车登记工作实现了全国统一的规范，第二次是2001年以公安部令的形式确立了机动车登记制度，第三次是2004年《道路交通安全法》实施后机动车登记制度实现了法定化。

（一）机动车牌照管理时期（1997年7月1日之前）

新中国成立后直至1997年6月30日，机动车登记工作的主要内容是核发机动车牌照。这一阶段，机动车登记工作的主要特点有：

1. 机动车牌照核发主要依据大量的规范性文件

这一阶段，机动车牌照核发工作的主要依据是1950年《汽车管理暂行办法》、《汽车管理暂行办法实施细则》和1960年《机动车管理办法》，其中并没有对机动车牌照核发的条件、程序作出明确规定。由于没有全国层面上的、统一的机动车牌照核发规定，各地核发机动车牌照的具体工作要求不尽一致，大多依据地方性的内部文件开展工作。1978年我国实施改革开放政策后，由于国家经济社会形势发展变化快，机动车管理不断遇到新情况、新问题，为规范核发机动车牌照工作，有关部门出台了大量的规范性文件作为管理依据，使得机动车登记工作的时代性更为明显。

2. 核发机动车牌照在相当长一段时间内依靠手工完成

20世纪90年代之前，我国核发机动车牌照普遍采用手工方式，行车执照（机动车行驶证）的相关内容均用手工填写。进入20世纪90年代以后，部分地方的车辆管理所开始应用计算机进行机动车登记工作，在提高工作效率的同时，也大大提高了规范化程度。为适应机动车和驾驶人成倍增长的情况下机动车管理工作的需要，公安部交通管理局于1992年6月3日下发通知，决定从1993年1月1日起全国所有的车辆管理所都使用计算机管理机动车、驾驶员信息及驾驶证、行驶证打印工作。自此，机动车登记工作进入计算机登记时代。但是，这一阶段的机动车登记系统普遍只具有数据录入、计算机制证等简单功能，从技术水平来看仍处于初级阶段，许多工作仍需要靠工作人员手工完成。

3. 机动车牌照的核发条件随着国家政策的调整不断变化

1978年之前，汽车产品在我国属于重要的生产资料，由国家进行统一分配，汽车生产企业只负责按国家计划完成汽车生产任务，没有自主经营销售权，因此，我国机动车登记要求也长期基本没有变化。但1978年我国实行改革开放政策后，汽车工业稳步发展，汽车产销量大幅增加。为适应汽车生产、使用和管理的需要，更好地服务国家经济社会发展，保障道路交通安全，办理机动车登记的工作要求也进行了相应调整，如：

——核发机动车牌照时需审查批准单（准购证）或证明单和汽车供应证。1981年6月3日，公安部、交通部、全国控办下发通知，明确小轿车、大客车是国家统一分配和专项控制购买的商品，所有机关、团体、部队、学校、企业、事业单位购买时都要按国家规定经过审查批准。车辆管理机关应凭审批机关签发的批准单（准购证）或证明单（指直接用于科研、生产、经营的车辆）和国家物资总局印制的汽车供应证核发行车牌照；批准单或证明单和汽车供应证两者缺一不可，但经过技术鉴定予以更新的车辆可凭批准单或证明单核发行车牌照。

——申请机动车牌照前应先行缴纳车辆购置附加费。随着车辆生产使用量的增加，我国公路建设步伐也不断加快。为使公路建设有长期稳定的资金来源，加快公路建设，国务院于1985年4月2日下发通知，决定自1985年5月1日起，对所有购置车辆（经交通部、财政部批准免征的车辆除外）的单位和个人，包括国家机关和军队，一律征收车辆购置附加费。缴费人缴纳车辆购置附加费取得缴费凭证（免征车辆取得免征凭证）后，才能向车辆管理机关申请车辆牌照。

4. 车辆生产《目录》管理制度逐步形成

改革开放后，我国汽车市场由传统的计划分配体制逐步向市场体制过渡。1983年起，我国在汽车生产计划中列出10%的份额由汽车生产企业自销，并逐年扩大自销的比例，价格实行双轨制管理，汽车供应证也随之取消。在这一背景条件下，为保证车辆生产质量，有效加强车辆生产管理，便于车辆管理机关进行车辆注册登记，中国汽车工业公司、公安部、交通部、全国控办于1985年8月3日联合下发通知，决定根据中国汽车工业公司对汽车产品鉴定审批结论，定期公布国家计划内《汽车生产企业及产品目录》，要求各级车辆管理机关凭此目录和车辆来历凭证、车辆出厂合格证，经车辆检验合格办理牌照核发手续。1986年全国道路交通管理体制改革后，中国汽车工业联合会、公安部于1987年联合下发通知，明确了汽车生产《目录》的审批部门、条件、程序、发布间隔及作用。至此，我国汽车生产《目录》管理制度基本形成。其后，农用运输车于1987年、摩托车于1988年也开始实施车辆生产《目录》管理制度。车辆生产《目录》作为车辆管理机关办理机动车注册登记的依据，在杜绝为非法拼装车辆发放机动车牌证、严厉打击非法拼组装车辆等方面发挥了重要作用。

（二）机动车登记规范统一时期（1997年7月1日至2001年9月30日）

1997年7月1日至2001年9月30日为我国依照统一规定规范机动车登记时期。这一阶段的重要标志是随着全国统一的《机动车注册登记工作规范》（试行）及《车辆管理所业务岗位规范》、《关于机动车登记项目公开的规定》等5个规定的实施，机动车登记工作条件、事项、程序、岗位设置等方面的要求实现了全国统一，登记工作规范化程度明显提高。同时，为适应我国汽车市场由国家主导阶段向企业主导阶段的转变，更好地规范机动车的生产和注册登记，机动车生产《目录》管理工作要求也不断调整、完善。

1.《机动车注册登记工作规范》（试行）实施

为了规范机动车注册登记，统一机动车注册登记条件和程序，1997年5月20日，公安部下发《关于印发〈机动车注册登记工作规范〉（试行）的通知》（公交管〔1997〕96号），决定自1997年7月1日起，全国统一实行《机动车注册登记工作规范》（试行）。

工作规范规定了机动车登记的种类、登记事项和登记机关：

——在我国道路上行驶的民用机动车登记分为新车注册、过户转籍、变更改装、停驶复驶、报废注销、临时入境。

——机动车登记事项为车主、住址、电话、单位代码、居民身份证号、车辆类型、厂牌型号以及车辆技术参数等。

——经公安部批准的具有确定的注册机关代号和管辖区的各省（区、市）、地（市、州、盟）公安机关车辆管理所，负责对本辖区内的车辆注册登记。

工作规范还规定了各类机动车登记的工作程序和要求。例如，新车注册登记的顺序为：登记审核—检验车辆—核发牌证。新车注册登记后车辆档案的材料应包括：《机动车登记表》原始件，《货物进口证明书》或《没收走私汽车、摩托车证明书》（自1998年1月1日起须有《进口汽车准予登记通知书》）原始件，机动车销售发票复印件，单位的《代码证书》、个人的户口簿和居民身份证复印件，居留证件复印件，人民法院出具的发生法律效力的判决书、裁定书、调解书复印件。

2.《车辆管理所业务岗位规范》等5个规定的实施

为了进一步加强机动车登记管理，规范和完善车辆管理所业务工作，建立和完善车辆管理所内部监督制约机制，1999年6月21日，公安部下发《关于印发〈车辆管理所业务岗位规范〉等5个规定的通知》（公通字〔1999〕46号），要求各级公安机关认真地贯彻落实《车辆管理所业务岗位规范》、《关于机动车登记项目公开的规定》、《关于机动车登记预防性检查规定》、《关于违规办理机动车登记的报告规定》、《关于违规办理机动车登记的处理规定》等5个规定，加强车辆管理所工作正规化建设和队伍建设。

《车辆管理所业务岗位规范》规定了车辆管理所的业务岗位设置、岗位职责等，自1999年9月1日起实施。根据规范规定，与机动车管理业务相关的岗位共有机动车检验岗、登记审核岗、档案管理岗、牌证管理岗、业务领导岗、业务监督岗、嫌疑车辆调查岗、计算机管理岗、咨询岗等9个岗位。各岗位的工作职责见表2-1。

表2-1

编号	岗位名称	岗 位 职 责
1	机动车检验岗	确认车型并核对有关技术参数，查验车辆发动机号码和车架号码有无凿改痕迹，与全国被盗抢机动车信息库进行比对，检测车辆安全技术性能，对改装改型和延缓报废车辆进行技术鉴定
2	登记审核岗	查验申请人提供的有关手续是否齐全、真实、有效，复核机动车检验岗办理的有关手续是否符合要求，暂扣非法手续，将车辆信息录入计算机
3	档案管理岗	复核全部手续是否齐全、真实、有效，建立车辆档案，出具核对车辆档案的证明或车辆档案有关内容的复印件
4	牌证管理岗	核发号牌与机动车行驶证
5	业务领导岗	按职责和权限审核或审批机动车有关手续，审核进口机动车手续
6	业务监督岗	处理业务领导岗退办的不符合规定的有关手续
7	嫌疑车辆调查岗	处理机动车业务岗位反映的涉嫌走私、盗窃、抢劫以及无进口证明、非法拼（组）装机动车的问题，复查具有走私、盗窃、抢劫以及无进口证明、非法拼（组）装嫌疑的车辆
8	计算机管理岗	维护机动车管理计算机信息系统，保证系统安全、正常运行，备份数据库
9	咨询岗	解答群众提出的办理机动车业务等问题

通知首次指出，机动车登记管理是国家权力，各级公安机关应当依法行使这个权力，坚决抵制地方保护主义，自觉维护国家机动车登记管理的统一，保证公安政令和警令的统一。

3. 机动车生产《目录》管理制度不断完善

为进一步贯彻国家《汽车工业产业政策》，更好地服务经济建设，机械工业部汽车工业司[1]和公安部交通管理局于1997年5月20日联合下发通知，决定改进汽车、摩托车生产《目录》的发布和管理方式。首先，《目录》的发布次数由每年两期调整为每年四期，按季度分为第一期、第二期、第三期和总目录，自1997年《目录（第一期）》开始，对列入《目录》的轿车、客车、部分专用车和摩托车产品，同时配发录有其车型参数及照片的光盘，各地公安交通管理部门车辆管理所应当对照光盘中的车型技术参数和照片，办理注册登记。

1998年，我国实行政府体制改革，机械工业部改组为国家机械工业局，在国家经济贸易委员会（国家经贸委）管理下主管全国机械行业。为更好地履行政府管理职能，国家机械工业局、公安部于1999年12月27日联合发布《关于改革汽车、摩托车、农用运输车目录管理的通知》（国机管〔1999〕563号），决定从2000年1月1日起，国家机械工业局负责制定有关目录管理的规章制度，汇总、审批及发布目录，公安部不再负责目录的审批和发布工作，各省、自治区、直辖市公安交通管理部门不再在目录申报材料上签署意见，但涉及目录的编排、列入目录的技术参数等问题，国家机械工业局应当征求公安部的意见。各级公安交通管理部门办理国产汽车、摩托车、农用运输车注册登记时，凡列入国家机械工业局发布的目录的，应当按照有关规定办理注册登记；未列入国家机械工业局发布的目录的，一律不得办理注册登记。

（三）机动车登记制度确立时期（2001年10月1日至2004年9月30日）

2001年10月1日至2004年9月30日是我国机动车登记制度确立时期，其重要标志是《机动车登记办法》及《机动车登记工作规范》的实施。这一时期，机动车登记的工作要求首次以公安部令的形式出现，机动车登记计算机系统的技

---

[1] 1994年1月5日，汽车行业管理职能收归机械工业部，成立机械工业部汽车工业司。

术要求实现了全国统一，机动车登记工作的公开性、规范性程度大大提高，从此确定了我国机动车登记制度的基本框架。同时，为使我国汽车工业适应社会主义市场经济体制和加入世界贸易组织的新形势，促进产业结构调整和政府职能的转变，机动车生产由《目录》管理逐步向《车辆生产企业及产品公告》（以下简称《公告》）管理转变，以建立与国际通行规则接轨的机动车生产法制化管理体制。

1.《机动车登记办法》

为进一步加强机动车管理，规范机动车登记行为，保护公民、法人和其他组织的合法权益，促进经济社会发展，2001年1月4日，公安部发布了《机动车登记办法》，自2001年10月1日起施行。

根据《机动车登记办法》的规定，公安交通管理部门的车辆管理所是机动车的登记机构，负责办理本行政辖区内的机动车登记。机动车登记的种类分为注册、过户、转出、转入、变更、抵押、停驶、复驶、临时入境和注销登记。此外，《机动车登记办法》还规定了办理机动车登记的工作要求，包括机动车所有人申请登记时应提交的资料、车辆管理所办理登记时应当登记的事项及登记的时限要求等，并明确提出了不予办理登记的情形。

与《机动车注册登记工作规范》（试行）相比，《机动车登记办法》有两大特点：一是取消了变更改装登记中的改装登记（但仍允许改变发动机燃料种类），增加了抵押登记，并将过户转籍登记细分为过户、转入和转出登记；二是启用了机动车登记证书作为机动车办理了登记的证明文件，记载规定的登记事项，以保证抵押登记的实施，丰富机动车的消费方式，促进我国汽车工业的发展。

根据《机动车登记办法》制定的《机动车登记工作规范》则对车辆管理所办理机动车登记的业务流程和具体事项、机动车行驶证和机动车登记证书等机动车牌证的签注要求及机动车档案的要求等做了明确规定。根据工作规范的规定，车辆管理所应当按照公共安全行业标准《机动车登记信息数据库规范》和《机动车登记信息代码》建立计算机登记数据库，按照规定将登记信息和各岗位经办人的编号录入计算机登记系统，并按照计算机登记系统的登记内容打印各类与机动车登记有关的证、表。

这一时期，公安部组织开发了机动车登记计算机系统并在全国多个省市推广使用。同时，首次对车辆档案提出了具体要求。车辆管理所应当按照国际标准A4纸尺寸，对每次登记的资料分别装订成册。

2. 机动车生产由《目录》管理向《公告》管理转变

为使我国汽车工业适应社会主义市场经济体制和加入世界贸易组织的新形势，促进产业结构调整和政府职能的转变，国家经贸委于2001年5月22日下发《关于车辆生产企业及产品目录管理改革有关问题的通知》（国经贸产业〔2001〕471号），改革原国家机械工业局对汽车、摩托车、农用运输车生产实行目录管理的方式。具体为：从2001年1月1日起，国家经贸委以发布《公告》的方式对汽车、摩托车、农用运输车新产品实施管理，并不再发布目录。《公告》是国家准许车辆生产企业组织生产和销售的依据，是消费者向车辆管理机关申请注册登记的依据。《公告》由文本和光盘两部分组成。文本中列入企业名称、商标、产品型号和产品名称，光盘中列入产品型号、整车彩色照片、主要参数表等内容。根据2001年6月14日公安部交通管理局下发《关于按照〈车辆生产企业及产品公告〉办理注册登记有关问题的通知》（公交管〔2001〕94号）的要求，各级公安交通管理部门对汽车、摩托车和农用运输车新产品，应当按照《公告》办理注册登记。对2001年1月1日以前已列入目录的汽车、摩托车和农用运输车，仍然按照目录办理注册登记。至此，我国的机动车生产管理开始实行《公告》管理制度。

根据国家经贸委、公安部联合发布的《关于进一步加强车辆公告管理和注册登记有关事项的通知》（国经贸产业〔2002〕768号），在我国境内生产、销售并在道路上行驶的民用汽车产品及相应底盘、农用运输车、半挂车和摩托车产品实施《公告》管理，无轨电车、轮式工程机械车（含装载机、挖掘机等）、拖拉机、全挂车等不实行《公告》管理。

为加强机动车管理，严格执行车辆“生产准入”和“行驶准入”制度，2002年11月18日，公安部交通管理局发出《关于贯彻国家经贸委、公安部〈关于进一步加强车辆公告管理和注册登记有关事项的通知〉有关问题的通知》（公交管〔2002〕167号），第一次明确规定，各级公安交通管理部门在机动车登记工作中，发现《公告》中车型的技术参数不符合规定的，应当逐级上报，由省（区、市）交警总队向国家经贸委产业政策司通报。此外，通知还要求，自2003年1月1日起，各级公安交通管理部门在办理注册登记时，凡新出厂的车辆，要将企业随车配发的《机动车注册登记技术参数表》与《公告》、《整车出厂合格证》以及车辆进行核对，符合《公告》规定且与《整车出厂合格证》以及车辆一致的，将《机动车注册登记技术参数表》的技术参数录入机动车计算机登记系统，作为该车注册登记的技术参数。至此，我国机动车生产《公告》管理阶段的框架基本构成，机动车生产管理步入《公告》管理阶段。

鉴于《公告》车型众多，为提高机动车登记工作效率，公安部交通管理局组织开发了“全国机动车产品公告查询服务系统”，自2003年11月起在全国安装并试运行。国家发改委[1]发布新公告后，公安部交通管理局通过公安网将新公告的机动车产品数据传递到各省，车辆管理所采取在本省机动车产品公告数据库下载数据或直接查询的方式办理机动车登记。

（四）机动车法定登记时期（2004年10月1日至今）

2004年5月1日起，随着《道路交通安全法》及其实施条例以及与其配套的《机动车登记规定》（公安部令第72号）的施行，我国机动车登记制度的法律框架得以建立。2004年10月1日起，机动车登记计算机系统（统一版）在全国范围内开始实施，确保了机动车登记工作要求的全国统一，使我国机动车登记工作在规范化、科学化方面迈向了一个新的台阶。至此，我国机动车登记工作步入法治化管理阶段。

1. 机动车登记制度法律框架建立健全

《道路交通安全法》、《道路交通安全法实施条例》及与其配套的《机动车登记规定》构成了我国机动车登记制度的法律框架。

根据上述规定，我国机动车登记的种类分为注册登记、变更登记、转移登记、抵押登记和注销登记。与《机动车登记办法》相比，转入、转出登记被纳入变更登记，停驶、复驶登记被列为机动车登记的一种特殊情形。鉴于《道路交通安全法》第13条规定的对符合机动车国家安全技术标准的，公安交通管理部门应当发给检验合格标志和第16条规定的任何单位或者个人不得拼装机动车或者擅自改变机动车已登记的结构、构造或者特征，72号令明确了公安交通管理部门核发检验合格标志的工作要求，并进一步规范了办理各类登记的具体条件和程序。

---

[1]2003年5月6日，国务院进行机构改革，原国家发展计划委员会并入国务院体改办的职能以及原国家经贸委的部分职能后，被改组为国家发展和改革委员会，行使对汽车行业管理职能。

72号令的施行，在规范机动车登记、严格机动车管理等方面发挥了积极的作用。但是，随着我国经济社会的快速发展，道路交通管理“以人为本、便民利民”理念的不断深入，72号令的一些规定也需要进行调整。同时，我国道路交通安全的严峻形势也需要机动车登记工作在加强车辆源头管理上发挥更好的作用，以确保机动车安全技术性能。为此，公安部对《机动车登记规定》（公安部令第72号）进行了修订，修订后的《机动车登记规定》（公安部令第102号）自2008年10月1日起施行。102号令的制定主要遵循三个原则：一是突出以人为本，服务群众；二是注重规范业务，解决实际问题；三是强调法律衔接，与新的法律、法规保持一致。

与72号令相比，102号令具有四个特点：一是进一步理顺了各级车辆管理所的职能设置；二是简化了办理牌证程序，提出了二十二项便民利民措施，以进一步方便群众；三是进一步规范了机动车登记工作，增加了机动车质押备案业务及因机动车质量问题退车等原因办理注销登记的条件和程序，明确了临时行驶车号牌的适用范围；四是增加了法律责任的规定，对《道路交通安全法》未设定处罚但影响道路交通安全的常见交通违法行为设定了罚则。

2. 机动车登记计算机系统（统一版）推广使用

为保证72号令在全国范围内统一实施，公安部制定并下发了与之配套的《机动车登记工作规范》，规定车辆管理所使用计算机登记系统办理机动车登记，并建立数据库。不使用计算机登记系统登记的，登记无效。计算机登记系统的数据库标准和登记软件全国统一。数据库能够完整、准确记录登记内容，记录办理过程和经办人员信息，并能够将有关登记内容实时传送到全国公安交通管理信息系统。2004年，公安部交通管理局组织开发了机动车登记计算机系统（统一版），自2004年10月1日起在全国范围内统一使用。

其后，随着我国机动车登记工作制度的不断完善，机动车登记计算机系统（统一版）多次升级，在统一和规范我国机动车登记工作方面发挥了十分重要的作用。

3. 机动车生产《公告》管理制度不断完善

2004年10月1日以来，为解决机动车管理工作中遇到的新情况、新问题，机动车产品主管部门不断调整《公告》管理制度相关规定，一是明确并不断完善机动车合格证管理规定；二是进一步明确《公告》管理要求，加强车辆生产一致性管理，严查严处违规行为。

为贯彻实施《道路交通安全法》及其实施条例，加强对机动车生产企业及其产品的管理，有效防范被盗抢、走私和拼装车辆违法入户，提高机动车注册登记工作效率，国家发改委、公安部于2004年12月13日联合下发《关于规范机动车整车出厂合格证明管理的通知》（发改产业〔2004〕2881号），规范了合格证的式样和内容，要求建立合格证信息管理系统，所有的机动车由机动车生产企业随车配发符合规定的合格证。配发合格证工作分三个阶段实施，其中所有免上检测线的轿车产品从2005年5月1日起实施，其他汽车类产品、摩托车产品、挂车类产品从2005年7月1日起实施，所有改装车、三轮汽车和低速载货汽车产品及未列入《公告》管理的机动车辆产品从2005年9月1日起实施。公安交通管理部门在进行机动车注册登记时，须核查随车配发的合格证，读取合格证的有关信息。对未按规定配发合格证、合格证不符合规定样式、合格证内容与《公告》公布的产品不一致的机动车产品，不予注册登记。

工业和信息化部组建后，机动车产品《公告》管理由工业和信息化部负责。为进一步加强和规范《公告》管理，严格机动车登记制度，2008年11月17日，工业和信息化部、公安部联合发布《关于进一步加强道路机动车辆生产企业及产品公告管理和注册登记工作的通知》（工信部联产业〔2008〕319号），决定进一步加强《公告》管理和注册登记管理。一是建立《公告》检查确认制度，对已经审查通过的《公告》产品定期或不定期进行抽查复核，发现不符合国家标准及有关规定的，一律予以撤销，情节严重的追究违规审查、检验等相关人员的责任，《公告》产品被撤销后不得以同一车辆型号再次申报《公告》。二是进一步明确《公告》产品有效期限，即车辆产品从《公告》公布之日起至《公告》公布撤销之日止。车辆产品出厂检验及签发合格证日期应当在《公告》有效期内。《公告》有效期满后，未销售的车辆不得继续销售，应由车辆生产企业收回。三是要求各地公安交通管理部门严格按照《公告》办理机动车注册登记，发现车辆产品不符合《公告》批准的技术参数和有关国家标准，或者未列入《公告》，或者超过《公告》有效期出厂的，通过机动车登记系统“违规机动车产品信息上报程序”报公安部。公安部对违规车辆产品信息进行汇总分析，建立“涉嫌违规机动车产品库”并通报工业和信息化部。工业和信息化部按规定责令违规车辆生产企业限期整改并予以撤销违规产品公告、暂停产品申报、撤销准入许可等处罚，违规车辆生产企业及其销售商必须在新闻媒体上发布相关信息，召回已销售的不合格车辆。四是要求车辆生产企业严格执行《机动车运行安全技术条件》（GB 7258-2004）国家标准第3号修改单，保证在新出厂的货车（包括三轮汽车、低速货车以及载货类汽车底盘或整车改装的专业作业车）和挂车上粘贴符合规定的车身反光标识和安装符合规定的侧面及后下部防护装置。各地公安交通管理部门在办理机动车注册登记时，对货车和挂车要依据《公告》的照片和参数严格查验车身反光标识、侧面及后下部防护装置。对与《公告》不符的，不得办理注册登记，并通过机动车登记系统上报违规信息。

为进一步加强和规范《公告》管理，严格机动车注册登记工作，2010年9月4日，工业和信息化部、公安部联合发布了《关于进一步加强道路机动车辆生产一致性监督管理和注册登记工作的通知》（工信部联产业〔2010〕453号），就关于加强车辆生产企业及产品生产一致性监督管理、严格机动车查验、加大违规车辆产品信息通报力度、提高客车安全性要求等事项提出了要求。通知要求，自2011年1月1日起，对发生重特大交通事故的车辆，汽车产业主管部门、公安交通管理部门要对车辆产品一致性进行专门调查。对存在产品不一致的，要对有关车辆生产厂家进行生产一致性监督检查。通知还明确，工业和信息化部将会同公安部对市场管理、环保、质量、召回、交通运输等领域反映的问题逐一进行分析和处置。被确认为重点监查的违规产品，将责令车辆生产企业无条件收回，并撤销违规产品《公告》，停止上传该车型机动车整车合格证信息；停止办理该车型注册登记，暂停有关车辆生产企业申报新产品《公告》6个月；情节严重的，撤销车辆生产企业准入许可。

三、机动车牌证

机动车牌证包括机动车号牌、机动车行驶证和机动车登记证书。其中，机动车号牌和机动车行驶证是机动车准予上道路行驶的法定标志，机动车登记证书则是机动车已经在车辆管理机关登记的证明文件。

（一）机动车号牌

机动车号牌是准予机动车在中华人民共和国境内道路上行驶的法定标志之一，其号码是机动车登记编号。新中国成立后至今，我国共使用过四代机动车号牌。此外，2002年，北京、天津、杭州、深圳四地曾试用过“二〇〇二”式机动车号牌。

机动车号牌发展的历史沿革具有三个明显的特点：一是种类越来越多；二是号牌制作技术水平和防伪性能要求越来越高；三是号牌号码的容量越来越大。

1. 第一代号牌

新中国成立后我国的第一代机动车号牌[①]是1950年《汽车管理暂行办法实施细则》规定的机动车号牌，分为大型汽车号牌、小型汽车号牌、机器脚踏车（摩托车）号牌、试车号牌及临时号牌五类，其材料、颜色、规格式样规定及示例见表2-2、图2-27。

表2-2

号牌种类	材　料	颜　色	规格式样
大型汽车	铁质喷漆面	黄底黑字	长430 mm、宽150 mm，共有6位号码，第1位代表大行政区，第2位代表省或市（直辖市或较大市），其余为汽车编号，第1位与第2位号码之间用五角星间隔；同式两面
小型汽车	铁质喷漆面	蓝底白字	同大型汽车号牌
机器脚踏车（摩托车）	铁质喷漆面	蓝底白字	长220 mm、宽110 mm，共有5位号码，第1位、第2位含义同大型汽车号牌，第3至5位为实际车号，第1位与第2位号码之间用五角星间隔；同式两面
试　车	铁质喷漆面	白底红字	长430 mm、宽150 mm，共有5位号码及最右侧竖排“试车”两字，5位号码含义同机器脚踏车号牌
临　时	纸　质	白底黑字	最右侧为竖排“临时”两字，余同试车号牌

第一代机动车号牌号码的特点是按照大行政区编排，省或市（直辖市或较大市）在编号的第2位体现。

[①]新中国首批“使”牌并非汽车牌照，而是加挂在驻华外交机构所属车辆上的特殊标志，是我国现有外交牌照的前身。1950年开始使用“使”牌，首批仅有100对，材质为搪瓷，驻天津、上海等地的外国领馆也按“使”牌样式定制“领”牌。1965年3月18日，北京市公安局通知各国驻京外交机构换发新机动车牌照，取消原有的两块牌照，统一换发一块特制的专用号牌，铝质、黑色，上有红字“使”字头。首批“使”牌就此退出了历史舞台。（摘自搜狐新闻——建国60周年特别策划）

大型汽车号牌430mm×150mm

小型汽车号牌430mm×150mm

试车号牌430mm×150mm

摩托车号牌220mm×110mm

图2-27　第一代机动车号牌

2. 第二代号牌

根据1960年《机动车管理办法》，交通部制定了我国第二代号牌，包括大型汽车号牌、小型汽车号牌、二／三轮机动车号牌、拖拉机号牌、试车号牌和临时号牌等六类，其材料、颜色、规格式样规定及示例见表2-3、图2-28。

表2-3

号牌种类	材　料	颜　色	规格式样
大型汽车	硬质材料	黄底黑字	长 430 mm 、宽 150 mm ，共有 7 位号码,第 1 位与第 2 位代表省、自治区、直辖市，后5位为汽车编号，第 1 位 、第 2 位与后 5 位号码之间用一横杠间隔；同式两面
小型汽车	铁质材料	蓝底白字	同大型汽车号牌
二／三轮机动车	硬质材料	蓝底白字	长 250 mm 、宽 110 mm ，余同大型汽车号牌
拖拉机	硬质材料	白底黑字	同大型汽车号牌
试　车	硬质材料	白底红字	长 430 mm 、宽 150 mm，共有 6 位号码及最右侧“试车”两字，6 位号码第 1 位、第 2 位代表省、自治区、直辖市，后 4 位为汽车编号，第 1 位、第 2 位与后 4 位号码之间用一横杠间隔；同式两面
临　时	纸　质	白底黑字	最右侧为竖排“临时”两字，余同试车号牌

大型汽车号牌430mm×150mm

小型汽车号牌430mm×150mm

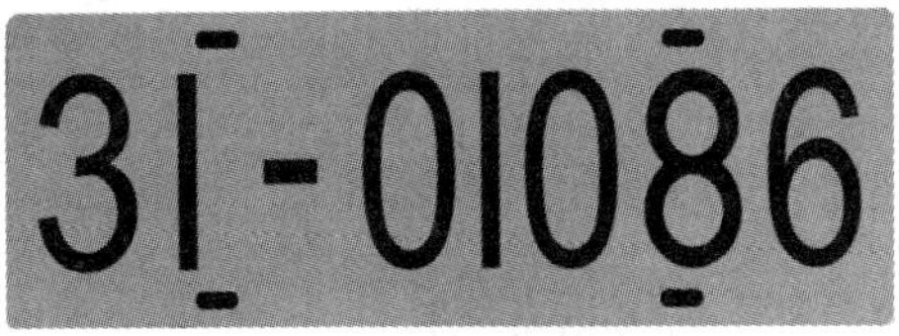

大型汽车号牌430mm×150mm

小型汽车号牌430mm×150mm

图2–28　第二代机动车号牌

与第一代号牌相比，第二代号牌在种类上增加了拖拉机号牌，以适应拖拉机保有量不断增加的实际情况；在材质上，除小型汽车号牌必须用铁质材料外，其他号牌用硬质材料（如木板喷漆），以在达到号牌使用目的的同时尽可能节约钢材；在规格上，加大了二／三轮机动车号牌的长度；在号牌号码上，改以省市为编号单位，确定号牌的前两位数字为各省、自治区、直辖市的代号。

第二代号牌从20世纪60年代初起在全国陆续使用（如北京自1964年起使用），至20世纪80年代中期废止。其间，交通部、公安部根据机动车保有量的增长和机动车种类的变化适时予以调整。例如：

——1975年4月8日，针对各类机动车辆数量增长很快，不少地区出现原车辆号牌的有效数字已不够使用的情况，交通部、公安部联合下发《关于增加机动车号牌代号的通知》（〔1975〕交公路字378号，公发〔1975〕9号），决定将原分配给各省、自治区、直辖市的代号再增加一个，两个代号同时使用；并规定各省、自治区、直辖市原分配的代号号牌有效数字如已用完即可开始使用新的代号，尚未用完的继续使用原分配的代号。其后，交通部、公安部于1983年再次发出通知，增加省、自治区、直辖市代码。

——1981年，针对城市轻便摩托车数量增长迅猛的情况，公安部下发《关于颁发〈城市轻便摩托车和轻便摩托车驾驶员管理的暂行规定〉的通知》（〔1981〕公发（治）115号），规定城市轻便摩托车需悬挂机动车号牌方可上道路行驶。轻便摩托车号牌每车两面，悬挂在车身前后，其规格尺寸为长160mm、宽80mm，颜色为白底红字，用铝或铁质材料制作，冲压凸字。号牌分上下两排，上排为号牌发放地城市名称，下排为5位轻便摩托车编号。其后，还相继增加了使馆汽车号牌、领事馆汽车号牌和港澳入境行驶汽车号牌。

3. 第三代号牌

1985年11月5日，交通部、公安部下发《关于使用新的机动车号牌的通知》（〔1985〕交公路字1984号），决定从1986年7月1日开始更换和启用新的机动车号牌式样，即新中国成立后我国的第三代号牌。旧号牌于1987年年底前更换结束，在新旧号牌更换期间，新旧号牌同时有效。

第三代机动车号牌分为大型汽车、无轨电车、小型汽车、挂车、二／三轮摩托车、轻便摩托车、专用机械、电瓶车、拖拉机（包括大型、小型和手扶拖拉机）等类型，牌面采用上、下排结构，上排用汉字注明省、自治区、直辖市的名称，并用2个阿拉伯数字表示发牌机关的代号，下排用英文字母和阿拉伯数字代表车辆编号。（图2–29）

大型汽车号牌 300mm × 165mm　　小型汽车号牌 300mm × 165mm

图2–29　第三代机动车号牌

第三代机动车号牌的种类、颜色、面数、尺寸、材料等性能要求见表2–4。

与第二代号牌相比，第三代号牌的版面、尺寸做了大幅度的调整，颜色更为丰富，统一了使馆汽车号牌、领事馆汽车号牌的种类，无轨电车、专用机械、电瓶车也被列入号牌的发放范围。并且，号牌的种类大大增加，具体表现在：一是增加了教练车号牌，方便驾驶培训学校培训学员。二是增加了挂车号牌，以便于对挂车开展针对性的管理。三是增加了其他外籍汽车号牌和外籍摩托车号牌，以适应改革开放政策深入实施后外资在我国投资经营活动不断扩大、使用的车辆大量增加的实际情况。四是增加了补牌证，以方便号牌丢失、损坏的机动车在补牌期间上道路行驶。

表2–4

<table>
<tr><th colspan="2">号牌种类</th><th>颜　色</th><th>面数</th><th>外廓尺寸(mm)
（长×宽）</th><th>材料</th><th>备　注</th></tr>
<tr><td colspan="2">大型汽车、无轨电车</td><td>朱红底白字</td><td>2</td><td rowspan="3">300×165</td><td>硬质</td><td rowspan="3">硬质、非反光材料号牌的字体须凸出牌面</td></tr>
<tr><td colspan="2">小型汽车</td><td>中绿底白字</td><td>2</td><td>硬质</td></tr>
<tr><td colspan="2">挂　车</td><td>白底黑字</td><td>1</td><td>硬质</td></tr>
<tr><td colspan="2">二／三轮摩托车</td><td>中绿底白字</td><td>2</td><td rowspan="2">220×120</td><td>硬质</td><td rowspan="14">金属材料号牌厚度为1mm以上</td></tr>
<tr><td colspan="2">轻便摩托车</td><td>白底朱红字</td><td>2</td><td>硬质</td></tr>
<tr><td rowspan="4">拖拉机号牌</td><td>大型拖拉机</td><td rowspan="4">淡黄底黑字</td><td rowspan="4">2</td><td rowspan="4">300×165</td><td rowspan="4">硬质</td></tr>
<tr><td>小型、手扶拖拉机</td></tr>
<tr><td>专用机械</td></tr>
<tr><td>电瓶车</td></tr>
<tr><td colspan="2">试　车</td><td rowspan="2">蓝底白字</td><td>2</td><td rowspan="2">300×165</td><td>硬质</td></tr>
<tr><td colspan="2">教 练 车</td><td>2</td><td>硬质</td></tr>
<tr><td colspan="2">临　时</td><td>白底红字</td><td>1</td><td rowspan="2">220×120</td><td>纸质</td></tr>
<tr><td colspan="2">补 牌 证</td><td>白底黑字</td><td>1</td><td>纸质</td></tr>
<tr><td colspan="2">使馆汽车</td><td rowspan="4">黑底白字</td><td>2</td><td rowspan="3">300×165</td><td>硬质</td></tr>
<tr><td colspan="2">领事馆汽车</td><td>2</td><td>硬质</td></tr>
<tr><td colspan="2">其他外籍汽车</td><td>2</td><td>硬质</td></tr>
<tr><td colspan="2">外籍摩托车</td><td>2</td><td>220×120</td><td>硬质</td></tr>
</table>

1986年全国道路交通管理体制改革后，为进一步规范机动车号牌管理，公安部于1987年6月30日下发《关于机动车辆管理工作若干问题的通知》(〔87〕公交第441号)，对发牌机关代号、号牌颜色标准及发光要求、制作单位等做了明确规定，具体要求：机动车号牌的发牌机关代号，由各省、自治区、直辖市公安厅、局交通管理局、处统一编号，一个城市或地区（含所辖县）只能用一个发牌机关代号，未经请示批准不得同时启用两个代号。发牌机关代号从“01”开始，顺序排列，中间不空号。号牌应逐步实现发光并提高夜间识

别效果，颜色标准统一采用国家标准《漆膜颜色标准》（GB 3181-1982）。除省、自治区、直辖市车辆管理机关批准的机动车号牌生产厂以外，任何单位不准制造号牌。

4. 第四代号牌（“九二”式号牌）

1992年，公安部发布了公共安全行业标准《机动车号牌》（GA 36-1992），对机动车号牌的种类及各类机动车号牌的式样、技术要求和发放要求等做了明确规定。因该标准发布年份为1992年，因此其规定的号牌也被称为“九二”式号牌。这是我国的第四代机动车号牌，一直使用至今。

“九二”式号牌分汽车、摩托车、挂车、农用运输车、拖拉机、临时行驶车六类22种，除挂车号牌、临时入境摩托车号牌和临时行驶车号牌为1面外，其他类号牌均为每副2面。“九二”式号牌分类、颜色、规格和适用范围具体见表2-5。

与第三代号牌相比，“九二”式号牌种类更加丰富：一是增加了农用运输车号牌，以更好地规范对农用运输车的管理。二是增加了境外汽车号牌和境外摩托车号牌，以适应边境地区境外汽车入出境更加频繁的实际情况。三是按照1989年5月1日公安部发布的《临时入境机动车辆与驾驶员管理办法》（公安部令第4号）增加了临时入境汽车号牌和临时入境摩托车号牌。四是增加了试验摩托车号牌、教练摩托车号牌、使馆摩托车号牌和领馆摩托车号牌，以更好地规范和加强摩托车试验、培训和使领馆摩托车的管理。五是号牌发牌机关代号首次采用英文字母，同时号牌编号中也允许使用英文字母。此外，由于号牌版面变化，号牌规格尺寸做了大幅度的调整。

“九二”式机动车号牌由1位省、自治区、直辖市的中文简称、1位英文字母的发牌机关代号、取得机动车号牌准产证企业的准产标记和机动车注册编号组成。GA 36-1992对所有号牌的核发机关和代号做了详尽的说明，各省、自治区、直辖市必须严格按照标准确定和使用号牌的核发机关和代号。因机动车号牌容量不够需要启用新代号的，必须由省级公安交通管理部门向公安部交通管理局申报，批准后方可启用。GA 36-1992对机动车注册编号做了规定，具体为：注册编号为5位阿拉伯数字（挂车号牌、教练车号牌、境外汽车号牌等号牌为4位），满额后第1位可使用英文字母，但I和O除外。“九二”式号牌式样示例见图2-30。

表2–5

序号	号牌分类	外廓尺寸（mm）	颜　色	适 用 范 围
1	大型汽车	前：440×140 后：440×220	黄底黑字黑框线	总质量 4.5t(含)或乘坐人数 20 人(含)或车长 6m（含）以上的汽车、无轨电车及有轨电车
2	小型汽车	440×140	蓝底白字白框线	除大型汽车以外的各种汽车
3	使馆汽车		黑底白字，红“使”、“领”字白框线	驻华使馆的汽车
4	领馆汽车			驻华领事馆的汽车
5	境外汽车		黑底白字白框线	入出境的境外汽车
			黑底红字红框线	入出境限制行驶区域的境外汽车
6	外籍汽车		黑底白字白框线	除使、领馆外，其他驻华机构、商社、外资企业及外籍人员的汽车
7	二／三轮摩托车	前：220×95 后：220×140	黄底黑字黑框线	二轮摩托车和三轮摩托车
8	轻便摩托车		蓝底白字白框线	轻便摩托车
9	使馆摩托车		黑底白字，红“使”、“领”字白框线	驻华使馆的摩托车和轻便摩托车
10	领馆摩托车			驻华领馆的摩托车和轻便摩托车
11	境外摩托车		黑底白字白框线	入出境的境外摩托车和轻便摩托车
12	外籍摩托车			除使、领馆外，其他驻华机构、商社、外资企业及外籍人员的摩托车和轻便摩托车
13	农用运输车	300×165	黄底黑字黑框线	三／四轮农用运输车、轮式自行专用机械和电瓶车等
14	拖拉机		黄底黑字	各种在道路行驶的拖拉机
15	挂 车	同大型汽车后号牌		全挂车和不与牵引车固定使用的半挂车
16	教练汽车	440×140	黄底黑字黑框线	教练用的汽车及其他机动车，不含摩托车和轻便摩托车
17	教练摩托车	同摩托车号牌		教练用的摩托车和轻便摩托车

（续 表）

序号	号牌分类	外廓尺寸（mm）	颜　　色	适　用　范　围
18	试验汽车	440×140	黄底黑字黑框线	试验用的汽车及其他机动车，不含摩托车和轻便摩托车
19	试验摩托车	同摩托车号牌		试验用的摩托车和轻便摩托车
20	临时入境汽车	300×165	白底红字黑“临时入境”字红框线（字有金色廓线）	临时入境参加旅游、比赛等活动的汽车
21	临时入境摩托车	220×120		临时入境参加旅游、比赛等活动的摩托车
22	临时行驶车	220×140	白底（有蓝色暗纹）黑字黑框线	无牌证需要临时行驶的机动车

大型汽车号牌 440mm×220mm

小型汽车号牌 440mm×140mm

使馆汽车号牌 440mm×140mm

领馆汽车号牌 440mm×140mm

警用汽车号牌 440mm×140mm

教练汽车号牌 440mm×140mm

图2-30　第四代（“九二”式）机动车号牌

“九二”式号牌于1993年5月1日起在广东省深圳市、黑龙江省大庆市、新疆乌鲁木齐市试点启用。1994年7月1日至1996年6月30日，全国启用、换发

"九二"式机动车牌证，1996年7月1日起"八五"式机动车号牌废止。为保证换发工作的顺利进行，公安部交通管理局于1994年4月12日下发了《关于启用换发九二式机动车号牌及行驶证有关问题的通知》（公交管〔1994〕44号），对机动车号牌换发工作中的一些共性问题做了规范：一是除领取临时行驶车号牌和试验车号牌的车辆外，其他机动车应一律使用经公安部交通管理局认可的固封装置固封号牌。二是已领有牌证的车辆要按机动车分类的规定重新分类后换发新牌证。三是需要临时上道路行驶的无牌证的机动车，只核发临时行驶车号牌，不发行驶证，临时行驶车号牌为纸质材料。

为保证机动车号牌生产质量，加强机动车号牌管理，1993年5月13日，公安部发布施行了《机动车号牌生产管理办法》（公安部令第13号），对号牌的准产管理、产品质量、监督管理等进行规定：一是机动车号牌实行准产管理制度，凡生产号牌的企业必须申请号牌准产证。二是号牌产品质量必须达到公共安全行业标准《机动车号牌》（GA 36-1992）的各项要求。三是公安部交通管理局负责号牌生产的监督管理，各省、自治区、直辖市公安厅、局交通管理部门负责具体管理和实施。

进入21世纪之后，随着我国汽车工业的发展和机动车保有量的迅速增加，GA 36-1992确定的机动车注册编号方式已无法满足管理的需要。同时，由于GA 36-1992中对机动车号牌缺少必要的技术要求规定，导致存在各地号牌质量不统一、号牌安装不规范等问题。此外，警车号牌、港澳入出境车号牌等特殊类型的号牌未列入标准，不利于号牌的统一规范管理。为此，公安部对GA 36-1992进行了修订，修订后的《机动车号牌》（GA 36-2007）自2007年11月1日起实施。

与GA 36-1992相比，GA 36-2007主要修订内容有：一是调整机动车号牌分类，增加并规范了警用汽车、警用摩托车号牌和临时入境汽车、临时入境摩托车、港澳入出境车号牌，取消了外籍车号牌和试验车号牌种类，并将农用运输车号牌更名为低速车号牌，将临时行驶车号牌细分为四类，分别适用于行政辖区内临时行驶的机动车、跨行政辖区临时移动的机动车、试验用机动车和特型机动车（指轴荷和总质量超限的工程专项作业车和超长、超宽、超高的运输大型不可解物品的机动车）。二是将各类号牌的适用范围调整为按机动车登记所采用的机动车类型描述，并规定中型载客汽车应悬挂大型汽车号牌。三是规范机动车号牌发牌机关代号，明确直辖市的发牌机关代号为A至Z，报公安部交通管理局备案后可依次自行使用，省级公安交通管理部门的发牌范围仅为警用车辆，发牌机关代号为O。四是优化注册编号编码，明确使用规则，允许在5位注册编码中的任一位单独使用字母或同时使用2位字母，共增加了9种字母和数字的组合方式，使每种号牌的理论编码容量达到了480万。五是强化了号牌的技术要求，规范了机动车号牌字模，要求金属材料号牌表面必须使用符合《机动车号牌用反光膜》（GA 666-2006）要求的反光膜，以解决各地号牌反光性能、颜色等方面存在的不统一、不规范问题。六是明确了号牌的安装要求和更换要求，以规范号牌的安装，保证号牌的清晰、完整。

为进一步提高机动车号牌的防伪性能，打击伪造、变造和使用伪造、变造机动车牌证等违法行为，2007年以来，公安部交通管理局组织对机动车号牌的防伪技术和生产使用管理进行改进。改进后的机动车号牌实现了统一标准字模、统一标准色板、统一反光膜，全国125家号牌生产企业全部按照“三统一”标准生产号牌，大大提高了号牌产品的外观一致性。同时，公安部颁布实施了《机动车号牌专用固封装置》（GA 804-2008）行业标准，改进号牌固封装置防伪技术，增加号牌的安装强度和拆卸难度。

为进一步规范临时行驶车号牌的使用，2010年，公安部颁布实施了GB 36-2007公共安全行业标准第1号修改单，规定自2011年1月1日起，临时行驶车号牌应粘贴在车内前风窗玻璃的左下角或右下角不影响驾驶人视线的位置（没有风窗玻璃的机动车，临时行驶车号牌应随车携带）；对行政辖区内临时行驶的载客汽车和跨行政辖区临时移动的载客汽车，其临时行驶车号牌由1面增加到2面，增加的1面应粘贴在后风窗玻璃左下角。临时行驶车号牌正面式样见图2-31。

图2-31　临时行驶车号牌

5. “二〇〇二”式号牌

2002年，为解决“九二”式机动车号牌容量不够、防伪性能差的问题，满足人民群众自主选择机动车号牌号码的需要，公安部组织研究了“二〇〇二”式机动车号牌，包括大型汽车、小型汽车、摩托车和轻便摩托车号牌四类，大型汽车和摩托车号牌颜色为黄底黑字黑框线，小型汽车和轻便摩托车号牌颜色为蓝白彩底黑字黑框线。

汽车类号牌号码为上下两排结构，上排是机动车登记机构代号（即发牌机关代号）、下排是号牌编号；摩托车类号牌号码为左右结构，左侧是机动车登记机构代号、右侧是号牌编号。登记机构代号字符数为两位，分别用汉字和英文字母组成。号牌编号字符数为6位，用10个阿拉伯数字（从0到9）和26个英文字母表示。

号牌编号字符为三位加三位结构，有3种编排方式：一是三位英文加三位数字，如ABC–123；二是三位数字加三位英文，如123–ABC；三是三位数字加三位数字，如123–456。号牌编号中不得使用三位相同的英文字母或三位相同的阿拉伯数字，如AAA–111。汽车类号牌编号字符横向单行排列，中间用“●”和“—”标记分断，“●”标记表示前号牌，“—”标记表示后号牌；摩托车类号牌编号字符分两行排列，每行三位编号字符。“二〇〇二”式小型汽车号牌式样示例见图2–32。

图2–32 “二〇〇二”式小型汽车号牌

2002年7月23日，公安部下发《关于开展启用“二〇〇二”式机动车号牌试点工作的通知》（公交管〔2002〕85号），决定于2002年8月12日至2002年12月31日在北京、天津、杭州和深圳4个城市开展启用“二〇〇二”式机动车号牌试点工作。试点工作于2002年8月22日停止。“二〇〇二”式机动车号牌试点工作为改进机动车号牌式样、编排、防伪等做了有益的尝试。

（二）机动车行驶证

机动车行驶证也称为行车执照（1972年之前，1986年至1993年），是准予机动车上道路行驶的重要法定证件。从发展的历史沿革来看，我国机动车行驶证经历了由册式到卡片式的过程，签注周期和内容则根据管理需要不断调整变化。按照时间顺序，我国机动车行驶证（行车执照）的式样共有六代。

第一代：1950版/1960版汽车行车执照

根据1950年《汽车管理暂行办法》和《汽车管理暂行办法实施细则》，汽车行车执照由交通部统一格式，交各省市政府主管机关制印发用。行车执照编号与汽车号牌编号、分类相同，并且每年度检验合格时更换原编号的新行车执照。为了记载必要项目，便于行车检查，1950版行车执照采用册式。

1960年《机动车管理办法》施行后，行车执照仍采用册式，在制作上出现了新的特点：一是要求汽车执照记载的内容尽量简化并缩小其尺寸以便携带。二是允许各地根据自身条件选择行车执照的外皮材料，不强求全国一致。

第二代：1972版机动车行驶证

1972年《城市和公路交通管理规则》（试行）实施后，机动车行车执照改称为机动车行驶证。每年机动车检验合格后，无须换发机动车行驶证，改为由公安机关或公路交通管理机关在行驶证上签章。1972版机动车行驶证为册式，封面为塑料材料制作，蓝色，上面为金色天安门图样，下面为上下两行金色文字，分别为“中华人民共和国”和“机动车行驶证”，内页共5页，依次为毛主席语录、主车信息页、挂车信息页、异动附记页和注意事项。（图2–33）

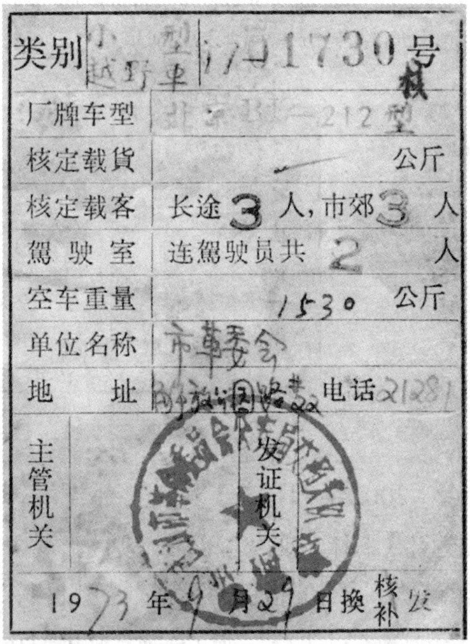

图2–33 1972版机动车行驶证主车信息页

第三代：1985版机动车行车执照

交通部、公安部联合发布《关于使用新的机动车号牌的通知》（〔1985〕交公路字1984号）后，机动车行驶证的名称改回机动车行车执照，封面为墨绿色烫金字塑料套，内页共4页，分别为车辆基本信息页、技术参数页、定期检验记录页、变更记录和附记页。

第四代：1992版机动车行驶证

1992年，公安部发布公共安全行业标准《机动车行驶证》（GA 37-1992），首次以标准的形式对机动车行驶证做了规范。由于标准发布年份为1992年，因此其规定的行驶证通常被称为“九二”式机动车行驶证。

“九二”式机动车行驶证证件分机动车行驶证和机动车临时行驶证两种，均为卡片式。机动车行驶证包括主页和副页，主页正面为机动车登记信息，背面为汽车全貌彩色照片（试验车用行驶证除外）；副页用于记录检验信息，正面记录完毕时可在背面记录。从“九二”式机动车行驶证开始，机动车行驶证必须使用计算机打印。（图2-34）

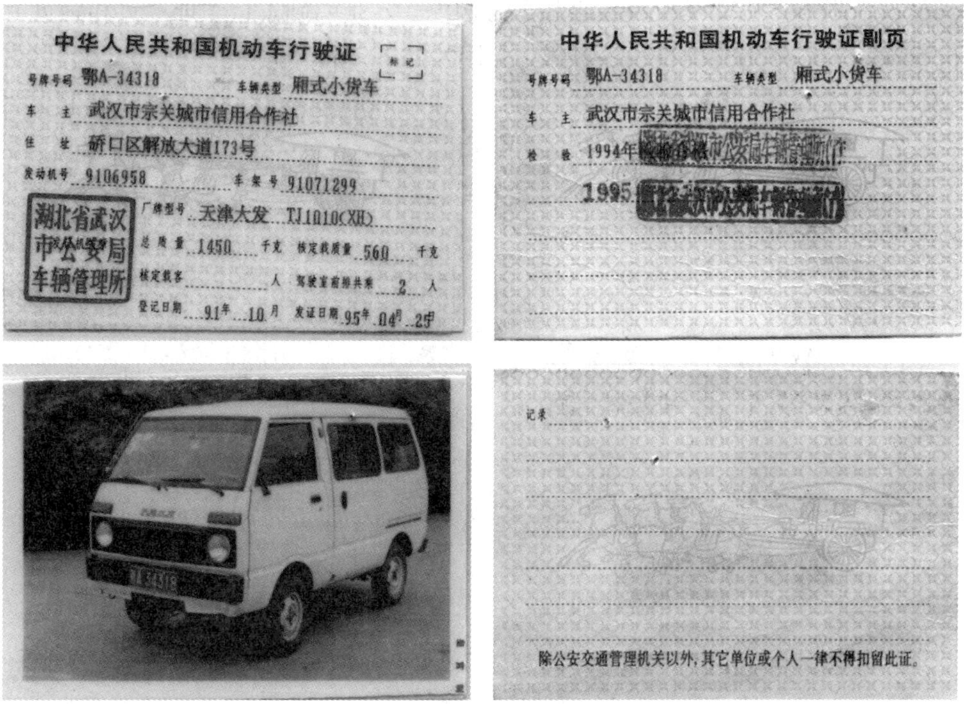

图2-34 1992版机动车行驶证主页、副页

第五代：2004版机动车行驶证

2004年，公安部对公共安全行业标准《机动车行驶证》（GA 37–1992）进行了修订，修订后的《机动车行驶证》（GA 37–2004）自2004年10月1日起实施。与GA 37–1992相比，GA 37–2004主要做了六个方面的修改：一是增加了机动车行驶证的组成要求，明确机动车行驶证包括证夹、主页和副页三部分。二是将发证机关由公安机关车辆管理所调整为“××省（自治区、直辖市）公安厅（局）交通警察总队（交通管理局）”或“××省（自治区、直辖市）××市（地、州、盟、县级市）公安局交通警察支队（交通管理局、大队）”，并取消了发证机关钢印章。三是在行驶证主页上增加了“使用性质”项目，并将原行驶证主页上的“总质量”、“核定载质量”、“核定载客”、“驾驶室共乘”等放到副页正面上。四是取消了行驶证副页上的车主信息，并在行驶证副页正面增加了“档案编号”、“整备质量”、“准牵引总质量”、“货厢内部尺寸”、“后轴钢板弹簧片数”、“外廓尺寸”等，将“检验”改为“检验记录”。五是明确了机动车相片的规格、拍摄角度等要求，并规定机动车相片应当能够清晰辨认机动车号牌号码和车身颜色。六是明确了行驶证主页和副页上的签注内容应使用专用打印机打印。（图2–35）

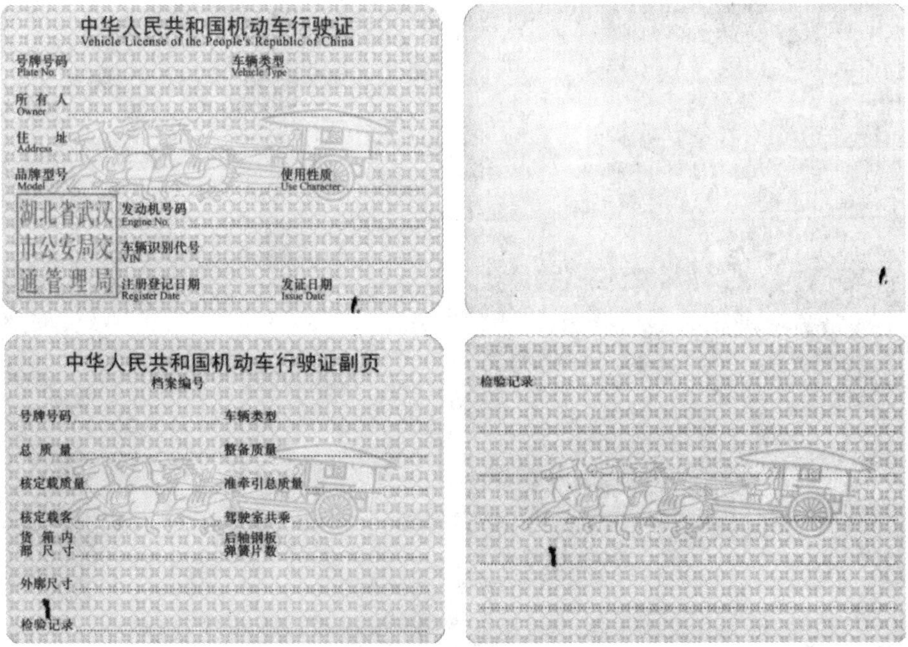
中华人民共和国机动车行驶证
Vehicle License of the People's Republic of China
号牌号码 Plate No. 车辆类型 Vehicle Type
所有人 Owner
住址 Address
品牌型号 Model 使用性质 Use Character
湖北省武汉市公安局交通管理局
发动机号码 Engine No.
车辆识别代号 VIN
注册登记日期 Register Date 发证日期 Issue Date

中华人民共和国机动车行驶证副页
档案编号
号牌号码 车辆类型
总质量 整备质量
核定载质量 准牵引总质量
核定载客 驾驶室共乘
货厢内部尺寸 后轴钢板弹簧片数
外廓尺寸
检验记录

检验记录

图2–35　2004版机动车行驶证主页、副页

第六代：2008版机动车行驶证

为进一步打击涉牌涉证违法行为，方便路面交通民警查缉鉴别，2008年，公安部对《机动车行驶证》（GA 37-2004）进行了修订。修订后的《机动车行驶证》（GA 37-2008）提高了机动车行驶证的防伪性能，规范了机动车行驶证的签注要求，自2008年10月1日起实施。与GA 37-2004相比，GA 37-2008主要对四个方面进行了修订：一是规定主页用塑封套塑封，正面是已签注的证芯，背面是机动车相片，副页是已签注的证芯。二是增加了证芯印刷的技术要求，规定证芯序列号由13位阿拉伯数字组成，并用一维条码表示。三是增加了塑封套的规定，规定塑封套由有专用图案的A、B两页沿短边一侧加热封合而成，其式样、规格、材质、涂层、厚度、全息图文和荧光图文等应符合规定。四是调整了机动车相片的要求，规定机动车相片应当能够清晰辨认车身颜色及外观特征，机动车拍摄相片时不悬挂机动车号牌，但已注册登记的机动车需要重新制作行驶证、拍摄相片时可以悬挂机动车号牌。（图2-36）

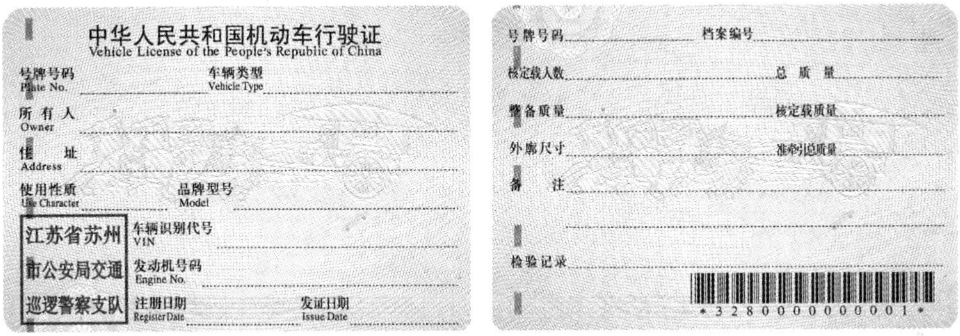

图2-36 2008版机动车行驶证主页、副页

（三）机动车登记证书

机动车登记证书是机动车登记的证明文件，具有证明机动车所有人的作用，在新车注册时发放给车主，由车主或者债权人妥善保管，不需要随车携带。已注册的机动车，在办理过户、转籍等发生车辆所有权变化等情况下，必须出具该证书，并在证书上记录与车主和车辆有关的情况。

《机动车登记办法》自2001年10月1日起施行后，我国正式启用机动车登记证书。机动车登记证书的启用，适应了我国社会主义市场经济深入发展后机动车消费方式的变化，可满足涉及机动车的经济活动需求；同时，在促进形成规范的二手车交易市场、提高涉及车辆经济活动的安全性等方面也起到了积极作用。

作为机动车登记的重要证件，机动车登记证书由公安部统一印制，其式样和技术要求与普通证件相比具有较高的要求。第一代机动车登记证书按照公共安全行业标准《机动车登记证书》（GA 369-2001）印制，采用本册式结构、使用专用印钞纸印制，具有八种防伪措施，使用全国统一的计算机登记系统数据库和打印程序签发。

2004年5月1日《道路交通安全法》及其实施条例施行后，公安部对公共安全行业标准《机动车登记证书》（GA 369-2001）进行了修订，发布实施了《机动车登记证书》（GA 369-2005）。目前，全国统一使用的是按照GA 369-2005标准印制的第二代机动车登记证书。（图2-37）

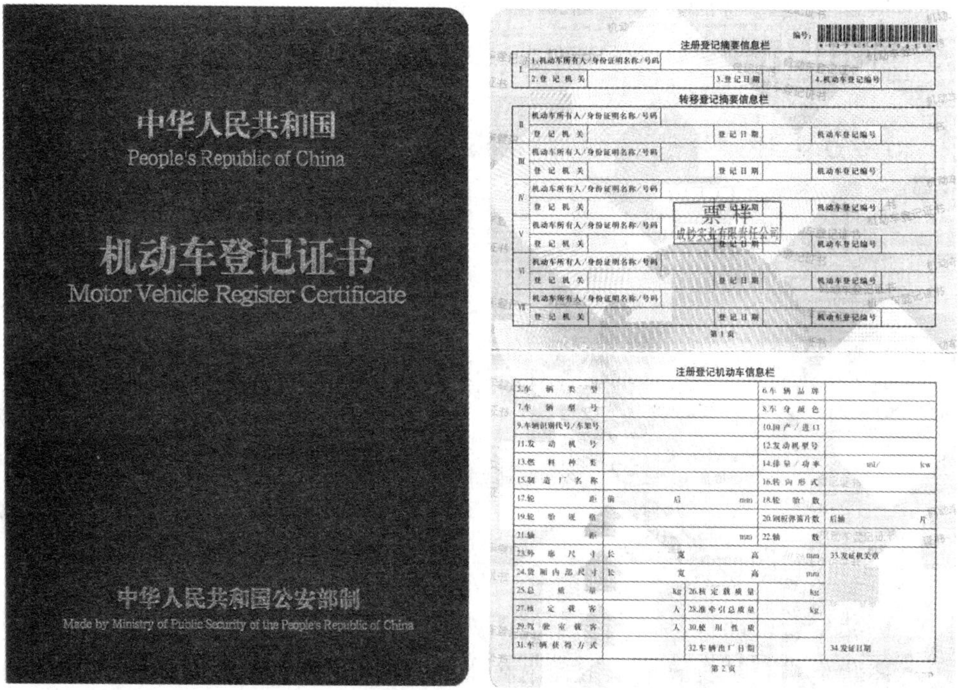

图 2-37　机动车登记证书封面及部分内页

四、机动车检验

机动车安全技术检验，是机动车安全技术检验机构依据有关法律、法规及标准，利用相关仪器和设备，对上道路行驶的机动车的安全技术性能进行检测，以确定机动车安全技术状况的过程。机动车安全技术检验制度是机动车管理的重要制度之一，对机动车进行安全技术检验是确保上道路行驶的机动车的安全技术状况符合规定的重要手段。

（一）机动车检验制度的演变

新中国成立以后，我国的机动车检验制度几经变化，检验类型由“初次检验、年度定期检验和临时检验”调整到“注册登记检验、定期安全技术检验”，检验周期由“所有车辆一年一检”调整到“部分小型汽车两年一检”、“部分大型汽车一年两检”，检验机构由“车辆管理机关”调整到“机动车安全技术检验机构”。根据法律依据的不同，我国的机动车检验制度大体上可以分为两个阶段：第一个阶段是新中国成立后至2004年4月30日，机动车安全技术检验的主要法律依据是1950年《汽车管理暂行办法》和1960年《机动车管理办法》；第二个阶段是2004年5月1日以后，机动车安全技术检验的主要法律依据是《道路交通安全法》及其实施条例。

1．新中国成立后至2004年4月30日

新中国成立后至2004年4月30日，我国机动车安全技术检验实施的都是初次检验、年度定期检验和临时检验相结合的机动车检验制度，但承担机动车安全技术检验的机构自20世纪80年代中期起，由车辆管理机关调整为机动车安全技术检测站，[①]并且自2003年起对部分小型汽车的检验周期由1年调整为2年。

这一阶段，机动车安全技术检验的主要特点有：

[①]20世纪50年代至80年代，北京只有一处检验车辆和考试驾驶员的地方，就是位于崇文区幸福大街的车务科，后来改称车辆管理所。新中国成立初期，天安门广场还叫人民广场，当年在旗杆以南、毛主席纪念堂以北的位置，有一处被红墙围起来的地方，曾经被当成北京的验车场和考车场，北京的车辆检验工作都在这里进行，由各个公安分局来执行，并请一些机动车驾驶员中的积极分子来协助。当时靠眼看、手摸、耳听，收费标准也比较低廉。（摘自《道路交通管理》 2006年第4期）

（1）1960年《机动车管理办法》的实施进一步完善了我国初次检验、年度定期检验和临时检验相结合的机动车检验制度。1960年《机动车管理办法》延续了1950年《汽车管理暂行办法》确定的机动车安全技术检验制度，但在具体执行层面上有所调整：一是规定了新车可酌情免于初次检验。主要考虑的是车辆初次检验的意义是鉴定技术状况和设备上能否符合安全行驶的条件，但对于标准化生产的新出厂检验合格的车辆，无必要再加以检验，此时可由车主填具表格免办检验或酌情抽验。二是实施了年度定期检验交由车属单位自办的总检结合保修模式。考虑到对于经过保修出厂的车辆，再行年度总检验徒增手续，影响生产，实无必要。规定凡保修制度健全、保修质量较高的单位出厂车达到总检标准的，均可允许其以车辆出厂检验代替总检验。除填写相关表格外，免办一般总检验手续。三是细化了临时检验的规定。要求车辆在使用期间必须保持合乎规定的技术要求，车辆管理机关可酌情对车辆进行临时检验。

（2）自20世纪80年代起，机动车安全技术检测站在机动车安全技术检验工作中的作用越来越重要。进入20世纪80年代以后，随着机动车保有量的迅猛增长，机动车安全技术检验“眼看、手摸、耳听”的传统方式已不能适应检验工作的需要。在机动车安全技术检验工作的技术化、专业化要求不断提高的背景下，我国开始出现了机动车安全技术检测站，且检测站的数量和承担的检验工作量不断增加。为保证机动车安全技术检验质量，加强对机动车安全技术检测站的管理，1989年2月22日，公安部发布了《机动车辆安全技术检测站管理办法》（公安部令第2号），对检测站性质、任务和义务、具备条件和设备检定等都做了详尽、明确的规定。根据管理办法的规定，检测站受公安交通管理部门委托，承担机动车申请注册登记时的初次检验、机动车定期检验、机动车临时检验和机动车特殊检验（包括肇事车辆、改装车辆和报废车辆等技术检验）等四项任务。公安部第2号令的施行促进了机动车安全技术检测站的规范和发展，使我国机动车安全技术检验工作的科学化、现代化、专业化水平迅猛提高。

（3）20世纪90年代后期新车免检制度开始实施。随着我国汽车工业发展步伐的加快以及汽车制造厂质量保证体系的进一步完善，新生产汽车质量不断提高。为贯彻落实国家《汽车工业产业政策》，公安部交通管理局于1997年2月3日下发了《关于对部分国产车型实施新车免检的通知》（公交管

〔1997〕27号），决定从1997年3月1日起，对经国家机动车主管部门认可的部分企业生产出厂的新车，在办理临时号牌或初次注册登记时不再进行安全性能检测。其后，新车免检的车型范围不断扩大。自2003年8月1日起，凡海关进口的车辆在办理新车注册登记时一律免上检测线检测，并且不收取上线检测费用。

（4）21世纪初期部分小型汽车开始实施两年一检。为进一步方便广大人民群众，公安部于2003年8月7日推出了三十项便民利民措施，规定从注册登记之日起6年内，小型、微型非营运载客汽车的检验由一年一次改为两年一次。

2. 2004年5月1日以后

2004年5月1日，《道路交通安全法》及其实施条例施行。《道路交通安全法》第10条和第13条规定了应进行机动车安全技术检验的情形，并明确规定机动车安全技术检验实行社会化。《道路交通安全法实施条例》第15条和第16条规定了机动车安全技术检验的实施主体、安全技术检验周期及相关监管部门的职责。

根据《道路交通安全法》及其实施条例的规定，机动车安全技术检验由机动车安全技术检验机构具体实施，包括新车注册登记检验和在用车定期检验，临时检验被取消。质量技术监督部门和公安部门依法履行机动车安全技术检验监督管理职责。其中，质量技术监督部门履行对机动车安全技术检验机构的资格管理、计量认证管理，对检验设备进行检定，对执行国家检验标准情况进行监督，协助公安部门制定机动车安全技术检验项目等五项职责；而公安部门除了会同质量技术监督部门对机动车安全技术检验项目进行规定，依法监督机动车安全技术检验机构是否按照机动车国家安全技术标准进行检验之外，还要给经检验符合机动车国家安全技术标准的机动车核发检验合格标志。显然，与原来主要由公安机关及其交通管理部门自办的检测站具体承担机动车安全技术检验工作的情形相比，公安机关的主要职责由“承办具体检验工作”转为“制定机动车安全技术标准和检验方法，对检验工作进行监督管理和指导”，这样的规定有利于公安交通管理部门从繁琐的检验事务中解脱出来，更好地发挥交通安全主管部门的作用。

（二）机动车检验标准的演变

机动车检验标准主要包括两方面的标准，一是检验项目和方法的标准；

二是检验合格的技术标准。总体而言，我国机动车检验标准经历了“统一规定执行——各地灵活掌握——再统一规定执行”的历程。目前，我国机动车检验项目和方法的标准是国家标准《机动车安全技术检验项目和方法》（GB 21861-2008），检验合格的技术标准是国家标准《机动车运行安全技术条件》（GB 7258-2004）。

1950年《汽车管理暂行办法》和《汽车管理暂行办法实施细则》对初次检验的检验内容进行了明确规定。根据《汽车管理暂行办法》，初次检验时，应当进行车辆丈量、车辆检验并核定载重吨位及乘车人数。其中，车辆丈量内容应包括车身、轮距及轴距尺寸，车辆检验内容应包括引擎及传动部分、底盘部分、转向部分、制动部分、电系部分、车身颜色、设备部分及车类、车龄及乘车人数。《汽车管理暂行办法实施细则》则进一步明确了检验程序、办法等要求。

1960年《机动车管理办法》规定了车辆丈量、机件检验的要求，其中，车辆丈量内容包括全车长度、宽度、高度、驾驶座位长度、车厢面积、栏板高度以及车辆轮距、轴距等；机件检验内容包括发动机、底盘、变速及传动、转向、制动、电系、车身、设备等部分。考虑到1950年《汽车管理暂行办法实施细则》所确定的车辆检验标准，细琐不切实际，实际可操作性差，容易流于形式，1960年《机动车管理办法》规定，实际检验时各地可以依据地区不同情况，结合检验设备条件，自行制定补充办法，具体灵活掌握执行。同时，考虑到当时客运紧张等情况，1960年《机动车管理办法》对车辆载重、拖挂标准与乘载人数等未做统一要求，由省、自治区、直辖市的交通主管机关自行确定。

进入20世纪80年代以后，随着汽车保有量的增加和机动车类型的多样化，制定并实施统一的机动车安全技术检验合格要求成为车辆管理机关的共识。为了贯彻国务院《关于公安与交通部门交通管理工作分工问题的通知》（国发〔1983〕47号）文件精神，加强城市机动车管理工作，公安部于1985年7月19日发布了《城市机动车辆安全检验暂行标准》，自1985年9月1日起试行。国家标准《机动车运行安全技术条件》（GB 7258-1987）发布后，公安部于1987年9月21日发出通知，决定从1988年1月1日起，全国机动车的安全检验统一执行GB 7258-1987。至此，我国机动车安全技术检验合格标准再次实现了全国统一。

进入20世纪90年代以后，为规范农用运输车和摩托车的安全技术检验工作，保证这两类机动车的运行安全，公安部先后制定发布了《农用运输车安全基准》（公安部令第12号）和《摩托车安全基准》（公安部令第15号）。同时，公安部对国家标准《机动车运行安全技术条件》（GB 7258-1987）进行了修订。修订后的国家标准《机动车运行安全技术条件》（GB 7258-1997）自1998年1月1日起实施。该标准系统整合了汽车、农用运输车、摩托车、汽车列车等各类机动车的运行安全技术要求，在规范和加强机动车安全技术检验方面发挥了重要的作用。

进入21世纪之后，为进一步规范机动车安全技术检验项目和方法，公安部组织专家，在充分借鉴、吸收各地机动车安全技术检验成功经验和做法的基础上制定了公共安全行业标准《机动车安全检验项目和方法》（GA 468-2004），自2004年5月1日起实施，这是我国首次以标准的形式对机动车安全技术检验项目作出统一规定。同时，为配合《道路交通安全法》的贯彻实施，公安部修订了国家标准《机动车运行安全技术条件》（GB 7258-2004）、《机动车安全技术检验项目和方法》（GB 21861-2008）和公共安全行业标准《机动车查验工作规程》（GA 801-2008）等标准。至此，我国机动车安全技术检验标准体系框架初步构建，形成了依据标准进行安全技术检验的工作格局。

（三）机动车检验合格标志的演变

机动车检验合格标志是车辆管理机关发放给经安全技术检验合格的机动车的一种标志。根据《道路交通安全法》的规定，驾驶机动车上道路行驶，应当悬挂机动车号牌，放置检验合格标志、保险标志，并随车携带机动车行驶证。因此，机动车检验合格标志和机动车号牌、行驶证一样，都是机动车上道路行驶的法定证件。

2004年5月1日《道路交通安全法》施行前，机动车检验合格标志通常称为年检合格标志或定期检验合格证。其中，年检合格标志的提法始于1992年。根据公安部等五部委文件《关于清理整顿汽车驾驶员出车所带证件的通知》（公发〔1992〕14号），为便于识别机动车检验状况，减少拦车检查，公安机关可设置年检合格标志，粘贴在车辆前挡风玻璃右上角。年检合格标志的式样全国统一，由公安部制定。按通知要求，公安部交通管理局于1992年5月23日下发了《关于启用全国统一的汽车定期检验标志的通知》（公交管〔1992〕75号），规定从1992年6月1日开始，全国启用统一的汽车定期检验合格证。1994年1月1日以后，领有正式牌证的汽车，凡没有汽车定期检验合格证的，一律不准上道路行驶。

1993年11月22日，公安部交通管理局下发《关于印制1994年车辆定期检验合格证的通知》（公交管〔1993〕75号），规定对定期检验合格的汽车和农用运输车核发全国统一的车辆定期检验合格证，其他机动车检验合格标志仍由各地自行规定。其后，公安部交通管理局每年就印制车辆定期检验合格证等事项下发通知，明确下一年度车辆定期检验合格证的式样和印制要求。其中，自1998年起，汽车、摩托车及其他三轮机动车等所有机动车定期检验合格证式样全国统一。

《道路交通安全法》及其实施条例施行后，鉴于机动车检验合格标志的法律地位已经确立，从依法行政的角度出发，以往通过部门规范性文件规定检验合格标志式样的做法需要改进。为此，公安部制定了公共安全行业标准《机动车检验合格标志》（GA 811–2008），自2009年1月1日起实施。GA 811–2008规定了检验合格标志的定义、式样、适用车型及核发等要求。至此，检验合格标志管理工作实现了标准化。

根据GA 811–2008的规定，机动车检验合格标志包括正方形和菱形两种式样。正方形机动车检验合格标志用于汽车、有轨电车、挂车、轮式专用机械车，核发时需要签注机动车号牌号码、检验有效期止等信息；菱形机动车检验合格标志用于摩托车，不需要签注。机动车检验合格标志式样示例见图2–38。

图2–38　机动车检验合格标志

五、机动车报废

强制报废安全技术状况不良的机动车，禁止报废机动车上道路行驶，是确保机动车运行安全的有效手段。新中国成立以来，我国的机动车报废制度经历了由限制报废到强制报废的发展历程，强制报废标准也经历了由单一报废指标到综合报废指标的演变。

（一）机动车报废制度的演变

新中国成立初期至改革开放之前，由于汽车属于贵重物品，保有量少，在多数情况下，有问题的汽车须通过修复保持其技术状况并继续使用。为此，我国不仅没有规定汽车强制报废的相关要求，反而对汽车报废进行了限定。根据1950年《汽车管理暂行办法实施细则》的规定，“只有汽车械件损毁过甚，符合下列三种情形之一且经修车厂或保养场核定确属无法修复者，始得申请报废：（1）各部械件使用过久，磨损过甚，或遭受特殊事变，如撞车、翻车、火烧等损毁过甚者；（2）引擎总成损毁过甚，如汽缸破裂，或汽门坐磨损过多等，而无预备引擎可换者；（3）底盘部分损毁过甚，而无预备底盘者。经办机关于审核认可后，施行检验，如检验结果确系不堪使用，签注检验结果于报废申请书内，注明‘准予报废’字样”。考虑到车辆是否报废及是否可能修复不属于车辆管理机关负责审批的范围，1960年制定《机动车管理办法》时，规定车辆管理机关对于报废车辆只收回牌照，注销其行驶权，不再办理检验。

我国实行改革开放政策以后，随着道路交通运输的飞速发展，汽车使用频度大大增加。为保证汽车运行安全，加快老旧汽车更新改造的步伐，1983年5月3日，国家计委、国家经委联合发出《关于加速老旧汽车更新改造的通知》（计机〔1983〕605号），成立了国家经委牵头，国家计委、公安部等单位参加的全国老旧汽车更新改造领导小组，下设办公室，负责研究和制定更新改造老旧汽车的方针、政策、方法，编制更新改造规划和年度计划，制定加速更新改造的有效措施，组织各地区、各部门有计划地开展老旧汽车更新工作。1985年6月22日，国家经委、国家计委下发了《关于进一步做好老旧汽车更新改造工作的通知》（经机〔1985〕418号），明确了应考虑报废更新的标准和范围。1986年9月17日，国家经委、公安部等10部门联合发出《关于加速老旧汽车报废更新的暂行规定》（经机〔1986〕560号），明确了老旧汽车报废标准，并规定各地公安、交通车辆监理部门应当结合更换牌照和年检，对符合报废标准的老旧汽车实行吊销牌照、强制淘汰等措施。至此，汽车强制报废制度在我国初步建立。

为了规范报废汽车（包括摩托车、农用运输车，下同）回收活动，加强对报废汽车回收的管理，防止报废汽车及其部件流入市场，2001年6月16日，国务院公布施行了《报废汽车回收管理办法》（国务院令第307号），规定报废汽车回收企业必须拆解回收的报废汽车；其中，回收的报废营运客车，应当在公安机关的监督下解体。拆解的“五大总成”（指发动机、方向机、变速器、前后桥、车架），应当做为废金属，交售给钢铁企业作为冶炼原料；拆解的其他零配件能够继续使用的，可以出售，但必须标明“报废汽车回用件”。禁止任何单位或者个人利用报废汽车“五大总成”以及其他零配件拼装汽车。禁止报废汽车整车、“五大总成”和拼装车进入市场交易或者以其他任何方式交易。禁止拼装车和报废汽车上道路行驶。

《道路交通安全法》第14条规定：“国家实行机动车强制报废制度，根据机动车的安全技术状况和不同用途，规定不同的报废标准。应当报废的机动车必须及时办理注销登记。达到报废标准的机动车不得上道路行驶。报废的大型客、货车及其他营运车辆应当在公安机关交通管理部门的监督下解体。”至此，我国的机动车强制报废制度在法律层面上得到了确认。

（二）机动车报废标准的演变

1985年6月22日，国家经委、国家计委下发《关于进一步做好老旧汽车更新改造工作的通知》（经机〔1985〕418号），从耗油量、累计行驶里程、使用年限、修复价值和费用、配件来源、排污量和噪声等方面明确了各类汽车应当考虑报废更新的情形。这是第一次明确了我国汽车的报废更新要求。

1986年制定的《汽车报废标准》（经机〔1986〕560号）第一次根据老旧汽车的使用年限规定了应当报废的情形，具体标准为：载重汽车使用12年、矿山特种车使用10年、大客车使用14年、其他车辆使用13年后应当报废。

1997年7月15日，《汽车报废标准（1997年修订）》发布实施。该标准根据各类汽车的累计行驶里程、使用年限、燃油消耗量、运行安全技术状况、排放状况分别提出了报废条件。同时，考虑到车辆使用的不同状况，对部分类型的汽车，在增加检验次数的基础上规定可延长使用年限、延缓报废。

1998年和2000年，为了鼓励技术进步、节约资源、保护环境及公平竞争，国家经贸委、国家发展计划委员会、公安部、国家环境保护总局等四部委又联合发文，调整了轻型载货汽车（指厂定最大总质量大于1.8吨、小于等于6吨的载货汽车）应当报废的累计行驶里程和使用年限要求，延长了旅游载客汽车和9座以上非营运载客汽车的使用年限，并规定9座（含）以下非营运载客汽车（包括轿车，含越野型）经严格检验，合格后可无限期延长使用年限。

2001年和2002年，国家经贸委等部委先后发布了《农用运输车报废标准》和《摩托车报废标准暂行规定》。

2004年5月1日《道路交通安全法》及其实施条例施行后，为贯彻实施机动车强制报废制度，商务部牵头、公安部等部门参加，着手制定《机动车强制报废标准》。正在制定的《机动车强制报废标准》突出了标准实施过程中的强制性，强化机动车的技术状态及安全、节能、环保指标，明确机动车定期安全技术检验与强制报废之间的关系，并将累计行驶里程由强制报废指标调整为参考报废指标，以在保证机动车强制报废标准可操作性的同时提升标准的科学性。

六、特殊车辆管理

（一）进口车管理

进口车对我国经济社会发展起着重要作用。从20世纪50年代开始，我国就有了汽车进口。据海关统计，截至2010年年底，国内共进口各类汽车近563万辆，其中94.1%是改革开放以后进口的。新中国成立后至改革开放之前，我国对进口车的管理在手续上和国产车基本相同，有所区别的是在申请机动车登记时，国产机动车的来历凭证是正式发票，而进口机动车的来历凭证是海关关单。改革开放之后，随着汽车进口数量的增加，我国进口车管理政策和手段不断调整。

1. 改革开放初期开始对进口车实施特殊管理

1978年改革开放后，我国汽车进口量逐步增加。为加强进口车辆的检验和监督管理工作，维护国家主权和经济利益，外贸部、交通部、公安部于1979年4月2日联合下发《关于做好进口机动车辆检验的监督管理的联合通知》（〔1979〕贸检二字第84号），要求自1979年6月1日起，凡进口的各种机动车辆，各使用单位在办理行车牌证前，必须先行验收，并做好验收报告，向本地区商检局、处办理审核复验登记手续，凭商检局、处签发的《进口机动车辆检验登记通知单》到当地公安、交通车辆监理部门申领牌证。

1984年之后，汽车需求尤其是轿车需求急剧增加。由于当时国产汽车品牌少（只有红旗和上海牌轿车）且产量有限，无法满足市场需求，汽车进口大量增加，其中1985年全年进口汽车35.4万辆，市场占有率高达44.5%。在这种情况下，由于从广东、福建进口的各类新旧汽车数量不断增加，为加强对此类车辆的管理，1987年7月1日，国家物资局、国家工商行政管理局联合下发《关于更换进口汽车“准运证”有关问题的通知》（〔1987〕物机字196号），规定自1987年8月1日起，从广东、福建两省运入内地的各种新旧进口汽车，使用单位凭国家物资局核发的新“准运证”领取牌照，同时将“准运证”交公安交通管理部门查验收回存档。

2. 20世纪90年代严厉打击走私汽车违法犯罪行为

随着我国汽车需求量的大幅度增加，加上国内外汽车价格存在明显差异，走私汽车可以获得暴利。因此，进入20世纪90年代以后，走私汽车违法犯罪活动明显增多。为进一步严厉打击此类违法犯罪活动，规范公安交通管理部门办理进口车登记，1993年8月30日，国务院办公厅发布了《关于加强进口汽车牌证管理的通知》（国办发〔1993〕55号），强调公安交通管理部门必须凭海关签发的进口证明书，才能给进口汽车办理核发牌证的手续。通知还规定，海关、公安、工商行政管理部门对查获的走私汽车和无进口证明的汽车应一律没收，不得罚款放行。没收的汽车必须交国家指定的部门销售，公安交通管理部门凭销售部门的销售发票和缉私部门的没收证明办理核发牌证的手续；海关对进口汽车签发的证明、缉私部门对走私汽车和无进口证明汽车的没收证明、销售部门的销售发票，应一车一证。至此，我国进口车管理进入了严格管理阶段。为贯彻实施国办发〔1993〕55号文件，公安部、海关总署、国家工商行政管理局等部门相继下发文件，对《货物进口证明书》签发、《没收走私汽车、摩托车证明书》办理、核发进口车牌证等工作进行了规范。从1994年1月1日起，全国统一启用新的《货物进口证明书》；从1995年1月1日起，启用新的《没收走私汽车、摩托车证明书》。

自1994年下半年以后，受国内市场疲软及国家严控汽车进口政策的影响，进口车数量呈下降趋势。因此，走私汽车的利润更为丰厚，走私汽车违法犯罪活动仍然较为猖獗。为此，公安部交通管理局于1997年12月31日发出《关于加强进口汽车注册登记审批工作的通知》（公交管〔1997〕316号），建立了全国统一的进口汽车注册登记审批制度，规定：交警总队应制定本省（区、市）的进口汽车注册登记审批工作规范，建立健全总队领导、车辆管理所领导、经办人员的岗位责任制，组成总队领导、车辆管理所领导、纪检干部和经办人员参加的工作班子，专门负责9座（含）以下进口小型客车的新车注册登记和转籍、过户登记审批工作。交警支队负责9座（含）以下进口小型客车的新车注册登记和转籍、过户登记的初审和其他进口汽车的审批工作。9座（含）以下进口小型客车，从注册登记之日起两年内不得办理转籍、过户登记。交警总队和交警支队要建立进口汽车注册登记通报制度，完善进口汽车的档案管理，每半年进行一次进口汽车档案的核查工作，并将核查的结果报告公安部交通管理局。

1999年9月3日，公安部交通管理局发出《关于印发〈进口机动车登记审批管理规定〉和〈全国进口机动车计算机核查系统管理规定〉的通知》（公交管〔1999〕216号），规定：自1999年10月1日起，各地在办理凭海关、公安、工商执法部门1997年6月1日以后签发的《没收走私汽车、摩托车证明书》，七个整车进口口岸（其中新疆阿拉善口岸进口的整车只允许在新疆自治区内注册登记）海关和海关总署监管司1998年1月1日以后签发的新版整车《货物进口证明书》申领牌证的进口机动车登记时，必须将进口凭证填写内容与“全国进口机动车计算机核查系统”数据库进行核对，系统核对后打印输出的《全国进口机动车计算机核查系统核对证明书》作为机动车审批依据之一。未经系统核对或与系统核对不一致的，一律不予办理进口机动车登记审批手续。在与系统核对前，必须确保进口凭证填写内容与车辆完全一致，进口凭证填写内容与车辆不一致的，一律不准与系统进行核对。

采取上述措施，特别是全国统一使用“全国进口机动车计算机核查系统”后，走私汽车，利用假证明、假发票等非法手段领取牌证等违法犯罪行为受到了有效遏制。为方便群众，2001年7月10日，公安部交通管理局发出《关于进口小型客车办理转籍、过户登记问题的通知》（公交管〔2001〕146号），决定从2001年10月1日起，取消对9座（含）以下进口小型客车从登记之日起两年内不得办理转籍、过户登记的限制。同年11月7日，公安部交通管理局发出《关于印发〈进口机动车登记审批管理规定〉和〈全国进口机动车计算机核查系统2000版运行管理规定〉的通知》（公交管〔2001〕193号），规定对于在“全国进口机动车计算机核查系统”内登录的机动车，注册登记审批由交警总队通过核查系统计算机网络实现，交警支队车辆管理所应用操作员应在总队核对后的当日通过核查系统输出《全国进口机动车计算机核查系统核对无误通知书》，签字后作为进口机动车办理注册登记的依据。

3. 2004年5月1日起进口车管理趋于稳定、规范

2004年5月1日《道路交通安全法》及其实施条例施行后，国家有关部门提高了进口汽车证件防伪性能，实施进口汽车车辆识别代号（VIN）认证，进口车管理趋于稳定、规范。

自2005年1月1日起，海关总署启用新版《没收走私汽车、摩托车证明书》；自2005年10月1日起，海关总署启用新版《货物进口证明书》，强化了防伪措施。

2008年1月2日，国家质量监督检验检疫总局、公安部联合发布《对进口机动车车辆识别代号（VIN）实施入境验证管理的公告》（2008年第3号），决定对进口机动车实施车辆识别代号（VIN）入境验证管理，自2008年3月1日起，对VIN不符合国家强制性标准《道路车辆车辆识别代号（VIN）》（GB 16735-2004）要求的进口机动车，检验检疫机构将禁止其进口，公安机关不予办理注册登记手续。

（二）特种车管理

特种车，是指公安、检察、法院、司法、水电、医疗救护等部门用于执行紧急任务的车辆，包括警车、消防车、救护车和工程救险车。特种车辆标志灯具和警报器的使用管理及警车管理是我国特种车管理的重点。

1. 标志灯具和警报器的使用管理是特种车管理的重要内容

20世纪80年代以前，我国对特种车辆没有专门的特殊管理规定，但执行紧急任务的特种车辆，在确保交通安全的情况下，通行路线、行驶速度等不受限制。

《人民警察使用武器和警械的规定》（1980年7月5日国务院批准，1980年7月15日公安部发布）施行之后，各地公安机关在警车、消防车上安装、使用警灯和警报器，在执行紧急公务、维护社会治安和保证交通安全等方面起到了很好的作用。但是，有些地方在安装、使用警灯和警报器等方面出现了

一些混乱现象，有的在非警车上安装警灯、警报器，有的警车不执行紧急公务时也随意使用警灯和警报器。为统一全国各类特种车辆安装、使用警报器和标志灯具的管理，经国务院批准，公安部于1983年9月20日下发了《关于特种车辆安装、使用警报器和标志灯具的规定》（〔1983〕公发治112号），明确了特种车辆的使用范围、各类特种车辆安装的警报器和标志灯具、使用警报器和标志灯具必须遵守的事项等要求。

〔1983〕公发治112号文件自1984年5月1日起执行，根据该文件，特种车辆包括警车、消防车、交通监理事故勘查车、工程救险车和救护车，凡需安装特种车辆警报器、标志灯具的，必须由本单位向所在地市、县公安局申请领取《特种车辆警报器和标志灯具使用证》，方准安装、使用。除上述特种车辆外，其他车辆一律不得安装使用警报器和标志灯具。至此，我国对特种车辆警报器和标志灯具的管理要求初步实现了统一、规范。

2. 启用公安专用车辆号牌是规范特种车管理的有益尝试

为了加强对公安专用车辆的管理，保证公安专用车辆顺利执行任务，便于群众识别，1987年12月2日，公安部发布《关于启用公安专用车辆号牌的通知》（〔1987〕公交管字109号），决定从1988年1月1日开始启用公安专用车辆号牌。公安专用汽车号牌见图2–39。

图2–39　公安专用汽车号牌

公安专用车辆号牌的启用，在方便公安机关执勤、维护社会治安、打击刑事犯罪、处理交通事故、执行警卫任务、处置突发事件以及抢险救灾、救助群众等方面发挥了积极作用。但是，由于公安专用车辆号牌的核发范围不断扩大，在使用和管理过程中出现了一些问题，社会各界对此反应强烈。为促进公安队伍的廉政建设，进一步密切警民关系，公安部于1995年5月23日下发了《关于取消公安专用车辆号牌换发民用号牌的通知》（公通字〔1995〕43号），决定取消公安专用车辆号牌，除警车外，公安机关在编的其他车辆统一换发使用发牌代号为“O”的九二式专段民用号牌。换发牌证工作到1995年12月31日结束，从1996年1月1日起，公安专用车辆号牌在全国废止。

3. 规范警车管理是严格特种车管理的主要任务

警车在四种特种车中具有特殊的位置。为了加强对警车使用的管理，保障公安机关、国家安全机关、监狱、劳动教养管理机关的人民警察和人民法院、人民检察院的司法警察依法执行紧急职务，1995年6月29日，公安部发布了《警车管理规定》（公安部令第27号），明确了警车的定义、范围、车型限制、车身颜色和喷涂等要求及警车号牌的种类、式样、申领、安装及警灯和警报器的安装、使用等规定。公安部第27号令自1995年10月1日起施行，根据该部令，省、自治区、直辖市公安厅、局根据各部门的工作需要，对警车实行定编管理，统一核发警车号牌和行驶证，并建立车辆档案；警车应安装固定式警灯和紧急调频调或者双音转换调警报器，车身颜色应为蓝白相间；警车应由警车所属单位的正式驾驶员驾驶；警车号牌分为警用汽车号牌和警用摩托车号牌，见图2-40、图2-41、图2-42。

图2-40 警用汽车前号牌

图2-41 警用汽车后号牌

图2-42 警用摩托车号牌

《道路交通安全法》及其实施条例于2004年5月1日起施行后，考虑到一些地方的警车外观制式在颜色、文字的字体和字号等方面存在较大差别，为进一步加强警车的规范化管理，公安部于2004年8月2日下发了《关于全国公安机关启用2004式警车外观制式的通知》（公交管〔2004〕140号），规定从通知发布之日起全国公安机关新注册登记的警车统一采用白底，由专用的图形、车徽、编号、汉字“警察”、“公安”和英文“POLICE”等要素构成的“2004式”警车外观制式。从2004年9月1日起至2006年8月31日止，各地公安机关结合本地实际对原有的警车外观制式进行改装，2006年9月1日以后全国公安机关的在用警车一律采用“2004式”警车外观制式。同时，公安部于2006年11月29日发布施行了修订后的《警车管理规定》，规定：警车的登记信息应当进入全国公安交通管理信息系统。警车应当由警车所属单位的人民警察驾驶，驾驶警车时应当按照规定着制式警服，持有机动车驾驶证和人民警察证，驾驶实习期内的人民警察不得驾驶警车。公安机关警务督察部门应当对公安机关警车的管理和使用情况进行监督检查。

4. 建立完善特种车登记管理体系是规范特种车管理的根本

自2008年10月1日起，修订后的《机动车登记规定》（公安部令第102号）施行。102号令首次明确规定，车辆管理所办理消防车、救护车、工程救险车注册登记时，应当对车辆的使用性质、标志图案、标志灯具和警报器进行审查。

为确保90号令和102号令的施行，《机动车登记工作规范》（2008年8月16日公交管〔2008〕185号印发，自2008年10月1日起施行）规定，办理警车注册登记，查验岗应当审查警车车型、外观制式、标志灯具和警报器是否符合有关规范和标准，登记审核岗应当审查《警车号牌审批表》；办理救护车、消防车、工程救险车注册登记，查验岗应当审查标志图案、标志灯具或者警报器等是否符合有关规范和标准，登记审核岗应当审查相关主管部门出具的车辆使用性质证明；办理改变警车、救护车、消防车、工程救险车使用性质的变更登记，应当查验是否已拆除标志灯具、警报器，是否已清除车身外观制式、标志图案等。至此，我国特种车辆登记管理体系基本完善。

（三）拖拉机、三轮汽车和低速货车管理

1. 拖拉机管理

拖拉机，特指上道路行驶的拖拉机，包括上道路行驶的专门从事运输的拖拉机，以及既上道路行驶从事运输又在田间作业的拖拉机。历史上，由于我国汽车工业不发达，拖拉机一度是我国农村地区重要的运输工具。

1986年以前，国家对拖拉机的管理没有明确的规定。由于历史的原因，拖拉机及其驾驶员的安全监督管理工作多由农业部门负责。为严格和规范拖拉机安全管理，农业机械部于1981年10月24日发布了《农用拖拉机及驾驶员安全监督管理规章》。

1986年10月7日国务院发布的《关于改革道路交通管理体制的通知》（国发〔1986〕94号）规定，“农用拖拉机的道路交通管理工作，除专门从事农田作业的拖拉机及其驾驶员由农业（农机）部门负责管理外，凡上道路行驶的专门从事运输和既从事农田作业又从事运输的拖拉机及其驾驶员，由公安机关按机动车辆进行管理。有关道路行驶安全技术检验、驾驶员考核、核发全国统一的道路行驶牌证等项工作，公安机关可以委托农业（农机）部门负责，并有权进行监督、检查”。由于公安交通管理部门警力不足，本着既有利于农业生产、方便农民群众，又保障交通安全、道路畅通的原则，公安部、农牧渔业部于1987年9月2日联合下发了《关于农用拖拉机道路交通管理问题的通知》（〔1987〕公（交管）字82号），规定“除城市（不包括郊区乡、镇）、县城的机关团体、工矿企业、运输联社和非农业个体户专营运输的拖拉机外，其余上道路行驶专门从事运输和既从事农田作业又从事运输的拖拉机安全技术检验、驾驶员考核和核发道路行驶牌证等项工作，由各省、自治区、直辖市公安厅、局委托农业（农机）厅、局负责……各级农机监理部门具体实施，公安机关有权进行监督、检查”。但在实际执行过程中，全国绝大部分地方，“部分委托”逐步演变成了“全部委托”或“强制委托”，公安机关的监督、检查也流于形式，上道路行驶的拖拉机管理事实上变成了农业（农业机械）部门的事权。为严格拖拉机管理，农业部于1998年1月5日发布了《农用拖拉机及驾驶员安全监理规定》。

2004年5月1日起施行的《道路交通安全法》及其实施条例对上道路

行驶的拖拉机的管理事权进行了调整。根据2004年《道路交通安全法》第121条和《道路交通安全法实施条例》第111条和第112条的规定，上道路行驶的拖拉机，是指手扶拖拉机等最高设计行驶速度不超过每小时20公里的轮式拖拉机和最高设计行驶速度不超过每小时40公里、牵引挂车方可从事道路运输的轮式拖拉机，其登记、检验由农业（农业机械）主管部门负责；农业（农业机械）主管部门应定期向公安交通管理部门提供拖拉机登记、安全技术检验以及拖拉机驾驶证发放的资料、数据，接受公安交通管理部门的监督、检查。至此，拖拉机登记成为农业（农业机械）部门的法定职责。

为做好上道路行驶拖拉机的登记工作，农业部于2004年9月21日发布了《拖拉机登记规定》（农业部令第43号），自2004年10月1日起施行。根据该部令，拖拉机类型包括大中型拖拉机、小型方向盘式拖拉机和手扶式拖拉机。

2. 三轮汽车和低速货车管理

三轮汽车和低速货车即原农用运输车。其中，三轮汽车即原三轮农用运输车，低速货车即原四轮农用运输车。

农用运输车是在拖拉机基础上发展起来的，性能和结构介于汽车与拖拉机之间，是为农村道路运输服务的低速机动车，形成于20世纪80年代初期，发展于80年代中后期。当时，我国农村经济体制改革不断深入，农村经济迅猛发展，农村货运和城乡物质交流日益增长。为提高运输能力，适应农村运输业的发展，许多企业开始生产农用运输车，并且产量不断增加，对促进农村经济发展起到了积极作用。从车辆的技术参数、性能、结构和用途来看，农用运输车实际上就是低速汽车，但由于行业生产和使用国家优惠政策等方面的因素，一度作为和汽车并列的一类机动车进行管理。

为统一并加强农用运输车的管理，保障交通安全，根据国发〔1986〕94号文件，公安部于1987年6月30日下发了《关于加强农用运输车道路交通管理问题的通知》（〔1987〕公交第446号），规定对农用运输的管理工作（包括车辆检验、发牌、驾驶员考核、发证及行车安全管理等），一律由公安交通管理机关按机动车进行管理；各地要按照《农用运输车生产企业及产品目录》，凭车辆来历证明及产品出厂合格证，按照机动车安全检验标准检验合格后，核发拖拉机号牌；目录以外的产品一律不发牌证。1993年5月17日，公安部又制发了《关于农用运输车道路交通管理的规定》（公通字〔1993〕46号），进一步完善了农用运输车的道路交通管理办法，规定农用运输车启用“九二”式农用运输车号牌，驾驶三轮农用运输车和四轮农用运输车的驾驶员，应当持有准驾车型代号为L或G的驾驶证。同时，公安部也加强了对农用运输车技术法规的管理，于1993年5月发布《农用运输车安全技术基准》（公安部令第12号），规定了农用运输车的发动机类型、功率、载质量、最高车速及其他安全技术要求，并将其作为对农用运输车进行安全技术检验、核发准予上道路行驶号牌与行驶证的技术依据。1998年1月1日起实施的国家强制性标准《机动车运行安全技术条件》（GB 7258-1997）对农用运输车的运行安全技术条件做了详细的规定，提高了农用运输车安全技术标准。

这一阶段，大部分地方的农用运输车是由公安机关按机动车进行管理，但河北、辽宁、广西、贵州、陕西等部分省、自治区在地方性法规中将农用运输车列入农业机械，明确由农机部门管理；还有一些省市的农机部门违反全国机动车牌证统一管理规定，为农用运输车核发拖拉机号牌和行驶证，许多最高设计车速、载质量、外廓尺寸等技术指标超标的农用运输车以“拖拉机变型运输机”、“运输型拖拉机”等名义挂着“拖拉机”号牌上路从事货物运输。由于此类机动车的安全技术状况通常较差，且驾驶人员的交通素质和驾驶技术水平也比较低，给道路交通安全带来了严重的影响。为此，全国人大法律委员会和法制工作委员会在《道路交通安全法》的起草过程中，经与相关部门认真研究后明确提出：“运输车不宜分工业用或者农业用，应当取消‘农用运输车’的提法，这类运输车的牌照和驾驶证宜统一由公安机关交通管理部门管理。”

2004年5月1日，《道路交通安全法》及其实施条例施行。2004年7月12日，国家质量监督检验检疫总局和国家标准化管理委员会批准发布了国家标准《机动车运行安全技术条件》（GB 7258-2004），自2004年10月1日起实施。该标准将“三轮农用运输车”改称为“三轮汽车”，“四轮农用运输车”改称为“低速载货汽车（低速货车）”，三轮汽车和低速货车均属于载货汽车的一类。“农用运输车”的名称成为了历史。

为贯彻实施《道路交通安全法》及其实施条例，2004年12月29日，公安部下发《关于加强三轮汽车、低速载货汽车及其驾驶人道路交通管理工作的通知》（公交管〔2004〕236号），要求各级公安交通管理部门依法对三轮汽车、低速载货汽车的登记、发牌和驾驶人考试、发证实行管理，依法对三轮汽车、低速载货汽车及其驾驶人的交通违法行为和交通事故进行处理，并依法对农业（农业机械）部门办理上道路行驶的拖拉机牌证及驾驶证情况进行监督；规定公安交通管理部门从通知下发之日起不得办理拖拉机牌证及驾驶证，农业（农业机械）部门不得办理三轮汽车、低速载货汽车牌证及驾驶证；要求各级公安交通管理部门要在地方党委、政府的领导下，会同农业（农业机械）部门在2005年5月1日前完成三轮汽车、低速载货汽车和拖拉机车辆档案及驾驶证档案的清理交接工作。至此，全国的三轮汽车和低速货车真正实现了由公安交通管理部门统一管理。

七、机动车保有量

新中国成立以后，随着我国经济社会的发展，汽车保有量不断增加。但总体而言，在1976年之前，由于我国汽车工业处于初创阶段，汽车产品作为重要的生产资料由政府控制着生产和分配的全过程，汽车生产企业只负责按照国家计划完成生产任务，年产量有限（至1976年汽车年产量只有13.52万辆），因此汽车保有量增长也很缓慢。据相关文献记载，1950年，我国有汽车5.43万辆，而直到1976年，我国的汽车保有量也只有106.70万辆，平均每年约增加3.9万辆。1950年至1975年全国汽车保有量和生产量变化趋势见图2-43。

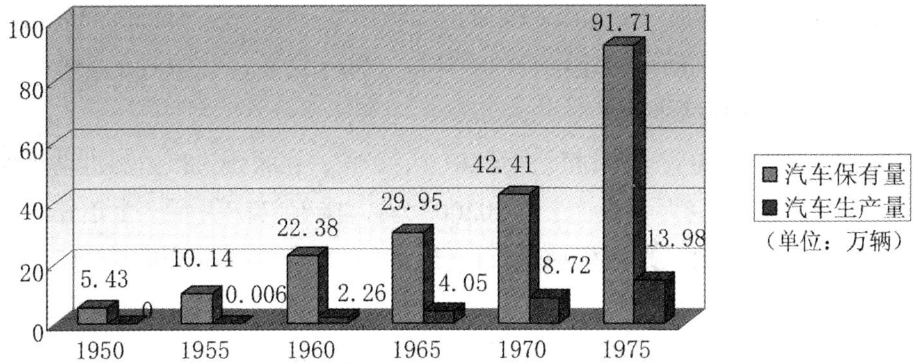

图2-43　1950年至1975年全国汽车保有量和生产量

20世纪80年代之后，随着汽车工业的稳步发展和摩托车工业的迅速崛起，我国机动车保有量和汽车保有量均大幅度增加，见图2-44。

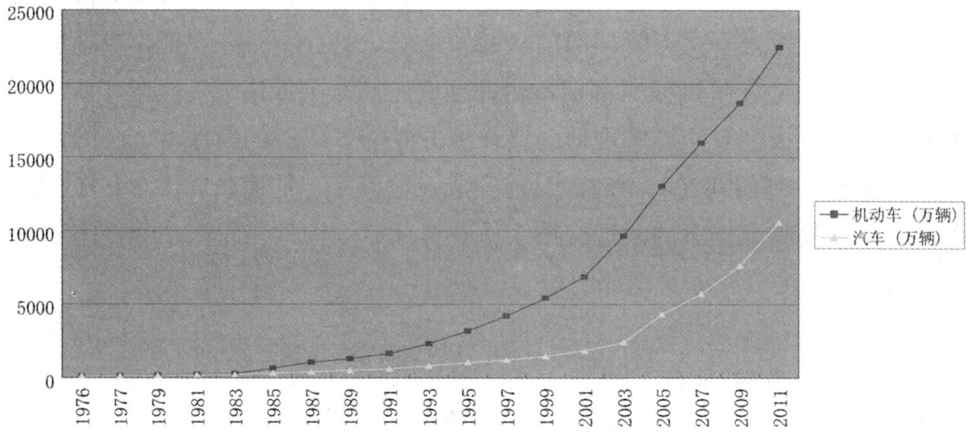

图2-44　1976年至2011年全国机动车和汽车保有量

由1976年至2011年我国机动车和汽车保有量变化趋势图表及相关数据可知：我国机动车保有量自1992年进入快速增长期，平均每年增长超过200万辆；汽车保有量则是从2001年起才进入快速增长期，平均每年增长超过200万辆。从平均每年增长数量来看，20世纪70年代末期，我国年均增加机动车21.18万辆，其中汽车17.90万辆；80年代，我国年均增加机动车126.74万辆，其中汽车37.31万辆；90年代，我国年均增加机动车452.42万辆，其中汽车105.84万辆；21世纪前10年，我国年均增加机动车1470.56万辆，其中汽车747.61万辆。显然，在20世纪70年代末期，汽车是机动车增长的主体；在20世纪80年代和90年代，机动车增长的主要种类是摩托车；而21世纪前10年，汽车又重新成为机动车快速增长的主体。2000年之后，我国汽车工业发展迅猛，进入了全面发展阶段。

据公安部交通管理局统计，至2011年年底，在我国2.25亿辆机动车保有量中，汽车10578.8万辆，摩托车10260万辆，挂车172.3万辆，上道路行驶的拖拉机1465.1万辆，其他机动车2.4万辆，分别占总数的47.06%、45.64%、0.77%、6.5%和0.01%。而在汽车中，载客汽车7469.2万辆，载货汽车1786.7万辆。现阶段汽车和摩托车仍是我国机动车的主要构成部分，而汽车中载客汽车已成为主要构成部分。

需要说明的是，2009年至2011年，我国汽车保有量的增长幅度连续三年超过了1000万辆，分别为1152.1万辆、1466.6万辆和1492.8万辆。统计数据分析结果表明，“十一五”期间，我国机动车保有量年均增长9.3%。从车辆类型来看，小型载客汽车、重型载货汽车增长幅度较大（图2–45），与2005年年底相比分别增加了3871.2万辆和229.5万辆，年均增长率分别为27.6%和18.8%；从车辆所有人的属性来看，私人汽车出现了跨越式发展，“十一五”末全国私人汽车保有量达6539.1万辆，占汽车保有量总数的72.0%，与2005年年底相比增长了176.5%，年均增长835万辆，年均增长率为22.6%。因此，私人汽车，尤其是私人小型载客汽车将是我国机动车管理的重点。

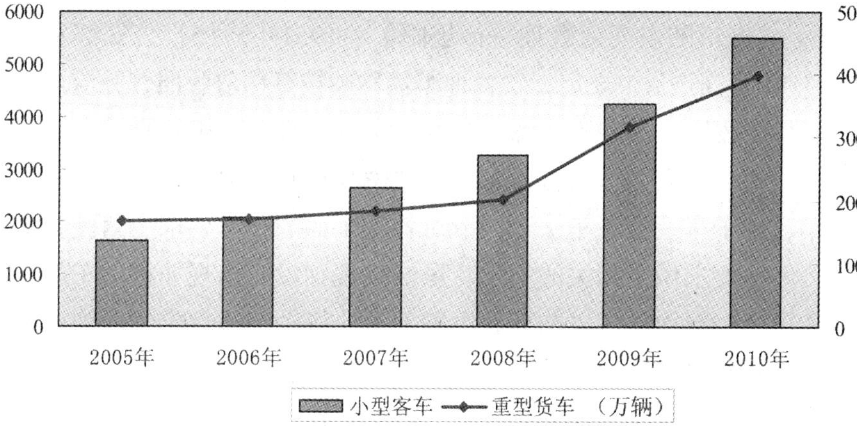

图2–45 “十一五”期间小型客车、重型货车增长情况

八、非机动车管理

非机动车，主要是指以人力或者畜力驱动，上道路行驶的交通工具，包括自行车、三轮车、人力车、畜力车等。非机动车是我国重要的交通工具之一，加强对非机动车的管理，对于维护道路交通秩序、保障人民群众生命财产安全，具有十分重要的意义。

随着时代的发展，各个阶段我国非机动车管理的重点有所变化。新中国成立后至20世纪90年代，自行车管理一直是我国车辆管理乃至道路交通管理的一项重要工作；进入20世纪90年代后，残疾人专用机动车管理工作越来越受到管理部门的重视；《道路交通安全法》发布实施后，电动自行车管理的压力越来越大，逐渐成为非机动车管理工作中的焦点问题。

（一）《道路交通安全法》施行之前非机动车均须领取牌照方可上路

新中国成立后至2004年5月1日《道路交通安全法》施行之前，我国关于道路交通管理的法律、法规主要包括1951《城市陆上交通管理暂行规则》、1955年《城市交通规则》、1960年《公路交通规则》、1972年《城市和公路交通管理规则》（试行）和1988年《道路交通管理条例》（国发〔1988〕19号）。根据上述法律、法规的规定，各类上路行驶的非机动车，均须按照规定领取牌照，并将牌照悬挂在指定位置，具体如下：

（1）《城市陆上交通管理暂行规则》（1951年5月5日公安部发布）在第二章"通则"第5条中规定，"各种车辆均须按章领取牌照，并应悬挂指定部位，不得涂改"，并在第三章"车辆"中分"汽车、机器脚踏车"、"电车"、"三轮车、人力车及自行车"、"骡马车及其他车辆（胶轮车、铁板车、大车、排子车及独轮车）"四节对各类车辆的技术要求、驾驶要求、行驶要求、停车要求做了相关的规定。虽然该规则没有出现非机动车的概念，但从条文可知，新中国成立初期我国即要求非机动车按规定领取牌照并将牌照悬挂在指定位置。当时，我国非机动车包括三轮车、人力车、自行车、骡马车及胶轮车、铁板车、大车、排子车和独轮车等，种类十分繁杂。

（2）《城市交通规则》（1955年8月19日公安部发布）第14条规定："车辆必须接受车辆检验机关的检验，领取牌照并安装在指定的位置（电车必须在车前、后用白漆涂写本车号码）；机动车的行车执照必须随车携带，不准转借、涂改、损毁。"第15条规定："机动车及非机动车中的自行车、三轮车、兽力货车必须安装有效的制动器。"该规则第一次出现了"非机动车"的概念。与1951年《城市陆上交通管理暂行规则》相比，该规则第一次明确了非机动车检验的要求，即非机动车在领取牌照前，必须接受车辆检验机关的检验。至此，我国非机动车管理初步形成了先检验再办理牌证的制度。

（3）1988年8月1日，《道路交通管理条例》（国发〔1988〕19号）施行。根据该条例的规定，车辆包括机动车和非机动车。非机动车，是指自行车、三轮车、人力车、畜力车、残疾人专用车。车辆必须经过车辆管理机关检验合格，领取号牌、行驶证，方准行驶。号牌须按指定位置安装，并保持清晰。号牌和行驶证不准转借、涂改或伪造。自行车和三轮车及残疾人专用车的车闸、车铃、反射器以及畜力车的制动装置，必须保持有效。自行车、三轮车不准安装机械动力装置。丧失正常驾驶能力的残疾人不准驾驶非机动车，但残疾人专用车除外。与以前的非机动车管理规定相比，主要有两点区别：一是残疾人专用车首次被列入非机动车；二是明确了自行车、三轮车不得加装动力装置。

非机动车管理主要有两个重要特点：

第一，禁止非机动车加装动力装置一度是非机动车管理的重要工作之一。改革开放以后，我国轻便摩托车保有量迅速增加，其中非法拼装轻便摩托车、用自行车改装轻便摩托车的违规行为也时有发生。为此，1981年公安部下发《关于颁发〈城市轻便摩托车和轻便摩托车驾驶员管理的暂行规定〉的通知》（〔1981〕公发（治）115号），规定任何单位和个人不得拼装轻便摩托车，也不得用自行车改装轻便摩托车。为贯彻执行该文件，广州等市对轻便摩托车进行了整顿，严格取缔用自行车改装轻便摩托车的违规行为。

第二，自行车牌照管理工作的重要性在我国机动化进程加快后不断下降。随着我国经济社会的持续快速发展，自行车价格占居民收入比例不断下降，对自行车实行牌照管理的重要性和必要性有所下降。随着道路交通管理工作向机动车管理转移，为减轻管理部门压力，20世纪90年代中期起，许多城市不再要求自行车必须领取牌照后方可上路行驶。

（二）《道路交通管理条例》施行后残疾人机动轮椅车的管理压力不断增加

《道路交通管理条例》将残疾人专用车列入非机动车之后，作为专供下肢残疾人单人乘用的代步工具，残疾人专用机动车发展迅猛。为保证残疾人的交通安全，相关部门规定残疾人专用机动车的设计时速不得超过20公里。但是，有些企业为了扩大市场销售量，制造和投入市场的残疾人专用机动车动力和速度明显超过规定标准，有的还增设货厢，改制双排座位等，不仅严重影响了正常的道路交通秩序，也不利于残疾人安全驾驶残疾人专用机动车。为此，1992年1月27日，中国汽车工业总公司和公安部联合下发了《关于加强残疾人专用机动车管理的通知》（中汽摩联字〔1992〕039号），决定对残疾人专用机动车实行目录管理办法。从1992年7月1日起，列入目录的残疾人专用机动车方准按公安交通管理部门的具体规定销售，并在非机动车道行驶；目录发布后，未列入目录的残疾人专用机动车，不予核发牌证。申请列入目录的残疾人专用机动车发动机排量不超过50毫升，最高设计车速不超过20公里/小时。申请列入目录的残疾人专用机动车，新产品定型鉴定须请公安交通管理部门参加并签署意见；已经进行过定型鉴定的老产品，也应请公安交通管理部门重新审核确认。

残疾人专用机动车发展后，由于我国城镇残疾人就业率远低于社会平均就业率，且社会福利不能完全解决广大残疾人的生活保障问题，为维持生计，在一些地方，无业、生活困难的残疾人开始驾驶改装后的残疾人专用机动车从事运营，而出于多渠道解决残疾人就业和生活问题的考虑，有些地方的管理部门也有条件地允许这些残疾人从事运营。由于各地管理规定不一致，加之对从事运营的人员和车辆管理不善，导致残疾人专用机动车非法生产和改装、非残疾人驾驶残疾人专用机动车运营、无牌无证运营等问题突出。为加强对残疾人专用机动车运营的控制和管理，1995年4月21日中国残疾人联合会、公安部、建设部、劳动部、民政部、国家工商行政管理局等六部门联合下发了《关于加强对残疾人专用机动车运营管理的通知》（〔1995〕残联发字第66号），规定：（1）残疾人专用机动车原则上不应用于运营，但鉴于我国社会保障制度尚不健全和残疾人的实际情况，从维护社会稳定出发，在安排残疾人就业确有困难的城市，可作为过渡性措施，本着“从实际出发，区别对待，严格管理，适当放开”的原则，由残疾人联合会会同公安交通管理部门、公共交通客运管理部门提出具体方案，报当地政府批准后执行。（2）从事运营的残疾人身体条件应符合规定，且确属无业或生活困难者。非残疾人和未经批准的残疾人不准驾驶残疾人专用机动车运营。（3）从事运营的残疾人专用机动车，必须是指定生产的专用机动车，其各项技术指标必须符合国家标准和公安部门的有关规定。禁止用擅自改装的残疾人专用机动车从事运营。（4）从事运营的残疾人，应先向所在地残疾人联合会和相关部门提出申请，经审查核准取得规定证件后方可从事运营。（5）从事运营的驾驶人应当严格遵守相关规定，公安、工商行政管理、公共交通客运管理部门应加强对残疾人专用机动车运营车辆的管理。2007年5月，公安部、民政部、劳动和社会保障部、建设部、交通部、国家工商行政管理总局、中国残疾人联合会联合下发《关于规范残疾人机动轮椅车运营问题维护社会稳定的意见》（公通字〔2007〕28号），要求组织对残疾人机动轮椅车运营进行全面清理，严厉打击非残疾人利用残疾人机动轮椅车从事运营活动，取缔未办理运营手续的残疾人驾驶残疾人机动轮椅车从事运营活动，取消转让运营车辆残疾人的运营资格。明确鉴于目前我国许多残疾人就业困难和社会保障制度尚不健全的实际，各地应本着“从实际出发，区别对待，规范管理，逐步淘汰”的原则，妥善解决现有残疾人机动轮椅车运营问题。在允许运营的城市，各有关部门要在当地政府的统一领导下，切实履行职责，对残疾人机动轮椅车运营进行严格管理，规范残疾人机动轮椅车运营活动。

（三）电动自行车管理逐渐成为非机动车管理的焦点

进入20世纪90年代以来，随着我国经济社会的发展，城市建成区范围不断扩大，城市居民平均出行距离不断增加。为减轻出行强度，一种以蓄电池作为辅助能源，具有两个车轮，能实现人力骑行、电动或电助动功能的新型交通工具逐步出现并发展。这种新型交通工具既具有自行车可人力骑行的属性，又具有电动驱动的功能，因此被称为“电动自行车”。1997年以前，由于管理部门和生产部门、使用者在其究竟属于“机动车”还是“非机动车”这一问题上一直未能达成共识，并且当时社会上还存在许多汽油机助力自行车，因此发展较为缓慢，仅在国内部分地区（如苏州）有较大规模的使用。1999年，国家质量技术监督局发布了国家标准《电动自行车通用技术条件》（GB 17761- 1999），规定了电动自行车的定义、产品分类、技术要求和检验规则等要求，自1999年10月1日起实施。根据GB 17761-1999标准的规定，电动自行车的最高车速应不大于20公里／小时，整车重量应不大于40千克，必须具有良好的脚踏骑行功能（30分钟的脚踏行驶距离应不小于7公里）。

2004年5月1日起施行的《道路交通安全法》第18条规定：“依法应当登记的非机动车，经公安机关交通管理部门登记后，方可上道路行驶。依法应当登记的非机动车的种类，由省、自治区、直辖市人民政府根据当地实际情况规定。非机动车的外形尺寸、质量、制动器、车铃和夜间反光装置，应当符合非机动车安全技术标准。”第119条第4项规定：“‘非机动车’，是指以人力或者畜力驱动，上道路行驶的交通工具，以及虽有动力装置驱动但设计最高时速、空车质量、外形尺寸符合有关国家标准的残疾人机动轮椅车、电动自行车等交通工具。”第58条规定：“残疾人机动轮椅车、电动自行车在非机动车道内行驶时，最高时速不得超过十五公里。”同日起施行的《道路交通安全法实施条例》第72条规定，“驾驶电动自行车和残疾人机动轮椅车必须年满16周岁”；“非下肢残疾的人不得驾驶残疾人机动轮椅车”；“自行车、三轮车不得加装动力装置”。至此，我国以法律的形式将非机动车登记确定为省级人民政府的事权，将符合规定的电动自行车、残疾人机动轮椅车列为非机动车进行管理，如何规范和加强电动自行车和残疾人机动轮椅车管理，确保电动自行车、残疾人机动轮椅车的制造、驾驶人及行驶速度符合规定将是今后相当长一段时间内我国非机动车管理的重点。

近年来，电动自行车以其经济、便捷等特点，成为群众出行的重要交通工具，电动自行车产业快速发展，保有量迅猛增长。但是，电动自行车不按规定生产、销售问题严重，大量“超标”电动自行车上路行驶，道路交通安全隐患突出。为规范电动自行车的生产、销售和使用管理，2011年3月18日，公安部、工信部、工商总局、质检总局联合下发《关于加强电动自行车管理的通知》（公通字〔2011〕10号）。通知要求，一是省级公安、工业和信息化、工商、质监部门要在调研基础上，提请省级人民政府按照《道路交通安全法》规定，制定出台加强电动自行车管理的规定，对电动自行车的生产管理、市场准入、登记管理、路面管理等进行明确规范，公布在本省（自治区、直辖市）范围内准予注册登记的电动自行车生产企业及产品。二是省级质监、工业和信息化部门要加强对本省（自治区、直辖市）范围内电动自行车生产企业的监督管理，对生产企业的资质进行重新审查，凡生产设施、管理制度、产品质量等不符合法定要求的，责令停业整顿，逾期仍达不到法定要求或者情节严重的，依法取消生产许可资格。各地质监、工业和信息化部门要加强对企业生产活动的监管，督促企业严格按照《电动自行车通用技术条件》（GB 17761-1999）标准生产，不得生产超出国家标准的电动自行车。对企业资质不符合要求、违反规定生产电动自行车等问题的，依法责令停业整顿，情节严重的依法取消生产许可资格。三是各地工商部门要依法加强电动自行车销售企业的日常监管，督促销售企业建立并切实执行进货检查验收制度，验明电动自行车合格证明和其他标识，核查整车质量、外形尺寸等参数，确保销售的电动自行车符合法律、法规和国家标准要求。对销售不符合法律、法规和国家标准等规定要求的电动自行车的，按照《产品质量法》等法律、法规的规定责令停止销售，并处以罚款或者没收违法所得，情节严重的依法吊销企业营业执照。四是各地公安机关要根据本省（自治区、直辖市）电动自行车的管理规定，严格按照公布的生产企业及产品办理注册登记，认真核查电动自行车的整车质量、最高车速等是否符合《电动自行车通用技术条件》（GB 17761–1999）标准。对不符合要求的，一律不得按照非机动车进行注册登记，并将违规生产、销售企业和产品情况通报工业和信息化、质监、工商部门。要通过增设牌证办理点、简化办理程序、推行电动自行车“带牌销售”等方式，为群众办理电动自行车登记提供便利。五是各地公安机关要加大路面巡查力度，严厉查处电动自行车无牌无证上路行驶、占用机动车道行驶、超速行驶、逆向行驶、违法载人等交通违法行为。六是各地公安、工业和信息化、工商、质监部门要通过报纸、电视、广播、网络等媒体，广泛宣传驾驶“超标”电动自行车的危害，取得社会各界和群众的理解支持，引导群众购买、使用符合标准的电动自行车，教育群众遵守道路交通安全法律法规。要对查处、整治违规生产销售行动进行宣传报道，对违规生产、销售电动自行车的企业及其产品加大曝光力度。目前，对在用的“超标”电动自行车，要积极争取政府支持，本着平稳过渡的原则，通过以旧换新、折价回购、发放报废补贴等方式，鼓励群众主动置换和报废。要结合本地实际，提请政府设定“超标”电动自行车的过渡期限，研究制定交通发展规划，优化交通出行结构，完善电动自行车发展政策，实现规范管理、有序发展。

第三节　机动车驾驶人管理发展历程

机动车驾驶人管理是道路交通管理工作的一项重要内容。新中国成立后，我国机动车驾驶人管理在驾驶证分类、驾驶人考试、驾驶证审验、驾驶人累积记分等方面经历了不同时期的发展变化，逐步走上规范化、科学化的发展道路。

一、驾驶证分类

我国对机动车驾驶证实行分类管理。新中国成立以来，机动车驾驶证的分类几经变化，从1950年3月政务院批准发布《汽车管理暂行办法》和同年7

月交通部发布《汽车管理暂行办法实施细则》开始，我国就对机动车驾驶证进行分类。从驾驶证分类的历史沿革和发展变化看，主要有以下几个特点：

（一）驾驶证分类由繁入简，多证合一

新中国成立后，我国机动车驾驶证分类管理主要是依据每个时期制定的相关法规来进行调整明确。新中国成立初期，对驾驶证的分类管理主要是延续了解放前国民政府行政院于1939年颁布的《汽车管理规则》和《汽车驾驶人规则》。1950年3月政务院批准发布《汽车管理暂行办法》和同年7月交通部发布《汽车管理暂行办法实施细则》，把驾驶人执照分为职业、普通、学习和临时四种，取消了解放前的试车驾驶人执照；1960年《机动车管理办法》将驾驶人执照分为职业、非职业、实习职业和学习四种；1972年《城市和公路交通管理规则》（试行）将驾驶证分为机动车驾驶证、学习驾驶证和实习驾驶证；1988年12月《机动车驾驶证证件》（GN 43–1988）标准将驾驶证分为机动车驾驶证、实习驾驶证、学习驾驶证和临时驾驶证；1996年6月《机动车驾驶证管理办法》（公安部令第28号）将驾驶证分为机动车驾驶证、学习驾驶证和临时驾驶证；2004年，为贯彻执行《道路交通安全法》及其实施条例，进一步加强对机动车驾驶人的管理，保障道路交通安全与畅通，以适应新形势发展的需要，公安部对原来的驾驶员管理规定进行全面修改，制定了《机动车驾驶证申领和使用规定》（公安部令第71号）和《机动车驾驶证业务工作规范》，修订了《机动车驾驶证》（GA 482–2004）等行业标准，对机动车驾驶证的分类提出了新的规定和要求，取消了学习、实习驾驶证，对于持外国及港澳台地区驾驶证的人，经考试合格后，一律换发有效期为6年的驾驶证。自此，全国机动车驾驶证只有一种，即中华人民共和国机动车驾驶证。

（二）职业驾驶证的产生和消失

1950年交通部发布的《汽车管理暂行办法实施细则》，仍采用职业驾驶人管理制度，规定“职业驾驶人，凡以驾驶汽车为职业者属之”。这说明在当时，汽车驾驶是作为一种职业出现的。1956年，公安部、交通部实行汽车驾驶员升等制度，职业驾驶证分为一、二、三等，以《二级汽车驾驶员考试大纲》为主要内容，组织职业汽车驾驶员学习考试，并规定《三等汽车驾驶员升等考试办法》，对升等条件做了详细的说明。（图2–46）

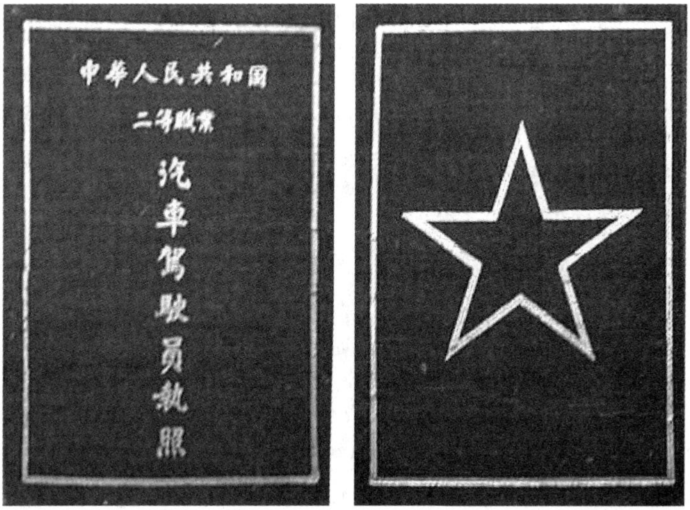

图2-46　二等职业汽车驾驶员执照

1960年《机动车管理办法》保留了职业驾驶员，而且设立了新职业驾驶员的实习制度。随着社会主义改造的完成，汽车运输业进入国营运输企业经营时期，当时的汽车驾驶员都是“单位人”，大多是以汽车运输为职业的，因此，在分类上将其列入职业驾驶员进行重点管理，保证运输业的发展和提供安全保障。直到1972年，公安部、交通部联合发布了《城市和公路交通管理规则》（试行），在分类中取消了职业驾驶证，但以汽车运输为职业的驾驶员仍然存在。此后，在1988年公安部发布的《机动车驾驶证证件》（GN 43-1988）标准中对职业和非职业驾驶员仅在驾驶证有效期的年龄限制上做了规定：“对于以驾驶机动车辆为职业的驾驶员，其驾驶证有效期，男性签发至满六十周岁之日，女性签发至满五十周岁之日。对于非职业驾驶员，确系自我行动需要驾驶车辆的，主管机关审核同意，驾驶员年龄上限可适当放宽。”但在分类上已无职业和非职业之分。

（三）学习驾驶证在很长一段时间内存在

1950年至2004年期间，学习驾驶证一直作为驾驶证分类的一项重要类别予以保留。这期间，凡申请学习驾驶机动车者，经车辆管理机关审查合格并领取机动车学习驾驶证后，成为学习驾驶员。学习驾驶员不能独立驾驶车辆，必须有教练员的指导，并且在指定时间、指定路线或场地上，学习驾驶挂有教练车号牌的机动车（图2–47）。2004年，在《机动车驾驶证申领和使用规定》（公安部令第71号）和《机动车驾驶证业务工作规范》以及《机动车驾驶证》（GA 482–2004）行业标准中取消了学习驾驶证，规定了科目一考试合格后，3日内核发驾驶技能准考证明并在有效期2年内完成科目二和科目三考试。

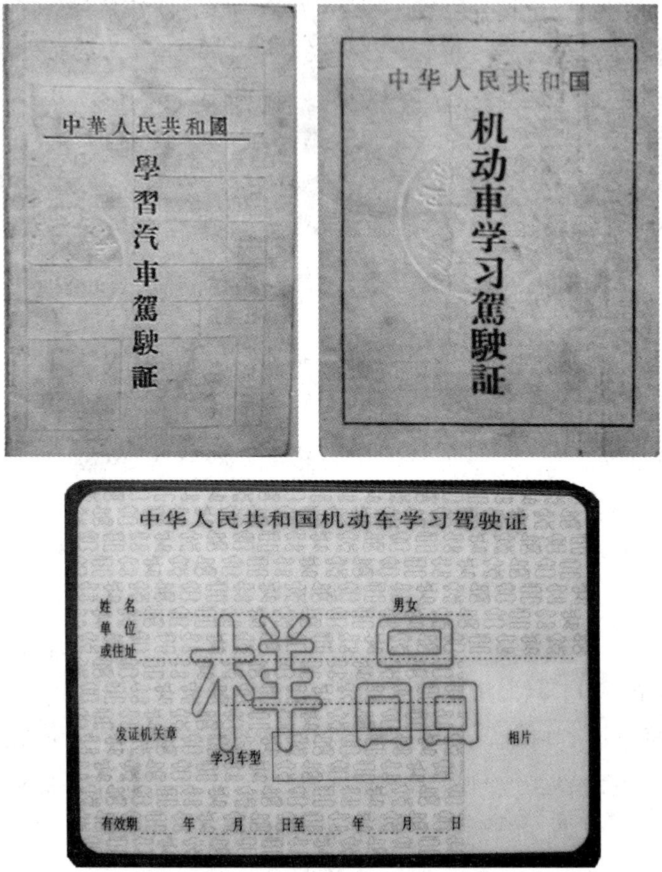

图2–47　不同时期的学习驾驶证

（四）实习驾驶证曾经担负着重要作用

1960年《机动车管理办法》中开始出现实习职业驾驶员，其是指实习驾驶机动车的职业驾驶员。实习职业驾驶员安全驾驶车辆半年以上可以申请换发职业驾驶员执照。（图2–48）

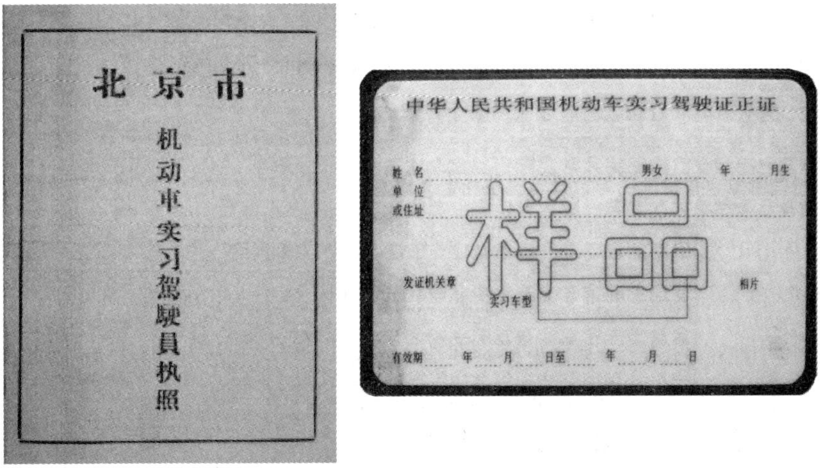

图2-48　实习驾驶员执照和实习驾驶证

1972年公安部、交通部联合发布的《城市和公路交通管理规则》（试行）规定，学习驾驶员经过考试后，转入实习期，期满后经过政治、技术鉴定核发驾驶证；1988年公安部发布的《机动车驾驶证证件》（GN 43–1988）标准中规定，实习驾驶证是取得实习驾驶员资格的技术证明，可在全国道路上单独驾驶准驾车型的民用机动车；1996年公安部第28号令《机动车驾驶证管理办法》中取消了实习驾驶证，规定了初次领取的驾驶证第 1 年为实习期；2004年实施的《道路交通安全法实施条例》规定，在实习期内驾驶机动车的，应在车身后部粘贴或者悬挂统一式样的实习标志。（图2–49）

图2–49　统一式样的实习标志

实习驾驶证在我国机动车驾驶证分类中存在了30多年，期间对初次领证的驾驶员在增强遵纪守法和职业道德意识、巩固提高驾驶技术和良好驾驶习惯的强制养成等方面发挥了重要作用。

（五）临时驾驶证的不同含义

1950年发布的《汽车管理暂行办法》中单独将临时驾驶证分类，《汽车管理暂行办法实施细则》中对临时驾驶证的申请做了规定，即“驾驶人申请换照补照时，如经办机关非原发照机关的，在经办机关将申请材料寄往原发证机关审核期间，可凭申请人缴验之原考验书第一联，发给申请人临时驾驶证，两个月内有效，核发新照时缴销”。可见，在当时的临时驾驶证是指我国驾驶人在补换证期间临时驾驶机动车所核发的证件。1960年《机动车管理办法》中取消了临时驾驶证。（图2-50）

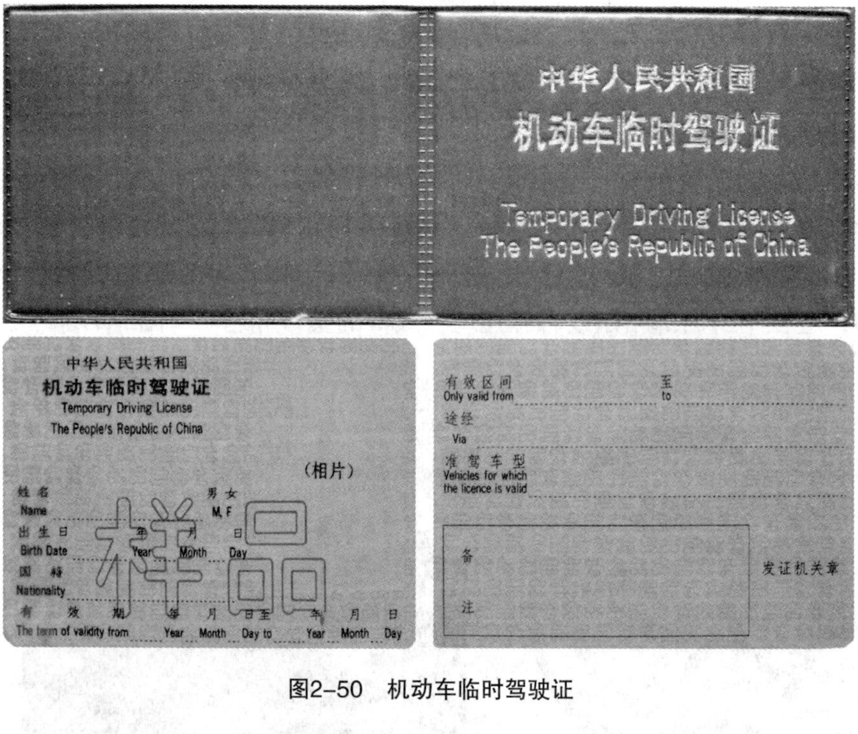

图2-50　机动车临时驾驶证

直到改革开放以后，随着外国人和港澳台人员的入出境，1988年《机动车驾驶证证件》（GN 43-1988）标准中重新对临时驾驶证做了明确规定，临时来华需要在道路上驾驶机动车的外国人以及香港、澳门和台湾地区人员凭此证可以在规定的时间、路线上驾驶准予驾驶的机动车。2004年全国驾驶证统一合并为中华人民共和国驾驶证，取消了临时驾驶证的分类。

由于《机动车驾驶证申领和使用规定》（公安部令第71号）规定临时入境驾驶人需要进行相关考试后才能换领有效期为6年的驾驶证，这样会耗费大量时间和精力。为适应日益频繁的国际经济合作交往、国际旅游、比赛以及边境运输、边民往来和借道通行等新形势发展的需要，2006年公安部修订了《临时入境机动车和驾驶人管理规定》（公安部令第90号），自2007年1月1日起施行，增加了临时机动车驾驶许可，规定持有境外驾驶证的人员无须经过考试，只要接受适当的道路交通安全法律、法规学习，领取临时机动车驾驶许可，即可在我国境内临时驾驶机动车。

二、驾驶证式样

机动车驾驶证是由公安交通管理部门核发的，证明机动车驾驶人驾驶资格的法定凭证。建立和完善机动车驾驶证管理制度是对机动车驾驶人安全管理的有效办法。公安交通管理部门通过对驾驶证的核发、审验、异动登记等管理工作，可以随时掌握机动车驾驶人的动态分布情况和各种统计数据，为制定交通管理方针、政策提供详实的依据。为更好地满足机动车驾驶证管理的要求，机动车驾驶证式样也不断变化。新中国成立后，我国机动车驾驶证式样历经了七次变化。

（一）第一代驾驶证

1950年3月20日政务院批准发布的《汽车管理暂行办法》和同年7月交通部发布的《汽车管理暂行办法实施细则》，将机动车驾驶执照分为职业汽车驾驶人执照、普通汽车驾驶员执照（图2–51）、学习汽车驾驶证和临时驾驶证（这两种当时称证），由车辆管理机关核发。1956年，全国实行驾驶员升等后，职业驾驶员执照分为：一等、二等、三等。

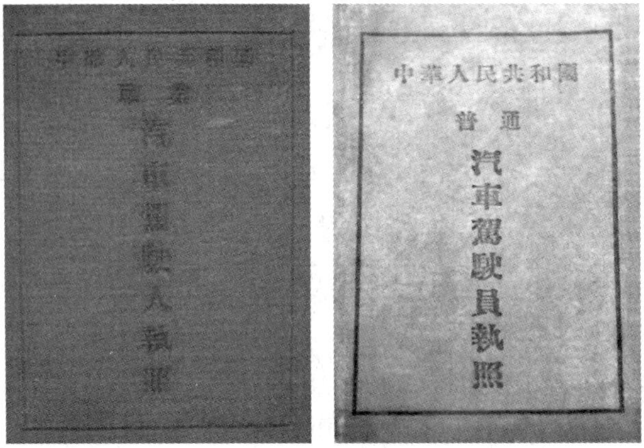

图2-51　第一代职业和普通汽车驾驶人／员执照

（二）第二代驾驶证

1960年2月11日，经国务院批准，交通部发布了《机动车管理办法》，首次使用“机动车”这一专用词汇，将机动车驾驶证分为职业机动车驾驶执照、非职业机动车驾驶执照（图2-52）、实习职业机动车驾驶执照和机动车学习驾驶证（称为证），由车辆管理机关核发。

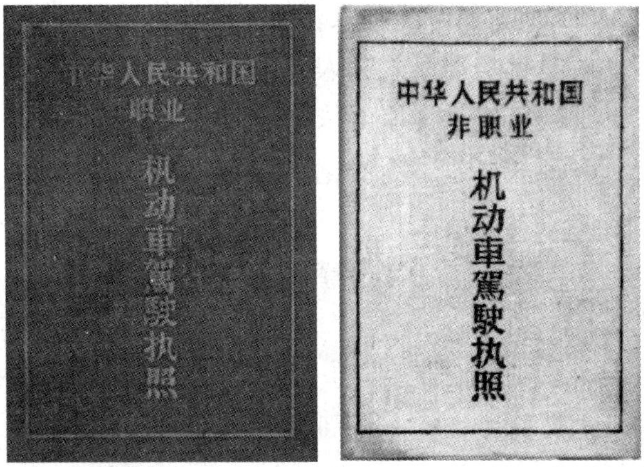

图2-52　第二代职业和非职业机动车驾驶执照

（三）第三代驾驶证

1972年3月25日，公安部、交通部发布的《城市和公路交通管理规则》（试行），对机动车驾驶证式样种类做了重新规定，将机动车驾驶证分为机动车驾驶证、机动车实习驾驶证（实习期为1年）和机动车学习驾驶证，由车辆管理机

关核发。此时，原来的驾驶执照都统称为机动车驾驶证。（图2–53）

图2–53　第三代机动车驾驶证

（四）第四代驾驶证

1986年道路交通体制改革后，公安部于1988年12月19日发布《机动车驾驶证证件》（GN 43–1988）标准，在全国统一启用新的机动车驾驶证，包括机动车驾驶证、机动车实习驾驶证、机动车学习驾驶证和机动车临时驾驶证。驾驶证由证夹、驾驶证正证、驾驶证副证组成，由车辆管理机关核发；副证正面记录年审章，背面用来记录交通违章和事故情况。（图2–54）

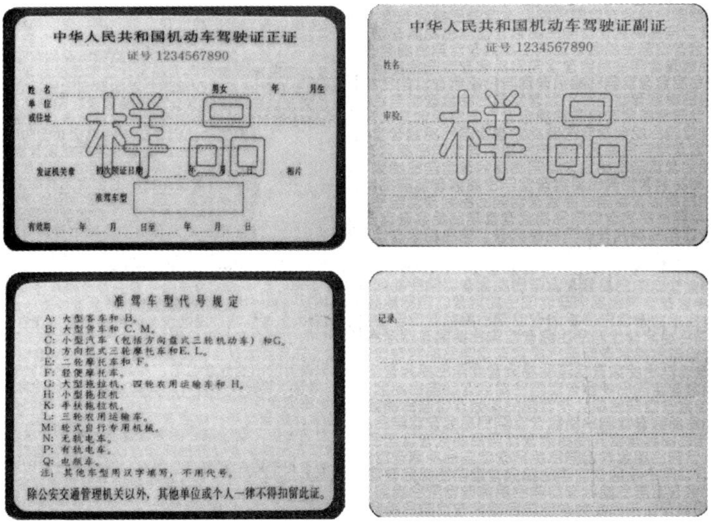

图2–54　第四代机动车驾驶证

（五）第五代驾驶证

自1996年9月1日起施行的公安部第28号令《机动车驾驶证管理办法》，将机动车驾驶证分为机动车驾驶证、机动车学习驾驶证和机动车临时驾驶证。

机动车驾驶证正面记录的项目有持证人的身份证号码、所持驾驶证的档案编号、持证人姓名、出生日期、住所、准驾车型、发证日期、有效期及发证机关章等，并附有持证人的照片（图2–55）。驾驶证的有效期分为3年、6年、8年和14年四种。

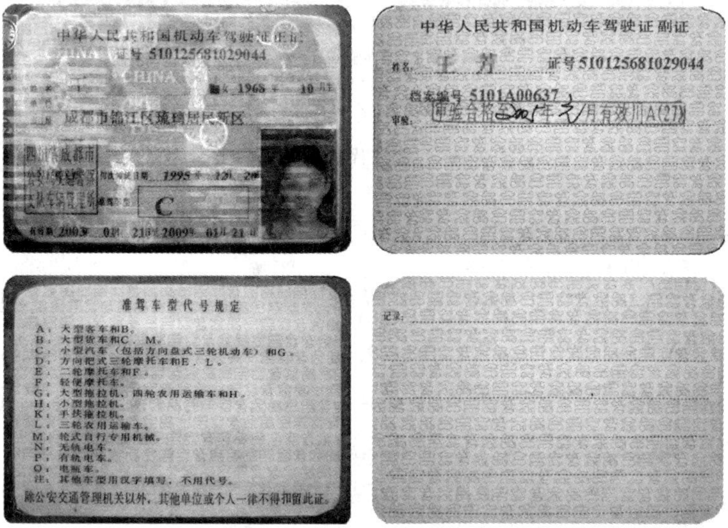

图2–55　第五代机动车驾驶证

机动车学习驾驶证正面记录的项目有持证人的身份证号码、所持学习驾驶证的档案编号、持证人姓名、出生日期、住所、准学车型、发证日期、截止日期及发证机关章等，并附有持证人的照片；驾驶证的背面为不同准学车型的英文代号。学习驾驶证有效期为2年。

临时驾驶证正面分别用中英文记录持证人所持临时驾驶证的档案编号、姓名、出生日期以及准驾车型、有效区间、发证日期、截止日期、发证机关章等内容，并附有持证人的照片；临时驾驶证的背面为不同准驾车型的英文代号；临时驾驶证只准驾驶核载小于9人的客车、核定总质量小于4500千克的货车、四轮农用运输车、车长小于6米的专用汽车和二／三轮摩托车。临时驾驶证有效期不超过1年。

（六）第六代驾驶证

《机动车驾驶证件》（GA 482–2004）自2004年10月22日颁布施行，取消了驾驶证分类，统一为中华人民共和国机动车驾驶证。除证夹、字体、花纹图案颜色等变化外，还新增了英文签注、国籍等内容；有效期的签证方式由原来的6年改为6年、10年和长期三种；改变了驾驶证上有效期的签证方式，将有效起始日期与初领证日期对应，方便了记分管理；在副页上增加了档案编号，将审验改为记录，取消了年度审验记录章。（图2–56）

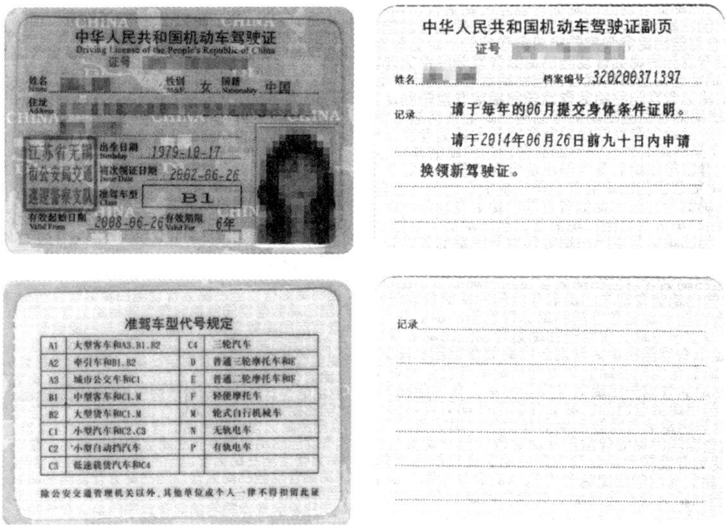

图2–56 第六代机动车驾驶证

（七）第七代驾驶证

《机动车驾驶证件》（GA 482–2008）自2008年4月1日起实施，与之前的驾驶证相比，主要变化是增加了机动车驾驶证、临时机动车驾驶许可的定义，以及增加了临时机动车驾驶许可、证芯印刷的要求和塑封套的规定。

新行业标准在保持原驾驶证式样不变的基础上，重点改进了驾驶证证芯和塑封套的防伪技术，明确规定了相关技术要求，增加了唯一性识别条码，改进后的新行业标准驾驶证综合使用了33项防伪技术（图2–57）。另外，2010年4月1日实施的《机动车驾驶证件》（GA 482–2008）第1号修改单增加了C5准驾车型（残疾人专用小型自动挡载客汽车）。

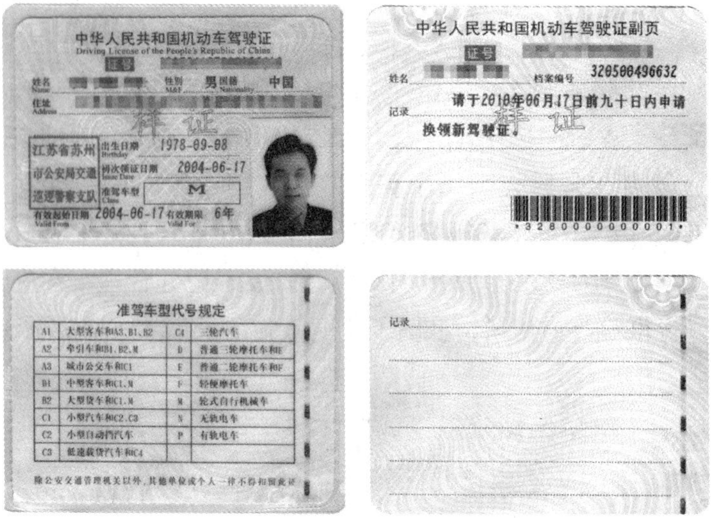

图2–57　第七代机动车驾驶证

三、驾驶人考试

我国实行机动车驾驶人考试制度。从1950年7月交通部发布的《汽车管理暂行办法实施细则》中开始提及驾驶人考试，驾驶人考试内容、项目、标准和方法在发展中不断地修订和完善，越来越科学、合理、严格。纵观驾驶人考试60多年来的发展，大致可分为三个阶段：

（一）驾驶人考试起步发展期

这个时期，从新中国成立初至20世纪90年代中期，涉及驾驶人考试的相关法律、法规有1950年7月发布的《汽车管理暂行办法实施细则》、1955年10月起施行的《城市交通规则》、1960年发布施行的《机动车管理办法》和1985年9月施行的《城市机动车驾驶员考试暂行办法》。受社会发展和体制的影响，这期间的驾驶人考试工作具有明显的时代特点。

1. 学科初考内容侧重于交通规则和机械常识

新中国成立后，汽车产品质量不高，尤其是国产货车时常发生故障，而且当时的汽车修理厂还不普遍，作为运输单位的驾驶员不仅要懂安全，会开车，熟知交通规则和机械常识，更要有维修和保养的技能（图2–58）。在日常工作中，驾驶员需要自行对车辆进行保养和修理，在运输作业过程中，一旦车辆发生故障必须自己动手进行排除。因此，初次学车的驾驶员，在学习驾驶之前要先学会汽车保养和故障排除，要养成日常检查的习惯。在学科考试中，不仅要考试交通规则和机械常识，对于汽车的保养和维修也是一项不可缺少的内容。1955年10月起施行的《城市交通规则》规定，考试内容包括交通规则、汽车简单原理、汽车保养作业和排除一般故障技能等。1960年发布施行的《机动车管理办法》虽然在文中只规定了交通规则以及报考车类的机械常识，但在实际考试中机械常识仍然包括主要机件构造、作用及常见故障排除和一般车辆保养常识。当时，由于对驾驶员的学历还没有要求，规定文盲参加考试可以采用口试。这期间，全国尚没有统一的学科考试题库，题目、题量由各地自定。1985年9月1日起施行的《城市机动车驾驶员考试暂行办法》，统一制定了“交通法规及安全驾驶常识考试大纲58项”、“机械常识考试大纲64项（含汽车和摩托车）”。自此，在交通规则和机械常识方面开始出现全国统一的考试大纲。

图2-58　驾驶员学习车辆机械知识

2. 驾驶员培训单位结业考试可视为通过公安交通管理部门初考

20世纪80年代以前，驾驶员培训学校还未出现，这个时期的驾驶员培训单位多是由国营运输单位和有车单位自行组织的培训班，这些培训单位必须向车辆管理机关办理登记，可自行组织结业考试。1960年发布施行的《机动车管理办法》第23条规定：“已向车辆管理机关登记的驾驶员培训单位的学员，结业考试及格，经车辆管理机关审核同意的，或者经车辆管理机关会同考试及格的，可发给实习职业驾驶员执照或非职业驾驶员执照。”这说明除了车辆管理机关外，在车辆管理机关登记的这些驾驶员培训单位组织的结业考试，经车辆管理机关审核同意，可视为通过车辆管理机关组织的初次考试。

3. 场内驾驶考试以桩考为主

在新中国成立后的很长一段时间里，场内驾驶考试一直都是采取桩考的方法，当时称为“移库”。在1985年以前，在全国性的法规中还未出现统一的场内驾驶图，直到1985年《城市机动车驾驶员考试暂行办法》的出台，才对场内驾驶进行了明确。场内驾驶，即在场内设桩和划线组成场内驾驶图，要求驾驶员按照不同车型规定的图形式样完成驾驶操作。主要考察驾驶员在驾车过程中，各项基本操作的熟练程度，前进、倒车、转弯的判断和控制能力。考试时除拖拉机带挂车外，一律采用单空车，如一次不及格允许接连再考一次。此时，出现了统一的场内驾驶图，包括汽车、方向盘式拖拉机、二／三轮摩托车、轻便摩托车和手扶拖拉机，对桩位、尺寸和操作要求进行了明确规定。（图2–59）

图2–59　20世纪80年代的桩考现场

4. 道路驾驶考试主要在实际道路上进行

这个时期，因为驾驶员培训一直是以“师傅带徒弟”、“以运带训”的方式进行，一般情况下徒弟要跟师傅随车学习6个月以上才能到公安交通管理部门申请考试，这期间都是跟着师傅在运输过程中或者实际道路中培训的，因此，道路驾驶考试也基本都是以实际道路为主。《城市机动车驾驶员考试暂行办法》明确规定，道路驾驶考试要在城市有代表性的街道上进行，有条件的可结合场内模拟设施进行。路考全过程中，应有起步、停车、转弯、调头等；道路条件应具有信号灯、标志、示意线、上坡、下坡、弯道、桥梁、涵洞等。除拖拉机路考须带挂车外，其余一律采用单空车。对于路考的时间和里程也做了明确规定，规定路考时间不得少于20分钟，行车里程不得少于3公里。从时间和里程说明来看，在当时的条件下，道路驾驶考试是严格的。（图2-60）

图2-60　20世纪80年代初期的道路驾驶考试

（二）驾驶人考试规范调整期

这个时期，从1996年6月发布公安部第29号令《机动车驾驶员考试办法》后至2004年《道路交通安全法》出台前，驾驶人考试工作发生了明显变化。

1. 首次以部令规章的形式规范了驾驶人考试工作

为保证机动车驾驶员具备应有的驾驶知识和技能，保障道路交通安全，1996年6月3日，公安部第29号令发布《机动车驾驶员考试办法》，从1996年9月1日起施行。这是第一次以部令规章的形式对考试工作进行规范，对考试工作以制度的形式进行确立。《机动车驾驶员考试办法》由地（市）以上公安交通管理部门负责实施，引入了"科目考试"的概念（科目一、科目二、科目三），对各科目考试的内容、方法、合格标准以及考试车辆、场地等都进行了细化和明确。在《机动车驾驶员考试办法》中，规定了"考试结果应当场公布，对科目二或三考试不合格的，应当指出不合格的原因"，充分体现了公开、透明的原则；还首次提出了从事考试工作的人员，必须具备考试员资格，持有省级公安交通管理部门颁发的考试员证书。

2. 实现了考试科目“三个统一”

第29号令对公安部1985年发布的《城市机动车驾驶员考试暂行办法》进行了修订，将原来的“道路法规及安全驾驶常识”和“机械常识”合并为“交通法规与相关知识”，增加了简单的伤员急救知识、危险物品运输知识和紧急情况的处理知识等，简称为科目一；将原来的“场内驾驶”变为“场地驾驶”，考核驾驶员在设有障碍的场地驾驶车辆的能力，简称为科目二；道路驾驶考试在考试场内道路进行，简称为科目三。规定前一科目考试合格后，再进行后一科目的考试；科目一考试题库全国统一，科目二考试桩考图全国统一，科目三考试汽车、摩托车的考核项目和减分标准全国统一。

3. 明确了考试车辆、场地标准和约考时间

《机动车驾驶员考试办法》中首次对考试车辆、场地和道路标准进行了明确，规定了考试车辆的长度、轴距，场地场内地面的坡度和附着系数以及桩位、标线；除对道路条件进行规定外，还明确了道路里程。为保障申请考试的人员有一定时间掌握考试内容，合理安排考试工作，对申请考试的人员约定考试日期的期限进行了规定，约考科目一从受理之日起不超过20日，约考科目二、三可分别约考，也可两科同时约考。对持大型客车、大型货车、小型汽车、其他机动车学习驾驶证的，应自发证之日起60、40、30、20日以后考试，并在20日内考完。对持军队、武装警察部队驾驶证，持香港、澳门、台湾地区驾驶证，以及持外国驾驶证和国际驾驶证的，不超过20日。其他情况考试的约定日期由各省级公安交通管理部门规定。约定考试后，申请人未如期参加考试的，应再约定。

（三）驾驶人考试科学完善期

这个时期，机动车和驾驶人管理法律法规体系在发展中不断完善。2004年施行的《道路交通安全法》为驾驶人考试工作提供了法律依据。为进一步严格机动车驾驶人考试制度，细化评判标准，提高考试难度，公安部自2004年以来，连续修订发布了《机动车驾驶证申领和使用规定》（公安部令第71号、91号、111号），对驾驶人考试工作进行不断地完善，使考试科目的设置越来越科学，考试内容越来越具有针对性，考试的标准也越来越严格、越来越合理。

1．考试科目的科学设置

为确保考试科目的科学设置，公安部结合具体工作中的实际情况，不断地进行完善。在71号令中，将科目三考试修订为场内道路考试和实际道路考试，增加了实际道路考试的内容，主要考核机动车驾驶人在实际道路上驾驶的心理素质、判断能力及综合驾驶技能，并增加模拟恶劣气候及夜间驾驶时各种灯光的使用知识的考试内容，对山路、涵洞、隧道较多的地区，还增设了相应的考试内容，以此增强考试的实用性。在91号令中，将场内道路考试并入了科目二考试中，科目三只考试实际道路驾驶，考试科目的设置更趋于科学合理。

2．考试内容和项目的合理调整

一是理论考试更加注重文明安全驾驶意识考核。71号令在《道路交通安全法》的框架下，对《机动车驾驶员考试办法》进行了完善，明确规定科目一考试内容为“道路交通安全法律、法规和规章；机动车的总体构造、主要装置的作用，车辆日常检查、保养、使用，常见故障的判断和排除方法等机动车构造保养知识；高速公路、恶劣气候、复杂道路、危险情况时的安全驾驶知识，伤员急救的一般知识，危险物品运输知识及其紧急情况的处理知识，文明驾驶和职业道德等安全驾驶相关知识”，由公安部统一制定科目一考试题库的结构和基本题型。91号令进一步优化了科目一考试内容及题库，压缩了机械常识题量，增加了安全驾驶综合知识的内容。另外，针对目前摩托车考试题库针对性不强的问题，单设了摩托车科目一考试专用题库，侧重于摩托车驾驶基本安全常识。

二是场内道路驾驶考试更加具有针对性。71号令中对场内道路驾驶考试项目规定了通过单边桥、上坡起步、通过连续障碍、曲线行驶、直角转弯、侧方停车、限速通过限宽门、起伏路行驶、低附着系数路面行驶等9项内容，并设定必考项目。91号令中规定小型汽车（C1）、小型自动挡汽车（C2）场内驾驶考试项目不得少于4项，并且还包括桩考在内，也就是说较71号令中的考试项目不得少于6项之规定减少了考试项目，进一步提高了考试针对性。其中C1科目二必考项目为桩考、坡道定点停车、起步和侧方停车，较71号令中的考试内容减少了曲线行驶、通过单边桥、通过连续障碍等项目。

三是实际道路驾驶考试项目更加完善。71号令对实际道路驾驶考试项目规定了9项内容，91号令将科目三实际道路驾驶考试项目增加到13项，大型客车、牵引车、城市公交车、中型客车、大型货车、小型汽车、小型自动挡汽车、低速载货汽车准驾车型考试项目不得少于10项。增加了大型客车、牵引车、城市公交车、中型客车、大型货车准驾车型的考试难度，要求进行夜间或者在低能见度情况下考试，其他汽车准驾车型抽取不少于20%进行夜间或者在低能见度情况下的考试。

3. 考试工作监管的加强

一是强化考试工作监督管理。为进一步加强考试监管，111号令要求车辆管理所在驾驶人考试中使用视频、录音等手段加强对考试过程的监督，在科目二、三考试中使用计算机考试系统对考生、考试员和考试项目进行随机分组，未随机抽取的，不得录入考试成绩。

二是强化驾驶人考试科技应用。汽车类驾驶人考试，自2010年4月1日起科目二桩考考试使用桩考仪，自2011年4月1日起科目二场内道路考试使用场地驾驶技能考试系统，考试成绩自动上传计算机管理系统。

三是加强培训和考试质量监督。车辆管理所使用计算机系统加强对考试的监控，根据暂住人口分布情况、教练车、教练员的培训能力，以及考试设备和考试员的考试能力，对初次申领机动车驾驶证的人数、考试人数、不经驾驶培训学校培训的人数、在暂住地申领机动车驾驶证的人数进行限定，核定每个考试场、每个考试员每日最大工作量，并报上级公安交通管理部门审核、备案。

四、驾驶证审验

新中国成立后，在很长一段时间内驾驶人都是“单位人”，在当时的计划经济体制下，参加驾驶证审验都是由单位集中组织进行，由单位到公安交通管理部门提交申请，安排审验时间和地点后集中组织。1960年施行的《机动车管理办法》明确了审验项目：核对执照上的各项记录和照片是否与现况相符，有无漏办审验及其他登记的情况；审查驾驶员的身体有无妨碍驾驶工作的情况，持有职业驾驶员执照的是否尚任驾驶员，持有实习职业驾驶员执照或非职业驾驶员执照的是否经常开车，以及驾驶技术情况；考核安全与违章肇事情况，有无未处理的违章肇事事件。审验期限为每年一次。这个时期，有车单位组织驾驶员“安全联组”开展驾驶员安全教育，“安全联组”的组织开展学习教育情况直接与审验合格率挂钩。同时，车辆管理机关在审验时注重交通规则和安全学习，除审核法规规定的审验项目外，还采取集中教育、集中考试的方式对驾驶员进行审验，在当时起到了很好的作用。

1996年9月1日起施行的《机动车驾驶证管理办法》规定，车辆管理所应对持证人根据持有准驾车型的不同，按不同期限对持证人进行审验。对持有准驾车型A、B、N、P驾驶证的，持有准驾驶车型C驾驶证从事营业性运输的和年龄超过60周岁的，每年审验一次；对持有其他准驾车型驾驶证的，每2年审验一次，免身体检查。

2004年5月1日起施行的《道路交通安全法》规定，公安交通管理部门应当对机动车驾驶证进行审验。《机动车驾驶证申领和使用规定》（公安部令第71号）及《机动车驾驶证业务工作规范》根据《道路交通安全法》对审验工作进行了改进，明确审验项目为机动车驾驶人身体条件证明和累积记分。这个时期，随着审验内容的变化，审验周期也在发生变化。除规定驾驶人年龄和持有部分准驾车型[①]的驾驶人需要每年提交身体条件证明进行审验外，其他驾驶人可在驾驶证有效期满换发时进行审验。

为了进一步规范驾驶人的权利义务，完善驾驶证审验制度，111号令规定：车辆管理所在机动车驾驶人申请办理有效期满换证、降级换证、转入等换证业务时，对其驾驶证进行审验。对持有准驾车型为大型客车、牵引车、城市公交车、中型客车、大型货车、无轨电车、有轨电车的机动车驾驶人，每2年提交一次身体条件证明进行审验，年龄超过60周岁的人身体条件变化比较快，仍然保留了每年一次的规定。

五、驾驶人培训

机动车驾驶培训，是指以培训学员的机动车驾驶能力或者以培训道路运输驾驶人员的从业能力为教学任务，为社会公众提供有偿服务的活动。从新

[①]《机动车驾驶证申领和使用规定》（公安部令第111号）第49条规定，年龄在60周岁以上的机动车驾驶人，应当每年进行一次身体检查，在记分周期结束后15日内，提交县级或者部队团级以上医疗机构出具的有关身体条件的证明。持有准驾车型为大型客车、牵引车、城市公交车、中型客车、大型货车、无轨电车、有轨电车的机动车驾驶人，应当每2年进行一次身体检查，在记分周期结束后15日内，提交县级或者部队团级以上医疗机构出具的有关身体条件的证明。

中国成立后到今天，我国机动车驾驶培训从培训机构、培训方式以及对培训的监管等方面都发生了较大变化。

（一）培训机构的发展

在我国，机动车驾驶人培训一直以来都广受关注。早在1952年，苏联民警专家法捷扬诺夫在给北京市交通管理工作的建议中就提出，“民警应监督所有培养机动车司机的学校和训练班，以便提高对汽车、交通及路牌的研究质量”。在新中国成立前，我国就已经出现早期的驾驶培训班，对机动车驾驶人进行培训。新中国成立后，随着社会主义建设对汽车运输安全和效率的需要，对机动车驾驶人的培训越来越重视。1960年，国务院批准发布的《机动车管理办法》中开始涉及对机动车驾驶员培训学校的管理问题，这说明在20世纪60年代培训机构就已经出现，但当时的培训机构都是由运输单位或有车单位按照实际需求自行开办的，由培训学校或培训班组织进行驾驶员培训。1979年，中国城市交通管理考察团《关于加速治理首都交通的意见》（摘要）中就提到“请市交通运输局、公安局牵头，教育局参加，尽快筹办培训司机学校，凡申请报考驾驶员的人员，一律经学校培训”，这表明在北京市，至少在1979年之前还没有真正意义上的驾驶培训学校，主要是由有车单位组织的培训班或有驾驶执照并有一定经验的教练人进行培训。

改革开放后，机动车数量快速增长，相应地也需要大量的机动车驾驶人，传统的培训方式已不能满足现实需要，各地驾驶培训学校开始逐渐增多。至20世纪90年代末以前，随着社会经济的发展和私人拥有汽车增多，机动车驾驶员培训学校成为市场前景广阔的行业，一段时期内，一些政府机关纷纷开办驾驶培训学校。为严格执行政企分开政策，防止和杜绝腐败现象的产生，进一步提高驾驶培训质量，国家决定引入竞争机制，引进社会资本，实行机动车驾驶培训社会化。

2004年5月1日起施行的《道路交通安全法》，专门对机动车驾驶培训作出了规定，要求机动车的驾驶培训实行社会化，由交通主管部门对驾驶培训学校、驾驶培训班实行资格管理；驾驶培训学校、驾驶培训班应当严格按照国家有关规定，对学员进行道路交通安全法律、法规、驾驶技能的培训，确保培训质量；任何国家机关以及驾驶培训和考试主管部门不得举办或者参与举办驾驶培训学校、驾驶培训班。这是我国首次以立法的形式对机动车驾驶培训予以规范。国家机关退出机动车驾驶培训，实行机动车驾驶培训社会化，有利于发挥社会资金优势，通过创造公平、公正的竞争环境，鼓励驾驶培训学校公开、公平地竞争，不断提高驾驶培训质量。至此，我国机动车驾驶培训机构全面实行了社会化。

（二）培训方式的变化

从20世纪50年代到今天，机动车驾驶人培训先后经历了拜师学习、跟车培训、集体集中培训、计时培训等阶段。早期的机动车驾驶人培训主要采用“以师带徒”、“以运代训”等方式进行，当时机动车驾驶是一种职业，驾驶员主要来自于各级交通运输部门和拥有机动车的厂矿企业，出于安全生产的考虑，对驾驶员的选拔、培训也较为严格，既要审查身体条件，也要审查政治条件。这一时期的驾驶员培训，尽管没有全国统一的培训大纲、培训计划，但由于驾驶员数量较少，各单位出于安全生产的考虑对培训工作非常重视，采用“师傅带徒弟”等方式传授驾驶技能，已能够满足驾驶员培训需要，培训出的驾驶员也能够胜任驾驶员岗位。

改革开放后，随着经济的发展和机动车保有量的增长，渐渐出现了“学车热”，驾驶培训学校也应运而生。由于学车人数的增加，培训方式开始发生变化，驾驶培训学校开始实行“集体集中培训”的方式，以满足培训的需要（图2-61）。在人多车少的情况下，培训质量难以保证，为此，公安部于1985年发布的《城市机动车驾驶员考试暂行办法》中对学习驾驶机动车的条件、期限和考试等做了明确规定，尤其对学时方面，按照报考车型明确了学习驾驶期限。

图2-61　“学车热”造成当时的一车多人制的集中培训

为进一步解决集中培训中存在的问题，规范全国机动车驾驶人培训工作，1989年2月1日，公安部又发布了《机动车驾驶员培训学校（班）管理办法》（公安部令第1号），共15条，对驾驶员培训学校（班）的条件、学员学习期限、驾驶操作时间、教练员条件等做了统一规定，除规定驾驶员培训学校（班）要有系统的教学计划和大纲、教学场地等必备条件以及建立培训学校（班）与学员双方监督落实学时制度外，还对上车人数进行了明确，规定"大型教练汽车每辆配备学员人数不准超过八人；小型教练汽车每辆配备学员人数不准超过六人；其他机动车参照上述规定配备学员人数"，以控制教学人数，提高培训质量。为保证机动车驾驶员具备应有的驾驶知识和技能，保障道路交通安全，依据《道路交通管理条例》的有关规定，1996年6月公安部发布了《机动车驾驶员考试办法》，进一步提高驾驶培训学校的培训质量。

进入21世纪，机动车驾驶成为一种基本的生活技能，接受机动车驾驶培训的人越来越多，加之日益严峻的交通安全形势，对驾驶培训学校培训质量的要求越来越高。2004年5月施行的《道路交通安全法》明确了机动车的驾驶培训实行社会化，由交通主管部门对驾驶培训学校、驾驶培训班实行资格管理；驾驶培训学校、驾驶培训班应当严格按照国家有关规定，对学员进行道路交通安全法律、法规、驾驶技能的培训，确保培训质量。2006年1月交通部发布《机动车驾驶员培训管理规定》，规定由交通部主管全国机动车驾驶员培训管理工作，制定《机动车驾驶员培训教学大纲》，组织指导驾驶培训学校开展培训。随后为进一步保证学习时间、提高培训质量，培训方式开始启用计时培训。

（三）对驾驶培训的监督管理

1960年，国务院批准发布的《机动车管理办法》中已涉及对机动车驾驶员培训学校（班）的管理问题，明确规定了"培训机动车驾驶员的驾驶学校或训练班成立时，须向车辆管理机关办理登记。教学计划和教学大纲应经车辆管理机关同意。培训工作受车辆管理机关的监督检查"，原则规定了机动车驾驶员培训学校（班）应当具备的条件；同时规定"车辆所属单位或其他部门培养学习驾驶员及助手的工作，临时组成的驾驶员短期培训班，以及其他有组织的培训，均应受车辆管理机关的监督检查"。

改革开放后，机动车数量快速增长，相应地也需要大量的机动车驾驶人，传统的培训方式已不能满足现实需要，各地驾驶培训学校逐渐增多，驾驶培训学校的培训质量随之成为亟须解决的问题。1987年6月30日，公安部交通管理局《关于机动车辆管理工作若干问题的通知》（〔87〕公交第441号）要求各地车辆管理所加强对驾驶培训学校的监督工作，保证培训质量。对具备师资、教练设备、场地、教学设施和校舍的正规驾驶培训学校，要予以大力支持，在考试的时间安排、训练路线、教练时间、学习期限等方面，提供必要的方便，条件成熟的，还可以委托其代行考试；提倡在本地区培训新驾驶员，需到外地培训时，应征得原籍车辆管理所同意，对准予在外地培训的新驾驶员领取驾驶执照后，应允许转回本地区，不再重新考试；强调交警队和车辆管理所不能开办培训新驾驶员的培训学校或培训班。值得注意的是，按照通知要求，对于条件成熟的驾驶培训学校，车辆管理所可以委托其代行考试。

1988年8月1日起施行的《道路交通管理条例》，专门对学习驾驶员和教练员做了规定，要求学习驾驶员和教练员应分别持有车辆管理机关核发的学习驾驶证和教练员证，在学习驾驶时，学习驾驶员应在教练员的随车指导下按指定时间、路线学习驾驶，且车上不准乘坐与教练员无关的人员；明确规定学习驾驶员违反《道路交通管理条例》的行为或者造成交通事故的，教练员应负一部分或全部责任。这一规定有助于规范学习驾驶员和教练员的行为，增强教练员责任心，进而提高培训质量。

为促进机动车驾驶员培训工作向正规化发展，提高培训质量，保障道路交通安全，1989年2月1日，公安部发布《机动车驾驶员培训学校（班）管理办法》，共15条，对机动车驾驶员培训学校（班）必须具备的条件、培训学校（班）与学员双方监督落实学时制度、教练汽车配备学员数量、教练员必须具备的条件及教练员证的申领、开办培训学校（班）的审核批准、如何保证培训质量、建立新培训驾驶员安全考核制度及培训学校（班）招生范围等做了较为详尽的规定。其中，明确了机动车驾驶员培训学校（班）须向当地公安交通管理部门提出申请，经审核批准，并具备开办的其他必备手续后，方可招收学员；教练员须持有公安交通管理部门发给的《机动车教练员证》；公安交通管理部门对机动车驾驶员培训学校（班）执行教学计划的情况和培训质量进行检查、监督；培训学校（班）对新培训的驾驶员在实习期内的安全驾驶情况要进行跟踪考核，并作为检验培训质量的一个重要条件；培训学校（班）原则上在本市（地区）招生，如在省、自治区、直辖市范围内招生，则须经当地公安交通管理部门审核，并报省、自治区、直辖市公安交通管理部门批准；凡开办专门培训外国或港澳地区机动车驾驶员的培训学校，须由省、自治区、直辖市公安交通管理部门审核后，报公安部交通管理局批准。此外，对违反《机动车驾驶员培训学校（班）管理办法》和有关规定的培训学校（班），公安交通管理部门视情节轻重，有权责令其停课整顿或停办。

为提高机动车驾驶人培训和考试质量，预防和减少道路交通事故，2008年6月20日，公安部交通管理局发布了《关于加强机动车驾驶培训质量监督工作的通知》（公交管〔2008〕135号），一是通过组织开展驾驶培训学校专项检查和驾驶培训学校能力评估，集中排查驾驶培训学校资格条件；二是通过实行多种形式的报考预约方式、严格申请人培训信息审核、加强异地申请人条件审查，严格审核培训情况和报考条件；三是通过落实驾驶培训学校考试质量排名通报制度、落实新驾驶人素质跟踪和培训质量倒查制度、建立举报核查奖励机制，全面落实培训质量监督制度；四是通过加强技术防范监控、加强与有关部门的协作配合、加强督导检查，进一步加强技术防范和督导检查。随着各项管理措施不断推出，机动车驾驶人培训监管工作日趋完善，机动车驾驶人培训逐步走上规范发展的道路。

六、驾驶人记分管理

我国的驾驶人累积记分制度是20世纪90年代正式出台的，在10多年的不断完善和发展中，在维护道路交通秩序，增强机动车驾驶员遵守交通法规的意识，减少道路交通违章行为，预防道路交通事故，提高交通管理执法水平等方面发挥了重要作用。期间主要经历了以下几次调整：

（一）累积记分制度的起源

我国关于建立违章记分制度的思考始于1987年。当时，成立不到一年的公安部交通管理局在局务会议（1987年10月10日）上就讨论和决定了草拟《驾驶人员违章记分办法》。

驾驶人违章累积记分制度的正式出台是在1996年。1996年6月3日，公安部发布《机动车驾驶证管理办法》，规定对持证人发生交通事故或违章的，实行记分管理，并在驾驶员或驾驶证登记资料中记载。对超过违章、事故记录分数规定的，依法分别进行交通法规教育、考试和处罚。该办法自1996年9月1日起施行，标志着驾驶人违章累积记分制度的初步建立。虽然有了累积记分的规定，但具体办法由各省级公安交通管理部门自行规定，无全国统一的记分管理办法。

随着市场经济的发展，全国范围内跨地域人员流动更为频繁，机动车驾驶人也不例外。为了在更大范围内发挥累积记分制度的作用，减少道路交通违章行为，预防道路交通事故，有必要在全国范围内统一累积记分标准及操作程序。公安部于1999年12月9日以第45号令发布、自2000年3月1日起施行的《机动车驾驶员交通违章记分办法》规定，公安交通管理部门对机动车驾驶员实施交通违章记分管理，对违反交通法规的机动车驾驶员予以记分和考试，对模范遵守交通法规的机动车驾驶员予以奖励。

（1）在记分分值上，依据机动车驾驶员交通违章行为的严重程度，将一次记分的分值分为12分、6分、3分、2分、1分五种，列举了一次记12分的9种交通违章行为、一次记6分的13种交通违章行为、一次记3分的23种交通违章行为、一次记2分的17种交通违章行为和一次记1分的12种交通违章行为，对造成交通事故尚不够追究刑事责任的，除按照交通法规处理和对违章行为记分外，还应按照不同规定追加记分。

（2）在记分执行上，记分周期为一年度，总分12分，从机动车驾驶员初次领取机动车驾驶证之日起计算，一个记分周期期满后，记分分值累加未达到12分的，该周期内的记分分值予以消除，不转入下一个记分周期；交通违章记分与对违章行为纠正、处罚或者追究交通事故行政责任同步执行，对非本地核发机动车驾驶证的驾驶员给予记分的，应当将记分情况转至核发地公安交通管理部门；机动车驾驶员一次有两种以上违章行为的，应当分别计算，累加分值；公安交通管理部门发现机动车驾驶员记分分值已满12分的，滞留其机动车驾驶证正证和副证，考试合格后应当及时发还。

（3）在考试上，公安交通管理部门对在一个记分周期内记分分值满12分的机动车驾驶员应当进行考试，其内容是交通法规与相关知识和道路驾驶；记分分值满12分者经考试合格的，原记分分值予以消除，不合格者可以申请补考，若在一个记分周期内再次记满12分，还须增考场地驾驶。

（4）在奖励方面，公安交通管理部门对无交通违章记分的机动车驾驶员分别情况予以奖励，并将奖励在驾驶证上注明。

（二）累积记分制度的确定

2004年5月1日起施行的《道路交通安全法》，是我国历史上首次以法律形式对累积记分制度予以规定，是确定、完善记分制度的重要法律依据。《道路交通安全法》规定，公安交通管理部门对机动车驾驶员违反道路交通安全法律、法规的行为，除依法给予行政处罚外，实行累积记分制度。公安交通管理部门对累积记分达到规定分值的机动车驾驶员，扣留机动车驾驶证，对其进行道路交通安全法律、法规教育，重新考试；考试合格的，发还其机动车驾驶证。对遵守道路交通安全法律、法规，在一年内无累积记分的机动车驾驶员，可以延长机动车驾驶证的审验期。同日起施行的《道路交通安全法实施条例》，对累积记分制度、记分周期、参加学习并接受考试等做了相应规定，并授权公安部根据道路交通违法行为的危害程度规定应予记分的道路交通违法行为和分值。

（三）累积记分制度的调整和完善

与《道路交通安全法》同步施行的《机动车驾驶证申领和使用规定》（公安部令第71号），对应当记分的道路交通违法行为及其分值做了具体规定。与《机动车驾驶员交通违章记分办法》相比，予以记分的交通违法行为由74项减为51项，在道路交通安全违法行为记分分值方面变化也较大，如在一次记12分的交通违法行为种类中，原《机动车驾驶员交通违章记分办法》中的9种交通违章行为只保留了"醉（饮）酒后驾驶机动车的"，同时增加了"造成交通事故后逃逸，尚不构成犯罪的"、"驾驶与准驾车型不符的机动车的"（原记6分）、"超过三个月不缴纳罚款或者连续两次逾期不缴纳罚款的"、"违反交通管制的规定强行通行，不听劝阻的"、"机动车驾驶证被暂扣期间驾驶机动车的"和"使用他人机动车驾驶证驾驶机动车的"；记6分的违法行为种类由原来的13种减少为7种，记3分的违法行为种类由原来的23种减少为16种，记2分的违法行为种类由原来的17种减少为13种，记1分的违法行为种类由原来的12种减少为8种。这些变化中，既有交通安全违法行为种类的增减，也有同一违法行为应记分值的变化。同时，规定了对机动车驾驶员在一个记分周期内累积达到12分的，应在15日内到机动车驾驶证核发地或违法行为地的公安交通管理部门接受为期7天的道路交通安全法律、法规和相关知识教育，并对公安交通管理部门安排违法驾驶员考试的时间做了规定，强调了时效性。此外，取消了“公安机关交通管理部门发现机动车驾驶员记分分值已满12分的，滞留其机动车驾驶证正证和副证，考试合格后应当及时发还。但同时被处以吊扣机动车驾驶证处罚期限未到的，应当在吊扣期满后发还”、“机动车驾驶员被记满12分，经公安机关交通管理部门通知后，无正当理由逾期三个月不参加考试的，撤销其机动车驾驶证”和“机动车驾驶员对交通违章处罚和交通事故处罚不服，申请行政复议或者提起行政诉讼的，在复议、诉讼期间机动车驾驶员接受考试的时限顺延”的规定；还取消了《机动车驾驶员交通违章记分办法》中对机动车驾驶员无交通违章记分的奖励和对造成交通事故尚不够追究刑事责任者追加记分的规定。

2007年4月1日起施行的《机动车驾驶证申领和使用规定》（公安部令第91号），着重突出了对容易引发交通事故特别是群死群伤特大交通事故违法行为、驾驶人主观故意或恶意违法行为的记分管理，并根据违法行为危害程度调整确定了记分分值，以利于记分制度在预防道路交通事故、保障道路交通安全中充分发挥作用。与71号令相比，予以记分的交通违法行为由51项减为47项，其中，一次记12分的交通违法行为种类中，增加了“驾驶公路客运车辆载人超过核定人数20%以上的”和“饮酒后驾驶营运机动车的”两种违法行为，将原部分违法行为种类予以降分或删除；在一次记6分的交通违法行为种类中，增加了“机动车驾驶证被暂扣期间驾驶机动车的”、“使用伪造、变造机动车号牌或者使用其他机动车号牌的”、“驾驶机动车载运爆炸物品、易燃易爆化学品以及剧毒、放射性等危险物品，未按指定时间、路线、速度行驶或者未悬挂警示标志并采取必要的安全措施的”等5种违法行为；对一次记分3分、2分和1分的交通违法行为也分别进行了个别调整。

2010年4月1日起施行的《机动车驾驶证申领和使用规定》（公安部令第111号），对严重交通违法行为记分分值进行了调整。其主要体现在两个方面：一是按照交通违法行为危害程度与惩处力度相符合的原则，对部分驾驶人主观过错大、严重影响道路交通安全、扰乱道路交通秩序的交通违法行为提高了记分分值。该规定将饮酒后驾驶机动车，在高速公路上倒车、逆行、穿越中央分隔带掉头，使用伪造、变造机动车牌证或者使用其他机动车牌证等3种违法行为，由一次记6分调整为记12分。同时，还新增了以隐瞒、欺骗手段补领机动车驾驶证和机动车在高速公路或者城市快速路上遇交通拥堵，占用应急车道行驶等3种违法行为记分。二是针对当时交通违法行为记分项目偏多、范围过大、重点不突出等问题，按照进一步扩大轻微交通违法警告教育面的原则，减少了记分项目。该规定取消了12类交通违法行为的记分项目，包括公路营运客车违反规定载货，违反警告标志和警告标线指示，机动车行驶时乘坐人员未按规定系安全带等。调整后违法记分项目由47项减为38项，其中，一次记12分的6项，记6分的9项，记3分的11项，记2分的8项，记1分的4项。

从累积记分制度的变化看，交通安全违法行为记分分值的变化，往往与该时期道路交通管理的重点任务密切相关。一段时期内某种交通违法行为发生的数量多、严重程度大，一般会作为该时期交通管理工作的重点，与之相配套的记分分值则会有所提高，以期遏制该类交通违法行为高发的势头。实践证明，累积记分制度对遏制交通违法行为，改善道路交通秩序，提高道路交通安全性发挥了重要作用。可以预见，随着驾驶人法律素养和守法意识的提高，记分分值为12分的交通安全违法行为的种类会越来越少，其他记分分值的违法行为种类也会有一定的增减或调整，累积记分制度将会进一步健全、完善，更好地为道路交通安全服务。

七、驾驶人数量

新中国成立后，随着经济的发展和机动车保有量的不断增长，驾驶人数量在每个时期都有不同的变化。新中国成立初期，由于体制的原因，我国机动车驾驶人在很长一段时期属于“单位人”，多数是从事运输行业的职业驾驶员，而且在计划经济条件下，学习考试都有一定的限制。因此，在20世纪80年代中期以前，我国机动车驾驶人数量与机动车保有量的发展基本持平。截至1987年，我国机动车保有量为1061.03万辆，其中汽车408.07万辆；机动车驾驶人数量1196.82万人，其中汽车驾驶人数量556.82万人。随着汽车限制政策的放开，一些大城市和沿海开放城市开始出现“学车热”。以20世纪80年代的青岛市为例，青岛市1986年机动车保有量为29860辆，机动车驾驶人数量达到了87930人，人车比例达到了3：1。进入20世纪90年代以后，随着经济体制改革的不断深入，以及机动车驾驶人培训考试的逐步规范，机动车驾驶

人数量呈快速上升趋势。（图2-62）

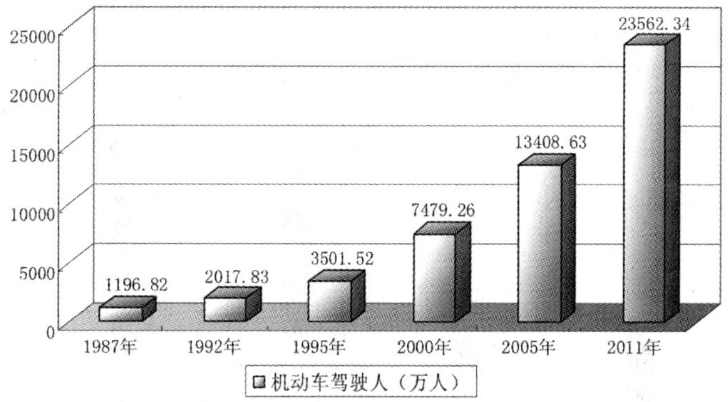

图2-62 1987年至2011年全国机动车驾驶人数量

由上图可见，我国机动车驾驶人数量从1992年开始进入快速增长期（与机动车的快速增长期相同），1994年后以每年800万人的速度递增，2000年以后，受社会经济发展和加入WTO后汽车政策的影响，机动车驾驶人年均增长已突破1000万人。随着汽车的快速增长，汽车驾驶人已成为机动车驾驶人的主体。（图2-63）

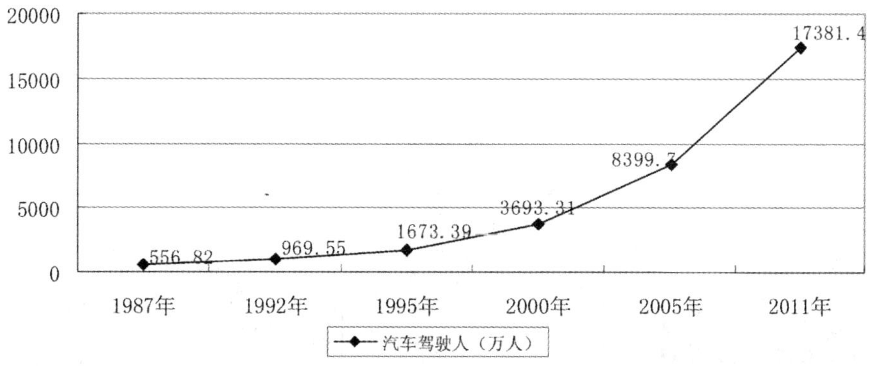

图2-63 1987年至2011年全国汽车驾驶人数量

2011年，全国机动车驾驶人数量达到235623439人，与2010年年底相比，增加22686299人，增长10.65%。其中，汽车驾驶人为173813961人，占驾驶人总数的73.77%，与2010年年底相比，增加21994945人，增长14.49%。汽车驾驶人数量与汽车保有量比率为1.64:1。从统计情况看，随着机动车保有量的快速增长，近五年来机动车驾驶人数量也呈现大幅增长趋势，年均增量达1700

多万人。（图2-64）

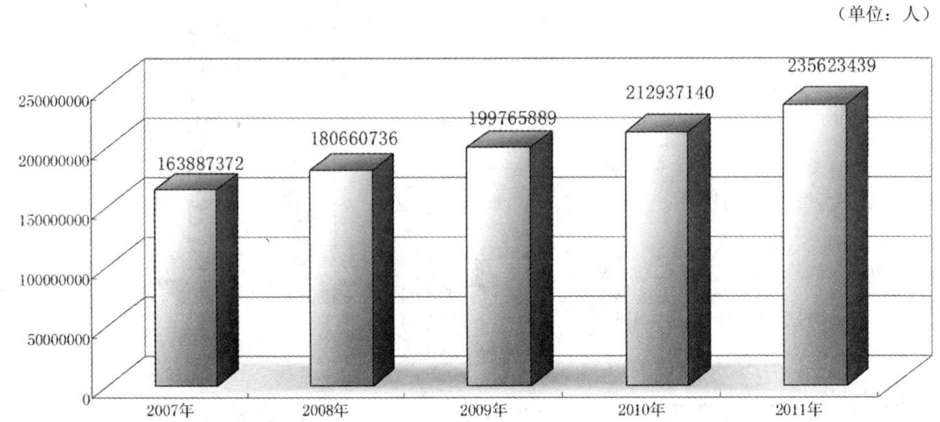

图2-64　近五年机动车驾驶人数量

从各地情况看，广东、山东、河南、江苏、四川、河北、浙江的驾驶人数量超过1000万人，分别为21804832人、18314095人、17112779人、17007190人、12648104人、12612659人、12148599人，分别占全国驾驶人总量的9.25%、7.77%、7.26%、7.22%、5.37%、5.35%、5.16%。（图2-65）

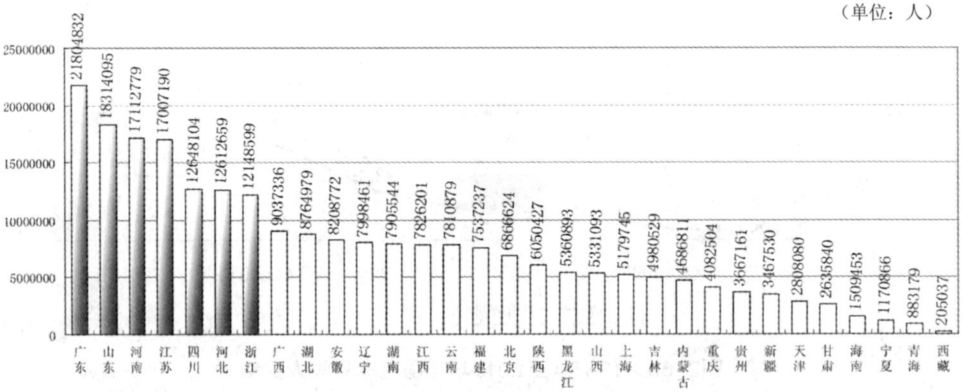

图2-65　全国各省（区、市）机动车驾驶人数量

从驾驶人年龄看，2011年年底我国26至50岁之间的驾驶人有186228526人，占总数的79.04%；18至25岁的驾驶人有25503575人，占总数的10.82%；51至60岁的驾驶人有20577622人，占总数的8.73%；超过60岁的驾驶人有

3313716人，占总数的1.41%（图2–66）。从统计情况看，驾驶人年龄段主要集中于26至50岁，25岁以下驾驶人所占比例有所提高，比2010年年底上升0.22%。

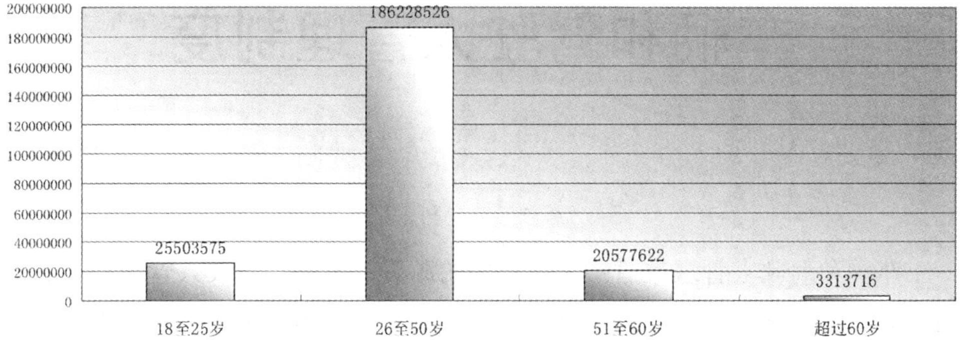

图2–66　2011年年底全国驾驶人年龄分布情况

从驾驶人驾龄看，3年以下驾龄的驾驶人有89747969人，占驾驶人总数的38.09%。其中，驾龄不满1年的驾驶人有26135462人，占驾驶人总数的11.09%。另外，男性驾驶人为190939704人，占驾驶人总数的81.04%；女性驾驶人44683735人，占驾驶人总数的18.96%。（图2–67）

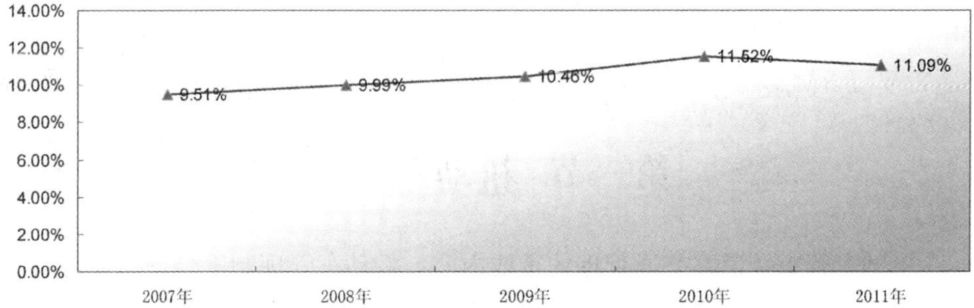

图2–67　近五年驾龄不满1年的驾驶人占驾驶人总量比率情况

第三章
车辆和驾驶人管理制度

车辆和驾驶人管理是道路交通管理的源头，车辆和驾驶人管理制度是道路交通管理的基本制度。随着我国道路交通管理法律法规的健全完善，车辆和驾驶人管理形成了一套完整的制度体系。周永康同志指出，社会管理要树立关口前移、源头治理的理念。[①]加强和完善车辆和驾驶人管理制度，充分发挥其在道路交通安全管理工作中的源头治理作用，是车辆和驾驶人管理的主要工作任务。

车辆和驾驶人管理制度向前发展的动力是创新。推进行政管理体制改革，建设服务型政府，其中一个重要环节是创新政府管理和服务方式。[②]车辆和驾驶人管理制度创新是适应经济社会发展的迫切要求。当前的车辆和驾驶人管理制度呈现出两个鲜明的特点，就是依法管理和服务群众，这两个特点贯穿车辆和驾驶人管理制度的始终。

第一节　机动车管理

机动车管理是道路交通管理的重要内容。机动车管理制度，是指在道路交

[①]参见周永康：《加强和创新社会管理　建立健全中国特色社会主义社会管理体系》，载《求是》2011年第9期。

[②]参见高小平主编：《政府管理与服务方式创新》，国家行政学院出版社2008年版，绪论。

通管理工作中形成的车辆管理方面的一系列办事规程和工作准则的总称。根据管理的目的和作用，机动车管理制度可以分为机动车登记制度、检验制度、强制报废制度和牌证管理制度。这些制度规范着机动车管理的不同方面，是机动车管理制度的组成部分，各项管理制度之间有着紧密的联系，有的互为条件。

一、机动车登记制度

（一）机动车登记的性质、作用和法律效力

1．机动车登记的性质

机动车登记制度，是指公安交通管理部门根据机动车所有人的申请，依法进行审查，对机动车核发登记证书、号牌、行驶证，准予其上道路行驶的制度。机动车是参与道路交通活动的主要对象，可以说，没有机动车，就没有现代交通管理。机动车作为一种高速行驶的交通工具，本身具有一定的危险性，其安全性能直接影响交通安全，必须严格实行登记管理制度。机动车登记制度的关键是把好机动车参与道路交通活动的准入关。

机动车登记属于法定登记。《道路交通安全法》第一次以法律的形式明确我国实行机动车登记制度，机动车经公安交通管理部门登记后，方可上道路行驶。取得上道路行驶的资格是机动车登记的最主要法律效果。机动车登记是对机动车进行交通管理的第一步，是道路交通安全源头管理的重要内容。因此，机动车登记制度是其他交通安全管理制度的基础，是道路交通管理的一项基本制度。

既然机动车登记属于法定登记，机动车登记工作必然要体现法律的严肃性。一方面，所有人在机动车上道路行驶之前应当依法向登记机关申请机动车登记，否则不得上道路行驶，申请时应保证申请材料的真实有效性；另一方面，登记机关应当依照法律规定的程序、规范和标准审查机动车所有人的申请，按照法定程序办理登记业务。

机动车登记是一种行政管理行为。从行为主体看，机动车登记是公安交通管理部门实施的行为。从行为目的看，机动车登记是公安交通管理部门为加强道路交通安全源头管理而实施的行为。从行为效果看，机动车登记是在行政权力作用下，能够直接或间接地对当事人权利义务产生法律影响，或对形成、改变、消除

事实状态产生事实性影响的行为。从行为责任看，机动车登记是能够依法产生行政处罚、行政强制等行政责任的行为。由此可见，机动车登记属于行政管理行为。

机动车登记是一种行政许可行为。首先，它是一种依申请的行政行为，即只有行政相对人提出申请才能实施的具体行政行为，相对人的申请是行政许可行为作出的必经程序和条件，没有相对人的申请，行政机关就不能实施该行为。机动车所有人如果不提出申请，公安交通管理部门就不能主动进行机动车登记。其次，它是一种要式的行政行为，即行政机关除了要遵循一定的法定程序外，还必须以正规的书面形式作出许可。公安交通管理部门一旦准予机动车登记，就需要颁发机动车行驶证、登记证书和号牌。再次，它是一种需经依法审查的行政行为，即行政机关应当根据事前公布的标准和条件对申请人的申请进行审查，从而作出是否准予许可的决定。审查应当公开、公平和公正，依照法定的权限、条件和程序进行，以保证行政许可的合法性。最后，它是一种授益性的行政行为，即它赋予相对人某种权利和资格，准予其从事某种特定活动。公安交通管理部门对机动车登记后，即赋予了机动车所有人在道路上使用该机动车的权利，机动车也就获得了上道路行驶的资格。综上所述，机动车登记属于行政许可行为。[①]

2. 机动车登记的作用和法律效力

机动车登记的作用是通过行政登记的功能来实现的。行政登记具有赋权许可、记载备案、公示公信、确认证明和管理服务的功能。[②]机动车登记的作用体现了设立机动车登记制度的意图和机动车登记在实践中的价值。具体说来，机动车登记具有掌握信息、赋予效力、承载审批和社会管理的作用。[③]

第一，掌握信息。信息是政府管理的重要前提和保障。缺少足够、准确的信息，政府就会成为“聋子”、“瞎子”，就无法制定正确的政策，就会产生“瞎子摸象”似的错误。社会交往越来越密切、社会活动越来越频繁，交通管理工作与经济社会的联系也越来越紧密，足够、准确的机动车信息对

---

①参见应松年主编：《行政法》，北京大学出版社、高等教育出版社2010年版，第118～119页。

②参见茅铭晨著：《中国行政登记法律制度研究》，上海财经大学出版社2010年版，第45～49页。

③主要参考茅铭晨著：《中国行政登记法律制度研究》，上海财经大学出版社2010年版，第53～59页。

现代交通的有效管理、科学管理越来越重要。一方面，公安交通管理部门掌控机动车信息的目的，正是为了有效履行管理职能，实现公共管理目标。另一方面，机动车信息也是公安交通管理部门履行服务职能的重要条件。公安交通管理部门依靠其信息优势，向社会及时、准确地传递交通管理信息，提供政策导向、信息咨询等服务。

第二，赋予效力。行政登记作为政府介入私域、实现对经济社会干预的重要途径和手段，必然需要通过登记的效力来体现政府干预的权威性，实现政府干预的有效性。机动车登记的效力体现在对机动车上道路行驶资格的认可、对登记事项的认定、对权利义务状态的确定等方面。例如，《道路交通安全法》第8条规定，机动车经公安交通管理部门登记后，方可上道路行驶。同时，通过公示，对登记对象赋予政府公信力和证明力，从国家法律层面对所有人的权利予以保护与保障。例如，《中华人民共和国物权法》（以下简称《物权法》）第24条规定，机动车物权的设立、变更、转让和消灭，未经登记，不得对抗善意第三人。机动车登记既有约束当事人之间法律关系的效力，更具有公示公信的功能，对保护当事人的利益、维护交易安全、减少社会纠纷等具有非常重要的作用。

第三，承载审批。机动车登记既是对机动车上道路行驶资格的认可，也是对机动车事实状态和有关法律关系的认可。根据《道路交通安全法》规定，公安交通管理部门办理机动车登记，应当审查相关证明、凭证，查验机动车，条件符合的，方可办理。关于事实状态和法律关系的认可，有的事实状态和法律关系是不以登记机关的意志为转移的，如机动车所有人申请转移登记，只要申请材料符合法定的形式，登记机关必须予以登记；有的事实状态和法律关系需要登记机关审批认可后方可办理，如特种机动车注册登记，登记机关需要审查申请人的资格、机动车的外观标志等，具有行政审批的性质。

第四，社会管理。机动车登记是社会管理的一部分，机动车登记在交通安全管理方面的作用主要体现在宏观调控、微观监管、私权保护、社会服务四个方面。宏观调控主要是通过登记掌握机动车的信息，为交通管理的规划、组织、保障等管理工作服务。微观监管主要是通过交通行政执法工作对相关组织和个人的权利义务、特定活动、有关状态进行掌控和监管。私权保护体现在保护司乘人员及交通参与者的生命财产安全等方面。社会服务体现在机动车登记是公共服务管理，管理与服务相统一是社会对行政机关提出的新要求，周永康同志指出社会管理要“树立以人为本、服务为先的理念，寓管理于服务之中，努力实现管理与服务的有机统一，让群众感受到权益受到保障、心情更加舒畅”[①]。机动车登记具有社会管理和服务群众的双重功能。

（二）机动车登记的依据

1. 法律依据

机动车登记的法律依据，是指申请和办理机动车登记的法律、行政法规和部门规章。目前，机动车登记制度已经形成了较完整的法律体系。《道路交通安全法》作为法律，确立了机动车登记制度的基本原则和主要内容，是建立机动车登记制度的法律依据。《道路交通安全法实施条例》作为行政法规，规定了机动车登记的申请、审查、监督等方面的法律程序和要求，是实施机动车登记制度的法律保障。《机动车登记规定》作为公安机关部门规章，明确了机动车登记的具体要求，是公安交通管理部门办理机动车登记的具体规定。

2. 技术标准

技术标准是办理机动车登记的重要依据。有关国家标准、行业标准，明确了机动车安全技术性能、机动车登记证件、业务操作规程等一系列标准，为机动车登记提供了技术保障，促进了机动车登记工作的规范化、标准化。常用的国家标准和行业标准有：

- 《机动车运行安全技术条件》GB 7258-2004
- 《道路车辆外廓尺寸、轴荷及质量限值》GB 1589-2004
- 《道路车辆 车辆识别代号（VIN）》GB 16735-2004
- 《机动车安全技术检验项目和方法》GB 21861-2008
- 《机动车安全检验项目和方法》GA 468-2004
- 《机动车驾驶证件》GA 482-2008
- 《机动车号牌》GA 36-2007
- 《机动车行驶证》GA 37-2008

[①]参见2011年2月20日周永康在省部级主要领导干部社会管理及其创新专题研讨班上发表讲话——《加强和创新社会管理 树立服务为先理念》，载中国新闻网。

■《机动车登记证书》GA 369-2005

■《机动车检验合格标志》GA 811-2008

■《车辆和驾驶人管理印章》GA 803-2008

■《机动车类型 术语和定义》GA 802-2008

■《机动车登记信息采集和签注规范》GA 805-2008

■《机动车查验工作规程》GA 801-2008

3. 管理规定

在内部管理上，公安部制定了《机动车登记工作规范》，建立了查验员资格管理、机动车违规产品通报、安全技术检验监管等工作机制，明确了公安交通管理部门办理机动车登记的具体要求，统一了业务流程，规范了内部管理，保障了机动车登记制度的落实。

（三）机动车登记的种类

按照机动车登记的性质分类，机动车登记分为注册登记、变更登记、转移登记、抵押登记和注销登记。

1. 注册登记

注册登记，是指对未办理登记的机动车，经机动车所有人申请，公安交通管理部门核发登记证书、号牌、行驶证，准予其上道路行驶的行为。注册登记是机动车纳入交通管理的第一步，对加强道路交通安全源头管理、把好交通安全准入关的重要性不言而喻。机动车注册登记后，取得上道路行驶的资格，有关法律关系得到登记机关的确认，机动车正式成为参与道路交通活动的一个主体。因此，公安交通管理部门办理注册登记的主要内容就是确认机动车是否具有相应的资格。

确认机动车具有上道路行驶的主体资格主要体现在以下四个方面：

第一，审查机动车所有人身份和车辆来历合法是机动车登记的基本内容。交通管理的关键是对人的管理，机动车所有人承担着对机动车的管理责任。准确掌握机动车所有人的信息是进行道路交通管理的必然要求，交通秩序管理、事故处理、违法处罚等管理活动，都需要建立与机动车所有人的联系。因此，审查机动车所有人的身份，确保登记信息的真实准确，是注册登记的重要内容。此外，机动车注册登记是以公安交通管理部门的名义确认机动车所有人及其机动车的法律关系，机动车一经登记，所有人便取得了对抗善意第三人的法律效力。

第二，审查机动车符合运行安全条件是维护道路交通安全的重要前提。机动车登记的目的就是加强道路交通安全的源头管理，确保参与道路交通活动的机动车符合机动车运行安全条件显得尤其重要。机动车运行安全条件包含大量技术标准，其中最主要的是国家标准《机动车运行安全技术条件》（GB 7258-2004）。审查机动车是否符合安全技术标准是一项技术性强的工作，既包括对照相关国家和行业标准查验机动车，也包括审查机动车安全技术检验机构出具的检验报告，还包括审查机动车是否符合国家《道路机动车辆生产企业及产品公告》。公告管理是国家对机动车生产、登记准入管理的一项制度，机动车生产企业研制生产的每一型号的新产品，都要上报国家工业和信息化部门，经国家工业和信息化部门审查符合国家汽车产业和有关技术标准后，公布有关车辆类型的技术参数和外观图片，准予生产。公安交通管理部门办理注册登记时，需要审查机动车技术参数与公告的一致。

第三，审查机动车有无盗抢、走私等违法犯罪嫌疑是公安机关的职能要求。打击盗抢、走私机动车等违法犯罪活动是公安机关的职责所在，在注册登记环节堵住盗抢、走私机动车申领牌证，参与打击盗抢、走私机动车等违法犯罪活动，是公安交通管理部门的重要任务。公安交通管理部门办理注册登记时，除了通过审查申请材料、查验机动车外，还建立了进口机动车进口证明核查系统，增强识别机动车来历的技术手段，把好机动车注册登记的准入关。

第四，审查机动车所有人是否履行法律规定的义务是行政机关的管理需要。国家从行政管理效率和效果的角度出发，赋予公安交通管理部门法律规定的职责，在注册登记时审查机动车所有人履行法律规定的有关义务情况。一是审查车辆购置税、车船税完税证明或者免税凭证，确认机动车所有人依法纳税；二是审查机动车交通事故强制保险凭证，保障机动车投保交通事故强制保险，保护交通事故受害者的合法权益；三是审查法律、行政法规规定的其他义务。

2. 变更登记

变更登记，是指已注册登记的机动车部分登记内容发生变化，经机动车所有人申请，公安交通管理部门对依法可以变更的情形给予认可并登记的行为。变更登记是因机动车已经登记的信息发生变化而进行的一种登记。机动车在使用过程中，机动车所有人信息、机动车技术参数等信息有时会发生变化，这种变化属于依法应当登记的情形，机动车所有人应当向公安交通管理部门申请变更登记。

机动车变更登记的作用：（1）准确掌握机动车所有人信息、机动车技术参数的变化情况，为交通安全管理等工作服务，如机动车所有人名称、住所地址、使用性质的变更。（2）审批机动车可以变更的情形。机动车技术参数的改变影响车辆唯一性认定、行驶安全、机动车管理工作，必须经公安交通管理部门审查符合有关规定后，方可进行变更登记。

《道路交通安全法实施条例》对准予申请变更登记的情形作出了明确规定，具体是：

（1）改变机动车车身颜色。车身颜色是机动车的重要技术特征，对机动车的认定、交通肇事的追查、社会治安管理等工作有重要的作用。改变机动车车身颜色应当依法申请办理机动车变更登记。公安交通管理部门不但要确认变更后的颜色，还要审查机动车改变车身颜色后是否符合道路交通管理的要求，是否符合标志灯具、警报器、车身外观图案等方面的规定。

（2）更换发动机。发动机是机动车的重要部件，因磨损、老化、事故等原因需要更换的，应当依法申请办理发动机变更登记。更换发动机应该是同型号的或在公告选装型号之内，无同型号的发动机或发动机部件来源的，机动车应当报废。发动机包含缸体、缸盖等多个部件，如果发动机维修涉及发动机号码等主要标识发生变化的，也应当向公安交通管理部门申请变更登记。

（3）更换车身或者车架。车身和车架都是机动车的重要部件，车辆识别代号一般打刻在车身或者车架上，车辆识别代号是确认机动车唯一性的重要部分。车身、车架的部件因损坏、老化、事故等原因需要更换的，允许更换同型号车身、车架或车身部件，无车身、车架或车身部件来源的，机动车应报废。

（4）因质量问题更换整车。因质量问题机动车所有人可要求销售者或制造商更换整车。因质量问题更换整车的，公安交通管理部门应当依法进行变更登记，但是仅限于更换相同型号的整车。

（5）营运机动车改为非营运机动车或者非营运机动车改为营运机动车等使用性质改变。营运机动车，是指个人或者单位以获取运输利润为目的而使用的机动车。非营运机动车，是指个人或者单位不以获取运输利润为目的而使用的机动车。营运机动车和非营运机动车因使用频率的差异，报废年限、安全技术检验周期存在较大的差别，管理措施和手段也不尽相同，如果不进行变更登记会影响对机动车管理的针对性。

（6）机动车所有人的住所迁出或者迁入公安交通管理部门管辖区域。机动车登记实行属地管辖，机动车所有人因户籍变化、工作调动等原因，住所迁出或者迁入公安交通管理部门管辖区域的，需办理变更登记。

除了上述依法应当申请变更登记的情形外，对于机动车部分不改变车辆特征、不影响交通安全、不妨碍号牌识别的变更，允许机动车所有人自行变更，不需要办理变更登记。例如，小型、微型载客汽车加装前后防撞装置；货运机动车加装防风罩、水箱、工具箱、备胎架等；增加机动车车内装饰。

机动车作为一种高速行驶的运输工具，其结构、构造和特征直接影响道路交通安全。车辆的结构、构造、特征以及编号的擅自改动，不仅扰乱了国家车辆管理制度和有关产业的生产、流通秩序，更重要的是危害人民生命财产安全。因此，《道路交通安全法》明确规定，任何单位或者个人不得擅自改变机动车已登记的结构、构造或者特征，不得改变机动车型号、发动机号、车架号或者车辆识别代号。

3. 转移登记

转移登记，是指已注册登记的机动车的所有权发生转移后，根据现机动车所有人申请，经公安交通管理部门审查后，对已登记的机动车所有人信息予以变更的行为。转移登记是机动车所有权发生转移后所办理的登记，根据《道路交通安全法实施条例》的规定，只有在机动车所有权发生转移之后，当事人才应当向登记机关申请办理转移登记。可见，转移登记仅仅是对机动车所有权发生转移的事实在事后进行的一种确认行为。

转移登记的法律效果集中体现在取得对抗善意第三人的效力。《物权法》第24条规定：“船舶、航空器和机动车等物权的设立、变更、转让和消灭，未经登记，不得对抗善意第三人。”就机动车而言，机动车所有人转让机动车属于其对自己物权的处分，其处分权的行使属私权行为，无须征得国家行政机关的同意和认可。但其转让机动车后，要免除其依法应承担的机动车所有人的义务，将该义务转移给新的机动车所有人，则有义务向登记机关申告所有权变更情况，办理转移登记手续。如果机动车所有权转移后，现机动车所有人不及时办理机动车转移登记，就无法取得对抗善意第三人的法律效力。

机动车转移登记并非机动车所有权发生转移的生效要件或对抗要件。那么，机动车所有权什么时间发生转移呢？《中华人民共和国合同法》第133条规定："标的物的所有权自标的物交付时起转移，但法律另有规定或者当事人另有约定的除外。"《物权法》第23条规定："动产物权的设立和转让，自交付时发生效力，但法律另有规定的除外。"现行法律并未对机动车所有权的设立和转让作特别规定，故机动车作为动产，其物权的设立和转让，自交付时发生效力。

转移登记是法定登记，机动车所有权发生转移后，机动车所有人应当自机动车交付之日起30日内办理转移登记，这是机动车所有人的法定义务，同时也有利于保护机动车所有人的权益。

一般来说，机动车所有权转移有以下情形：（1）机动车所有人直接交易或通过二手车经纪机构进行交易；（2）人民法院调解、裁定或者判决所有权转移；（3）继承、赠予、协议离婚或协议抵偿债务；（4）资产重组或者资产整体买卖中包含机动车；（5）机关、企业、事业单位和社会团体已注册登记并调拨到下属单位，被上级单位调回或者调拨到其他下属单位；（6）经公安机关破案发还被盗抢的机动车且已向原机动车所有人理赔完毕。

4. 抵押登记和质押备案

（1）抵押登记。

抵押登记，是指已注册登记的机动车作为抵押物抵押，根据抵押权人和机动车所有人申请，经公安交通管理部门审查后，对抵押状态予以登记的行为。抵押，是指债务人或者第三人不转移对抵押财产的占有，将该财产作为债权担保。债务人不履行时，债权人有权依照《担保法》的规定以财产折价或者以拍卖、变卖该财产的价款优先受偿。在民法上抵押物属于物权的范畴，是一种担保物权，与用益物权相对应；同时也是一种他物权，与所有权这种自物权相对应。

机动车抵押登记具有物权变动的效力，属于担保物权登记。物权，是指权利人依法对特定的物享有直接支配和排他的权利，包括所有权、用益物权和担保物权。其中，担保物权是物权的重要内容。根据《担保法》的规定，抵押人所有的交通运输工具可以作为抵押财产进行抵押；当事人以合法的财产抵押的，应当办理抵押物登记，抵押合同自登记之日起生效；以航空器、船舶、车辆抵押的，办理抵押物登记的部门是运输工具的登记部门。机动车属于交通运输工具的一种，当然是可以作为抵押财产的，机动车的登记部门就是公安交通管理部门，公安交通管理部门办理的抵押登记就是担保物权的登记，并且担保物权实行登记生效，公安交通管理部门依法办理抵押登记后，抵押合同才生效，不办理抵押登记的，抵押合同不生效。

由于使用机动车进行抵押属于动产抵押的范畴，在动产不转移占有的情况下，通过登记而发挥确认和公信作用就非常重要。因此，无论是抵押，还是解除抵押，都应当向公安交通管理部门申请，并经公安交通管理部门登记后才能生效。公安交通管理部门办理机动车抵押和解除抵押登记的前提是当事人对机动车具有处分的权利，申请抵押登记和申请解除抵押登记都应当由机动车所有人和抵押权人共同申请。公安交通管理部门应当提供机动车抵押登记日期、解除抵押登记日期，供公众查询。

（2）质押备案。

根据《担保法》的有关规定，质押，是指债务人将其动产移交债权人占有，将该动产作为债权的担保。债务人不履行债务时，债权人有权依法以该动产折价或者以拍卖、变卖该动产的价款优先受偿。机动车质押，是指质押物为机动车的质押融资行为。质押备案就是公安交通管理部门对机动车存在这种债权担保关系的登记行为，这项登记行为中的债权人特指典当行。

机动车作为一种价值比较高的商品，在用于融资担保方面，因其具有方便、快捷、典当值较高等特性，成为了典当行业的常规大额当品。从全国范围来看，机动车进入典当行质押融资的数量更是与日俱增。随着《物权法》、《担保法》、《典当管理办法》等相关法律、法规和规章的公布实施，规定了典当行经营机动车质押典当业务应当到车辆管理所办理质押登记手续，这给进一步规范机动车质押登记提供了法律基础。

质押和抵押最大的区别在于债务人是否转移对用作担保财产的占有权，具体到机动车登记行为中，抵押登记中的机动车仍是车主占有，车主只是将机动车的所有权进行抵押，办理抵押登记押的只是登记证书；而质押备案中的机动车车主已不占有，车主已将机动车实物质押给了典当行。

需要指出的是，对于机动车质押备案或者解除质押备案申请，必须由机动车所有人和典当行共同申请。因为申请办理机动车质押备案时，质权人已经占有机动车；解除质押备案时，质权人已经返还质物。只有机动车所有人和典当行共同申请，才能减少纠纷，保护典当双方的利益。

5. 注销登记

注销登记，是指已注册登记的机动车因报废、灭失等原因，不再继续在我国境内道路上行驶，公安交通管理部门对机动车的原有登记予以注销，取消其上道路行驶的资格，并收回其登记证书、号牌、行驶证的行为。注销登记是一种行政管理措施，并不必然导致机动车物权的消灭。

注销登记属于法定登记，机动车符合注销登记的条件，机动车所有人应当申请注销登记，这是机动车所有人的义务。最常见的情形是机动车报废，机动车所有人应当将车辆送至机动车回收企业拆解，机动车回收企业将车辆拆解后，向公安交通管理部门申请办理注销登记手续。其他应当申请注销登记的情形包括：一是机动车所有人应当履行申请注销登记义务的。例如，机动车灭失、机动车因故不在我国境内使用、因质量问题退车等，机动车所有人应当主动申请注销登记。二是公安交通管理部门应当强制注销登记的。例如，已注册登记的机动车登记被依法撤销、达到国家强制报废标准的机动车被依法收缴并强制报废等，公安交通管理部门应当直接办理注销登记，不必等机动车所有人申请。

（四）机动车登记的申请与受理

1. 申　请

（1）申请人。

机动车登记的申请人应当是机动车所有人。机动车所有人，是指拥有机动车的单位或者个人，对机动车有占有、使用、收益、处分的权利。机动车所有人依法申请登记的行为具有法律效力，“行政相对人行为如果是依法作出的主张，法律就会支持并以国家强制力保障这种主张的实现，因此行政相对人行为是具有法律效力的”，“该行为可以启动并借助有关国家机关的监督权力而形成对行政主体的强制力”。[①]

机动车登记应当由机动车所有人申请，但是，目前现代社会人员流动性大，生活、工作节奏紧张，很多机动车所有人不便亲自到公安交通管理部门申

[①]参见应松年主编：《行政法与行政诉讼法》（上册），中国法制出版社2009年版，第219、221页。

请机动车登记和相关业务。从便民的角度出发，《机动车登记规定》规定，允许机动车所有人委托代理人代理申请各项机动车登记和相关业务，但申请补领机动车登记证书的除外。不能委托代理人办理补领机动车登记证书的原因，主要是为了充分保护机动车所有人财产权益不受损害。代理人可以是能承担法律责任的自然人、中介机构、报废机动车回收企业。代理人申请机动车登记和相关业务时，应当提交代理人的身份证明和机动车所有人的书面委托。

（2）申请材料。

机动车登记的证明、凭证等申请材料是法律、行政法规明确规定的内容，地方性法规、规章、规范性文件不能增加或减少法定的申请材料。申请材料的法定，不但保障了机动车所有人的合法权益，还可以保障提交的证明和凭证在全国范围内的统一。机动车登记申请使用格式文本，机动车所有人应当填写规定的表格。机动车所有人或者代理人申请机动车登记和相关业务，应当如实向车辆管理所提交规定的材料和反映真实情况，并对其申请材料实质内容的真实性负责。

申请材料分为五类：一是申请人及其代理人的身份证明。身份证明是确认申请人身份及真实性的证明，如居民身份证、组织机构代码证等。二是机动车的来历证明。机动车来历证明是证实机动车来历合法的证明，提交来历证明是有效防止走私车、被盗抢车、非法拼组装车、报废车获得合法身份的途径，如购车发票、二手机动车交易发票、法院的判决书及其协助执行通知书。三是机动车状况的证明。机动车状况的证明是用来作为机动车安全技术性能合格的参照，同时，也具有证明机动车合法来历的辅助作用，如机动车整车出厂合格证、机动车安全技术检验合格证明。四是机动车的登记证明。机动车登记证明是确认已经登记机动车的合法身份和登记状态的证明，如机动车登记证书、行驶证。五是法律、法规规定的证明、凭证，如车辆购置税完税证明、交通事故责任强制保险凭证。

2. 受　理

（1）受理机关。

机动车登记的实施机关是公安交通管理部门，车辆管理所是机动车登记的具体办事机构（详见本章第五节论述）。机动车所有人应当向有管辖权限的车辆管理所申请机动车登记。

我国在机动车登记管辖权上，根据具体的登记业务，实行地域管辖和层级管辖。地域管辖，是指行政主体系统中确定同级行政主体之间首次处理行政事务的分工和权限。层级管辖，是指行政主体系统中确定上下级行政主体之间首次处理行政事务的分工和权限。[①]实行地域管辖和层级管辖，既有利于公安交通管理部门减轻行政管理压力，提高行政效率，又有利于方便群众办理机动车登记业务。

按照地域管辖的规定，机动车登记应当由机动车所有人向住所地车辆管理所申请。住所地，是指机动车所有人的实际居住地，对单位而言是主要办事机构所在地；对个人而言，在常住地居住的个人应向常住地车辆管理所申请登记，在暂住地居住的个人应向暂住地车辆管理所申请登记。

按照层级管辖的规定，机动车登记应当向相应级别的车辆管理所申请。一般来说，摩托车、三轮汽车、低速载货汽车的登记业务应当向县级公安交通管理部门申请；除警车以外的其他机动车登记应当向直辖市、设区的市公安交通管理部门申请，也可以到具备条件的县级公安交通管理部门申请；警车登记应当向省级公安交通管理部门申请。

（2）办理程序。

总体来说，机动车登记包括受理、审查材料、查验机动车、发放或签注牌证几个步骤。“行政机关在行使职权时除必须依据实体法，还应该遵循程序法。如果说，行政实体法规定的是行政职权所要达到的目的、目标，那么，行政程序就是达到这目标的步骤、形式、时间和顺序”，“可以这样说，作为行政行为作出时的程序‘底线’，正当程序是对行政机关最起码的要求”。[②]

（五）机动车登记的审查、查验和核发牌证

1. 材料审查

公安交通管理部门受理机动车登记业务，必须审查机动车所有人提交的材料、凭证是否齐全，是否符合法定形式。机动车登记的审查申请材料属于形式审查。登记机关对登记申请是只进行形式审查，还是同时要进行实质审查，取决于立法对行政效率与登记正确率的平衡。由于我国行政登记事项众

---

①参见《行政管辖权内容详述》，载中国大律师网。

②参见应松年主编：《行政法与行政诉讼法》（上册），中国法制出版社2009年版，第61、62页。

多，种类庞大，登记机关如果对所有的登记都进行实质审查，则将耗费巨大的人力和物力，从经济效益和行政效率的角度考虑并不现实。①因此，我国实行形式审查，形式审查不对申请材料的实质内容进行审查，申请材料的真实性和有效性由申请人负责。例如，机动车所有人在申请机动车注册登记时，车辆管理所不对机动车所有人是否出资购买机动车、机动车所有人的实际住址是否与身份证明记载的地址一致进行审查。但是，形式审查并不是走形式的审查，而是要求审查申请材料是否齐全并符合法定形式，如购车发票、身份证明、进口凭证等是否与规定的样式相同。

转移登记涉及机动车所有权，因此在审查方面具有更加严格的规定。机动车所有人申请转移登记前，应当履行处理完毕涉及该车的交通违法和交通事故的义务。公安交通管理部门办理机动车转移登记，应当审查申请材料和机动车的状况，以确保法律所保护的法律关系不受侵害。审查的主要目的和内容是：（1）保护原机动车所有人的权益。审查机动车所有人提交的证明、凭证是否符合法定的形式，防止利用假冒的手续材料骗取机动车转移登记。（2）保护现机动车所有人的权益。审查机动车与登记信息是否一致、机动车是否达到国家规定的强制报废标准，是否属于被盗抢机动车，保证新机动车所有人取得合法的机动车。（3）维护国家的抵押、担保、监管等制度。对海关未解除监管或者批准转让的，机动车在抵押登记、质押备案期间的，机动车被人民法院、人民检察院、行政执法部门依法查封、扣押的，不予办理转移登记。（图3–1）

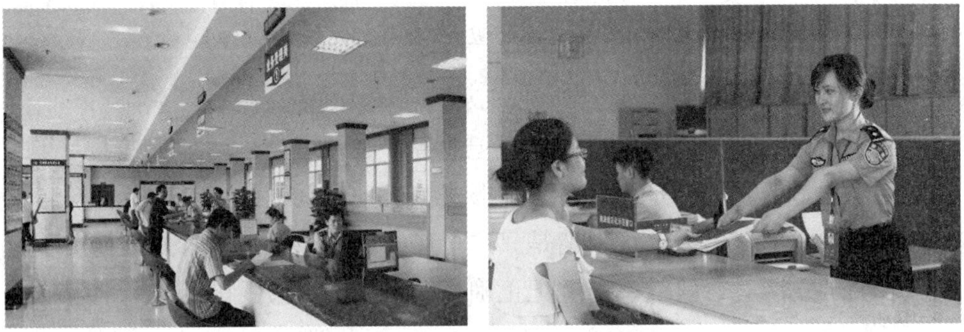

图3–1　车辆管理所受理审查机动车登记申请材料

①参见茅铭晨著：《中国行政登记法律制度研究》，上海财经大学出版社2010年版，第107页。

2．机动车查验

查验，是指公安交通管理部门办理机动车登记业务时，依据道路交通安全法律、法规和相关标准，确认机动车是否符合相关规定。机动车查验工作是机动车登记准确性的保证。公安交通管理部门办理机动车登记等业务，需要根据业务情况查验机动车，确认机动车符合交通安全法律、法规和相关标准规定。机动车查验的主要技术标准是《机动车运行安全技术条件》（GB 7258-2004），查验的规范标准是《机动车查验工作规程》（GA 801-2008）。办理注册登记、变更登记和转移登记需要查验机动车，不同的登记对机动车查验的要求有所侧重，注册登记侧重车辆唯一性和安全性的查验，变更登记侧重车辆变更项目的查验，转移登记侧重车辆唯一性的查验。但是，公安交通管理部门作为道路交通安全的主管部门，在办理登记业务时都必须查验机动车运行安全技术条件。（图3-2）

图3-2　民警查验机动车

3．核发机动车牌证

机动车牌证是公安交通管理部门颁发给合法登记机动车的登记证明，是准予机动车上道路行驶的法定标志。机动车牌证包括登记证书、行驶证、号牌。其中，办理注册登记的机动车需要核发登记证书、行驶证、号牌。办理转移登记、涉及行政辖区和使用性质改变的变更登记，需要换发机动车行驶证、号牌，签注机动车登记证书。办理抵押登记、质押备案，只需要签注登记证书。

二、机动车检验制度

（一）机动车检验制度的法律依据和内涵

1. 法律依据

机动车检验制度，是指经登记后上道路行驶的机动车，依照法律、法规的规定，根据车辆用途、载客载货数量、使用年限等情况，定期进行安全技术检验，向公安交通管理部门申领检验合格标志的制度。《道路交通安全法》规定，对登记后上道路行驶的机动车，应当依照法律、行政法规的规定，根据车辆用途、载客载货数量、使用年限等不同情况，定期进行安全技术检验。对符合机动车国家安全技术标准的，公安交通管理部门应当发给检验合格标志。这是机动车检验制度的法律依据。

机动车检验制度是维护道路交通安全的重要制度。机动车注册登记后，取得了上道路行驶的资格。但是，机动车在道路上行驶长达几年甚至十几年，车辆的安全技术性能会发生变化，灯光的照明强度、偏差角会发生变化，轮胎会被磨损，制动力会减弱，平衡性会降低，底盘件会发生松动，等等，这些情况的发生会严重影响交通安全。此外，一些安全装置也会随着机动车使用时间的推移而损坏，出现的问题需要通过安全技术检验来发现，以便及时排除。定期对机动车进行安全技术检验是机动车安全管理的重要环节，同时也是提高机动车安全技术状况的重要手段，对预防和减少道路交通事故具有十分重要的意义。（图3–3）

图3–3　机动车安全技术检验

2. 安全技术检验与核发检验合格标志

安全技术检验与核发检验合格标志是机动车检验制度的两个重要环节，分别由机动车安全技术检验机构和公安交通管理部门承担。

（1）安全技术检验。

机动车安全技术检验，是指机动车安全技术检验机构根据法律、法规的规定，按照国家机动车安全技术标准和规程等技术规范要求，对上道路行驶的机动车进行检验、检测的活动。安全技术检验由机动车安全技术检验机构承担，目的是检测、评价机动车的运行安全技术条件是否达到国家标准。机动车安全技术检验机构应当确保在用设备正常完好、准确，在许可的检验资格范围内，依法接受委托，严格按照检验标准和规程等技术规范开展机动车安全技术检验，并及时向申请人出具检测结果，确保检测数据准确，对检验结果承担法律责任。

（2）核发检验合格标志。

核发检验合格标志，是指公安交通管理部门根据机动车安全技术检验的结果，按照法律、法规和有关标准的规定进行审查，对符合规定的机动车核发检验合格标志，准许机动车上道路行驶的行政管理行为。公安交通管理部门核发检验合格标志的目的是对机动车安全技术检验情况进行监督，并确认车辆的唯一性。公安交通管理部门核发机动车检验合格标志时，除应当依法对申请人提交的证明、凭证的合法性、有效性进行审核外，还应当对机动车进行审查，确认是否具有被盗抢、非法改装嫌疑以及使用伪造、变造牌证或者使用其他车辆牌证等道路交通安全违法行为。

（3）委托核发检验合格标志。

委托核发检验合格标志，是指对因故不能回到登记地公安交通管理部门申请核发检验合格标志的机动车，登记地公安交通管理部门可以根据机动车所有人的申请，对经审查符合规定条件的，委托机动车实际所在地公安交通管理部门按照规定程序核发检验合格标志的行为。机动车是一种具有长途运输功能的交通工具，也是一种生产工具，当前社会人员、车辆高度流动，允许在登记地以外的地方参加机动车安全技术检验并核发检验合格标志，充分考虑了机动车的流动特性。根据《机动车登记规定》，除大型载客汽车以外的机动车因故不能在登记地检验的，机动车所有人可以向登记地车辆管理所申请委托核发检验合格标志。

3. 检验周期

机动车检验制度的关键是通过定期进行安全技术检验，确保机动车满足机动车运行安全技术条件。机动车的运行安全条件受车辆用途、载客载货数量、使用年限的影响，运行安全的条件也会发生变化。《道路交通安全法实施条例》对机动车的安全技术检验期限做了明确规定，具体期限是：（1）营运载客汽车5年以内每年检验1次；超过5年的，每6个月检验1次。（2）载货汽车和大型、中型非营运载客汽车10年以内每年检验1次；超过10年的，每6个月检验1次。（3）小型、微型非营运载客汽车6年以内每2年检验1次；超过6年的，每年检验1次；超过15年的，每6个月检验1次。（4）摩托车4年以内每2年检验1次；超过4年的，每年检验1次。（5）拖拉机和其他机动车每年检验1次。

（二）机动车安全技术检验机构及监督

1. 机动车安全技术检验机构

机动车安全技术检验机构，是指在中华人民共和国境内，依法接受委托，从事机动车安全技术检验，并出具检验结果的技术机构。《道路交通安全法》第13条第2款规定："对机动车的安全技术检验实行社会化。具体办法由国务院规定。"《道路交通安全法》规定了一个总的原则，就是机动车安全技术检验实行社会化。《道路交通安全法实施条例》进一步明确，机动车安全技术检验由机动车安全技术检验机构实施。机动车安全技术检验机构应当按照国家机动车安全技术检验标准对机动车进行检验，对检验结果承担法律责任。同时，《道路交通安全法实施条例》还明确，质量技术监督部门负责对机动车安全技术检验机构实行资格管理和计量认证管理，对机动车安全技术检验设备进行检定，对执行国家机动车安全技术检验标准的情况进行监督。由此可见，机动车安全技术检验行为属于具有第三方独立性的检验机构对机动车的安全性能进行专门检验并向社会出具检验结果的行为。机动车安全技术检验机构对机动车检验收取费用，应当严格执行国务院价格主管部门核定的收费标准。

机动车安全技术检验机构实行社会化的最大特点就是独立性，主要体现在：一是独立实施机动车安全技术检验任务。机动车安全技术检验机构是一个社会化的机构，只要具备法律、法规规定的条件，就可以依法申请成立机动车安全技术检验机构，从事机动车安全技术检验。机动车安全技术检验机构实施安全技术检验不受任何单位和个人干扰，任何单位不得要求机动车到指定的场所进行检验。二是独立承担检验结果的法律责任。机动车安全技术检验机构作为一个第三方的检验机构，独立对机动车的安全技术条件进行检验，独立出具检验报告，并对检验报告的客观、公正负责，独立承担检验结果的法律责任。三是独立法人资格是确保公正的重要条件。根据国家质检总局《机动车安全技术检验机构管理规定》，申请取得机动车安全技术检验机构检验资格许可，首先应当具有法人资格，只有具有法人资格才能独立实施机动车安全技术检验，才能独立承担检验结果的法律责任。

2. 安全技术检验的监督

（1）监督职责。

对机动车安全技术检验机构的监督是公安交通管理部门的一项法定职责。《道路交通安全法》第5条第1款规定："国务院公安部门负责全国道路交通安全管理工作。县级以上地方各级人民政府公安机关交通管理部门负责本行政区域内的道路交通安全管理工作。”公安交通管理部门作为道路交通安全的主管部门，法律赋予其管理交通安全的法定职责。机动车安全技术检验工作是道路交通安全管理的重要源头和关键性环节，机动车安全技术检验机构承担机动车运行安全技术条件的检验工作，直接关系到机动车上道路行驶的安全。因此，对机动车安全技术检验机构及其检验行为进行监督，是公安交通管理部门的法定职责。《道路交通安全法》第94条第2款规定：“机动车安全技术检验机构不按照机动车国家安全技术标准进行检验，出具虚假检验结果的，由公安机关交通管理部门处所收检验费用五倍以上十倍以下罚款，并依法撤销其检验资格；构成犯罪的，依法追究刑事责任。”这是公安交通管理部门对机动车安全技术检验机构监督管理的法律依据。

2003年国务院“9·5”电视电话会议后，公安部、国家发展和改革委员会、交通部、农业部、国家安全生产监督管理局联合下发了《关于印发〈预防道路交通事故“五整顿” “三加强”实施意见〉的通知》（公通字〔2004〕33号）。该通知进一步明确规定，公安、农业（农业机械）部门要解决车辆检验、报废把关不严，为不符合规定车辆上牌问题，严把机动车检验关，严密车辆检验程序，清理检验员队伍，加强对检测站的监督。要实现车辆管理所与检测站联网，对上线检测车辆信息实时录入和监督，一律由计算机打印检测车辆检测报告。对存在只收费不检车、弄虚作假、出具虚假检测报告等问题的检测站，建议质检部门停止其检测业务，并限期整改；整改后发生违规问题的，撤销其检测资格。可见，公安交通管理部门对机动车安全技术检验机构进行监督管理是我国预防道路交通事故、维护道路交通安全的一项重要政策。

当然，作为一个第三方公正性的检验机构，质量技术监督部门对机动车安全技术检验机构的监督管理也是必不可少的。《道路交通安全法实施条例》第15条第2款规定：“质量技术监督部门负责对机动车安全技术检验机构实行资格管理和计量认证管理，对机动车安全技术检验设备进行检定，对执行国家机动车安全技术检验标准的情况进行监督。”质量技术监督部门对机动车安全技术检验机构的监督管理主要在资格管理、计量认证、执行标准的情况等方面。

（2）监督手段。

公安交通管理部门对机动车安全技术检验机构进行监督，主要有以下几种监督手段：

第一，法律手段。《道路交通安全法》第94条是公安交通管理部门依法查处不按照国家安全技术标准进行检验、出具虚假检验结果的检验行为的法律依据。对未经检验或者检验不合格机动车出具安全技术检验合格证明，擅自减少检验项目，降低检验标准，或者利用计算机软件等手段篡改、伪造检验数据和结果的，应当认定为出具虚假检验报告行为，公安交通管理部门应当依法处所收检验费用5倍以上10倍以下罚款，同时责令限期停业整改，对整改不到位或者情节严重的，依法撤销其检验资格，抄告同级质量技术监督部门，并向社会公告。对检测秩序混乱，存在非法中介欺骗、坑害群众，违规收费，强制指定维修、调试或者推销产品的，公安交通管理部门应当停止受理其检验合格报告，责令停业整顿，并向社会公告。对违法违规检验构成犯罪的，公安交通管理部门应当依法追究刑事责任。同时，对公安交通管理部门不履行查验职责、违规增加机动车检验环节的，也应当按照《公安机关人民警察纪律条令》有关规定处理，并追究有关领导责任。

第二，技术手段。公安交通管理部门对机动车安全技术检验机构进行监督的技术手段是通过计算机联网、检测数据监测、分析等方法实现的。公安交通管理部门通过与机动车安全技术检验机构的联网，搭建机动车安全技术检验监管网络平台，在相关工位安装监控系统，对机动车检验过程的视频监控和检验合格数据进行自动比对。按照《机动车安全技术检验项目和方法》（GB 21861–2008）的规定，评估核定机动车安全技术检验机构及各条检测线每年、每月、每日的最高检验数量，对机动车安全技术检验机构超出核定检验数量检验的，暂停受理其检验合格报告，认真进行数据分析，发现违规行为的依法进行查处。定期或不定期地对机动车安全技术检验机构检验设备计算机管理系统的参数设置、数据处理、数据保存、数据日志及日常维护等进行检查，对检测数据进行分析，对一次检验合格率、复检率、受托检验率过高等异常情形要重点核查。（图3–4）

图3-4 机动车安全技术检验监控中心

第三，日常监督手段。公安交通管理部门对机动车安全技术检验机构的日常监督主要体现在以下几方面：

一是建立监管机制。定期采取数据核查、交叉检查、集中暗访等方式，排查机动车安全技术检验工作中存在的问题，发现问题限期整改。加强与质量技术监督部门的协作配合，建立联合监督检查制度，强化机动车安全技术检验机构的主体责任。严格准入、考核、退出机制，遏制恶性竞争和违规检测问题。

二是严格核发机动车检验合格标志。建立车辆检验照片采集上报和审核存档制度，机动车安全技术检验机构要在检验车辆时采集车辆识别代号照片以及车辆外观、灯光、制动等重点项目检验照片，并打印在检验合格报告上或者实时上传到监管网络平台。核发机动车检验合格标志时，严格审核机动车安全技术检验机构出具的机动车检验合格报告，并认真核对车辆检验照片。对大中型客车、重中型货车、危险品运输车、校车等车型要进行重点查验，对车辆轮胎、外廓尺寸、座位数等不符合国家标准，货车不按规定粘贴车身反光标识、安装侧后部防护装置，客车不按规定配备安全锤、灭火器等不符合国家标准的，不予核发检验合格标志，并依法对违规的机动车安全技术检验机构进行处理，将处理结果通报质量技术监督部门。

三是维护机动车检验工作秩序。公安交通管理部门应当指导机动车安全技术检验机构进一步规范检验工作程序，合理调整、简化工作流程，不得在检测工作中为相关部门检测把关、收费把关，不得强制指定维修、调试或者推销产品，不得将机动车查验工作职责委托给社会团体和企业单位；公安机关交通管理、治安、刑侦等部门建立打击非法中介的常态机制，加强对机动车安全技术检验机构办公场所及周边的巡逻管控，强化违法证据的固定和收集，依法查处非法中介人员。

（三）机动车检验的项目和标准

机动车安全技术检验项目由公安部门会同质量技术监督部门规定，机动车安全技术检验机构应当按照国家机动车安全技术检验标准对机动车进行检验。机动车安全技术检验的最主要的标准就是国家标准《机动车运行安全技术条件》（GB 7258-2004）和《机动车安全技术检验项目和方法》（GB 21861-2008）。国家标准《机动车运行安全技术条件》（GB 7258-2004）规定了机动车的整车及主要总成、安全防护装置等有关运行安全的基本技术要求及检验方法，是我国机动车安全技术管理的最基本的技术性法规，是公安交通管理部门新车注册登记检验和在用车定期安全技术检验、事故车辆检验等机动车安全性能检验的主要技术依据，同时也是我国机动车新车定型强制性检验、车辆产品公告审核、新车出厂检验及进口机动车检验的重要技术依据之一。[①]国家标准《机动车安全技术检验项目和方法》（GB 21861-2008）规定了机动车安全技术检验的检验项目和检验方法等要求，执行《机动车安全技术检验项目和方法》（GB 21861-2008）的目的就是确认机动车所检项目的技术条件是否符合国家标准《机动车运行安全技术条件》（GB 7258-2004）。机动车安全技术检验的主要项目包括：

1．车辆唯一性认定

车辆唯一性认定应逐一核对送检机动车的号牌号码、车辆类型、品牌/型号、颜色、车辆识别代号（或整车型号和出厂编号）和发动机号码，确认是否与送检机动车的机动车行驶证记载的内容及其他相关材料一致；核对车辆识别代号（或整车型号和出厂编号）拓印膜，查验车辆识别代号（或整车型号和出厂编号）、发动机号码有无被凿改嫌疑。同时，还应检查送检机动车是否具有私自改装或擅自改变机动车已登记的结构、构造、特征的情形，必要时应用量具测量相关尺寸参数，用称重设备测量相关质量参数。

[①]参见国家标准《机动车运行安全技术条件》（GB 7258-2004）宣贯材料，公安部交通管理科学研究所编写。

2. 联网查询

应联网查询送检机动车是否发生过交通事故及涉及尚未处理完毕的道路交通安全违法行为。对发生过交通事故的送检机动车，应根据交通事故时送检机动车的损伤部位和损伤情况确定需重点检查的部位和项目。对涉及尚未处理完毕的道路交通安全违法行为的送检机动车，应提醒机动车所有人及时到公安交通管理部门处理道路交通安全违法行为。

3. 线外检验

线外检验主要检验车身外观是否完好无损、喷涂是否符合规定，照明和电气信号装置是否齐全完好，驾驶室（区）门锁及门铰链是否完好、驾驶员座椅是否固定可靠、安全带是否齐全有效、刮水器和洗涤器能否正常工作，发动机能否正常运行，底盘件是否固定可靠，车轮胎的型号、速度级别及胎冠花纹深度、轮胎气压是否符合规定，转向系是否符合要求，传动系是否正常，制动系是否有效，仪表和指示器是否有异常情形，等等。

4. 线内检验

线内检验，是指机动车上检测线检验，主要检验车速表指示误差、排气污染物测量、台试制动性能、转向轮横向侧滑量、前照灯、底盘输出功率、车辆底盘等项目是否符合规定。

5. 路试检验

路试检验是通过检验员驾驶机动车在测试路上检验行车制动、驻车制动、车速表指示误差等项目是否符合规定。路试检验通常只对无法上线检验或线内检验结果有疑义的机动车进行。

三、机动车强制报废制度

（一）机动车强制报废制度的法律依据

机动车强制报废制度，是指国家根据机动车的安全技术状况和不同用途，规定不同的报废标准，对于已达到国家报废标准的机动车，由国家强制回收拆解，防止拼装、组装后重新上道路行驶的制度。我国实行机动车强制报废制度，《道路交通安全法》第14条规定："国家实行机动车强制报废制度，根据机动车的安全技术状况和不同用途，规定不同的报废标准。应当报废的机动车必须及时办理注销登记。达到报废标准的机动车不得上道路行驶。报废的大型客、货车及其他营运车辆应当在公安机关交通管理部门的监督下解体。”这是我国机动车强制报废制度的法律依据。

实行机动车强制报废有四大优点：一是有利于道路交通安全。机动车受其机械特点和结构、构造的影响，达到一定期限后，机动车的安全性能会下降，如果继续使用会对交通安全造成影响。二是有利于汽车产业的发展。随着技术的发展和产业的进步，不断有先进的生产技术，机动车的技术含量越来越高，只有及时更新淘汰老旧落后的机动车，新的技术和产业才有更大的发展空间。三是有利于保护环境和节约能源。机动车随着使用年限的增加，尾气污染物排放会不断增加，利用新技术、新工艺生产的机动车往往比旧机动车具有更好的环保性、节能性。因此，实行机动车强制报废有利于节约能源。此外，实行机动车强制报废，还能实现废金属等机动车构件的回收利用。四是有利于打击非法改装。实行机动车强制报废，可以防止报废机动车的部件被拆卸，用于非法改装的机动车。

（二）机动车报废标准

《道路交通安全法》第14条规定了机动车报废的基本原则，即根据机动车的安全技术状况和不同用途，规定不同的报废标准。但是，目前我国尚未制定新的有关机动车强制报废标准的法规，有关部门正在根据我国的经济社会发展状况，以及国家产业政策和道路交通安全法律、法规的要求研究制定机动车强制报废标准，逐步完善我国报废机动车标准体系。现行机动车报废标准及依据见表3-1。

（三）机动车报废程序

1. 一般的报废程序

根据《道路交通安全法实施条例》的规定，已注册登记的机动车达到国家规定的强制报废标准的，公安交通管理部门应当在报废期满的2个月前通知机动车所有人办理注销登记。机动车所有人应当在报废期满前将机动车交售给机动车回收企业，由机动车回收企业将报废的机动车登记证书、号牌、行驶证交公安交通管理部门注销。机动车所有人逾期不办理注销登记的，公安交通管理部门应当公告该机动车登记证书、号牌、行驶证作废。根据上述

表3–1 机动车报废标准

车型		报废年限(年)	可否延缓	最高可延缓年限(年)	强制报废年限(年)	依据
非营运客车	9座(含)以下	15	可	不限		《关于调整汽车报废标准若干规定的通知》(国经贸资源〔2000〕1202号)
非营运客车	9座以上	10	可	10	20	
旅游客车		10	可	10	20	
营运(非出租)客车		10	可	5	15	《汽车报废标准》(1997年修订)(国经贸经〔1997〕456号)、《关于调整轻型载货汽车报废标准的通知》(国经贸经〔1998〕407号)
重、中、轻型货车		10	可	5	15	
微型货车、19座以下出租车		8	否		8	
20座以上出租车		8	可	4	12	
带拖挂货车(全挂汽车列车)、矿山作业车		8	可	4	12	《汽车报废标准》(1997年修订)(国经贸经〔1997〕456号)
吊车、消防车、钻探车		10	可	不限		
牵引车		10	可	5	15	
全挂车		10	可	5	15	
半挂车		10	可	5	15	
三轮汽车(三轮农用运输车)、装配单缸柴油机的低速货车(四轮农用运输车)		6	可	3	9	《农用运输车报废标准》(国经贸资源〔2001〕234号)
装配多缸柴油机的低速货车(四轮农用运输车)		9	可	3	12	
正三轮摩托车		7～9	可	3	10～12	《摩托车报废标准暂行规定》(国家经贸委、国家计委、公安部、国家环保总局令第33号)
其他摩托车		8～10	可	3	11～13	
其他汽车		10	可	5	15	《汽车报废标准》(1997年修订)(国经贸经〔1997〕456号)

规定，《机动车登记规定》又进一步明确了办理机动车报废的程序，规定机动车所有人可以直接向机动车回收企业交售已达到国家强制报废标准的机动车，由机动车回收企业回收机动车登记证书、号牌和行驶证，确认机动车并解体，并在机动车解体后7日内将申请表、机动车登记证书、号牌、行驶证和《报废机动车回收证明》副本提交车辆管理所，申请注销登记，在程序上进一步方便了机动车所有人。

2. 异地报废的程序

机动车作为一种交通工具，具有长距离移动的特点，当机动车行驶到外地因发生事故等原因出现损坏，因为维修成本高等原因失去使用价值，需要报废的，如果要求机动车回到机动车登记地进行拆解报废显然不方便群众。实行机动车异地报废体现了机动车登记便民的原则。因车辆损坏无法驶回登记地的，机动车所有人可以向车辆所在地机动车回收企业交售报废机动车。由报废地机动车回收企业向报废地车辆管理所申请注销登记。随着全国统一的机动车登记系统软件的使用和完善，为报废机动车信息的网上传递提供了可能，机动车所有人在报废地申请机动车注销登记后，报废地车辆管理所通过计算机登记系统将机动车报废信息传递给登记地车辆管理所，登记地车辆管理所接到机动车报废信息后再办理注销登记。

（四）报废机动车回收管理

根据《报废汽车回收管理办法》（国务院令第307号）的规定，报废汽车拥有单位或者个人应当及时将报废汽车交售给报废汽车回收企业。不得将报废汽车出售、赠予或者以其他方式转让给非报废汽车回收企业的单位或者个人；不得自行拆解报废汽车。报废汽车回收企业对回收的报废汽车应当逐车登记；发现回收的报废汽车有盗窃、抢劫或者其他犯罪嫌疑的，应当及时向公安机关报告。报废汽车回收企业不得拆解、改装、拼装、倒卖有犯罪嫌疑的汽车及其“五大总成”和其他零配件，对回收的报废汽车必须拆解。拆解的“五大总成”应当做为废金属，交售给钢铁企业作为冶炼原料；拆解的其他零配件能够继续使用的，可以出售，但必须标明“报废汽车回用件”。禁止任何单位或者个人利用报废汽车“五大总成”以及其他零配件拼装汽车。禁止报废汽车整车、“五大总成”和拼装车进入市场交易或者以其他任何方式交易。县级以上地方人民政府经济贸易管理部门依据职责，对报废汽车回收企业实施经常性的监督检查，发现报废汽车回收企业不再具备规定条件的，应当撤销《资格认定书》。公安机关依照《报废汽车回收管理办法》以及《废旧金属收购业治安管理办法》和《机动车修理业、报废机动车回收业治安管理办法》的规定，对报废汽车回收企业的治安状况实施监督，堵塞销赃渠道。工商行政管理部门依据职责，对报废汽车回收企业的经营活动实施监督；对未取得报废汽车回收企业资格认定，擅自从事报废汽车回收活动的，应当予以查封、取缔。

四、机动车牌证管理制度

（一）机动车牌证的法律地位及特征

1．机动车牌证的法律地位

机动车牌证是公安交通管理部门依照法律法规颁发的准予机动车登记或者准予机动车上道路行驶的证件、标志。机动车牌证包括机动车登记证书、号牌、行驶证和检验合格标志。《道路交通安全法》规定，公安交通管理部门受理机动车登记或者检验合格标志申请，对符合机动车登记规定条件的机动车，应当发放机动车登记证书、号牌和行驶证；对符合机动车国家安全技术标准的机动车，公安交通管理部门应当发给检验合格标志。驾驶机动车上道路行驶，应当悬挂机动车号牌，放置检验合格标志、保险标志，并随车携带机动车行驶证。机动车牌证的地位由法律进行明确规定，说明机动车牌证在交通管理工作中具有重要的意义和作用。

机动车登记证书、号牌、行驶证和检验合格标志是法定证件、标志，分别证明机动车具有法律赋予的资格条件或者事实效果。机动车登记证书是机动车登记的法定证件，证明机动车符合登记的条件，已经依法办理了登记；机动车号牌、机动车行驶证分别是准予机动车上道路行驶的法定标志、证件，证明机动车已经取得上道路行驶的资格；机动车检验合格标志证明机动车经安全技术检验合格，具有上道路行驶的资格。

机动车牌证作为法定证件、标志，其式样、使用必须由法律进行规定。《道路交通安全法》第9条第4款规定：“机动车登记证书、号牌、行驶证的式样由国务院公安部门规定并监制。”同时，《道路交通安全法》、《道路交通安全法实施条例》和《机动车登记规定》还规定了机动车号牌的使用规定及其法律责任。

2. 机动车牌证制度的特征

（1）法定性。

机动车牌证属于法定证件、标志，具有法律赋予的效力。机动车牌证申领的条件、程序由法律规定；证件、标志的式样、签注具有法定的形式；使用机动车牌证要符合法律的规定，违反规定的要承担相应的法律责任。任何单位和个人不得超越法律的规定，增加机动车牌证的申领条件，改变机动车牌证的式样形式，违反机动车牌证的使用管理规定。

（2）统一性。

机动车牌证作为法定证件、标志，必须体现法律的严肃性。在国家法律效力范围内，机动车牌证应当具有统一的式样，采取统一的签注方法，使用统一的材质标准。不同地区发放的机动车牌证应当具有同样的标准。

（3）规范性。

机动车牌证的规范性主要体现在申领机动车牌证的程序上，全国具有规范统一的办理程序。符合申领条件的，登记机关必须发放机动车牌证；不符合申领条件的，不予发放机动车牌证。

（4）排他性。

机动车号牌作为法定标志，只能由主管部门登记的特定的机动车使用，不得挪用于其他机动车上。机动车号牌在发放上也具有排他性：一是机动车号牌由公安交通管理部门发放，其他任何单位或者个人不得发放机动车号牌。二是公安交通管理部门以外的任何单位或者个人不得要求机动车悬挂其他号牌，除非法律另有规定。

（5）强制性。

机动车牌证的使用具有强制性，上道路行驶的机动车必须依法使用机动车牌证，不按规定使用的要受到法律的处罚，承担相应的法律责任。

（二）机动车牌证的作用

1. 机动车登记证书

机动车登记证书是机动车登记的重要证件之一，记载了机动车办理登记的事项。机动车登记证书自2001年10月1日开始启用。启用机动车登记证书后，将机动车登记证明的职能从机动车行驶证中分离出来，由机动车登记证书承载机动车登记证明的职能，机动车行驶证承载机动车行驶权。这样银行与购车人签订购车借款合同和抵押合同，就可以及时办理抵押登记，登记后将登记证书保留在银行，使机动车所有人无法恶意办理转移登记，有效地降低了银行贷款的风险，促进了汽车销售。

2. 机动车号牌

机动车号牌是准予机动车上道路行驶的法定标志，是一种外在显性标志，其号码是机动车的登记编号。机动车的登记编号是机动车登记的身份号码，具有唯一性。机动车号牌的作用主要表现在两个方面：一是宣告机动车已经取得上道路行驶的资格。机动车经登记后，取得了上道路行驶的资格，这种资格需要向社会进行公示，以便道路交通的参与者、管理者知晓。二是便于迅速确认、区别机动车。现代汽车采取工业化批量生产，同一型号、同一颜色的机动车在外观标识上没有明显区别，大量的机动车上道路行驶，需要将机动车的身份逐一加以区别，利用机动车登记编号的唯一性来识别机动车身份，无疑是最迅速、有效的方法。

机动车号牌中有一类号牌属于临时行驶号牌，是机动车未取得正式号牌前，临时上道路行驶的标志。主要为了解决以下几类车辆上道路行驶的资格：一是未销售的；二是购买后尚未注册登记的；三是进行科研、定型试验的；四是因轴荷、总质量、外廓尺寸超出国家标准不予办理注册登记的特型机动车。

3. 机动车行驶证

机动车行驶证是准予机动车在我国境内道路上行驶的法定证件，且必须随车携带，属于内在隐性标志。机动车行驶证和机动车号牌一起，构成准予机动车上道路行驶的长期有效的证明、凭证。机动车因报废或者其他原因不再上道路行驶，机动车号牌和机动车行驶证都要由登记机关收回。与机动车号牌相比，机动车行驶证记载的信息更丰富，能够准确确认机动车的身份，并能够更加全面地反映机动车的登记基本状态。例如，机动车行驶证上面记录有机动车的照片、登记编号、所有人名称、机动车品牌、车辆识别代号、初次登记日期、检验有效期等基本信息，这些基本信息对交通安全管理具有重要的作用。

4. 机动车检验合格标志

机动车检验合格标志是机动车经安全技术检验合格，准予上道路行驶的法定证件。机动车检验合格标志是有一定的期限性的证明凭证，失效后自动作废，不收回。公安交通管理部门核发机动车检验合格标志，一方面是对机动车出厂检验合格或者定期检验合格的认可；另一方面，法律规定机动车检验合格标志粘贴在机动车前窗右上角，管理者可以方便地获取机动车定期检验的信息，有利于道路交通安全的管理工作。

（三）机动车牌证的使用和管理

1．生产管理

机动车牌证是国家法定证件、标志，体现了法律的严肃性。必须加强机动车牌证的生产、发放和使用管理，才能保证机动车牌证的规范、统一，维护机动车牌证的权威。

机动车登记证书作为机动车登记的法定证件，在机动车牌证中有着特别重要的作用。机动车登记证书由公安部统一印制。

机动车号牌对机动车识别，交通秩序管理，打击盗抢、走私等违法犯罪行为有着重要的作用。根据《机动车号牌生产管理办法》（公安部令第13号）的规定，对机动车号牌生产企业实行资格认证制度，由省级公安交通管理部门负责资格认定及监制。省、自治区、直辖市公安厅、局交通管理部门主要负责受理当地号牌生产企业提出的准产申请；对申请企业的产品质量保证体系进行审查；对产品进行抽样和封样；审批、发放和管理准产证；核发号牌防伪合格标记；对号牌产品质量实行监督等。公安部交通管理局主要负责对获得准产证的企业的产品质量保证体系进行抽查，对号牌产品质量实行监督等。公安部交通管理局还统一了全国号牌生产的字模和颜色，机动车号牌的字模统一由公安部交通管理科学研究所提供，各省（自治区、直辖市）范围内使用统一的号牌反光膜。

机动车行驶证塑封套和证芯由公安部统一印制，机动车行驶证证夹由省级公安交通管理部门统一制作。塑封套是带有全息防伪图案的PET透明聚酯膜。证芯是已印刷机动车行驶证公共信息的未经签注的纸质卡片。为了防止恶意补领机动车行驶证，在机动车行驶证上印刷有证芯序列号，由13位阿拉伯数字组成，用一维条码表示，并录入机动车登记信息系统中，路面执勤民警可以在网上查询核对证件真伪。

机动车检验合格标志由公安部交通管理局统一提供印刷源文件，由省级公安交通管理部门统一制作。

2. 使用管理

（1）机动车号牌号码的选取。

机动车注册登记、转移登记应当选取机动车号牌号码。选取机动车号牌号码有两种方式：一种是计算机自动选取，即使用计算机系统在号牌号码库中随机选取不少于5个号码，由机动车所有人确定其中1个。另一种是群众通过自行编排的方式选取，即机动车所有人按照机动车号牌编码规则自行编排一个号码。为保证号牌号码选取公平、公正，公安部规定，供群众通过计算机自动选取的号牌号码资源总量不得少于1000个，供群众通过自行编排的方式选取的号牌号码资源总量不得少于5万个。

此外，办理机动车转移登记或者注销登记后，原机动车所有人申请办理新购机动车注册登记时，可以向车辆管理所申请使用原机动车号牌号码。机动车所有人申请使用原机动车号牌号码，必须拥有原机动车 3 年以上，并在办理转移登记或者注销登记后 6 个月内提出申请。机动车号牌号码注销 6 个月以后，可以重新启用，提供给所有群众选取。

（2）登记证书、行驶证、检验合格标志的签注。

登记证书、行驶证、检验合格标志不但要保证生产式样统一，同时还要保证不同的发证机关使用统一的标准进行签注，才能最大限度地保证法定证件的统一。目前，全国公安交通管理部门都使用同样的计算机软件进行签注，签注登记证书、行驶证、检验合格标志的打印机也是全国统一的专用打印机。

公共安全行业标准《机动车登记信息采集和签注规范》（GA 805-2008）规定了机动车登记证书、行驶证、检验合格标志的签注标准。其中，登记证书签注机动车所有人、身份证明名称、号码、登记机关、登记日期、机动车登记编号以及机动车的参数等信息。行驶证签注号牌号码、车辆类型、所有人、住址、使用性质、品牌型号、车辆识别代号、发动机号码、注册日期、发证日期、档案编号、总质量、整备质量、核定载质量、准牵引总质量、核定载人数、外廓尺寸、检验有效期等信息。机动车检验合格标志签注号牌号码、检验有效期等信息。

（3）机动车号牌的安装。

机动车号牌是识别机动车唯一性的重要标志，维护交通安全管理工作需要准确、迅速地识别机动车号牌号码，因此，机动车号牌的安装必须有利于识别。机动车号牌的前牌应当安装在机动车前端的中间或者偏右，后牌应当安装在机动车后端的中间或者偏左，不得影响机动车安全行驶和号牌的识别。同时，机动车号牌作为车辆识别的重要标志，要求其不易拆卸和更换，安装机动车号牌时，要用统一的压有发牌机关代号的号牌专用固封装置固定。公安机关为了加强号牌固封装置的使用管理，要求现场制作发放号牌的，要监督号牌固封装置的安装使用；采用邮寄等方式发送号牌的，要书面告知号牌固封装置的安装要求，并在机动车办理核发检验合格标志业务时重点查验。

（4）机动车牌证的回收。

机动车牌证作为法定的证件、标志，机动车因报废等原因不再上道路行驶，应当收回机动车牌证，防止流入社会被非法使用。《道路交通安全法实施条例》规定，机动车所有人应当在报废期满前将机动车交售给机动车回收企业，由机动车回收企业将报废的机动车登记证书、号牌、行驶证交公安交通管理部门注销。机动车所有人逾期不办理注销登记的，公安交通管理部门应当公告该机动车登记证书、号牌、行驶证作废。

第二节　驾驶人管理

驾驶人管理的核心是对驾驶人驾驶资格的管理。驾驶人的驾驶资格不是静止不变的，而是一个动态的过程，存在申请、变更、延续、注销、撤销等多种变化，这些变化体现在不同的驾驶人管理制度之中。驾驶人管理制度，是指在交通安全管理过程中形成的驾驶人管理方面的一系列办事规程和工作准则的总称，包括驾驶证申领、驾驶人考试、驾驶证审验、驾驶人累积记分等制度。驾驶人管理涉及赋予申请人驾驶机动车的特定资格，直接关系到道路交通安全，因此，通过考试的方式评判申请人安全驾驶的能力，是驾驶人管理制度中最为重要的管理手段。对驾驶证实行“逐级申请，差别管理”，是驾驶人管理制度的一个主要特点。

一、驾驶证申领制度

（一）驾驶证申领制度的性质和法律效力

1. 驾驶证申领制度的性质

驾驶证申领制度，是指公安交通管理部门根据驾驶证申请人的申请，按照法定的程序进行审查，对符合条件的申请人核发机动车驾驶证件，准予申请人驾驶相应类别机动车上道路行驶的制度。《道路交通安全法》第19条规定，“驾驶机动车，应当依法取得机动车驾驶证。申请机动车驾驶证，应当符合国务院公安部门规定的驾驶许可条件；经考试合格后，由公安机关交通管理部门发给相应类别的机动车驾驶证”。这是驾驶证申领制度的法律基础，同时，授权国务院公安部门制定申请驾驶许可的条件，规定了取得驾驶许可必须经过考试的程序。

驾驶证申领制度是典型的行政许可行为。根据《行政许可法》第12条的规定，“提供公众服务并且直接关系公共利益的职业、行业，需要确定具备特殊信誉、特殊条件或者特殊技能等资格、资质的事项”，可以设定行政许可。机动车是高度危险的交通工具，驾驶机动车上道路行驶对驾驶人、乘客和社会公众的人身及财产安全都具有很大的威胁。公民驾驶机动车的资格属于直接关系公共利益、需要具备特殊技能的资格。驾驶机动车应当取得驾驶证是保证道路交通安全的需要，也是现代社会所有国家的通行做法。机动车驾驶证是驾驶人具有驾驶某一车型资格的技术证明，也是上道路驾驶机动车的法定证件。因此，公安交通管理部门核发机动车驾驶证的行为属于典型的行政许可行为。

2. 驾驶证的法律效力

机动车驾驶证是驾驶许可的法定证件，是公安交通管理部门核发给申请人的证明其具有驾驶签注的准驾车型上道路行驶的资格的证明。

机动车驾驶许可一经作出，同样具有行政行为的法律效力——公定力、确定力、拘束力和执行力。相对人获得的驾驶许可上签注的准驾车型就是相对人可以从事驾驶行为的范围，超越该范围驾驶机动车的行为为《道路交通安全法》所禁止，属于违反道路交通安全管理的行为。为了实现保障道路交通安全的目的，公安交通管理部门在颁发机动车驾驶许可时，应当严格按照法定的条件，进行审查和考核，合格后才能颁发相应的驾驶许可。

（二）驾驶证申请方式和条件

1. 驾驶证申请方式

驾驶证申请方式，是指驾驶证申请人获得机动车驾驶证的申请方式。申请人可以通过以下五种方式获得机动车驾驶证：

（1）初次申请。

初次申请，是指不具有驾驶资格的申请人向公安交通管理部门申领机动车驾驶证的行为。一般来说，初次申请是申请人最原始的取得方式，在初次申请之前，申请人不具有任何形式的驾驶资格。初次申请驾驶证有以下几种情形：一是申请人新学习驾驶技能，第一次申领驾驶证，这是大部分初次申请驾驶证的情形；二是原驾驶证被注销且不符合恢复驾驶资格条件，重新申领驾驶证；三是原驾驶证被吊销满2年或者撤销满3年后，重新申领驾驶证。

初次申请驾驶证的准驾车型受到一定的限制。驾驶机动车是一种涉及公共安全、高危险性的行为，驾驶的车型越重、载客越多，其危险性就越高。驾驶人的驾驶技能需要一定的时期才能提高，驾驶心理需要一定的驾驶经历才能成熟。因此，初次申请驾驶证，应当申请对交通安全危险性相对较小的准驾车型，不得申请一些对公共安全影响较大的重点车型。具体而言，初次申请机动车驾驶证的，可以申请城市公交车、小型汽车、小型自动挡汽车、低速载货汽车、三轮汽车、残疾人专用小型自动挡载客汽车、普通三轮摩托车、普通二轮摩托车、轻便摩托车、轮式自行机械车、无轨电车、有轨电车的机动车驾驶证，不得申请大型客车、牵引车、中型客车的机动车驾驶证。

初次申请驾驶证的申请人理论上应当参加驾驶培训。驾驶人的驾驶技能不是与生俱来的，必须通过一定程序的训练才能掌握，而驾驶训练本身就具有一定的危险性，需要专门的驾驶训练机构来组织，需要驾驶教练在训练中传授安全驾驶知识、保证训练安全。因此，《道路交通安全法实施条例》第20条第2款规定："在道路上学习驾驶，应当按照公安机关交通管理部门指定的路线、时间进行。在道路上学习机动车驾驶技能应当使用教练车，在教练员随车指导下进行，与教学无关的人员不得乘坐教练车。学员在学习驾驶中有道路交通安全违法行为或者造成交通事故的，由教练员承担责任。”经驾驶培训机构培训的驾驶证申请人应当在申请考试的环节提交驾驶培训机构的培训记录。但是，参加驾驶培训却不是申请机动车驾驶证的前置条件。《行政许可法》第54条规定，赋予公民特定资格的考试，不得组织强制性的资格考试的考前培训。对于注销、吊销驾驶证的申请人来说，已经掌握一定的驾驶技能，需要提高的应当是交通安全意识、法律意识，这类申请人则可以不经驾驶技能培训直接参加驾驶考试。因此，法律法规对申请人不经驾驶培训机构培训直接提出驾驶证申请没有作出禁止性的规定。

（2）增驾申请。

驾驶证增驾申请，是指已持有机动车驾驶证的申请人，申请在原准驾车型的基础上增加其他准驾车型的行为。大型客车、牵引车、中型客车等重点车型驾驶证不允许初次申请，申请人只能通过增驾的方式申请取得。此外，已经持有驾驶证的驾驶人需要增加其他准驾车型的，也要通过增驾申请的方式取得。

对于增驾申请，公安交通管理部门有更多审查申请人的机会，可以通过审查实习期的驾驶情况、驾驶经历、记分和严重交通违法行为等方面，判断申请人是否符合安全驾驶的条件。对增驾申请主要审查的内容有：（1）申请人在本记分周期和申请前最近一个记分周期内是否有满分记录。（2）申请增驾中型客车的，要取得驾驶小型汽车、小型自动挡汽车、低速载货汽车或者三轮汽车驾驶资格 3 年以上，并在申请前最近连续两个记分周期内没有满分记录；或者取得驾驶城市公交车、大型货车准驾车型资格 1 年以上，并在申请前最近一个记分周期内没有满分记录。（3）申请增驾牵引车的，要取得驾驶中型客车或者大型货车准驾车型资格 3 年以上，并在申请前最近连续两个记分周期内没有满分记录；或者取得驾驶大型客车准驾车型资格 1 年以上，并在申请前最近一个记分周期内没有满分记录。（4）申请增驾大型客车的，要取得驾驶中型客车或者大型货车准驾车型资格5年以上，并在申请前最近连续三个记分周期内没有满分记录；或者取得驾驶牵引车准驾车型资格 2 年以上，并在申请前最近一个记分周期内没有满分记录。

（3）持军警驾驶证申请。

持军警驾驶证申请，是指持有军队、武装警察部队驾驶证的人员向地方公安交通管理部门申领机动车驾驶证的行为。在我国，军队、武装警察部队建立了一套严格的驾驶员培养、考核和管理制度，持有军队、武装警察部队驾驶证的人员已经具有一定的驾驶技能，能够从事军队、武装警察部队机动车的驾驶行为。从广义上来讲，军警驾驶证也是我国驾驶证管理制度中的一部分。但是，军警人员的驾驶证管理制度与地方有诸多不同，军队、武装警察部队对驾驶员的管理与地方公安交通管理部门对驾驶人的管理也有许多不一样的地方，所以，持军警驾驶证的人员驾驶地方机动车，仍然要申请地方驾驶证。

持有军队、武装警察部队驾驶证的人员申请地方驾驶证，在申请形式上类似于初次申请驾驶证，但是在审查程序上还是与初次申请驾驶证有所区别。例如，持军队、武装警察部队机动车驾驶证的人申请大型客车、牵引车、中型客车、大型货车准驾车型机动车驾驶证的，应当考试科目一和科目三；申请其他准驾车型机动车驾驶证的，直接核发机动车驾驶证。

（4）持境外驾驶证申请。

持境外驾驶证申请，是指外国人、华侨、台湾地区居民和香港、澳门特别行政区居民持当地驾驶证向公安交通管理部门申领驾驶证的行为。随着国际交往的密切，持有境外驾驶证的人员在我国申领驾驶证的需求越来越强烈。对持境外驾驶证的人员，可以通过以下方式取得在我国道路上驾驶机动车的资格：一是行政许可，即持境外驾驶证申请我国机动车驾驶证。二是外交对等礼遇，即对于外国驻华使馆、领馆人员及国际组织驻华代表机构人员可以按照外交对等原则申请我国机动车驾驶证。三是互相认可，即持有与我国签订有驾驶证相互认可协定国家的驾驶证，可以直接凭协定国的驾驶证按照协定在我国驾驶机动车；与我国签订有关协定涉及机动车驾驶证的，按照协定执行。

持境外驾驶证的人员具有一定的驾驶经历，但是，不同国家和地区交通法规不同，对驾驶人的培养考核规定不尽相同，因此，对持境外驾驶证的人员申请机动车驾驶证，在审查考核程序上也有一些特点。例如，除申请大型客车、牵引车、中型客车、大型货车的机动车驾驶证外，持境外机动车驾驶证申请机动车驾驶证的，公安交通管理部门只需进行科目一考试；申请准驾车型为大型客车、牵引车、中型客车、大型货车的机动车驾驶证的，还要进行科目三考试。

（5）恢复驾驶资格。

恢复驾驶资格，是指已经取得我国机动车驾驶证的人员，因为超过有效期未换证或者超过规定时间未提交身体条件证明被注销驾驶证未超过2年，向公安交通管理部门申请恢复驾驶资格的行为。

恢复驾驶资格是对被注销驾驶证人员的一种救济措施，体现了行政法中的比例原则。比例原则，又称“禁止过分”原则，要求对公民权利的限制或不利影响，只有在公共利益所必要的范围内，方得为之；是指政府实施行政权的手段与行政目的间，应存在一定的比例关系，[①]即其“手段”必须与行政“目的”成比例、相平衡。机动车驾驶许可是一项涉及公共安全的特定行为，其资格的取得、延续、注销等应当符合《机动车驾驶证申领和使用规定》（公安部令第111号），对驾驶证超过有效期1年未换证，或者超过规定时间1年以上未提交身体条件证明的，应当注销驾驶证。未按期换证或提交身体条件证明的行为不属于危害交通安全的严重行为，但是，注销驾驶证会使驾驶人失去驾驶资格，特别是大中型客车、牵引车等准驾车型不能初次申领，对当事人造成了较大影响。恢复驾驶资格就是允许这部分群众通过申请恢复驾驶资格，进行科目一考试，提高交通安全法律意识后，重新取得驾驶资格，保留原驾驶证的准驾车型。

2. 驾驶证申领条件

（1）年龄条件。

年龄是公民承担民事责任的一个重要标志。根据《中华人民共和国民法通则》的规定，18周岁以上的公民是成年人，具有完全民事行为能力，可以独立进行民事活动，是完全民事行为能力人。18周岁也是申领机动车驾驶证的年龄起点，低于18周岁的人不得申领机动车驾驶证。申领机动车驾驶证是一项涉及社会公共安全的民事行为，确定18周岁为申领机动车驾驶证的起始年龄，就是要确保申请人具有完全民事行为能力，能够承担完全民事责任。同时，驾驶机动车还需要驾驶人具有成熟的心理状态，特别是对一些具有更高危险性的准驾车型。考虑到我国人口的生长发育、智力发展水平以及经济发展水平、劳动力就业等情况，对大型客车、牵引车、城市公交车、中型客车、大型货车等准驾车型的年龄限制更加严格。

[①]参见陈新民著：《行政法学总论》，（台湾）三民书局1997年版，第59页。

表3–2 申领机动车驾驶证的条件

<table>
<tr><th rowspan="2">准驾车型</th><th rowspan="2">初次申领</th><th colspan="3">身体条件</th><th rowspan="2">年龄条件</th><th rowspan="2">增驾申请条件</th></tr>
<tr><th>身高（cm）</th><th>视力（矫正）</th><th>其他要求</th></tr>
<tr><td>A1</td><td>否</td><td>155</td><td>5.0</td><td rowspan="15">1.辨色力：无红绿色盲
2.听力：两耳分别距音叉 50cm 能辨别声源方向。有听力障碍但佩戴助听设备能够达到以上条件的，可以申请 C1、C2
3.上肢：双手拇指健全，每只手其他手指必须有三指健全，肢体和手指运动功能正常。但手指末节残缺或者右手拇指缺失的，可以申请 C1、C2
4.下肢：双下肢健全且运动功能正常，不等长度不得大于 5cm。但左下肢缺失或者丧失运动功能的，可以申请 C2。右下肢、双下肢缺失或者丧失运动功能但能够自主坐立的，可以申请 C5
5.躯干、颈部：无运动功能障碍</td><td>26~50</td><td>B1、B2 5 年以上且最近连续三个记分周期内没有满分记录；或者 A2 2 年以上，并在申请前最近一个记分周期内没有满分记录</td></tr>
<tr><td>A2</td><td>否</td><td>155</td><td>5.0</td><td>24~50</td><td>B1、B2 3 年以上且最近连续两个记分周期内没有满分记录；或者 A1 1 年以上且最近一个记分周期内没有满分记录</td></tr>
<tr><td>A3</td><td>可</td><td>155</td><td>5.0</td><td>21~50</td><td>前一个周期内无满分记录</td></tr>
<tr><td>B1</td><td>否</td><td>150</td><td>5.0</td><td>21~50</td><td>C1、C2、C3、C4 3 年以上且最近连续两个记分周期内没有满分记录；或者 A3、B2 1 年以上且最近一个记分周期内没有满分记录</td></tr>
<tr><td>B2</td><td>可</td><td>155</td><td>5.0</td><td>21~50</td><td rowspan="11">本记分周期和申请前最近一个记分周期内没有满分记录</td></tr>
<tr><td>C1
C2</td><td>可</td><td>不限</td><td>4.9</td><td>18~70</td></tr>
<tr><td>C3
C4</td><td>可</td><td>不限</td><td>4.9</td><td>18~60</td></tr>
<tr><td>C5</td><td>可</td><td>不限</td><td>4.9</td><td>18~70</td></tr>
<tr><td>D
E</td><td>可</td><td>不限</td><td>4.9</td><td>18~60</td></tr>
<tr><td>F</td><td>可</td><td>不限</td><td>4.9</td><td>18~70</td></tr>
<tr><td>M</td><td>可</td><td>不限</td><td>4.9</td><td>18~60</td></tr>
<tr><td>N</td><td>可</td><td>155</td><td>5.0</td><td>21~50</td></tr>
<tr><td>P</td><td>可</td><td>不限</td><td>5.0</td><td>21~50</td></tr>
</table>

（2）身体条件。

一般来说，对机动车驾驶证申请人的身体条件限制有以下几个方面：

①身高。批量生产的机动车是按照一般成年人的身高来设计的，身高过于矮小会造成驾驶人在操作、观察等方面受到一定的限制。一些对交通安全影响较大的准驾车型，申请人必须达到一定的身高要求。

②视力。通过眼睛观察是机动车驾驶人获取路况信息的主要途径，驾驶人的视力好坏对正确驾驶机动车起着非常关键的作用。申请人视力需要达到一定的标准方可申领驾驶证，申领驾驶证的视力标准可以是裸眼视力，也可以是矫正视力，因为驾驶机动车是允许佩戴眼镜的。

③辨色力。机动车驾驶证申请人必须无红绿色盲，因为交通信号控制灯采用的是红、黄、绿三种颜色，其中，红色和绿色是最关键的两种颜色。

④听力。道路交通环境中有很多声音信息，其中包含一些影响交通安全的信息，作为机动车驾驶证申请人必须能够准确分辨。

⑤上肢。在机动车驾驶行为中，上肢的主要作用是操作方向盘，机动车的方向是否能够准确控制对机动车驾驶人来说非常重要。在上肢条件中，手指和上肢的运动能力是最关键的因素。

⑥下肢。在机动车驾驶行为中，下肢的主要作用是踩踏油门，控制机动车行驶速度，机动车驾驶人的下肢运动功能必须正常。

⑦躯干、颈部。在机动车驾驶行为中，还有躯干、颈部的运动，驾驶证申请人躯干、颈部应当无运动功能障碍。

（3）驾驶经历条件。

①对初次申请，不得申请大型客车、牵引车、中型客车等对交通安全影响较大的准驾车型驾驶证。

②对增驾申请，应当具有一定的安全驾驶经历，要求在本记分周期和申请前最近一个记分周期内没有满分记录。

③对大型客车、牵引车、中型客车等重点车型，应当取得较低准驾车型驾驶证一定期限后申领，并有更加严格的安全驾驶经历要求。

（4）残疾人申请条件。

允许残疾人申请机动车驾驶证是社会文明和进步的标志。推进残疾人申领驾驶证，既涉及满足残疾人驾驶汽车的需求问题，又涉及广大交通参与者的交通安全问题，必须在准备充分、确保安全的前提下，积极稳妥地推进。

目前，有五类残疾人可以驾驶机动车：

①左下肢残疾的人员，可以申请小型自动挡汽车准驾车型（C2），驾驶小型、微型自动挡载客汽车和轻型、微型自动挡载货汽车。

②右下肢残疾的人员，可以申请残疾人专用小型自动挡载客汽车准驾车型（C5），驾驶残疾人专用小型、微型自动挡载客汽车。

③双下肢残疾的人员，可以申请残疾人专用小型自动挡载客汽车准驾车型（C5），驾驶残疾人专用小型、微型自动挡载客汽车。

④有听力障碍的人员，佩戴助听设备后听力达到规定要求的，可以申请小型汽车准驾车型（C1），驾驶小型、微型载客汽车和轻型、微型载货汽车；或者申请小型自动挡汽车准驾车型（C2），驾驶小型、微型自动挡载客汽车和轻型、微型自动挡载货汽车。

⑤右手拇指缺失或者手指末节残缺的人员，可以申请小型汽车准驾车型（C1），驾驶小型、微型载客汽车和轻型、微型载货汽车；或者申请小型自动挡汽车准驾车型（C2），驾驶小型、微型自动挡载客汽车和轻型、微型自动挡载货汽车。

（5）禁止性条件。

为了确保道路交通安全，还对一些严重违反道路交通安全法律、法规和身体条件不适合驾驶机动车的人设立了禁止性规定：

①对申请增加大型客车、牵引车、中型客车准驾车型的，不得有发生交通事故造成人员死亡承担全部责任或者主要责任、醉酒后驾驶机动车、在本记分周期和申请前最近连续三个记分周期内有饮酒后驾驶机动车行为、在本记分周期和申请前最近连续三个记分周期内有驾驶机动车行驶超过规定时速50%以上行为且机动车驾驶证未被吊销的情形。

②吊销机动车驾驶证未满2年、驾驶许可依法被撤销未满3年、造成交通事故后逃逸被吊销机动车驾驶证的，不得申请机动车驾驶证。

③身体条件不适合驾驶机动车的，不得申请机动车驾驶证。例如，有器质性心脏病、癫痫病、美尼尔氏症、眩晕症、癔病、震颤麻痹、精神病、痴呆以及影响肢体活动的神经系统疾病等妨碍安全驾驶的疾病，或者吸食、注射毒品、长期服用依赖性精神药品成瘾尚未戒除的。

④法律、行政法规规定的其他不得申请机动车驾驶证的情形。

（三）驾驶证业务的受理机关和办理程序

1. 受理机关

驾驶证业务的受理机关是公安交通管理部门，车辆管理所是驾驶证业务的具体办事机构（详见本章第五节论述）。

与机动车登记一样，机动车驾驶证的申请同样实行地域管辖和层级管辖。明确驾驶证申领的管辖，解决的是公安交通管理部门受理相对人申请机动车驾驶许可的范围；对于申请人而言，机动车驾驶许可的管辖则是其应当提交申请材料的公安交通管理部门。机动车驾驶许可是直接关系公共安全的资格许可，不仅涉及通行秩序管理、违法处理，还有可能涉及交通事故的伤害赔偿等诸多社会问题。从我国现状来看，行政机关对户籍所在地人员的管理相对较强，对暂住人员的管理相对较弱。为了有效管理，初次申请驾驶证的受理机关受到一定的限制，对一些危险性较大的准驾车型必须在户籍地申请。

（1）地域管辖。

①在户籍地居住的，应当在户籍地提出申请，可以申请全部准驾车型驾驶证。

②在暂住地居住的，可以在暂住地提出申请，只能申请小型汽车、小型自动挡汽车、低速载货汽车、三轮汽车、残疾人专用小型自动挡载客汽车、普通三轮摩托车、普通二轮摩托车、轻便摩托车驾驶证。

③现役军人（含武警），应当在居住地提出申请，可以申请全部准驾车型驾驶证。

④境外人员，应当在居留地提出申请，可以申请全部准驾车型驾驶证。

⑤申请增加准驾车型的，应当在所持机动车驾驶证核发地提出申请。在户籍地居住可以申请全部准驾车型驾驶证，在暂住地居住只能初次申请小型汽车、小型自动挡汽车、低速载货汽车、三轮汽车、残疾人专用小型自动挡载客汽车、普通三轮摩托车、普通二轮摩托车、轻便摩托车驾驶证。

（2）层级管辖。

《机动车驾驶证申领和使用规定》（公安部令第111号）第2条第2款规定："直辖市公安机关交通管理部门车辆管理所、设区的市或者相当于同级的公安机关交通管理部门车辆管理所负责办理本行政辖区内机动车驾驶证业务。县级公安机关交通管理部门办理机动车驾驶证业务的范围由省级公安机关交通管理部门确定。”这也就是说，直辖市、设区的市车辆管理所可以受理全部驾驶证业务，县级车辆管理所根据不同的条件受理业务的范围有所区别，一般来说，县级车辆管理所可以受理普通三轮摩托车、普通二轮摩托车、轻便摩托车驾驶证业务。

2. 办理程序

公安交通管理部门核发机动车驾驶许可一般要经过审查、考试、发证等程序。

（1）审　查。

审查，是指公安交通管理部门收到申请人的申请材料后，依法审查申请人是否符合所申请准驾车型的条件，并决定是否受理的行为。公安交通管理部门车辆管理所对符合机动车驾驶证申请条件的，应当予以受理。

（2）考　试。

除持军警驾驶证申请部分地方驾驶证外，申请机动车驾驶证都需要进行考试。考试科目分为道路交通安全法律、法规和相关知识考试科目（科目一）、场地驾驶技能考试科目（科目二）和道路驾驶技能考试科目（科目三）。根据不同的申请方式，考试的科目有所不同。考试顺序按照科目一、科目二、科目三依次进行，前一科目考试合格后，方准参加后一科目的考试。

（3）发　证。

发证，是指公安交通管理部门向符合机动车驾驶许可的申请人颁发机动车驾驶证的行为。向申请人颁发了驾驶证，申请人就具有相应准驾车型的机动车驾驶资格。根据公安部交通管理局《机动车驾驶证业务工作规范》的规定，对符合规定的，在科目三考试合格后1个工作日内，确定机动车驾驶证档案编号，制作并核发机动车驾驶证。

（四）驾驶证换证和注销

1. 换　证

驾驶证换证是驾驶许可的变更或延续。被许可人要求变更行政许可事项的，应当向作出行政许可决定的行政机关提出申请；符合法定条件、标准的，行政机关应当依法办理变更手续。驾驶证是驾驶许可的法定证件，驾驶许可的变更必然要体现到机动车驾驶证上。因此，当驾驶许可变更后，需要按照变更后的情况核发新的机动车驾驶证。此外，机动车驾驶证是有期限的，机动车驾驶证的期限就是驾驶许可的期限。被许可人需要延续依法取得的行政许可的有效期的，应当在该行政许可有效期届满前向作出行政许可决定的行政机关提出申请。驾驶许可有效期延续后，也应当换发新的机动车驾驶证。具体来说，持证人申请换发机动车驾驶证有以下几种情形：

（1）机动车驾驶人应当于机动车驾驶证有效期满前90日内，向机动车驾驶证核发地车辆管理所申请换证。

（2）机动车驾驶人户籍迁出原车辆管理所管辖区的，应当向迁入地车辆管理所申请换证；机动车驾驶人在核发地车辆管理所管辖区以外居住的，可以向居住地车辆管理所申请换证。

（3）年龄达到60周岁，持有准驾车型为大型客车、牵引车、城市公交车、中型客车、大型货车的机动车驾驶人，应当到机动车驾驶证核发地车辆管理所换领准驾车型为小型汽车或者小型自动挡汽车的机动车驾驶证；年龄达到70周岁，持有准驾车型为普通三轮摩托车、普通二轮摩托车的机动车驾驶人，应当到机动车驾驶证核发地车辆管理所换领准驾车型为轻便摩托车的机动车驾驶证。

（4）机动车驾驶人自愿降低准驾车型的，应当到机动车驾驶证核发地车辆管理所换领准驾车型为小型汽车或者小型自动挡汽车的机动车驾驶证。

（5）在车辆管理所管辖区域内，机动车驾驶证记载的机动车驾驶人信息发生变化的，机动车驾驶人应当在30日内到机动车驾驶证核发地车辆管理所申请换证。

（6）机动车驾驶证损毁无法辨认的，机动车驾驶人应当在30日内到机动车驾驶证核发地车辆管理所申请换证。

（7）机动车驾驶人身体条件发生变化，不符合所持机动车驾驶证准驾车型的条件，但符合准予驾驶的其他准驾车型条件的，应当在30日内到机动车驾驶证核发地车辆管理所申请降低准驾车型。

2. 注　销

机动车驾驶证注销意味着驾驶资格消失。根据《行政许可法》的规定，对行政许可有效期届满未延续的，公民死亡或者丧失行为能力的，行政许可依法被撤销、撤回或者吊销的，行政机关应当依法办理有关行政许可的注销手续。对机动车驾驶人而言，机动车驾驶人身体条件发生变化，不适合驾驶所持机动车驾驶证包含的准驾车型，应当在30日内到机动车驾驶证核发地车辆管理所申请注销。机动车驾驶人具有下列情形之一的，车辆管理所应当注销其机动车驾驶证:（1）死亡的。（2）身体条件不适合驾驶机动车的。（3）提出注销申请的。（4）丧失民事行为能力，监护人提出注销申请的。（5）超过机动车驾驶证有效期1年以上未换证的。（6）年龄在60周岁以上，在一个记分周期结束后1年内未提交身体条件证明的；或者持有大型客车、牵引车、城市公交车、中型客车、大型货车、无轨电车、有轨电车准驾车型，在两个记分周期结束后1年内未提交身体条件证明的；或者持有残疾人专用小型自动挡载客汽车准驾车型，在三个记分周期结束后1年内未提交身体条件证明的。（7）年龄在60周岁以上，所持机动车驾驶证只具有无轨电车或者有轨电车准驾车型，或者年龄在70周岁以上，所持机动车驾驶证只具有低速载货汽车、三轮汽车、轮式自行机械车准驾车型的。（8）机动车驾驶证依法被吊销或者驾驶许可依法被撤销的。

二、驾驶人考试制度

（一）驾驶人考试的法律地位

驾驶人考试制度，是指公安交通管理部门对申请机动车驾驶证的人员依法进行法律、法规和交通安全知识以及道路驾驶技能的考试，考试合格后核发相应准驾车型机动车驾驶证的制度。对机动车驾驶证申请人进行考试，评价申请人是否具有安全驾驶的能力，是驾驶人管理的重要手段。

驾驶人考试是依法举行的资格考试。《道路交通安全法》第19条第2款规定：“申请机动车驾驶证，应当符合国务院公安部门规定的驾驶许可条件；经考试合格后，由公安机关交通管理部门发给相应类别的机动车驾驶证。”这是机动车驾驶考试的法律依据。驾驶人考试是依照国家法律进行的考试，具有国家考试的性质，与高等教育考试、律师资格考试、出国人员留学考试等其他国家考试一样有着同等的地位。除了明确驾驶人考试的法律地位外，法律还授权国务院公安部门制定驾驶许可条件。《机动车驾驶证申领和使用规定》（公安部令第111号）还明确了驾驶人考试的条件、内容、程序和评判标准，为国家法定的驾驶人考试制度提供了基本保障。

驾驶人考试的成绩是机动车驾驶许可的直接依据。驾驶人考试是申领机动车驾驶证的重要环节，除了持军队、武装警察部队驾驶证申领部分准驾车型驾驶证外，申领机动车驾驶证都需要进行考试。《行政许可法》第54条规定，“实施本法第十二条第三项所列事项的行政许可，赋予公民特定资格，依法应当举行国家考试的，行政机关根据考试成绩和其他法定条件作出行政许可决定”。可见，驾驶人考试成绩是法律规定的机动车驾驶许可的依据。

驾驶人考试的目的是把好驾驶人参与道路交通活动的准入关。驾驶机动车上道路行驶是一项涉及公共安全的特定活动，驾驶人安全意识和驾驶技能直接关系到人民群众的生命财产安全。对新驾驶人来讲，安全驾驶意识和安全驾驶行为在初始培训和考试中，必须树立起来；取得驾驶证准许上道路开车行驶，驾驶人的社会责任、安全责任和维护交通安全的责任必须培养起来。驾驶人考试是赋予机动车驾驶资格的关键环节，必须严格组织、严格把关。通过不断严格和规范驾驶人考试制度，提高驾驶人的驾驶技能，增强驾驶人的交通安全意识，加强道路交通的源头管理，维护良好的道路交通秩序，预防道路交通事故的发生。

（二）驾驶人考试的内容及合格标准

驾驶人考试的内容是驾驶人考试制度设计的核心，驾驶人考试制度的主要工作就是保证申请人客观、公正地按照考试内容进行考试。驾驶人考试的作用就是评价申请人是否具有安全驾驶机动车的能力，这种评价主要体现在三个方面：第一，是否熟知交通法规的知识。交通法规是参与道路交通的行为规范，机动车驾驶人必须熟知交通法规的知识，才有可能遵守交通法规。第二，是否掌握正确驾驶的技能。驾驶人必须掌握正确驾驶的技能，才有可能安全地操作机动车上道路行驶。第三，是否具有安全驾驶的意识。驾驶人安全驾驶的意识是保证道路交通安全的关键，要通过考试评价驾驶证申请人的安全驾驶意识。这既是驾驶人考试工作的一个重点，也是一个难点。

驾驶人考试的内容包含在三个科目之中，分别是科目一、科目二和科目三考试。

1. 科目一考试

科目一考试为道路交通安全法律、法规和相关知识考试，主要考核以下几方面的知识：道路交通安全法律、法规和规章，交通信号及其含义，安全行车、文明驾驶知识，高速公路、山区道路、桥梁、隧道、夜间、恶劣气象和复杂道路条件下的安全驾驶知识，出现爆胎、转向失控、制动失灵等紧急情况时的临危处置知识，机动车总体构造、主要安全装置常识，日常检查和维护基本知识，发生交通事故后的自救、急救等基本知识，以及常见危险物品知识。考试题库的结构和基本题型由公安部制定，分为汽车类、摩托车类和恢复驾驶资格类三部分，其中汽车类考试题库结构分为通用试题和专用试题，考试的基本题型为单项选择题和判断题。省级公安交通管理部门应当结合本地实际情况建立本地的科目一考试题库，并可以根据本地实际在考试题库中增加不超过5%的地方交通法规试题。

恢复驾驶资格类、摩托车类的科目一考试共50道题，其他科目一考试为100道题，由计算机管理系统按照规定的比例从考试题库中随机抽取生成，考试成绩达到90分的为合格。

2．科目二考试

科目二考试为场地驾驶技能考试，主要考核以下方面的技能：在规定场地内驾驶机动车完成考试项目的情况，对机动车驾驶技能掌握的情况，对机动车空间位置判断的能力。考试项目包括桩考、坡道定点停车和起步、侧方停车、通过单边桥、曲线行驶、直角转弯、限速通过限宽门、通过连续障碍、百米加减挡、起伏路行驶等10个项目。其中，大型客车、牵引车、城市公交车、中型客车、大型货车准驾车型考试项目不得少于6项，小型汽车、小型自动挡汽车、残疾人专用小型自动挡载客汽车、低速载货汽车、普通三轮摩托车、普通二轮摩托车准驾车型考试项目不得少于4项。考试采取必考项目与选考项目相结合的方式进行，按照报考的准驾车型，选定对应考试场地和考试车辆，桩考项目在考试员的现场监督下进行，其他考试项目由申请人按照规定的考试线路、操作规范和考试指令独立、连续完成驾驶。

报考大型客车、牵引车、城市公交车、中型客车、大型货车准驾车型，成绩达到90分的为合格，报考其他准驾车型成绩达到80分的为合格。

3．科目三考试

科目三考试为道路驾驶技能考试，主要考核以下几个方面的技能：在道路上驾驶机动车完成考试项目的情况，遵守交通法律、法规的情况，综合控制机动车的能力，正确使用灯光、喇叭、安全带等装置的情况，正确观察、判断道路交通情况的能力，安全驾驶行为、文明驾驶意识。考试的基本项目包括上车准备、起步、直线行驶、变更车道、通过路口、靠边停车、通过人行横道线、通过学校区域、通过公共汽车站、会车、超车、掉头、夜间行驶等13项。考试采取必考项目与选考项目相结合的方式进行，按照报考的准驾车型，选定对应考试车辆，在考试员的同车监督下，由申请人按照考试员的考试指令完成实际道路的驾驶操作。

报考大型客车、牵引车、城市公交车、中型客车、大型货车准驾车型，成绩达到90分的为合格，报考其他准驾车型成绩达到80分的为合格。

（三）驾驶人考试的组织及监督

1. 考试组织

（1）预　约。

驾驶人申请进行考试应当预约。驾驶人考试预约具有两个作用：一是保证公安交通管理部门有充分的准备安排驾驶人考试工作；二是保证机动车驾驶证申请人有充分的时间学习驾驶技能。车辆管理所对符合机动车驾驶证申请条件的，应当受理，并在申请人预约考试30日内安排考试。申请人科目一考试合格后，公安交通管理部门会颁发驾驶技能准考证明，允许申请人上道路参加驾驶技能训练。

为保证申请人参加驾驶技能训练的时间，初次申请机动车驾驶证或者申请增加准驾车型的，申请人预约考试科目二、科目三考试的，根据不同车型设定有10日至30日的考试间隔时间。每个科目考试、补考仍不合格的，本科目考试终止。申请人可以重新申请考试，但科目二、科目三的考试日期应当在20日后预约。

（2）考　试。

机动车驾驶人考试共有三个科目，每个科目考试一次，可以补考一次。补考仍不合格的，本科目考试终止。申请人可以重新申请考试，但科目二、科目三的考试日期应当在20日后预约。在驾驶技能准考证明有效期内，已考试合格的科目成绩有效。

科目一考试应当在考试员的监督下，由申请人通过计算机闭卷答题。考试结束后，考试成绩自动上传计算机管理系统。报考普通三轮摩托车、普通二轮摩托车、轻便摩托车准驾车型的，可以由计算机管理系统从考试题库中随机抽取生成考题后使用纸质试卷闭卷答题。科目二考试应当按照报考的准驾车型，选定对应考试场地和考试车辆，桩考项目在考试员的现场监督下进行，其他考试项目由申请人按照规定的考试线路、操作规范和考试指令独立、连续完成驾驶。科目三考试应当按照报考的准驾车型，选定对应考试车辆，在考试员的同车监督下，由申请人按照考试员的考试指令完成实际道路的驾驶操作。（图3–5、图3–6、图3–7）

图3–5　机动车驾驶人科目一考试

图3–6　机动车驾驶人科目二考试

图3–7　机动车驾驶人科目三考试

（3）评 判。

考试员应当认真履行考试职责，严格按照规定考试。考试中应当严格履行考试程序，根据考试项目和考试标准，评定考试成绩；考试后应当指出考试中发现的问题和原因。考试不合格的，应当说明不合格的原因。各科目考试结果应当当场公布，并出示成绩单。每个科目的考试成绩单应当有申请人和考试员的签名，未签名的不得核发机动车驾驶证。对申请人未按照预约考试时间参加考试的，考试成绩评定为不合格。申请人在考试过程中有舞弊行为的，取消本次考试资格，已经通过考试的，其他科目成绩无效。

2. 智能评判和人工评判

机动车驾驶人考试采取智能评判和人工评判相结合的方式进行。所谓智能评判，是指在机动车驾驶人考试工作中，采用计算机控制系统检测申请人考试的操作，并对申请人考试的情况进行评判的行为。智能评判的优点是客观、公正，不足是目前还无法完全实现对申请人的安全驾驶行为、谨慎驾驶的态度等作出全面的评判。所谓人工评判，是指在机动车驾驶人考试工作中，采用考试员现场或者随车监考，并对申请人考试的情况进行评判的行为。人工评判的优点是具有全面性，不足是受考试员主观影响较大。

采取智能评判和人工评判相结合的方式，能够更加全面、准确地评判申请人安全驾驶的能力。具体来说，科目一考试基本上都是使用计算机智能评判的无纸化考试系统进行考试，即使是公安交通管理部门开展摩托车下乡上门考试业务，也是使用计算机考试系统随机生成的考试试卷进行考试。对报考大型客车、城市公交车、中型客车、大型货车、小型汽车、小型自动挡汽车、残疾人专用小型自动挡载客汽车准驾车型的科目二考试，必须使用智能评判的场地驾驶技能考试系统进行考试，考试结束后，考试成绩自动上传至计算机管理系统。其他准驾车型的科目二考试还是采用人工评判的方式进行。科目三考试主要采用人工评判的方式进行，部分车辆管理所开始采用智能辅助评判进行科目三考试。

3. 考试监督及考试员资格管理

驾驶人考试作为国家法定考试，确保考试工作严格依法开展，加强对考试工作的监督管理显得尤为重要。驾驶人考试工作又有其独特性，很多考试评判工作是在申请人的实际操作中进行的，考试员有一定的自由裁量权，监督管理有一定的难度。为了确保考试工作的公平、公正，公安交通管理部门采取了严密的监督措施。

（1）考试工作纪律。

公安部制定了《机动车驾驶人考试工作纪律》，对为不符合驾驶证许可条件人员、未经考试或者考试不合格人员办理考试合格手续或者核发机动车驾驶证的，减少考试项目、降低评判标准或者缩短考试间隔周期的，参与、协助或者纵容考试作弊的，伪造、篡改机动车驾驶证档案或者计算机信息的，接受机动车驾驶证申请人、驾驶培训单位工作人员的礼金（含有价证券、支付凭证）、礼品或者宴请的公安民警及有关工作人员，予以纪律处分；经教育不改又不宜给予开除处分的，予以辞退；构成犯罪的，依法追究刑事责任。对所在单位的直接领导、主要领导予以纪律处分。

（2）考试监管措施。（图3-8）

图3-8 机动车驾驶人考试监控中心

①车辆管理所应当使用计算机随机安排考试员，在考场公开考试员名单；具有多处考试场地的，可以适时组织考试员异地交叉考试；组织考试监

督小组，抽查考试质量；有条件的地方应当建立双考试员制度。

②车辆管理所应当在科目二、科目三考试前使用计算机管理系统对预约的申请人进行分组，对科目二考试员、考试项目和科目三考试员、夜考项目进行随机抽取，未随机抽取的，不得录入考试成绩。录入考试成绩时，考试员、考试项目必须与随机分配结果相同。

③车辆管理所应当使用计算机管理系统加强对驾驶人考试的监控，根据本地暂住人口分布等实际情况以及考试场地、考试设备、考试车辆的考试能力，对初次申领机动车驾驶证的人数、考试人数、不经驾校培训的人数、在暂住地申领机动车驾驶证的人数进行核定，核定每个考试场、每个考试员每日最大工作量，并报上级公安交通管理部门审核、备案。

④车辆管理所应当使用视频、录音等手段加强对考试过程的监督检查。严肃考试纪律，规范考场秩序，严禁任何人员在场外指导。对考场秩序混乱的，应当中止考试；发现替考、教练员场外指导等舞弊行为的，一律取消考试人的考试资格和已经通过考试的其他科目成绩，属于驾校培训的，还应当向其所在驾校通报，建议主管部门对驾校进行整顿并处理有关责任人。

（3）考试员资格管理。

考试员能够坚持客观、公正的评判是确保考试工作依法管理的关键。从事考试工作的人员，应当持有省级公安交通管理部门颁发的考试员证书。考试员要经过省级公安交通管理部门培训，并经考试合格后，方可取得考试员资格证。同时，公安部交通管理局下发了《机动车驾驶人考试员资格管理办法》，明确考试员的资格条件，严格考试员培训和考试制度，健全对考试员的考评机制，并对违反考试员资格管理的具体行为作出明确规定，一旦违反有关规定，将中止或者取消考试员资格。

三、驾驶证审验制度

（一）驾驶证审验的法律依据

驾驶证审验制度，是指公安交通管理部门依法定期对驾驶人的身体条件、驾驶记录、遵守道路交通法律法规情况等进行审验的制度。《道路交通安全法》第23条规定：“公安机关交通管理部门依照法律、行政法规的规定，定期对机动车驾驶证实施审验。”《道路交通安全法实施条例》第26条第2款规定：“换发机动车驾驶证时，公安机关交通管理部门应当对机动车驾驶证进行审验。”可见，驾驶证审验是结合换证进行的，车辆管理所在办理换证业务的同时，对驾驶证进行审验。

驾驶证审验的性质属于行政许可的延续，驾驶证审验的法律效果就是准予或者不准予申请人驾驶资格的延续。《行政许可法》第50条第1款规定：“被许可人需要延续依法取得的行政许可的有效期的，应当在该行政许可有效期届满三十日前向作出行政许可决定的行政机关提出申请。但是，法律、法规、规章另有规定的，依照其规定。”行政许可的延续，首先是被许可人提出申请，其次是作出行政许可决定的行政机关进行审查，对于驾驶证而言，这种审查就是驾驶证审验。审验合格的，换发新的机动车驾驶证，延续驾驶许可的期限。

驾驶证审验制度是道路交通安全管理的重要组成部分。驾驶证审验的作用有以下几点：（1）促使驾驶人遵守交通安全法律、法规。审验时，驾驶人必须将涉及的道路交通安全违法行为处理完毕，未处理完毕的不予通过审验，不予延续驾驶许可。（2）对驾驶人进行交通安全教育。对在一个记分周期内记分达到12分未接受道路交通安全法律、法规和相关知识教育、考试的，要扣留机动车驾驶证，对驾驶人进行教育、考试，同时，驾驶证的审验、换证本身也是一种强化交通安全意识的教育措施。（3）掌握驾驶人信息变化情况。驾驶人在换证审验时，需要提交身份证明、填写申请表，因而可以收集到驾驶人相关信息的变化情况。

此外，《机动车驾驶证申领和使用规定》（公安部令第111号）规定的部分驾驶人需要定期提交身体条件证明，也具有定期审验的性质。

（二）驾驶证审验的内容

驾驶证审验需要审查的项目有：（1）道路交通安全违法行为是否处理完毕；（2）身体条件是否符合驾驶许可条件；（3）在一个记分周期内记分达到12分是否接受了道路交通安全法律、法规和相关知识教育、考试。公安交通管理部门对驾驶人的情况进行审查，对符合规定的，准予通过审验，按规定换发机动车驾驶证；对不符合规定的，不予通过审验，并对超过1年未申请换证或者未通过审验的机动车驾驶证予以注销。

一般来说，驾驶证审验的期限与驾驶证有效期限一致。机动车驾驶证有效期分为6年、10年和长期。对于6年和10年期驾驶证，驾驶人应当于机动车驾驶证有效期届满前90日内，向机动车驾驶证核发地车辆管理所申请换证。车辆管理所结合换证对驾驶证进行审验。对降级换证、转入换证，车辆管理所在办理业务的同时进行审验。驾驶证审验合格，换发新驾驶证，意味着驾驶许可期限得到延续，新的驾驶许可期限就是新的驾驶证有效期。根据《道路交通安全法实施条例》第26条第1款的规定，新驾驶证有效期按照以下方法确定：（1）机动车驾驶人在机动车驾驶证的6年有效期内，存在某个记分周期达到12分的，换发6年有效期的机动车驾驶证；（2）机动车驾驶人在机动车驾驶证的6年有效期内，每个记分周期均未达到12分的，换发10年有效期的机动车驾驶证；（3）机动车驾驶人在机动车驾驶证的10年有效期内，每个记分周期均未达到12分的，换发长期有效的机动车驾驶证。

驾驶人的身体条件状况是影响安全驾驶行为的重要因素。对高龄驾驶人、重点驾驶人以及残疾驾驶人，公安交通管理部门必须定期掌握他们的身体状况。《机动车驾驶证申领和使用规定》（公安部令第111号）规定，年龄在60周岁以上的机动车驾驶人，每年要提交一次身体条件证明；持有准驾车型为大型客车、牵引车、城市公交车、中型客车、大型货车、无轨电车、有轨电车的机动车驾驶人，每2年要提交一次身体条件证明；持有准驾车型为残疾人专用小型自动挡载客汽车的机动车驾驶人，每3年要提交一次身体条件证明。对超过规定期限1年内未提交身体条件证明的，公安交通管理部门将注销其驾驶证。车辆管理所办理提交身体条件证明业务时，应当通过计算机管理系统核查累积记分情况，以及是否具有注销、吊销或者撤销机动车驾驶证的情形。

（三）驾驶人自主申报义务

驾驶证审验制度是为了加强驾驶人日常管理，驾驶人身体状况的变化又是日常管理的重要内容，但是，公安交通管理部门很难及时掌握。只有建立驾驶人身体条件自主申报制度，强化机动车驾驶人的义务和责任，才能有效预防和减少因驾驶人身体状况不适应而发生的道路交通事故。《机动车驾驶证申领和使用规定》（公安部令第111号）明确了驾驶人身体条件发生变化时，应当主动向驾驶证核发地车辆管理所申报，并视情形按照以下要求处理：（1）不符合所持驾驶证准驾车型的条件，但符合准予驾驶的其他准驾车型条件的，应当在30日内到驾驶证核发地车辆管理所申请降低准驾车型。比如，手指末节残缺或者右手拇指缺失，可以换领小型汽车、小型自动挡汽车驾驶证；左下肢缺失或者丧失运动功能的，可以换领小型自动挡汽车驾驶证。（2）驾驶人身体条件发生变化，不符合关于视力、辨色力、听力、上肢、下肢的规定，或者躯干、颈部存在运动功能障碍，具有器质性心脏病、癫痫病、美尼尔氏症、眩晕症、癔病、震颤麻痹、精神病、痴呆、影响肢体活动的神经系统疾病等妨碍安全驾驶疾病以及吸食、注射毒品、长期服用依赖性精神药品成瘾尚未戒除等情形之一，不适合驾驶机动车的，应当在30日内到驾驶证核发地车辆管理所申请注销。注销驾驶证后，如果具备申领残疾人专用小型自动挡载客汽车条件的，可按初次申领驾驶证程序提出驾驶证申请。（3）机动车驾驶人身体条件不适合驾驶机动车的，不得驾驶机动车。对驾驶人身体条件不适合驾驶机动车仍继续驾车的，发生交通事故后将追究相关责任。

四、驾驶人交通安全违法累积记分制度

（一）交通安全违法累积记分制度的法律依据

道路交通安全违法累积记分制度，是指对违反道路交通安全法律、法规的驾驶人，根据情节严重程度，对驾驶证记以一定的分值，对违法行为记分累积达到满分的，依法进行道路交通安全法律、法规和相关知识的教育和考试的制度。《道路交通安全法》第24条规定："公安机关交通管理部门对机动车驾驶人违反道路交通安全法律、法规的行为，除依法给予行政处罚外，实行累积记分制度。公安机关交通管理部门对累积记分达到规定分值的机动车驾驶人，扣留机动车驾驶证，对其进行道路交通安全法律、法规教育，重新考试；考试合格的，发还其机动车驾驶证。对遵守道路交通安全法律、法规，在一年内无累积记分的机动车驾驶人，可以延长机动车驾驶证的审验期。具体办法由国务院公安部门规定。"这是道路交通安全违法累积记分制度的法律依据，从法律上保障了对有屡次交通违法行为的机动车驾驶人的再教育。同时，也规定了道路交通安全违法累积记分制度的强制措施、处理规定和鼓励办法。

道路交通安全违法累积记分制度是预防和减少机动车驾驶人交通违法行为的一种教育措施。虽然交通违法记分与行政处罚同时进行，但是记分不是行政处罚，只是一种管理措施。行政处罚，是指行政机关或其他行政主体依法定职权和程序对违反行政法规尚未构成犯罪的相对人给予行政制裁的具体行政行为。交通违法记分是通过对不同危害程度的交通违法行为进行记分，达到一定分值时组织驾驶人进行道路交通安全法律、法规和相关知识教育，并进行考试。道路交通安全违法累积记分制度是一项教育管理措施，主要是针对一些在一定期限内多次违法的驾驶人进行教育，以提高驾驶人的法律意识，减少违法行为。

道路交通安全违法累积记分制度体现了道路交通安全管理处罚和教育相结合的原则。对违法行为进行惩戒，具有制止违法行为、维护法律秩序的作用。处罚不是目的，处罚的目的是要驾驶人遵守道路交通秩序，减少交通事故的发生。道路交通安全违法累积记分就是通过道路交通安全法律、法规和相关知识的教育，使具有交通违法行为的驾驶人认识到违法行为的危害性，进一步规范自己的行为，从而培养自觉守法的意识，达到制止、预防违法的目的。只有坚持处罚和教育相结合的原则，充分发挥机动车驾驶人交通安全违法累积记分制度在预防道路交通事故、保障道路交通安全中的积极作用，才能最大限度地减少交通违法行为，维护道路交通安全，促进社会和谐。

（二）记分的交通违法行为及其分值

1. 记分原则

《道路交通安全法实施条例》第23条第2款规定：“应当给予记分的道路交通安全违法行为及其分值，由国务院公安部门根据道路交通安全违法行为的危害程度规定。”为了发挥机动车驾驶人交通安全违法累积记分制度在预防道路交通事故、维护道路交通秩序中的积极作用，按照交通违法行为危害程度与惩处力度相符合的原则，在记分分值上体现了“突出重点、宽严相济”的特点。一方面，要对道路交通安全影响大、容易导致恶性道路交通事故以及严重扰乱道路交通秩序的严重交通违法行为加大记分分值，足以让这部分驾驶人充分接受教育，认识到交通违法行为的危害性，从而减少交通违法行为。另一方面，又要避免交通违法行为记分项目偏多、范围过大、重点不突出等问题，要减少轻微交通违法行为的记分分值和项目，通过交通处罚、宣传等手段达到交通安全教育的目的。交通安全违法累积记分制度的记分项目和分值设定体现了行政法中的必要性原则。

2. 分值设定

交通违法记分的项目共38条，按照交通违法行为的危害性和主观恶意程度可以分为四类：

（1）对道路交通安全构成严重威胁的违法行为，一次记12分。包括：①驾驶与准驾车型不符的机动车的；②饮酒后或者醉酒后驾驶机动车的；③驾驶公路客运车辆载人超过核定人数20%以上的；④造成交通事故后逃逸，尚不构成犯罪的；⑤使用伪造、变造机动车号牌、行驶证、驾驶证或者使用其他机动车号牌、行驶证的；⑥在高速公路上倒车、逆行、穿越中央分隔带掉头的。

（2）当事人具有一定主观恶意且影响道路交通安全的违法行为，一次记6分。包括：①机动车驾驶证被暂扣期间驾驶机动车的；②公路客运车辆载人超过核定人数未达20%的；③机动车行驶超过规定时速50%以上的；④在高速公路行车道上停车的；⑤机动车在高速公路或者城市快速路上遇交通拥堵，占用应急车道行驶的；⑥驾驶机动车载运爆炸物品、易燃易爆化学物品以及剧毒、放射性等危险物品，未按指定的时间、路线、速度行驶或者未悬挂警示标志并采取必要的安全措施的；⑦连续驾驶公路客运车辆或者危险物品运输车辆超过4小时未停车休息或者停车休息时间少于20分钟的；⑧上道路行驶的机动车未悬挂机动车号牌的，或者故意遮挡、污损、不按规定安装机动车号牌的；⑨以隐瞒、欺骗手段补领机动车驾驶证的。

（3）可能影响道路交通安全的违法行为，一次记3分。包括：①货车载物超过核定载质量30%以上或者违反规定载客的；②驾驶公路客运车辆以外的载客汽车载人超过核定人数20%以上的；③违反道路交通信号灯通行的；④机动车行驶超过规定时速未达50%的；⑤在高速公路上驾驶机动车行驶低于规定最低时速的；⑥驾驶禁止驶入高速公路的机动车驶入高速公路的；⑦违反禁令标志、禁止标线指示的；⑧不按规定超车、让行的，或者逆向行驶的；⑨驾驶机动车违反规定牵引挂车的；⑩在道路上车辆发生故障、事故停车后，不按规定使用灯光和设置警告标志的；⑪上道路行驶的机动车未按规定定期进行安全技术检验的。

（4）轻微违法行为，仍需要加强教育的，一次记2分或1分。机动车驾驶人有下列违法行为之一的，一次记2分：①驾驶公路客运车辆以外的载客汽车载人超过核定人数未达20%的；②货车载物超过核定载质量未达30%的；③行经交叉路口不按规定行车或者停车的；④行经人行横道，不按规定减速、停车、避让行人的；⑤有拨打、接听手持电话等妨碍安全驾驶的行为的；⑥驾驶和乘坐二轮摩托车，不戴安全头盔的；⑦机动车在高速公路或者城市快速路上行驶时，机动车驾驶人未按规定系安全带的；⑧遇前方机动车停车排队或者缓慢行驶时，借道超车或者占用对面车道、穿插等候车辆的。机动车驾驶人有下列违法行为之一的，一次记1分：①不按规定使用灯光的；②不按规定会车的；③机动车载货长度、宽度、高度超过规定的；④上道路行驶的机动车未放置检验合格标志、保险标志，未随车携带机动车行驶证、驾驶证的。

（三）实施规定

道路交通安全违法累积记分制度由《道路交通安全法实施条例》保证实施。《道路交通安全法实施条例》规定，公安交通管理部门对机动车驾驶人的道路交通安全违法行为除给予行政处罚外，实行道路交通安全违法行为累积记分制度，记分周期为12个月。对在一个记分周期内记分达到12分的，由公安交通管理部门扣留其机动车驾驶证，该机动车驾驶人应当按照规定参加道路交通安全法律、法规的学习并接受考试。考试合格的，记分予以清除，发还机动车驾驶证；考试不合格的，继续参加学习和考试。

机动车驾驶人在一个记分周期内记分未达到12分，所处罚款已经缴纳的，记分予以清除；记分虽未达到12分，但尚有罚款未缴纳的，记分转入下一记分周期。机动车驾驶人在一个记分周期内记分2次以上达到12分的，除按规定扣留机动车驾驶证、参加学习、接受考试外，还应当接受驾驶技能考试。考试合格的，记分予以清除，发还机动车驾驶证；考试不合格的，继续参加学习和考试。机动车驾驶人记分达到12分，拒不参加公安交通管理部门通知的学习，也不接受考试的，由公安交通管理部门公告其机动车驾驶证停止使用。

公安机关在对交通安全违法累积记分达到12分的驾驶人进行教育、考试的同时，也对一个记分周期内未达到12分的驾驶人给予一定的鼓励措施。机动车驾驶人在机动车驾驶证的6年有效期内，每个记分周期均未达到12分的，换发10年有效期的机动车驾驶证；在机动车驾驶证的10年有效期内，每个记分周期均未达到12分的，换发长期有效的机动车驾驶证。

第三节　临时入境机动车和驾驶人管理

临时入境机动车和驾驶人管理制度是对临时入境的境外机动车和驾驶人的管理制度，适用的范围相对较小。对境外机动车和驾驶人，公安交通管理部门在依法管理的同时，还要遵循国家对等原则、国际协定、国际惯例和我国对外交往政策。

一、概　　述

（一）背　　景

在经济全球化深入发展和对外开放不断深化的条件下，我国经济同世界经济的联系日益紧密，互动性和依存度不断增强。[①]境外机动车临时进入我国境内道路行驶、境外人员临时在我国境内道路驾驶机动车的需求不断增加。

我国承办北京奥运会、上海世博会等大型国际活动，以及政府部门、社会团体组织旅游、比赛以及其他交往活动，境外机动车和驾驶人需要临时入境参与活动；边境地区由于边贸活动、客货运输、边民往来或借道通行等，境外机动车和驾驶人在我国边境地区一定范围内频繁活动。临时入境机动车和驾驶人有其特殊性，涉及我国道路交通安全，必须依法进行管理。

目前，我国已经形成临时入境机动车和驾驶人的管理制度，由公安交通管理部门对临时入境的境外机动车和驾驶人的道路交通安全实施统一管理。公安交通管理部门对临时入境机动车和驾驶人核发临时通行牌证、行驶证和临时机动车驾驶许可，面向所有境外的国家或地区，具有普遍意义，是临时入境机动车和驾驶人管理制度的主要内容。此外，国家政府间的多边或者双边道路运输协定，也涉及外国机动车及其驾驶人上我国道路行驶的问题，国家政府间签订的协定对缔约国具有效力。

[①]参见2011年3月5日国务院总理温家宝在第十一届全国人民代表大会第四次会议上的《政府工作报告》。

（二）法律依据

《道路交通安全法》第122条规定："国家对入境的境外机动车的道路交通安全实施统一管理。"这是临时入境机动车和驾驶人管理制度的法律依据。临时入境的境外机动车和驾驶人参与我国的道路交通活动，必须纳入我国道路交通安全管理的范畴，这是维护我国道路交通安全的基本要求。《道路交通安全法实施条例》第113条规定："境外机动车入境行驶，应当向入境地的公安机关交通管理部门申请临时通行号牌、行驶证。临时通行号牌、行驶证应当根据行驶需要，载明有效日期和允许行驶的区域。入境的境外机动车申请临时通行号牌、行驶证以及境外人员申请机动车驾驶许可的条件、考试办法由国务院公安部门规定。"《道路交通安全法实施条例》明确了临时入境机动车和驾驶人管理的实施机关，以及实行机动车临时通行号牌、行驶证、驾驶人临时驾驶许可管理。

临时入境机动车和驾驶人管理的实施机关是公安交通管理部门。在我国，公安交通管理部门是机动车登记、驾驶证许可的实施机关。赋予公安交通管理部门管理临时入境机动车和驾驶人的法定职责，是与我国境内机动车和驾驶人管理制度一脉相承的，是我国境内机动车和驾驶人管理制度的延伸。

临时通行号牌、行驶证是准予临时入境机动车上我国道路行驶的法定证件。在我国，上道路行驶的机动车应当悬挂机动车号牌、携带行驶证，这是一个基本原则。对临时入境机动车的管理延续了这一基本原则，临时入境机动车必须取得临时通行号牌、行驶证，才能获得上我国道路行驶的合法资格。

临时驾驶许可证件是临时入境驾驶人在我国境内驾驶机动车的法定证件，是临时入境驾驶人驾驶资格的证明。临时入境驾驶人应当按规定使用临时驾驶许可证件，遵守我国道路交通安全法律、法规和规章，依法承担义务。

（三）作　　用

临时入境机动车和驾驶人管理制度主要有以下作用：

1. 促进我国对外经济和社会交流活动

允许境外机动车临时上我国道路行驶、允许境外驾驶人临时驾驶机动车，有利于促进我国的对外经济和社会交流活动。

2. 维护我国境内道路交通安全

公安交通管理部门核发临时通行号牌、行驶证时，要对境外机动车进行查验，确认其基本符合我国的道路运行条件；核发临时机动车驾驶许可证件时，要组织境外驾驶人学习我国道路交通安全法律、法规和规章，这样有利于维护我国境内道路交通安全。

3. 赋予境外机动车和驾驶人参与我国道路交通活动的主体资格

公安交通管理部门发放临时通行号牌、行驶证和临时机动车驾驶许可证件，通过这种形式赋予境外机动车和驾驶人参与我国道路交通活动的主体资格。

二、临时入境机动车管理制度

（一）概　　念

临时入境机动车管理制度，是指公安交通管理部门根据当事人的申请，依法进行审查，对临时入境机动车核发临时入境机动车通行号牌、行驶证，准予其在我国境内一段时间或者一定范围内上道路行驶的制度。

临时入境机动车，是指在境外注册登记，需临时进入我国境内行驶的机动车。为了防止境外机动车通过申领临时入境机动车号牌、行驶证在我国境内长期行驶，《临时入境机动车和驾驶人管理规定》（公安部令第90号）规定，临时入境的机动车在我国境内行驶不得超过3个月，并且规定临时入境机动车号牌、行驶证有效期应当与入境批准文件上签注的期限一致，但最长不得超过3个月。

临时入境机动车号牌、行驶证的发证机关是境外机动车入境地或者始发地所在的直辖市或者设区的市公安交通管理部门。发证机关一般未在口岸设有办事机构，为了方便申请临时入境机动车号牌、行驶证，允许临时入境的外国机动车凭入境凭证行驶至发证机关所在地，并于入境后2日内申请临时入境机动车号牌、行驶证。

（二）申请与审查

1. 申　　请

申请临时入境机动车号牌、行驶证的机动车应当是临时进入我国境内不超过3个月的机动车，并满足如下条件：（1）经国家主管部门批准，临时入境参加有组织的旅游、比赛以及其他交往活动的外国机动车；（2）临时入境后仅在边境地区一定范围内行驶的外国机动车。

申请临时入境机动车号牌、行驶证的，应当用中文填写《临时入境机动车号牌、行驶证申请表》，交验机动车，并提交规定的申请材料。申请材料有以下要求：（1）境外主管部门核发的机动车登记证明，属于非中文表述的，还应当出具中文翻译文本；（2）中国海关等部门出具的准许机动车入境的凭证；（3）属于有组织的旅游、比赛以及其他交往活动的，还应当提交中国相关主管部门出具的证明；（4）机动车安全技术检验合格证明，属于境外主管部门核发的，还应当出具中文翻译文本；（5）不少于临时入境期限的中国机动车交通事故责任强制保险凭证。

2. 审　　查

公安交通管理部门应当在收到申请材料之日起3日内审查提交的证明、凭证，查验机动车。审查证明、凭证主要是审查是否符合法定的形式，查验机动车主要是进行唯一性确定，符合规定的，核发临时入境机动车号牌、行驶证。公安交通管理部门核发临时入境机动车号牌、行驶证时，还要对境外机动车以前的入境记录进行核查，发现有道路交通违法行为和交通事故未处理完毕的，告知其处理完毕后再核发牌证。

（三）临时入境机动车号牌和行驶证及其法律效力

1. 临时入境机动车号牌和行驶证

临时入境机动车号牌为纸质号牌，签注有号牌号码、有效期等信息。背面为临时入境机动车行驶证，签注有车辆类型、号牌号码、厂牌型号、行驶区域或线路、有效期等信息。临时入境机动车号牌和行驶证有效期签注应当与入境批准文件上签注的期限一致，但最长不得超过3个月。（图3–9）

2. 法律效力

临时入境机动车号牌和行驶证是临时入境机动车上我国道路行驶的法定标志和证件。取得临时入境机动车号牌和行驶证，也就取得了上我国道路行驶的资格。临时入境的机动车在我国道路上行驶，应当遵守我国道路交通安全法律、法规及规章，按照临时入境号牌和行驶证载明的区域或线路行驶，并将临时入境汽车号牌和行驶证放置在前挡风玻璃内右侧，临时入境摩托车号牌应当随车携带，以备检查。

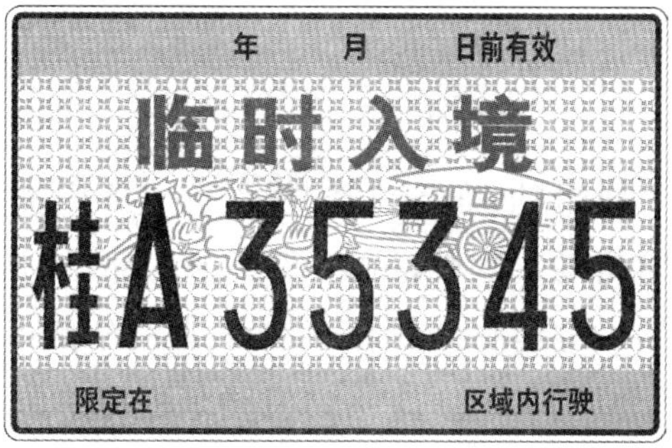

正 面

背 面

图3–9 临时入境机动车号牌和行驶证

临时入境机动车号牌和行驶证有效范围仅限于临时入境机动车号牌和行驶证上载明的区域或线路，离开规定的区域或线路，临时入境机动车号牌和行驶证就失去法律效力。同时，超过有效期的临时入境机动车号牌和行驶证同样也不具有法律效力。

三、临时机动车驾驶许可制度

（一）临时机动车驾驶许可的性质

临时机动车驾驶许可制度，是指公安交通管理部门根据临时入境的机动车驾驶人的申请，按照法定程序进行审查，对符合条件的申请人核发临时机动车驾驶许可证件，准予申请人在我国境内一段时间内驾驶自带的临时入境的机动车或者租赁的我国机动车上道路行驶的制度。临时入境的机动车驾驶人，是指持有境外机动车驾驶证，需临时进入我国境内驾驶机动车的境外人员。

临时机动车驾驶许可是一种行政许可行为，适用于行政许可的一般原理和规定。临时入境驾驶人取得了临时入境驾驶许可证件，也就取得了准予驾驶机动车上我国道路行驶的资格。临时机动车驾驶许可准予驾驶的车辆范围受到一定的限制，仅限于自带的临时入境的机动车或者租赁的我国的小型汽车和小型自动挡汽车。临时驾驶许可的效力仅限于限定的车辆和期限，驾驶其他车辆或者超过规定的期限，临时驾驶许可失去效力。

（二）申请与审查

1. 申　　请

临时入境的机动车驾驶人需要驾驶其自带的临时入境的机动车或者租赁的我国机动车上道路行驶，应当申请临时机动车驾驶许可。对驾驶自带的临时入境的机动车的，应当向入境地或者始发地所在的直辖市或者设区的市公安交通管理部门申领；对驾驶租赁的我国机动车的，应当向机动车租赁单位所在的直辖市或者设区的市公安交通管理部门申领。

申请临时机动车驾驶许可的机动车驾驶人应当是临时进入我国境内不超过3个月的机动车驾驶人，并满足以下条件：（1）经国家主管部门批准，临时入境参加有组织的旅游、比赛以及其他交往活动的外国机动车驾驶人；（2）临时入境后仅在边境地区一定范围内驾驶机动车的外国机动车驾驶人；（3）临时入境后需驾驶租赁的中国机动车的外国机动车驾驶人。

申请临时机动车驾驶许可的，应当用中文填写《临时机动车驾驶许可申请表》，并提交规定的申请材料。申请材料有以下要求：（1）入出境身份证件；（2）境外机动车驾驶证，属于非中文表述的，还应当出具中文翻译文本；（3）年龄、身体条件符合中国驾驶许可条件的证明文件；（4）两张一寸彩色照片（近期半身免冠正面白底）；（5）参加有组织的旅游、比赛以及其他交往活动的，还应当提交中国相关主管部门出具的证明。

2. 审　　查

公安交通管理部门应当在收到申请材料之日起3日内审查提交的证明、凭证，符合规定的，组织道路交通安全法律、法规学习，核发临时机动车驾驶许可证件。公安交通管理部门核发临时机动车驾驶许可证件时，还应当对境外机动车驾驶人以前的入境记录进行核查，发现有道路交通违法行为和交通事故未处理完毕的，告知其处理完毕后再核发临时机动车驾驶许可证件；在我国境内有驾驶机动车交通肇事逃逸记录的，不予核发临时机动车驾驶许可证件。

（三）临时机动车驾驶许可证件及其法律效力

1. 临时机动车驾驶许可证件

临时机动车驾驶许可证件签注有临时入境外国机动车驾驶人的姓名、

性别、国籍、在中国许可驾驶的车型、有效期等信息。对驾驶自带临时入境机动车的，许可驾驶的车型按照自带机动车车型签注；对驾驶租赁我国机动车的，许可驾驶的车型签注为小型汽车或者小型自动挡汽车。临时机动车驾驶许可证件签注的有效期截止日期应当与机动车驾驶人入出境身份证件上签注的准许入境期限的截止日期一致，但有效期最长不超过3个月。（图3-10）

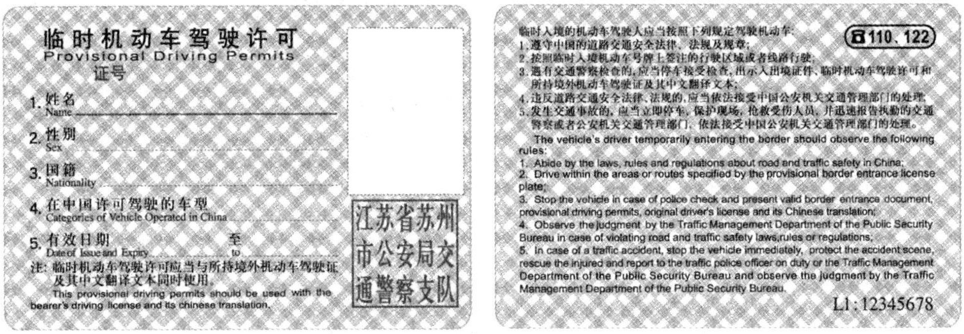

图3-10　临时机动车驾驶许可

2. 临时机动车驾驶许可证件的使用

临时入境的机动车驾驶人驾驶机动车上我国道路行驶，应当随身携带临时机动车驾驶许可证件，并与所持境外机动车驾驶证及其中文翻译文本同时使用，并按照下列规定驾驶机动车：（1）遵守中国的道路交通安全法律、法规及规章；（2）按照临时入境机动车号牌上签注的行驶区域或者线路行驶；（3）遇有交通警察检查的，应当停车接受检查，出示入出境证件、临时机动车驾驶许可证件和所持境外机动车驾驶证及其中文翻译文本；（4）违反中国道路交通安全法律、法规的，应当依法接受中国公安交通管理部门的处理；（5）发生交通事故的，应当立即停车，保护现场，抢救受伤人员，并迅速报告执勤的中国交通警察或者公安交通管理部门，依法接受中国公安交通管理部门的处理。

3. 法律效力

外国机动车驾驶人取得临时机动车驾驶许可证件，也就取得了在我国道路驾驶机动车的资格。

四、国际道路运输协定

（一）优先适用原则

为了适应我国对外经济、贸易、政治、文化交流和人员往来的需要，我国政府坚持“以邻为伴、与邻为善”的方针，十分重视发展与周边国家的国际道路运输，国际道路运输已经成为增强我国与周边国家友好关系、实现共同发展的重要领域，在我国实行对外开放中发挥着越来越重要的作用。我国已与俄罗斯、蒙古、哈萨克斯坦、吉尔吉斯斯坦、塔吉克斯坦、乌兹别克斯坦、巴基斯坦、尼泊尔、老挝、越南、朝鲜等11个国家签署了政府间双边汽车运输协定，并签订了中巴哈吉过境运输协定和大湄公河次区域跨境运输协定等两个多边协定。

国家政府间签订的协定一般适用优先原则。优先适用，是指国家政府间对某一事项签订的多边或者双边协定，在执行时优先于国内法律、法规和规章。国家政府间的协定优先适用是国际上的通行做法。协定的优先适用一般需要国内具有相应效力的法律、法规或者规章进行确定。例如，《中华人民共和国海商法》第268条第1款规定：“中华人民共和国缔结或者参加的国际条约同本法有不同规定的，适用国际条约的规定；但是，中华人民共和国声明保留的条款除外。”该规定体现了在解决涉外海事关系的法律适用时，对于我国已参加的国际条约采取优先适用的原则。条约必须信守已成为国际上的基本准则。

我国政府签订的多边或者双边国际道路运输协定适用优先原则。《临时入境机动车和驾驶人管理规定》（公安部令第90号）第2条第2款规定：“与中国签订有双边或者多边过境运输协定的，按照协定办理。国家或者政府之间对机动车牌证和驾驶证有互相认可协议的，按照协议办理。”这也就是说，对于临时进入我国道路行驶的外国机动车及其驾驶人，在国家政府间签订协定范围内的，按照协定进行管理，否则按照我国境内的法律、法规和规章进行管理。

（二）国际道路运输协定的特点

我国政府签订的国际道路运输协定涉及多个国家，由于不同国家具有不同的国情，因此不同的国际道路运输协定具有不同的内容。国际道路运输协定主要包括过境运输便利化、人员跨境运输、货物跨境运输、车辆入境条件、危险货物运输、出入境检查和控制、单证和手续、商业运输交通权交换、基础设施设计和建设标准、各国的组织机构、适用法律、协商机制、未做规定的处理原则、争端的解决、交通安全、保安和环境保护等。

在交通安全管理方面，主要涉及过境运输机动车的登记、驾驶证的认可、通行管理、事故处理等方面。分别有以下特点：

1. 道路运输车辆允许在其他缔约方入境

缔约各方允许其他缔约方登记的车辆进入其领土。

2. 车辆登记相互承认

（1）从事跨境运输的车辆应按照协定要求在本国登记。（2）车辆应有识别标志（制造商的商标、底盘及发动机序列号）、携带登记证书，在车辆后端和前端的号牌上显示其登记号码，并显示其登记国的识别标志。

3. 车辆技术条件区别对待

驶往其他缔约方领土的车辆和集装箱应满足在本国实施的设备安全和排放标准。涉及重量、轴重和尺寸的，驶往其他缔约方领土的车辆应符合东道国的技术标准。

4. 安全检验证书的互相承认

（1）驶往其他缔约方领土的车辆应处于良好的工作状态。（2）本国负有责任对在其境内登记车辆的道路适应性进行监督，在此基础上核发技术检验证书。（3）其他缔约方承认这些检验证书。

5. 道路交通规则逐步统一

缔约各方承诺其道路交通规则和标志将逐步采用协定的规则和标准。协定的交通规则主要采用了联合国1968年《道路交通公约》的规定。

6. 道路标志和信号逐步一致

缔约各方要逐步将其领土上的交通标志和信号与协定的标准一致。协定的交通标志和信号主要采用了联合国1968年《道路标志和信号公约》的规定。

7. 强制性第三者车辆责任保险

驶往其他缔约方领土的车辆应符合东道国关于强制性第三者车辆责任保险的要求。

8. 驾驶证互相承认

缔约各方互相承认各国核发的符合协定要求的驾驶证。一般都规定了机动车驾驶证记载内容的最低要求，并要求配置翻译文本。

9. 国家法律法规的遵守与执行

（1）其他缔约方的人员、运输经营人和车辆应遵守东道国的现行的法律法规。（2）只有违法行为发生地的东道国主管部门才有行使当地法律法规的权利。（3）东道国可暂时或永久拒绝违反协定或国家法律法规的人员、驾驶人、运输经营人或车辆入境。

10. 发生交通事故时的协助

当发生涉及来自另一缔约方的人员、运输经营人、车辆或货物的交通事故时，东道国应提供所有可能的协助，并尽快通知本国主管部门。

（三）过境运输交通安全管理

我国签订的多边或双边国际道路运输协定相继实施，过境运输涉及交通、公安、外交、保险和口岸地区政府等多个单位。公安交通管理部门除了法律赋予的交通安全管理职责外，一般还要依照协定承担以下管理任务：

（1）按照协定要求，与缔约方交换机动车号牌、行驶证、安全检验证书、驾驶证、国籍识别标志等样本，以及关于车辆总质量、轴荷和外廓尺寸等技术标准。

（2）建立交通领域的信息交流和通报制度，包括交通事故、交通违法、车辆和驾驶人等信息的通报机制、联系方法和网址；建立边界地区交通紧急事件的会晤机制。

（3）在参与跨境运输车辆通行的道路上，协调有关部门按照协定要求增设标志标线。

第四节　非机动车登记制度

依法应当登记的非机动车属于车辆和驾驶人管理的范畴。依法对非机动车实行登记管理，是法律赋予公安交通管理部门的一项重要职责。

一、非机动车登记制度的内涵

（一）登记范围

非机动车，是指以人力或者畜力驱动，上道路行驶的交通工具，以及虽有动力装置驱动，但设计最高时速、空车质量、外形尺寸符合有关国家标准的残疾人机动轮椅车、电动自行车等交通工具。常见的非机动车有自行车、人力车、马车、电动自行车、残疾人机动轮椅车等。在我国，非机动车是一种广泛使用的交通工具，有大量的非机动车参与道路交通活动，对非机动车的管理是道路交通安全管理的重要内容。

虽然非机动车是道路交通安全管理的重要对象，但是并非所有的非机动车都属于车辆和驾驶人管理的范畴。

道路交通安全管理包括车辆和驾驶人管理、道路通行管理、交通事故处理、交通违法处罚等内容，不同的管理内容形成不同的管理制度。车辆和驾驶人管理是道路交通安全管理的源头，是准入管理。在道路交通安全管理工作中，不可能对所有交通参与对象实行准入管理，只能对具有一定危险性的交通参与对象实行准入管理。对非机动车而言，不是所有的非机动车都属于车辆和驾驶人管理的范畴，只有依法实行登记管理的非机动车才是车辆和驾驶人管理的内容。本节所称的非机动车登记制度，即指依法实行登记管理的非机动车而言。

《道路交通安全法》第18条第2款规定："依法应当登记的非机动车的种类，由省、自治区、直辖市人民政府根据当地实际情况规定。"这也就是说，各省、自治区、直辖市依法应当登记的非机动车种类有所差别，地方性法规、规章一般规定实行登记的非机动车种类分别有电动自行车、残疾人机动轮椅车、人力三轮车、自行车（江苏）、人力车（重庆）、畜力车（重庆）等。其中，电动自行车是大部分省（自治区、直辖市）实行登记管理的非机动车。近年来，电动自行车以其经济、便捷等特点，成为群众出行的重要交通工具，电动自行车产业快速发展，保有量迅猛增长。但是，电动自行车不按规定生产、销售问题严重，大量"超标"电动自行车上路行驶，道路交通安全隐患突出。[①]残疾人机动轮椅车、人力三轮车等非机动车对道路交通安全也会造成一定影响，需要规范管理。对电动自行车等非机动车实行登记管理，是维护道路交通秩序、保障交通安全畅通的需要。（图3-11）

[①]参见公安部、工业和信息化部、国家工商总局、国家质检总局《关于加强电动自行车管理的通知》（公通字〔2011〕10号）。

图3-11　依法办理登记的电动自行车

非机动车登记制度，是指公安交通管理部门根据非机动车所有人的申请，经依法进行审查，对应当登记的非机动车核发登记证明、凭证，准予其上道路行驶的制度。

（二）法律依据

《道路交通安全法》第18条规定："依法应当登记的非机动车，经公安机关交通管理部门登记后，方可上道路行驶。依法应当登记的非机动车的种类，由省、自治区、直辖市人民政府根据当地实际情况规定。非机动车的外形尺寸、质量、制动器、车铃和夜间反光装置，应当符合非机动车安全技术标准。"这是非机动车登记制度的法律依据，对非机动车实行登记管理，是法律赋予公安交通管理部门的一项重要职责，也是加强非机动车管理的一项重要政策。

（三）非机动车登记的作用

1. 规范非机动车的生产、销售行为

通过实行登记管理，禁止不符合国家标准的非机动车登记上牌，促使非机动车生产、销售企业生产、销售符合国家标准的产品，从而规范非机动车生产、销售企业的行为。

2. 预防道路交通事故

实行非机动车登记制度，严把非机动车上道路行驶的准入关，禁止不符合国家标准的非机动车上道路行驶，从而减少道路交通安全隐患，起到预防道路交通事故的作用。

3. 加强非机动车的通行管理

非机动车实行登记管理后，交通违法行为可以通过非机动车号牌方便识别，有利于非机动车交通违法行为的处罚，有利于加强非机动车的交通安全管理。

4. 打击违法犯罪活动

电动自行车防盗措施差，被盗案件高发，由于未实行登记，被盗车辆上道路行驶不容易识别，破案后寻找车主困难。实行非机动车登记制度，有利于防止被盗车辆上道路行驶，更加有效地打击盗抢非机动车犯罪活动。

二、非机动车的种类

非机动车主要包括自行车、电动自行车、残疾人机动轮椅车、人力车、马车等。其中，自行车，是指仅凭骑行者的人力，主要以脚蹬驱动，至少有两个车轮的车辆。自行车包括两轮车、送货车和串列自行车。自行车的技术标准是《自行车安全要求》（GB 3565-2005）。电动自行车，是指以蓄电池作为辅助能源，具有两个车轮，能实现人力骑行、电动或电助动功能的特种自行车。电动自行车的技术标准是《电动自行车通用技术条件》（GB 17761-1999）。残疾人机动轮椅车，是指内燃机提供动力的轮椅车。该车的内燃机应为汽油机，是为下肢残障者设计的，一般为正三轮，全部由上肢操作，并贴有残疾人专用车标志，是道路行驶的交通工具，又称残疾人三轮摩托车。残疾人机动轮椅车分为轻便机动轮椅车和普通机动轮椅车。残疾人机动轮椅车的技术标准是《机动轮椅车国家技术标准》（GB 12995-2006）。

三、非机动车登记管理

非机动车登记管理由各省、自治区、直辖市的法规、规章进行规定，因此，各地在非机动车登记管理上存在一定的差异。一般来说，各地非机动车登记管理主要有以下几个关键环节。

（一）公布准予登记的非机动车产品

政府职能部门依照地方性法规、规章的规定，公布在本省（自治区、直辖市）范围内准予注册登记的非机动车生产企业及产品。公布准予登记的非机动车产品的目的，一是引导群众购买、使用符合标准的非机动车产品；二是为非机动车登记提供依据。公布准予登记的非机动车产品是规范市场准入、登记管理的有效手段，防止不符合国家标准的非机动车产品流入市场或者办理登记。公布准予登记的非机动车产品一般涉及公安、工业和信息化、工商、质检等部门，有的是几个部门联合公布，有的是一个部门单独公布。

（二）非机动车登记机关

公安交通管理部门是法定的非机动车登记机关，《道路交通安全法》第18条第1款规定："依法应当登记的非机动车，经公安机关交通管理部门登记后，方可上道路行驶。"非机动车具有使用范围广、机动性相对较差的特点，非机动车登记的受理必须考虑便民的原则。目前，各地公安交通管理部门普遍将非机动车登记的管辖权下放到县、城区交警大队、乡镇交警中队，并增设交通便民服务站点，受理非机动车登记业务。

（三）便民服务措施

公安交通管理部门办理非机动车登记业务，坚持管理与服务并重，既要规范管理又要周到服务，方便群众办理非机动车登记。各地明确规定了简单、方便的非机动车登记程序，尽量减少登记环节和登记手续。同时，在非机动车销售企业推行"带牌销售"，使群众购买非机动车时就能完成登记，减少群众往返登记机关的办事环节。

（四）"超标"非机动车的管理

目前，社会上存在大量的超过国家标准的电动自行车。对在用的"超标"电动自行车，各地公安、工业和信息化、工商、质检等部门在政府支持下，本着平稳过渡的原则，一般采取以旧换新、折价回购、发放报废补贴等方式，鼓励群众主动置换和报废。同时，各地结合当地实际，设定了"超标"电动自行车的过渡期限，限期淘汰在用的"超标"电动自行车。

第五节　管理机构及职责

各级车辆管理所是车辆和驾驶人管理制度的组织实施部门，车辆管理所的行政管理制度是否健全和完善，直接关系到有关法律、法规和规章的执行，直接关系到车辆和驾驶人管理制度的成败。

一、行政主体及其办事机构

公安交通管理部门是车辆和驾驶人管理的行政主体。行政主体是依法承担行政权的单个行政机关和法律法规授权的组织。一般认为，作为行政主体必须具备一定的法律资格要件：第一，行政主体必须是依法享有行政职权的组织。第二，行政主体必须是能以自己的名义实施行政活动的组织。第三，行政主体必须是能够独立承担行政责任的组织。[①]《道路交通安全法》第8条规定，“机动车经公安机关交通管理部门登记后，方可上道路行驶”。第19条第2款规定：“申请机动车驾驶证，应当符合国务院公安部门规定的驾驶许可条件；经考试合格后，由公安机关交通管理部门发给相应类别的机动车驾驶证。”第18条第1款规定：“依法应当登记的非机动车，经公安机关交通管理部门登记后，方可上道路行驶。”《道路交通安全法实施条例》第113条第1款规定：“境外机动车入境行驶，应当向入境地的公安机关交通管理部门申请临时通行号牌、行驶证。临时通行号牌、行驶证应当根据行驶需要，载明有效日期和允许行驶的区域。”这些法律规定表明，车辆和驾驶人管理是法律赋予公安交通管理部门的职权，公安交通管理部门以自己的名义实施行政管理活动，并依法承担行政责任，公安交通管理部门是车辆和驾驶人管理制度的行政主体。

车辆管理所作为公安交通管理部门的内部机构，是车辆和驾驶人管理业务的具体办事机构。《机动车登记规定》（公安部令第102号）第2条规定，“直辖市公安机关交通管理部门车辆管理所、设区的市或者相当于同级的公

[①]参见应松年主编：《行政法与行政诉讼法》（上册），中国法制出版社2009年版，第100~101页。

安机关交通管理部门车辆管理所负责办理本行政辖区内机动车登记业务”。《机动车驾驶证申领和使用规定》（公安部令第111号）第2条规定，“直辖市公安机关交通管理部门车辆管理所、设区的市或者相当于同级的公安机关交通管理部门车辆管理所负责办理本行政辖区内机动车驾驶证业务”。可见，车辆管理所作为机动车登记和驾驶证业务的具体办事机构是法定的，车辆管理所以公安交通管理部门的名义办理机动车登记或者驾驶证业务。因此，我们在机动车行驶证、登记证书、机动车驾驶证上看到的发证机关为“××市（直辖市）公安局交通警察总队（交通管理局）”或“××省（自治区）××市（地、州、盟）公安局交通警察支队（交通管理局）”。

我国公安交通管理部门的车辆管理机构设置分为四级，分别是公安部、省级、地市级和县级。公安部交通管理局设车辆和驾驶人管理处，各省、自治区、直辖市公安厅（局）交通警察总队（交通管理局）设车辆和驾驶人管理处，地市级（地、州、盟）公安局交通警察支队设车辆管理所，县（市）级公安局交通警察大队设车辆管理所。直辖市、地市级和县级车辆管理所是机动车登记和驾驶证业务的主要办理机构，直辖市、地市级车辆管理所具有独立的发牌机关代号，县级车辆管理所一般使用上级机关的发牌机关代号。截至2011年年底，我国共有直辖市、设区的市或者相当于同级的车辆管理所351个，县级车辆管理所2253个。

二、行政管辖权限

（一）规范管辖权限的作用

权限是法律赋予行政主体完成行政任务时在事务、地域和层级方面的范围界限。它具体包括下列内容：第一，事务管辖权。这是从行政事务种类角度为行政主体设定的管辖范围。第二，地域管辖权。这是从行政区域角度为行政主体设定的管辖范围。第三，层级管辖权。这是从层次、级别上为有隶属关系的上下级行政主体设定的管辖范围。[①]

规范设置各层级车辆管理所的职权有以下作用：

[①]参见应松年主编：《行政法与行政诉讼法》（上册），中国法制出版社2009年版，第101页。

1. 合理分配行政机关的权力

车辆和驾驶人管理职权分为：（1）规章以及有关政策的制定权；（2）监督权；（3）实施权。这些权力既要在中央和地方纵向分配，也要在行政机关之间横向分配，以保障法规政策的正确执行。

2. 合理确定行政机关的结构

行政机关处于不同的地位、层级，具有不同的职责，其结构如何直接影响到行政管理的质量和效率，进而影响管理和服务水平，车辆和驾驶人管理的各层级管理机关应当根据职责合理安排组织结构。

3. 控制行政机关的行为

明确各层级行政机关的职责，防止不同层级的管理机关职责交叉，甚至争夺业务办理权限，造成管理上的混乱。

4. 保障行政机关的理性和公正

车辆和驾驶人管理的具体实施职权集中在市、县两级，明确上级管理机关对下级管理机关的监督职责，有利于保障管理职权的理性、公正实施。

（二）管辖权限

各级车辆管理所的职权在很大程度上是由法律、法规和规章决定的，职权具有法定性、规范性和强制性。

1. 公安部交通管理局车辆和驾驶人管理处

公安部车辆和驾驶人管理部门是行政管理的最高层级，负责组织和指导全国地方公安机关开展车辆登记和驾驶人管理工作，制定规章和一般规范性文件，监督车辆和驾驶人管理的法律、法规、规章以及有关政策的执行情况。

2. 省级车辆和驾驶人管理机构

省级车辆和驾驶人管理机构负责本省（自治区、直辖市）车辆和驾驶人管理工作的指导、检查和监督。省级车辆和驾驶人管理机构主要职责是研究业务、政策，结合本地实际情况贯彻车辆和驾驶人管理的法律、法规、规章以及有关政策，指导、监督市、县两级车辆管理所执行有关规定。

确定县级车辆管理所办理机动车登记和驾驶证业务的范围是省级车辆和驾驶人管理机构的重要职责。县级车辆管理所的组织规模、办事条件、管理水平等方面差别较大，部门规章没有明确规定县级车辆管理所的业务范围，而是授权省级车辆和驾驶人管理机构进行确定。省级车辆和驾驶人管理机构应当根据各地的实际情况确定县级车辆管理所办理机动车登记和驾驶证业务的范围，并根据实际情况的变化及时调整。

根据《警车管理规定》（公安部令第89号）的规定，省级公安交通管理部门负责办理本省、自治区、直辖市范围内的警车登记业务，核发警车号牌、行驶证和登记证书。此外，直辖市车辆管理所还要承担其他机动车登记和驾驶证管理业务。

3. 地市级车辆管理所

地市级车辆管理所是法定的机动车登记和驾驶证管理的办事机构，是办理车辆和驾驶人管理业务的主体。《机动车登记规定》（公安部令第102号）第2条规定，“设区的市或者相当于同级的公安机关交通管理部门车辆管理所负责办理本行政辖区内机动车登记业务”。《机动车驾驶证申领和使用规定》（公安部令第111号）第2条规定，“设区的市或者相当于同级的公安机关交通管理部门车辆管理所负责办理本行政辖区内机动车驾驶证业务”。地市级车辆管理所在法定职权范围内独立进行机动车和驾驶证管理权限，一方面对本级公安交通管理部门负责，受本级公安交通管理部门的领导；另一方面又要接受上级公安交通管理部门的指导和监督。

地市级公安交通管理部门承担对县级车辆管理所的监督职责。县级车辆管理所是地市级公安交通管理部门车辆管理所业务窗口的延伸，[①]不具有独立核发机动车牌证和驾驶证的资格，县级车辆管理所核发牌证是以地市级公安交通管理部门的名义作出的。《行政许可法》第24条第1款、第2款规定：“行政机关在其法定职权范围内，依照法律、法规、规章的规定，可以委托其他行政机关实施行政许可。委托机关应当将受委托行政机关和受委托实施行政许可的内容予以公告。委托行政机关对受委托行政机关实施行政许可的行为应当负责监督，并对该行为的后果承担法律责任。”可见，对县级车辆管理所进行监督是地市级公安交通管理部门的法定职责。

4. 县级车辆管理所

县级车辆管理所是地市级公安交通管理部门车辆管理所业务窗口的延

[①]参见公安部《关于加强县级公安交通管理部门车辆管理工作的意见》（公交管〔2006〕111号）。

伸。《行政许可法》第24条规定，“行政机关在其法定职权范围内，依照法律、法规、规章的规定，可以委托其他行政机关实施行政许可”。地市级公安交通管理部门根据本地实际，可以采取行政委托方式，委托县级公安交通管理部门以地市级公安交通管理部门名义办理机动车登记或者驾驶证业务。县级车辆管理所办理业务的范围要经省级公安交通管理部门核准后设立。各地县级车辆管理所因实际情况不同，办理业务的范围也有所区别。一般来说，县级车辆管理所办理业务的范围包括：办理本行政辖区内摩托车、三轮汽车、低速载货汽车的登记和相关业务；条件具备的县级车辆管理所，可以办理除进口机动车、危险品运输车、校车、中型以上载客汽车以外的其他机动车登记业务；办理三轮汽车、低速载货汽车、摩托车驾驶人考试、驾驶证核发业务。

5. 交通管理服务站

交通管理服务站是车辆和驾驶人管理业务的社会服务窗口，是车辆管理所业务窗口的延伸。《机动车登记工作规范》第64条第2款规定：“机动车销售单位、交易市场、机动车安全技术检验机构、机动车报废回收企业等场所或者单位代办机动车登记业务的，对外使用‘××机动车登记服务站’的名称。代办资质条件和业务范围由省级公安机关交通管理部门制定。”交通管理服务站接受车辆管理所的委托办理机动车登记和驾驶证业务的部分服务性的工作。

三、行政监督

行政监督是法治社会的当然要求，也是民主政治的应有之意。车辆管理所作为国家行政机关的一个部门，受到多方位、多层次的广泛监督。既有国家权力机关、司法机关、专门履行监督职能的行政机关的监督，又有社会组织、单位和个人的监督；既有对行政机关的监督，又有对行政机关公务人员的监督；既有对行使职权行为的监督，又有对与职权相关的其他公务行为的监督。

车辆和驾驶人管理制度自身也形成了一定的监督机制。从车辆和驾驶人管理制度自身来说，主要有以下几个方面的监督。

（一）层级监督

层级监督，即行政机关的上下级监督，是指上级车辆管理所对下级车辆管理所的监督。《机动车登记规定》（公安部令第102号）第2条规定，“省级公安机关交通管理部门负责本省（自治区、直辖市）机动车登记工作的指导、检查和监督。”这是部门规章对层级监督的明确规定。车辆管理所的层级监督主要是针对下级职能机关实施职能管理和业务执法的行为及活动实施监督和处理，而不对该下级职能机关的其他事务性行政工作及其工作人员行使处理权。[①]

车辆和驾驶人管理制度的层级监督主要有以下措施：

1. 行政执法监督检查制度

行政执法监督检查是车辆和驾驶人管理层级监督普遍采用的措施。《行政许可法》第60条规定：“上级行政机关应当加强对下级行政机关实施行政许可的监督检查，及时纠正行政许可实施中的违法行为。”

2. 备案验收制度

例如，市、县级车辆管理所的驾驶人考试场地要经省级公安交通管理部门验收合格后方可使用。[②]县级车辆管理所办理业务的范围需要由省级公安交通管理部门确定。

3. 行政执法情况统计制度

这是指通过对车辆和驾驶人管理工作的情况和信息从多角度、多层次进行统计和分析，能够使上级部门从宏观上掌握执法情况，了解行政执法中带有倾向性、普遍性的问题，以便对车辆和驾驶人管理工作进行有效的指导和规范。

4. 信访制度

这是指公民、法人或者其他组织采用书信、电子邮件、传真、电话、走访等形式，向上级车辆管理所反映情况，提出建议、意见或者投诉请求，依法由有关车辆管理所进行处理的活动。

[①]参见应松年主编：《行政法与行政诉讼法》（下册），中国法制出版社2009年版，第585页。

[②]参见公共行业标准《机动车驾驶人场地驾驶技能考试场地和考试系统使用验收与定期检查规范》（GA/T 901-2010）。

（二）岗位监督

岗位监督，是指车辆和驾驶人管理业务岗位之间的监督。车辆管理所办理机动车登记业务设置查验岗、登记审核岗和档案管理岗；办理机动车驾驶证业务时，应当设置受理岗、考试岗和档案管理岗。机动车和驾驶人管理的主要业务都要经过两个以上的业务岗位办理，各业务岗位办理时，要对上一个业务岗位的办理情况进行监督。

（三）技术监督

技术监督，是指车辆管理所采用技术手段对车辆和驾驶人管理业务进行监督。技术监督具有全日性、客观性、高效性等特点，在车辆和驾驶人管理制度中是一项重要的监督手段。

车辆和驾驶人管理制度的技术监督主要有以下措施：

1. 机动车登记和驾驶证管理系统

全国使用统一的机动车登记和驾驶证管理软件，保证了各地车辆管理所按照统一的程序办理业务，规范业务办理行为。

2. 机动车和驾驶人业务统计监管系统

机动车和驾驶人业务统计监管系统对车辆管理所每个岗位、每位民警、每笔业务的办理情况进行记录和监控，对涉嫌违规的异常业务进行预警，能够做到早发现、早处理、早纠正，防止“小错”铸成“大错”。

3. 进口机动车计算机核查系统

进口机动车计算机核查系统，就是海关部门将进口机动车的进口证明信息汇总到公安部交通管理局，各地公安交通管理部门办理每辆进口机动车注册登记时，通过计算机系统核对进口证明信息，完全相符的方可办理注册登记，防止走私机动车伪造进口证明办理注册登记。

4. 驾驶人考试智能评判系统

驾驶人科目一考试使用计算机系统进行考试，科目二考试使用场地驾驶技能考试系统进行考试，考试结束后，考试成绩自动上传至计算机管理系统，减少人为因素干预，保证考试工作的公平、公正。同时，车辆管理所使用视频、录音等监控系统加强对驾驶人考试过程的监督检查。

四、行政责任

（一）职权和职责

职权和职责，是指行政主体以及作为监督主体的有关国家机关在行政法上的权利与义务。在行政法律关系中，行政主体的职权和职责是统一的，职权和职责是一件事情的两个方面，行使职权也就是承担义务，必须依法履行，否则就要承担不履行或违法履行法定职责的法律责任。[①]公安交通管理部门行使车辆和驾驶人管理的职权是由法律赋予的，法律、法规、规章等规范性文件规定了机动车登记和驾驶证业务的具体条件、办理程序和基本要求，车辆管理所应当按照法律规定的条件、程序办理相关业务，违反规定的，应当承担相应的责任。

（二）行政违法的表现[②]

1. 行政超越职权

行政超越职权，是指行政主体超越其法定行政职权（权限和权能）的违法行政行为。例如，车辆管理所明知属于机动车不允许变更的项目而为其办理变更登记。又如，车辆管理所超越管辖区域办理机动车登记。

2. 行政滥用职权

行政滥用职权，即滥用行政裁量权，是指行政主体及其工作人员在职务权限范围内严重违反行政合理性原则的裁量行为。其中包括：

（1）违反法定标准实施行政行为。有的车辆管理所在法定条件之外擅自增设条件，有的登记机关擅自降低法定标准、条件，或不全面执行法定标准、条件，甚至在其具体的执行性文件中取消某些法定的条件，造成该给予办理的不予办理、不该给予办理的却给予办理的错误。

（2）肆意裁量实施行政行为。这是指在认定当事人是否符合法定条件时肆意裁量，对符合法定条件的故意认定不符合法定条件，对不符合法定条

[①]参见应松年主编：《行政法与行政诉讼法》（上册），中国法制出版社2009年版，第24页。

[②]主要参考应松年主编：《行政法与行政诉讼法》（下册），中国法制出版社2009年版，第十七章“行政违法与行政法律责任”。

件的却故意认定符合法定条件。例如，在驾驶人考试工作中准予考试不合格的考生通过考试。

（3）违反法定程序实施行政行为。这是指车辆管理所违反法律规定的程序（如违反法定时限、跳过或颠倒步骤、不符合法定形式要件等）办理业务。

3. 行政不作为

行政不作为，是指行政主体（通过其工作人员）有积极实施法定行政作为的义务，并且能够履行而未履行（包括没有正确履行）的状态。其中包括：

（1）不履行行政职责。例如，申请人提交的材料齐全、属实，车辆管理所怠于履行职责，故意不予登记。

（2）不查清事实而实施行政行为。这是指车辆管理所在明知与业务有关的事项存在事实不清的情况下，出于某种不正当的行政目的或极度不负责任，故意不查清事实而实施行政行为。

（三）错误行政行为的纠正和行政法律、纪律责任[①]

车辆管理所的行政违法行为或者错误行政行为，无论是故意实施的，还是在客观因素作用下实施的，其行为造成了结果违法，产生了不利的法律性或事实性影响，必然要承担责任，这种责任包括错误行政行为的纠正和行政法律、纪律责任。

1. 错误行政行为的纠正

（1）宣布无效。如果车辆管理所为不符合法定条件的机动车办理了登记，或者为不符合驾驶许可条件的人员发放了机动车驾驶证，车辆管理所应当宣布无效，收回或者注销发放的牌证。

（2）撤销。如果当事人是以欺骗、贿赂等不正当手段取得机动车登记或者驾驶许可的，车辆管理所应当收缴机动车登记证书、号牌、行驶证或者机动车驾驶证，撤销机动车登记或者机动车驾驶许可；申请人在3年内不得申请机动车登记或者机动车驾驶许可。

（3）更正。对车辆管理所办理机动车或者驾驶证业务出现错误的情

[①]主要参考茅铭晨著：《中国行政登记法律制度研究》，上海财经大学出版社2010年版，第四章“三、错误行政登记的补救及法律、纪律责任”。

形，应当及时予以更正。

2. 行政违法行为的法律和纪律责任

行政违法行为的法律和纪律责任，是指对行政违法行为负有责任的车辆管理所及其工作人员，根据法律、法规、规章和纪律的规定，应当承担的法律或纪律责任。行政违法行为的法律和纪律责任的形式主要有：

（1）赔偿。因不可归责于权利人的原因产生的错误行政行为并造成权利人损失的，公安交通管理部门应当承担行政赔偿责任。

（2）责令改正。责令改正是登记机关的上级机关对车辆管理所的错误行政行为或者不履行法定义务的行为，强制要求其改正。

（3）责令履行。责令履行是有权机关对车辆管理所不履行法定登记义务、但还有履行的可能和必要的，强制要求其停止行政不作为状态，在一定期限内履行该法定义务。

（4）行政处分。行政处分是一种行政责任。当车辆管理所及其工作人员在履行行政职责时违反有关规定，车辆管理所的主管机关可以根据有关法律或纪律的规定，给予有关责任人员行政处分。

（5）刑事责任。当行政违法行为是由车辆管理所及其工作人员的重大违法行为造成的，并产生了严重后果，构成犯罪的，则由司法机关追究其刑事责任。

第四章
车辆和驾驶人管理探索与实践

“十一五”以来，车辆和驾驶人管理本着“以人为本，科学发展，构建和谐”的指导思想，以不断解决突出问题为着力点和突破口，以创建人民满意车辆管理所为目标，以等级化评定为载体，转变管理理念，完善制度建设，规范业务工作，创新服务方式，扎实推进基层基础工作，车辆管理所正规化建设取得长足进展。

——车辆和驾驶人管理法律法规经历了从简单化到体系化、从基本形成到不断完善的发展历程，为严格依法行政、依法管理、依法服务提供了有力的法律保障。

——车辆和驾驶人管理职责定位经历了从单纯的办牌办证到以预防交通事故为中心的发展历程，交通安全第一道防线不断加固。

——车辆和驾驶人管理理念经历了从注重管理到管理与服务并重的发展历程，建设规范化、服务型车辆管理所成为共同追求的工作目标。

——车辆和驾驶人管理信息化应用经历了从点到面、从局部到整体、从孤立系统到资源整合的发展历程，信息化建设在严格管理、规范管理、制度化管理中发挥着越来越重要的作用。

——车辆和驾驶人管理模式经历了从热点岗位到规范窗口、从标准各异到统一评定的发展历程，车管队伍正规化建设迈上新台阶。

第一节　服务型车辆管理所建设

一、服务型车辆管理所的提出

跨入21世纪以后，我国经济社会发展进入一个新的历史时期，要在新的起点上实现社会主义社会建设的目标只有深化体制改革，而政府职能转变就成为行政管理体制改革的焦点和关键。党的“十六大”对政府职能做了四项界定：经济调节、市场监管、社会管理、公共服务。党的十六届六中全会对构建社会主义和谐社会作出了全面部署，强调要建设服务型政府，强化社会管理和公共服务职能，这是我们党首次在党的文件中提出服务型政府建设的明确要求。转变政府职能、建设服务型政府，是深化行政管理体制改革的核心。构建社会主义和谐社会、完善社会主义市场经济体制均要求政府职能从“管制型”向“服务型”转变，政府决策建设突出规范化，增强透明度和公众参与度。从公共利益出发，是建设服务型政府的根本标志，也是政府公务人员的行为准则，政府的管理工作必须以“公共的、公用的、公众的”利益为出发点和落脚点。胡锦涛总书记指出，把政府主要职能转变到经济调节、市场监管、社会管理、公共服务上来，把公共服务和社会管理放在更加重要的位置，努力为人民群众提供方便、快捷、优质、高效的公共服务。这个时期，建设规范化服务型政府成为各级政府部门新的方向和要求。

党的“十六大”之后，公安部在全国公安系统部署开展了“贯彻‘十六大’，全面建小康，公安怎么办？”大讨论活动，以深入贯彻“十六大”精神为宗旨，以全面建设小康社会为目标，以推进社会主义现代化建设为根本目的，将各项公安工作的重心置于有利于优化发展环境、有利于适应建设小康社会的战略思想之下，进一步明确了公安机关的职责和任务。随着全国建设规范化服务型政府的开展，作为公安机关重要服务窗口的车辆管理部门，在“大讨论”活动的基础上，迅速转变管理理念，调整了职责定位，从“越位”的地方“退位”，在“缺位”的地方“补位”，进一步明确了服务于经济社会发展、服务于人民群众、服务于公安工作大局的中心任务。为顺应经济社会发展的需要和人民群众的新期待、新要求，公安部以车辆管理所规范化建设和服务群众为重点，提出了“建设服务型车辆管理所”的发展目标，陆续推出了一系列便民利民措施。特别是“十七大”以来，各地公安交通管理部门本着“以人为本，科学发展，构建和谐”的指导思想，围绕服务人民群众、促进社会和谐的中心，着力于规范和提高服务水平，进一步推出服务群众的举措，“建设服务型车辆管理所”成为当前和今后一个时期的发展目标和方向。

二、服务型车辆管理所的内涵

“建设服务型车辆管理所”是改革开放深入发展的必然趋势，是实践“三个代表”重要思想的具体体现，是落实科学发展观、促进社会和谐的必然要求。服务型车辆管理所的内涵主要体现在以下四个方面。

（一）管理理念的转变

在改革开放后一段时间内，为解决走私车、盗抢车非法入户、违规办理驾驶证等问题，车辆管理制度主要是基于打击和防范违规业务的思路建立起来的，集中体现了岗位设置多、审批环节多等管理性特征，从内部、外部各个登记环节加强了核查，严密了程序，起到了严格管理、保护民警的作用，但同时也降低了服务效率，给群众办牌办证带来了一定的不便。随着经济社会的发展和人民群众生活水平的提高，我国公共需求呈现出增长迅速、主体多元、需求多样的特点。人民群众不仅要求实现基本公共服务均等化，而且还要求服务能够优质、高效、便捷、热情。因此，车管工作原有管理方式的不适应越来越明显，如单一的管理模式与汽车广泛进入家庭的形势不适应，复杂的业务流程与社会的快节奏生活不适应，传统的服务方式与群众优质高效的服务需求不适应，等等。

党的“十六大”召开后，公安交通管理部门坚决贯彻“三个代表”重要思想，主动适应经济社会发展的需求，把方便人民群众工作生活、促进经济社会发展作为车管工作的主要方向，把观念创新、制度创新、管理创新作为车辆管理所社会管理改革的重点。随着深入学习贯彻党的“十六大”精神，车管工作的核心理念从原来的“单纯注重管理”转变为“管理与服务并重”，坚持管理与服务的有机统一，在服务中实施管理，在管理中体现服务。2007年党的“十七大”报告提出，科学发展观第一要义是发展，核心是以人为本，基本要求是全面协调可持续性，根本方法是统筹兼顾，指明了进一步推动中国经济改革与发展的思路和战略，明确了科学发展观是指导经济社会发展的根本指导思想。随着学习实践科学发展观活动的深入，全国公安交通管理部门进一步确立了“服务大局、以人为本”的科学工作理念，展示了公安机关加强作风建设、积极转变职能的务实作风。车管工作的管理理念已经从原来的严肃管理、严格控制、严厉打击等“以严为主、重在管理”的理念，向为群众办实事、解决实际困难、保障群众合法权益、做好源头防范管理的“以人为本、突出服务”的理念进行了根本转变。

（二）角色定位的转变

自公安部推行“三基”工程建设后，通过“抓基层、打基础、苦练基本功”，以抓规范执法、抓服务群众、抓正规化建设为主线，以提升执法水平、提升服务质量、提升队伍战斗力为总体目标，实现基层民警、人民群众、党委政府“三满意”，营造和谐交通环境，构建和谐警民关系，建设和谐交警队伍。“三基”工程建设进一步提升了车辆管理工作的服务理念，真正把基层车辆管理所的宗旨服务意识薄弱、软件建设不到位和执法思想不牢的现象作为抓好基层车辆管理所建设的切入点，实现基层实力、整体素质、执法水平和群众工作明显提高，切实解决公安交通管理部门知识老化、服务意识不强、管理理念落后等实际问题。公安部交通管理局向全国公安交通管理部门下发《车辆管理所正规化建设标准》，通过加强正规化建设，进一步规范车辆管理所的业务工作和队伍建设，以公开、公正、公平为建设目标，把车辆管理所窗口变为“设施保障齐全、勤务模式科学，队伍建设正规、管理严格规范，工作优质高效、监督机制健全，执法公正文明、服务热情周到”的文明服务窗口，切实做到为人民群众服务，做好道路交通源头管理，担负起预防道路交通事故第一道防线的任务。通过教育，使民警树立宗旨意识，充分认识“为谁执法，为谁服务”，正确树立高度的政治责任感，正确处理执法与服务的关系，认真依法履行职权，注意工作方法，摆正管理与服务、权力与义务的关系，自觉地将执法的权力用在服务群众上。（图4-1）

图4-1　民警微笑、热情服务

（三）执法意识的转变

在传统的车辆管理工作中，“传、帮、带”是很长一段时间里车驾管民警和工作人员学习业务知识的方式。由于缺乏统一法律、法规的支撑，政策解释主要靠口头经验，造成全国车管业务操作不统一、不规范，车驾管民警的执法水平和业务能力高低不一，也给一些不正之风提供了可乘之机，损害了群众利益。

随着法治化进程的不断发展，公安交通管理部门依法行政工作取得了长足的进步，车驾管民警的执法意识得到了有效增强。公安部不断修订完善部令规章，以更适合社会需求。2004年《道路交通安全法》施行后，车辆管理法制体系逐渐完善，实现了车辆管理所由“按习惯办事，凭经验管理”的传统做法，向“按法律办事，靠制度管理”的法治化模式转变。作为与人民群众接触最密切的车辆管理窗口，更注重增强遵守法律意识、执法为民意识，将信仰法律、尊重法律、服从法律、忠于法律的观念深植入心，严格依法办事、规范流程。车驾管民警加强理论学习，提高业务能力，办事遵循公开、公正、公平原则，积极推行“一次告知、两次办结”制度，提倡“换位思考”，从各方面激发民警工作热情，强化责任意识，以理性、文明、平和、规范的执法意识，塑造让人民满意的服务型车辆管理所形象。

（四）工作模式的转变

多年来，车辆管理工作一直延续民警在车辆管理所“坐等群众上门办事”的方式，办证地点相对集中。随着社会经济高速发展，汽车越来越多地进入普通百姓的家庭，群众对车辆和驾驶人业务需求也越来越多、越来越高。公安交通管理部门“坐等群众上门办事”这种单一的工作模式，对群众尤其是较偏远地区的群众带来很大不便，甚至造成因办事不便而放弃办牌办证的现象，削弱了“源头防范”的阵地作用。

服务型车辆管理所从服务大局出发，深入群众，贴近生活，以各种便捷、高效的方式做到业务下沉、主动上门和社会化科学管理，从全方位立体层面使群众感受以人为本的服务理念所带来的便利，车辆管理工作模式有了历史性的创新。从扩大县级车辆管理所办证业务范围到开设流动车辆管理所为群众提供上门服务，再到建立机动车登记服务站、交通管理服务站等社会创新管理模式，继而在互联网上发展网上车辆管理所，车辆管理所服务范围越来越大，距离群众越来越近，进一步提高群众满意率，牢固构建警民和谐关系，受到群众普遍好评。

服务型车辆管理所顺应时代发展、服务社会民生，从规范执法、严把源头角度出发，推动了车辆和驾驶人管理工作的科学、协调、可持续发展。

三、服务型车辆管理所的举措

从2003年开始，公安部从贯彻落实党的“十六大”精神、维护国家长治久安、保障人民安居乐业的政治和社会责任的高度，狠抓立警为公，陆续出台了执法为民的各项举措。各地公安交通管理部门根据经济社会发展和人民群众的要求，本着进一步方便群众、服务社会的原则，从广大人民群众最现实、最关心、最直接的问题入手，通过深入调查研究，认真审视和反思各项公安工作，在法律允许的框架内，不断通过各种形式积极推行改革措施，不断加强和改进车辆管理工作，为人民群众的生产、生活提供更多、更好的服务。

（一）首次集中推出便民利民措施

2003年，针对机动车和驾驶人管理工作中存在的办事环节多、不方便等群众最关心、最直接的利益问题，在广泛征求人民群众和社会各界的意见之后，研究提出了包括放宽申请驾驶条件，简化驾驶证申领手续，延伸办理车辆牌证窗口，延长小型、微型非营运载客汽车定期检验周期，车辆号牌号码电脑公开选取等十七项便民利民措施，引起社会高度关注。这十七项便民利民措施，反映了广大人民群众的要求，关系群众的切身利益，是公安机关贯彻落实立党为公、执政为民总要求的具体体现，是尊重和保障人权、积极推进社会主义政治文明建设的重大举措。这是全国政府机关首次集中推出便民利民措施，在全国掀起了推出便民利民措施的新热潮。

（二）以部令的形式再推便民利民措施

2004年4月30日，为配合《道路交通安全法》的实施，公安部同时颁布了4个部门规章：《道路交通安全违法行为处理程序规定》（公安部令第69号）、《交通事故处理程序规定》（公安部令第70号）、《机动车驾驶证申领和使用规定》（公安部令第71号）、《机动车登记规定》（公安部令第72号）。其中与车辆和驾驶人管理有关的71号令和72号令在吸收交通管理十七项便民利民措施的基础上，经过充分论证，在确保交通安全的前提下，进一步方便群众办理机动车登记，还放宽了机动车驾驶证的申领条件。通过部令形式推出了“允许左下肢残疾人员驾驶的汽车范围由小型自动挡载客汽车扩大到所有小（轻）型自动挡汽车”、“取消除大型客车、牵引车、中型客车、大型货车、城市公交车、无轨电车准驾车型外其他准驾车型的身高限制”、“取消轻便摩托车驾驶证的年龄限制”、“取消机动车驾驶员异地换证（含转籍）需要转籍档案的规定”、“简化机动车办理停、复驶业务和补、换领牌证手续”、“为机动车变更备案业务提供多种申请方式”、“增加允许车主自行改装范围的规定”、“扩大在暂住地办理机动车登记的范围”、“改革变更登记的审批方式”、“简化办理车辆报废注销程序”等三十多项车辆和驾驶人管理便民利民措施。71号令和72号令作为《道路交通安全法》的配套规章，保证了《道路交通安全法》的顺利实施，进一步规范了群众申领驾驶证程序和机动车登记程序，从便民利民的角度出发，注重在法律框架范围内为群众提供便捷可行的行政许可，切实提高服务水平。

（三）服务措施更加贴近民心

2007年5月，为了深入贯彻党的十六届六中全会精神，围绕构建社会主义和谐社会的总目标，公安部按照“最大限度地增加和谐因素，最大限度地减少不和谐因素”的工作要求，在实际工作中摸索和积累经验，针对群众关心、反映较多的一些交通管理问题，研究提出了《服务群众十六项措施》，其中与车辆管理工作有关的有十一项，并从2007年7月1日起陆续实施。群众切身关心的“号牌使用终身制”、“互联网预约考试”、“缩短办牌办证时限”、“买车同时可由4S店或者二手车交易市场代办登记服务”等问题一一得到响应落实，受到群众的普遍欢迎。公安部再次推出的便民利民措施，体现了“情为民所系、利为民所谋、权为民所用”的宗旨，阐述了“社会和谐是中国特色社会主义的本质属性，是国家富强、民族振兴、人民幸福的重要保证”[①]。

（四）关注民生成为便民利民主题

2008年5月，为配合“三基”工程建设和规范执法工作的深入开展，适应和解决我国经济社会不断发展带来的新情况和新问题，进一步落实关注民生、改善民生、建设社会主义和谐社会的要求，在72号令的基础上修订了《机动车登记规定》（公安部令第102号）。102号令的主要立法思路是以人为本、服务群众，通过“简化办牌办证手续”、“缩减办理牌证时间”、“实施机动车登记代理”、“取消机动车停驶复驶”、“开展车辆质押”等方式，为群众提供热情、周到、方便、高效的服务。102号令中包含二十二项便民利民措施，其中“机动车所有人可通过自编方式选取机动车号牌号码”等措施尤其受到群众欢迎，“自编选号”方式突破了传统的机动车选取号牌号码方式，车辆管理模式显得更为人性化。

（五）服务群众方式越来越多元化

2009年7月，为了进一步服务群众，加强和谐警民关系建设，围绕“保增长，保民生，保稳定”的总体要求，公安部再次推出十项便民利民措施，涉及车管业务的共有七项，包括实行“一窗式”服务以减少群众排队等候时间，推行在互联网传输驾驶人身体条件证明信息，通过互联网和电话方式预约或受理办牌办证，进一步推进机动车登记服务站、社区交通管理站等社会

[①]摘自《中国共产党第十六届中央委员会第六次全体会议公报》（2006年10月11日中国共产党第十六届中央委员会第六次全体会议通过）。

交通管理服务模式等内容。十项便民利民措施体现了公安机关在经济快速增长的新时期顺应时代需求、保障经济发展、促进警民和谐的作风实践。

（六）特殊群体权益得到保障

2009年9月，公安部积极回应群众的新期待、新要求，主动与中国残联、工业和信息化部、交通运输部、卫生部、质检总局等有关部门协商，对《机动车驾驶证申领和使用规定》部分内容进行修正。随后，于2009年12月修订发布了《机动车驾驶证申领和使用规定》（公安部令第111号），推出了“允许右下肢、双下肢残疾人驾车”、“简化摩托车驾驶证申领程序”、“增加因未及时换证或者提交身体条件证明被注销驾驶证的救济途径”等十项便民利民措施。此次推出的便民利民措施体现了公安交通管理部门对残疾人驾驶汽车工作的高度重视，特别增加了残疾人专用小型自动挡载客汽车准驾车型，进一步放宽了残疾人申领驾驶证的身体条件，明确了残疾人申领和使用驾驶证的身体检查要求，规定了残疾人专用小型自动挡载客汽车的驾驶要求，以此在保证行车安全的前提下，保障残疾人合法权益，促进残疾人充分参与社会生活、共享社会物质文化成果。另外，考虑到一些驾驶人由于种种原因，没有在规定的期限内换证或提交体检证明，造成驾驶证被注销，其中以大型客车、大型货车驾驶人居多，驾驶资格又往往涉及这些人的生计问题，群众反映较多，在经过充分论证后，对《机动车驾驶证申领和使用规定》相关规定进行调整，增加了注销可恢复的救济途径，体现了以人为本的立法理念。

（七）解决社会问题成为创新切入点

2010年8月，公安部以科学发展观为指导，紧紧围绕安全、畅通、和谐、稳定的总目标，紧密结合工作实际，立足法定职责，立足形势任务，立足民意呼声，以解决群众反映的突出问题和破解发展难题为切入点，以创新管理理念为先导，以创新管理方法为突破口，以创新管理机制为保障，推出“车辆管理所与机动车安全技术检验机构联网”、“进行机动车驾驶人考试要全部使用指纹、视频、录音等监控手段”、“推行销售商代办机动车登记业务”等九项社会管理创新工作措施。通过创新管理理念、方法和机制，深入推进社会管理创新工作，不断适应经济社会的发展要求，不断适应人民群众的新期待。

（八）在管理与服务上求突破

2010年9月4日，公安部、工业和信息化部联合发布《关于进一步加强道路机动车辆生产一致性监督管理和注册登记工作的通知》，推出五项车辆管理新举措，包括“取消所有轿车在注册登记前进行安全技术检验”、“车辆和半挂车出厂时生产厂家要随车配发实车的车辆识别代号拓印膜和实车拍摄的机动车外部彩色相片”等措施，减化车辆登记手续，提高车辆安全性能。从通知内容可以看出，车辆管理越来越突出严格管理与服务群众并重，既坚持严格管理，提高大中型客货车等重点车辆的技术要求，保障车辆安全性能；又强调便民服务，简化车辆登记前的检验、照相、拓号等程序，为群众办理机动车注册登记提供很大便利。（图4–2）

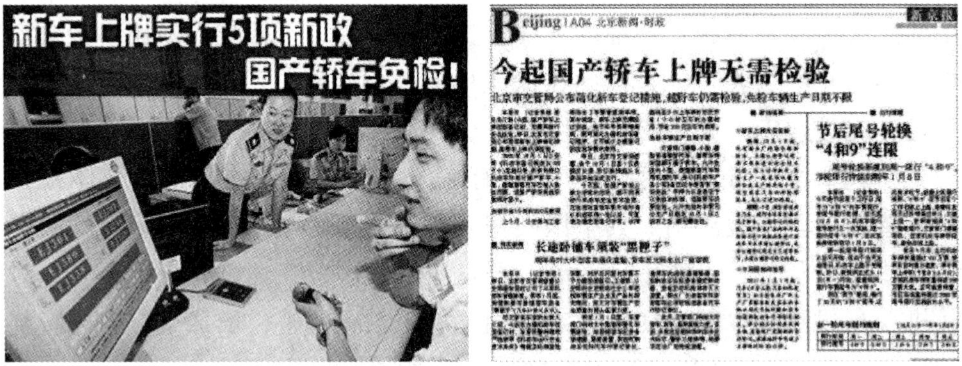

图4–2　新闻媒体报道国产轿车免检等五项新举措

（九）多层次多角度为民服务

2011年，公安部交通管理局要求各地按照车辆管理所等级评定要求，坚持创新发展，坚持规范管理，努力建设“规范化服务型车辆管理所”。推出“交通管理自助服务机”、“省内异地开展机动车检验和驾驶证审验”、“建立网上微博、QQ等交流服务平台”、“试行汽车品牌专卖店检验车辆”等便民利民措施，旨在结合社会管理创新工作，从更多层次、更多角度全面推进为民服务。（图4–3）

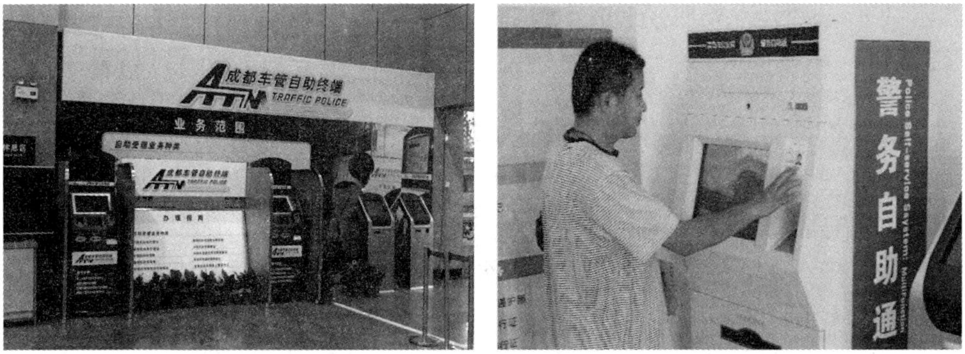

图4-3　交通管理自助服务机

近年来，公安部推出便民利民措施，从实际出发，与人民群众的日常生活息息相关，因此备受社会各界关注。通过这些便民利民措施的推行，不断创新车管工作管理机制，提高管理效能和服务水平，为大力加强执法规范化建设、信息化建设、和谐警民关系建设，推动交通管理车管工作长远发展，为经济社会发展与社会和谐稳定提供了强有力的保障。

推行便民利民措施，是公安机关与时俱进，继承和发扬党的优良传统，唱响“人民公安为人民”主旋律的重要举措。推行便民利民措施，标志着公安机关从管理型政府向服务型政府的转化、从集权型政府向分权型政府的转化，拉近了交通民警和群众之间的距离，取得了良好的社会效应。

四、服务型车辆管理所的成效

随着社会经济的发展，面对管理服务对象由“单位人”转变为“社会人”的新形势，面对机动车和驾驶人数量迅猛增长带来的新任务，特别是结合网络时代发展的需求，各级公安交通管理部门积极践行以人为本的服务理念，不断改进工作方式和方法，优化服务流程、创新服务方式、拓宽服务领域、延伸服务触角、提升服务水平，以适应管理服务对象的范围越来越大、层次越来越广等新形势的需要，真正做到“问政于民、问计于民、问需于民”，积极回应人民群众的新要求、新期待，落实各项便民利民措施，精心打造具有“人文关怀”和“亲和力”的车辆和驾驶人管理服务新形象。

（一）网点式服务的全面推开，真正把服务送到了老百姓的家门口

随着机动车和驾驶人数量的快速增长，车辆和驾驶人管理业务面广量大，仅靠一个车管所集中定时定点办公，群众往返距离远，排队等候时间长。公安交通管理部门坚持“群众对公安机关有什么需求，就尽力提供什么服务，在什么地方需要服务，就把服务做到哪里”，着力前移服务窗口，不断扩大服务半径，全力打造群众身边的车管所。

2007年，公安部整合社会管理资源，推出汽车销售商、二手车交易市场代办机动车牌证措施，方便群众购车的同时办结牌证手续，实现管理模式由对单个机动车和驾驶人的管理，转变为对社会组织的管理。2008年推出县级车辆管理所办理国产小型载客汽车、载货汽车登记措施，缩短县乡群众往返办事距离。2009年推广在社区、大型企业等场所设立交通管理服务站，在下乡汽车摩托车销售点设立机动车登记服务站，方便群众在家门口享受车管服务，群众将社区交通管理服务站亲切地称为“家门口的车辆管理所、社区里的交警队”。2010年，结合社会管理创新工作，完善交通管理服务站、车管分所、违法事故处理窗口等功能，扩展服务内容，形成布局合理、多功能、综合性的服务网点，缩短车辆和驾驶人管理服务半径。强化农村基层交警大中队的综合管理职能，积极推进有条件的交警中队办理或代办摩托车登记、交通违法处理业务，将交警大中队建成集路面执法、事故处理、车辆和驾驶人管理、交通安全宣传教育“四位一体”的战斗实体，推进路面执法和源头管理职能的统一和衔接。推进农村道路交通安全的社会化管理模式，依托农村派出所、乡镇政府、村委会等基层政府和单位，推进管理和服务触角向最基层、管理最薄弱的地区延伸。针对郊县、边远农村群众办理车管业务不方便的问题，推行流动考试车和服务车，开展“送证上门”、“送考下乡”服务，哪里有需要，流动服务车就开到哪里，服务就延伸到哪里，深受边远地区群众和企业单位的欢迎。

截至2011年，全国各地市和县级车辆管理所已经普遍实行了“一窗式”综合受理服务；259个地市的2034个汽车品牌专卖店（4S店）开展了代办机动车注册登记服务；111个地市实现50%以上的国产小型、微型载客汽车注册登记业务由4S店代办；1068个县（市、区）设立了3066个摩托车带牌销售点；

344个地市设立了5219个社区交通管理服务站；1905个县级车辆管理所可以办理国产小型汽车登记业务，4347个交警大、中队可以办理或代办提交驾驶人身体条件证明、摩托车登记等业务。车辆和驾驶人管理实现了以车辆管理所为中心的“单中心管理模式”向“多中心服务体系”的转变，管理模式实现了由“集中式”向“网点式”的转变。（图4–4）

图4–4　网点式服务全面推开

（二）远程式服务的陆续推广，充分满足了群众对网络时代“足不出户”的新需求

现代信息技术的运用是提高管理和服务水平的重要手段，是推进社会管理创新的重要途径。近几年，各地公安交通管理部门主动适应网络时代社会管理工作的新特点，主动适应信息化带来的警务革命的新变化，坚持把“面对面”与“键对键”有机结合起来，按照公安部关于“主动服务、靠前服务”的要求，大力推行网上受理、网上选号、网上办公，切实做到“让数据多跑腿、让群众少跑腿”，实现群众“足不出户”办理车辆牌证和驾驶证业务，切实把

车辆和驾驶人管理工作融入群众的生活。2010年，公安部交通管理局推出的社会管理创新九项举措要求所有直辖市、地市公安交通管理部门要设立互联网和电话服务平台，实现五大业务办理功能：选取机动车号牌号码、补换领机动车牌证和驾驶证、预约驾驶人考试、信息变更备案、处理交通违法；四大信息查询功能：机动车和驾驶证信息查询、交通违法情况查询、交通事故处理情况查询、业务办理咨询；三大警务公开功能：法律法规、办事流程、表格下载。有条件的地方要建立全省统一的互联网和电话服务平台（图4–5）。截至2011年年底，全国已有291个地市交警支队开通了互联网、电话远程信息查询和业务受理服务；23个总队建立了全省（区）统一的互联网或电话服务平台。

图4–5　远程式车辆和驾驶人管理信息服务中心

（三）“一窗式”服务的不断深化，让群众深刻感受到了服务的便捷和高效

在窗口服务方面，按照正规化建设标准，全国车辆管理所统一在办证窗口设置低柜台和一米线，使用排队叫号系统，实行开放式办公，设置便民服务区和交通安全宣传区，大力开展“站立式、微笑式”服务，规范窗口文明用语，推广应用窗口服务评价和视频监控系统，车辆管理所基础条件和办公秩序得到明显改善，群众反映车辆管理所的办事环境整洁了，秩序不乱了，以前的“门难进、事难办”变成了现在的“限制少、态度好、效率快、质量高”，车辆管理所成了亲民爱民的窗口（图4–6）。针对车辆牌证和驾驶证业务量迅速增长的实际，各地车辆管理所主动实行晚间、双休日、节假日“三个义务加班”制度，做到“群众需要我在岗、群众休息我上班”，“当天的事不办完不下班”，受到群众的欢迎和好评。

图4-6　20世纪80年代和当前车辆管理所办证大厅形成鲜明对比

在工作程序方面，通过不断的调整和简化，机动车注册登记由“三进三出”调整为“一进一出”，机动车变更登记由“事前审批”调整为“事后登记”，补牌补证由“多次往还”调整为“邮寄送达”，资料凭证由群众“往返提交”调整为车辆管理所“内部传递”，办理机动车和驾驶证业务由“分区办理、多次排队”调整为“一窗受理、一窗办结”。面对机动车和驾驶人数量迅速增长的压力，在警力资源基本不变的前提下，不但没有出现业务积压的问题，而且实现了办理机动车注册登记、核发驾驶证的时限由5日缩短为1日。车辆和驾驶人管理工作走出了一条化繁为简的便民之路，“将方便送给群众，将麻烦留给自己”已成为基本的要求和工作目标。

（四）机动车号牌号码不断改进，处处彰显“以人为本、还权于民”理念的丰富内涵

新中国成立后的相当一段时间，机动车保有量较少，且主要用于交通运输，是作为生产资料来管理的，国家对民用机动车数量实行供应控制，号牌号码主要是由车辆管理机关按排列顺序依次向机动车所有人发放的。1996年，随着改革开放政策的深入实施，国务院取消了对民用汽车的保有和使用实行总量控制的政策，轿车开始大量进入群众家庭，私人机动车保有量急剧增加，原有的车辆号牌号码发放方式已逐渐不能适应形势发展的需要，号牌号码也开始成为人民群众比较关心的热点话题。

从2003年开始，公安交通管理部门主动适应轿车进家庭步伐不断加快的新形势，回应群众对机动车号牌号码更加关心关注的新需求，坚持转变观念、以人为本，不断改进机动车号牌号码的选取方式，机动车号牌号码的确

定先后经历了群众被动接受、计算机公开选取“二选一”、计算机公开选取“五选一”、群众自编自选四个发展阶段。2005年11月17日，河南省开封市率先在全国试点实行号牌自编自选，推出了个性化号牌，受到社会群众的普遍欢迎。2008年10月起，群众自编自选号牌号码在全国普遍推行，这是机动车号牌号码发放方式上的一次重大变革。自编自选机动车号牌，真正实现号牌选取的公开、公平、公正，从根本上杜绝“人情号”、“关系号”问题，实现了以人为本、还权于民。与推行号牌号码自编自选相配套，公安部修订了《机动车号牌》行业标准，使每种类型车辆号牌容量达到480万，比原来增加了14倍，明确要求供群众通过自行编排的方式选取的号牌号码资源总量不得少于50000个，为群众自编自选号牌号码提供了更多的选择空间。（图4–7）

图4–7　群众通过自编选号选取满意的号牌

第二节　第一道防线建设

预防和减少道路交通事故是道路交通管理工作的重要目的和任务。车辆和驾驶人管理是公安交通管理部门的一项重要职责，其核心和本质是机动车上路行驶和驾驶人驾车的资格准入。道路交通管理实践表明，加强车辆和驾驶人管理，提高上道路行驶机动车的运行安全性能，提升机动车驾驶人的安全驾车技能和安全行车意识，是预防和减少道路交通事故的重要手段。因此，车辆和驾驶人管理工作是道路交通管理工作的基础，严格车辆和驾驶人管理是预防道路交通事故的第一道防线，加强车辆和驾驶人源头管理是维护道路交通秩序、预防道路交通事故的必然要求。

一、第一道防线的确立

进入21世纪以来，我国经济社会快速发展，带来了人流、物流、车流和车辆驾驶人员数量的高速增长，但同时也大大增加了道路交通的压力。2002年，我国道路交通事故死亡人数达到10.9万人，位居世界第一，平均每天死亡300人。并且，我国群死群伤特大道路交通事故多发，2000年至2002年平均每年发生一次死亡10人以上的群死群伤特大道路交通事故40起左右，道路交通安全形势十分严峻。

在我国进入道路交通事故高发期的背景下，为保障人民群众的生命财产安全，促进经济社会的协调发展，2003年9月5日，国务院召开“进一步加强道路交通安全工作电视电话会议”（“9・5”会议），要求各地各部门全面加强道路交通安全工作，坚决遏制道路交通事故，特别是重特大道路交通事故上升的势头，努力为人民群众生产、生活和经济社会发展创造良好的交通环境。“9・5”会议指出，加强道路交通安全工作要从“人”和“车”两个源头抓起，严格车辆和驾驶人管理是预防道路交通事故的第一道防线。

道路交通系统是由人、车、路、环境组成的开放式系统。纵观道路交通事故的发生，基本可以归结为人的因素、车辆的因素和道路的因素，其中，人和车的因素占据着主导作用。鉴于我国车辆驾驶人员超载、超速、疲劳驾驶、酒后驾车、无证驾驶等严重影响道路交通安全的行为大量存在，道路交通工具总体构成不合理，报废车、非法拼组装车、“大吨小标”车辆上路行驶普遍的实际情况，时任国务委员周永康同志在“9・5”会议上，从“注重治本，促进人、车、路和谐发展”的角度指出，道路交通安全工作要从源头抓起。公安、交通、安全监管、汽车生产行业管理、质检等部门要认真分析道路交通事故发生的特点、原因，查找工作中存在的问题尤其是深层次问题，从源头上、从根本上研究、采取措施，建立长效工作机制。这个源头一是人，二是车。要加强对驾驶人的管理，公安机关要与有关部门密切配合，从驾驶资格升降级制度、年度审验、违法记分周期等方面，探索建立科学有效的奖惩机制。对无违法记分、肇事记录的遵章守法驾驶人，要给予减免审验、延长审验期和记分周期等奖励；对屡次违法、肇事的驾驶人，要给予缩短审验期、降低驾驶资格直至取消驾驶资格等处罚。要加强对机动车的管理，坚决消除道路交通安全隐患。发展改革委、质检等部门要对车辆的生产制造企业实行产品认证制度，不断提高车辆安全性能，保证出厂的每辆车都符合安全标准；要加强对汽车修理、改装企业的监督检查，坚决查处违法违规问题；对有缺陷的汽车，要实行召回制度；对报废车，回收部门要实行强制解体；工商部门要坚决查处拼装、销售报废车的违法行为；交通、农业等部门要从源头上采取措施，坚决杜绝农用车、拖拉机载客问题。

时任公安部副部长白景富同志在“9·5”会议上首次明确了“严格驾驶员和机动车管理是预防道路交通事故的第一道防线”的理念，并提出了六项具体措施。一是严把驾驶员的考试关，对报考大型客车、货车驾驶资格的，要增加实际道路考试项目，适当提高考试标准。二是实行驾驶员升降级制度，新驾驶员不得驾驶大型客、货营运车辆，有不良驾驶记录的人员不得从事客、货营运。三是对从事客、货长途运输和易燃易爆、剧毒危险品运输的驾驶员，要加强审验，审验不合格的，不允许驾车上路。四是加强驾驶员的管理，制定奖罚政策，区别对待。对无交通违法肇事记录的，要给予延长审验有效期、降低保险费等奖励；对屡次交通违法、肇事的，要限制准驾车型、缩短审验周期，并列为重点对象进行管理。五是严禁无牌无证车辆、报废车辆上路行驶，一经发现，坚决查扣。对达到报废年限的车辆，严禁转籍过户，并注销牌证，强制报废。六是对违反规定生产和改装“大吨小标”汽车的厂家，要会同有关部门依法查处，并在新闻媒体上公开曝光。

车辆和驾驶人管理是公安交通管理部门的一项重要职责，是道路交通管理工作的基础，预防和减少道路交通事故本应是车辆和驾驶人管理工作的重要目标。然而，在相当长一段时间内，不少人认为，车辆和驾驶人管理工作的职责只是看车发牌、考试发证，人为地割裂了车辆和驾驶人管理工作与整体公安交通管理工作的联系。在这种错误思想认识的影响下，一些地方把办理机动车和驾驶人牌证作为“创收”的一种手段，对国家的车辆和驾驶人管理法律、法规视而不见，给不符合规定的机动车发放牌证，给考试不合格的人员发放驾驶证，个别地方甚至不考试就能办出驾驶证，导致许多不合格的机动车和驾驶人上路，严重危害道路交通安全，危害社会公共利益，危害人民生命财产安全。“9·5”会议重新树立了车辆和驾驶人管理工作应与道路交通管理整体工作相融合的科学理念，明确了严格车辆和驾驶人管理是预防道路交通事故的第一道防线，凸显了车辆和驾驶人管理工作在道路交通安全工作中的重要地位，在强化我国车辆和驾驶人管理工作职责方面发挥了重要的作用。

二、第一道防线的建设

（一）第一道防线建设的机制保障

我国车辆和驾驶人管理涉及公安、交通、安监、质检、发展改革、工商、农业等多个政府职能部门，建立部门之间通力协作的管理机制、形成管理合力是提升车辆和驾驶人源头管理效力的客观需求。

2003年10月22日，国务院批复公安部，同意建立了全国道路交通安全工作部际联席会议制度，部际联席会议的工作职能是：在国务院领导下，掌握全国道路交通安全情况，分析道路交通安全形势，研究政策，制订中长期战略规划；统筹研究全国道路交通安全工作，对全国道路交通安全工作进行部署，指导和监督各省、自治区、直辖市人民政府及其职能部门的道路交通安全工作；协调解决涉及相关部门的道路交通安全问题，促进部门协作配合，实现信息共享，建立长效机制，预防和减少道路交通事故，全面推进道路交通安全工作。

全国道路交通安全工作部际联席会议制度的建立，为加强车辆和驾驶人源头管理提供了坚实的机制保障。自成立以来，部际联席会议部署阶段性重点工作，狠抓整顿机动车生产和改装企业、整顿驾驶人队伍等工作措施落实，各成员单位通力协作，密切配合，共同研究解决事关道路交通的一些“老大难”问题，加大对重特大道路交通事故的查处力度，改进和加强道路交通安全宣传工作，在预防、减少道路交通事故，保护人民群众生命财产安全等方面，发挥了重要作用。

目前，部际联席会议的成员单位包括公安部、中央宣传部、发展改革委、工业和信息化部、教育部、监察部、司法部、住房城乡建设部、交通运输部、农业部、商务部、卫生部、工商总局、质检总局、安全监管局、法制办、保监会、总后勤部、武警部队等19个部门和单位，政府统一领导、有关部门各司其职、齐抓共管、综合治理、标本兼治的社会化道路交通安全工作格局已基本形成。

（二）第一道防线建设的具体要求

为推动“9·5”会议精神的贯彻落实，2004年，国务院召开“1·15”电视电话会议，部署进一步加强道路交通安全工作，提出了“五整顿”“三加强”（整顿驾驶人队伍、整顿路面行车秩序、整顿交通运输企业、整顿机动车生产和改装企业、整顿危险路段，加强道路交通安全责任制、加强交通安全宣传教育、加强执法检查）的工作要求，要求强化企业主体责任和行业部门监管责任，进一步落实政府、部门、企业预防道路交通事故的安全责任，明确了第一道防线建设的具体要求。

在整顿机动车生产和改装企业方面，提出两项工作措施。一是要对汽车、摩托车、农用车、拖拉机生产和改装企业进行一次全面的清理，发现有违规生产“大吨小标”车辆、非法改装车辆问题的，对已经上公告的，要从公告中撤下来；对已经流入市场的，要责令生产厂家予以纠正。二是要严格机动车登记和安全检验，坚决把住机动车行驶准入关，坚决查处不验车就发年检合格证、只收费不验车等违法、违规问题。对已检验的车辆要进行抽查和复查，对不按规定进行检验、问题多的检测场站进行严肃处理，直至取消其检测资格。

在整顿驾驶人队伍方面，提出两项工作措施。一是公安、交通部门要严格执行法律、法规和政策，按照各自职责，严把驾驶人培训关、考试关和发证关。对发生重大交通事故或屡屡违章的驾驶人，该吊扣驾驶证的要坚决吊扣，该注销驾驶证的要坚决注销，该追究刑事责任的要坚决追究。对违法记满12分的驾驶人，一律进行重新考试。对发生的重特大事故，要从源头上抓，从驾驶人培训、考试、发证等环节进行责任倒查。二是要对驾驶培训学校、考试和发证机关进行整顿，从严查处只收费不培训、不考试就发驾驶证、买卖驾驶证等违法行为。

2008年4月30日，国务委员孟建柱同志主持全国道路交通安全工作部际联席会议，国务院副总理张德江同志出席会议并讲话。会议分析了当前道路交通安全形势，部署了道路交通安全工作，审议并通过了《关于进一步深化和拓展道路交通安全“五整顿”“三加强”工作措施的意见》。

面对道路交通大发展的形势，党中央、国务院确定了以“五整顿”“三加强”工作措施为核心的道路交通安全基本政策，明确了加强车辆和驾驶人管理工作的方向和重点。各地区、各部门按照国务院的统一部署，构建了政府统一领导、部门各司其职、齐抓共管、标本兼治、综合治理的道路交通安全工作格局，深入开展道路交通安全隐患治理、宣传教育和执法行动，道路交通安全基础进一步夯实，全民交通安全意识进一步提升，道路通行秩序进一步好转。经过几年的努力，在道路通车里程和机动车、驾驶人数量以及交通流量持续大幅度增长的情况下，全国道路交通安全形势保持了总体平稳，道路交通事故高发态势得到了有力遏制。据统计，从2003年到2011年，全国道路交通事故从66.7万起下降到21.1万起；死亡人数从10.4万人下降到6.2万人；万车死亡率从10.8下降到2.8；特别是一次死亡10人以上特大道路交通事故数的下降，从近年最高的2004年的55起下降到2011年的27起，实现了全国道路交通事故从高发到基本遏制并逐年下降，事故起数和人员伤亡总量明显减少的预期目标。

三、第一道防线的内容

根据“9·5”会议的要求，加强车辆和驾驶人源头管理，构筑事故预防的第一道防线，主要包括两个方面的内容：一是严把驾驶考试关，严格新驾驶人、客货运驾驶人、违法驾驶人等重点驾驶人管理；二是严把机动车准入关，严格机动车生产管理和行驶准入制度，确保上道路行驶的机动车符合规定。

（一）机动车源头管理

机动车作为高速、舒适的交通工具，是人类文明进步的重要标志，但在带来出行舒适、快捷、便利等正面效应的同时，也增加了诸如交通拥堵、环境污染、交通事故等一系列负面效应。机动车保有量和使用频度的迅速增加与我国改善道路交通安全状况成为一对矛盾，车辆管理工作如何适应和解决这一矛盾成为公安交通管理部门面临的新挑战。“9·5”会议后，公安交通管理部门按照“五整顿”“三加强”的工作要求，坚持对机动车实施源头综合治理，严格查验机动车登记，严格管理危险品运输车、校车等重点车辆，严格监管机动车安检机构，协同相关部门狠抓机动车产品质量，确保上道路行驶的机动车运行安全性能符合规定，切实为预防道路交通事故服务，尽最大努力防止道路交通事故尤其是重特大事故发生。

1. 严把机动车检验关口

机动车登记是公安交通管理部门车辆管理工作的首要内容。建设第一道防线工作任务的提出给机动车登记工作提出了更高的要求，在机动车登记时把好查验关，认真核查比对机动车产品公告，确认机动车唯一性，并按照国家相关技术标准检查机动车安全性能，确保机动车符合国家安全技术标准是加强车辆源头管理的重要内容。

（1）严格检验项目。

2004年5月1日《道路交通安全法》及其实施条例施行后，机动车安全技术检验工作不再由公安交通管理部门负责。为保证申请登记的机动车运行安全要求符合机动车国家安全技术标准，公安部在公共安全行业标准《机动车安全检验项目和方法》（GA 468–2004）的基础上，提出并牵头制定了国家标准《机动车安全技术检验项目和方法》（GB 21861–2008），分新车注册登记检验和在用车检验明确了检验项目和方法要求。

根据《机动车安全技术检验项目和方法》（GB 21861–2008）规定，机动车安全技术检验机构进行车辆检验时，须检验车辆的主要特征及技术参数是否符合国家标准的规定，是否与机动车《公告》的参数一致。主要特征和技术参数包括基本信息（如车辆类型、车辆品牌及型号、车辆识别代号等）、技术参数（如外廓尺寸、货箱内部尺寸、轮胎数及轮胎规格、轴数、整备质量、后轴钢板弹簧片数等）和车辆安全装置配置情况（如汽车安全带、汽车行驶记录仪、防抱制动装置、车身反光标识、侧面及后下部防护装置、机动车用三角警告牌）等。如果在新车注册登记检验时，发现送检机动车的外廓尺寸、整备质量、核载、比功率等主要特征及技术参数、技术指标不符合国家安全技术标准或与公告的数据不一致时，此次检验终止，安检机构应详细登记送检机动车的车辆类型、品牌及型号、车辆识别代号、发动机号码、整车生产厂家、生产日期、公告批次等信息，向所在地公安交通管理部门和质量技术监督部门报告。（图4–8）

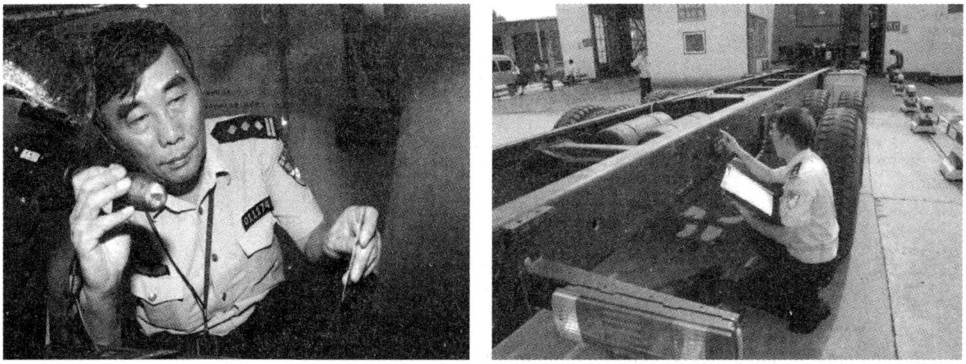

图4-8　民警严格进行机动车检验

（2）严密查验规程。

2008年公安部修订通过的《机动车登记规定》（公安部令第102号）及其工作规范发布后，为配合公安部第102号令及其工作规范的实施，规范和加强机动车查验工作，公安部组织制定了公共安全行业标准《机动车查验工作规程》（GA 801-2008），明确了机动车查验的人员资质、项目及工作要求等规定。

根据《机动车查验工作规程》，对申请注册登记的机动车，按照不同类型和用途，应查验三角警告牌、汽车安全带、车身反光标识、侧面及后下部防护装置、灭火器、行驶记录装置等安全装置以及安全出口、安全手锤等重点项目，监督机动车安检机构是否正确执行国家机动车安全技术检验标准，确保注册登记的机动车符合国家标准。为严格车辆源头管理，《机动车查验工作规程》还规定，查验申请注册登记的机动车时，发现车辆外廓尺寸等主要特征和技术参数不符合《机动车运行安全技术条件》等机动车国家安全技术标准或与公告的数据不一致时，车辆管理所应做好取证工作，在计算机系统中详细记录机动车的基本信息及整车生产厂家、生产日期、公告批次等信息，填写《违规机动车产品通报表》向当地质量技术监督部门通报并通过网络逐级上报。

（3）严查安全装置。

随着我国经济社会的持续发展，货车和挂车的保有量和使用频度均大大增加。为预防和减少货运车辆因夜间等低能见度、视认性差条件下与其他车辆发生碰撞的交通事故，减轻伤亡后果，2006年，公安部下发了《关于加强机动车安全防护装置和车身反光标识等管理工作的紧急通知》（公交管〔2006〕161号），要求车辆管理和路面执勤民警认真学习相关技术标准，熟练掌握机动车侧面及后下部防护装置、车身反光标识、三角警告牌等安全装置的适用车型及主要技术要求。在办理车辆注册登记和核发检验合格标志时，要按照相关技术标准对车辆进行严格查验；对未按规定安装、粘贴侧面及后下部防护装置、车身反光标识，或者安装、粘贴的质量不符合要求的货车和挂车，以及未按规定配置三角警告牌的汽车，一律不予办理注册登记和核发检验合格标志。

为推动货运车辆粘贴车身反光标识及安装侧面及后下部防护装置深入实施，公安部组织修订了国家标准《机动车运行安全技术条件》（GB 7258-2004）第3号修改单，扩大了货车和挂车粘贴车身反光标识的范围，明确了在用货车和挂车粘贴车身反光标识、安装侧后部防护装置的时间要求。2008年8月27日，公安部下发了《关于加强机动车车身反光标识粘贴等工作的通知》（公交管〔2008〕190号），要求自2008年9月10日起，办理注册登记的所有货车（包括三轮汽车、低速货车以及载货类汽车底盘改装的专用作业车）和挂车应当按要求粘贴车身反光标识，总质量大于3500千克的货车和挂车应当按要求安装侧后部防护装置；自2008年10月20日起，所有在用的货车和挂车应当按要求粘贴车身反光标识；自2009年2月20日起，总质量大于3500千克的在用货车和挂车应当按要求安装侧后部防护装置；办理机动车登记和核发检验合格标志时，要按照标准修改单和《典型车型车身反光标识粘贴示例及要求》对车辆进行严格查验。对未按规定粘贴、安装或者粘贴、安装的式样、尺寸、质量不符合要求的，一律不予办理登记和核发检验合格标志。（图4-9）

图4-9　民警检查机动车安全装置

2. 严格重点车辆安全监管

危险品运输车、校车、客货运车辆等一旦发生道路交通事故，很有可能会导致危险化学品泄漏爆炸和群死群伤的恶性交通事故，给社会治安和人民群众生命财产构成严重威胁。为此，这些车辆一直是道路交通管理的重点。近年来，各级公安交通管理部门通过实施专项整治行动，严格排查车辆安全隐患，不断加强重点车辆安全监管，取得了明显成效。

（1）开展危险品运输车安全专项整治。

为了加强道路运输危险化学品安全管理，预防道路运输危险化学品事故，2005年，全国道路交通安全工作部际联席会议印发《道路运输危险化学品安全专项整治方案》，决定自2005年5月10日至9月30日在全国开展一次道路运输危险化学品安全专项整治工作。随后几年，公安部联合其他部门，持续开展对危险品运输车的管理与整治，规范制度，严格检查，保障安全。

一是严格危险品运输车整体安全性，确保在用危险品运输车载质量符合规定，杜绝报废机动车从事危险品运输。公安、交通、安全监管、质检等部门组织对运输危险化学品的车辆进行集中检验，对达不到运输危险化学品安全要求的车辆，由交通部门注销其从事运输危险化学品的证件；对非法改装的车辆，平板货车加装罐体的，由公安部门责令其恢复原状或拆除罐体；对于罐体容积与行驶证核定载质量不相对应的，由公安部门重新核定载质量或者联系质检部门责令企业更换匹配的罐体，并变更行驶证；对达到报废标准的，依法强制报废，由公安部门监督销毁。

二是强化危险品运输车标识管理，确保道路运输剧毒、爆炸等危险化学品车辆的标志标识清晰、易于辨认。由交通部门监督运输企业按照《道路运输危险货物车辆标志》（GB 13392–2005）的规定安装或喷涂危险化学品警示标志，配备通讯工具，责令押运人员在运输过程中携带《道路危险货物运输安全卡》；安全监管、公安部门联合责令运输企业为车辆配备人员防护和施救设备，有条件的应当安装行驶记录仪、GPS卫星定位系统。在车辆或罐体的后部应安装告示牌，在告示牌上标明危险化学品的名称、种类、罐体容积、最大载质量、施救方法、企业联系电话；在车身两侧和后部喷涂“毒”、“爆”文字；在车辆或罐体的后部和两侧粘贴反光带，标示车辆或罐体的轮廓。公安部门在受理新车注册登记时严格把关，对运输危险化学品罐车的核定载质量和车身上安装喷涂的警示标志、文字等进行严格检查，对

不符合规定的不予登记。（图4–10）

图4–10　开展危险品运输车安全专项整治

（2）建立完善校车安全管理工作机制。

随着我国农村“撤点并校”工作的实施，农村中小学生上学平均距离不断增加，许多学生搭乘低速载货汽车、三轮汽车或拖拉机等非客运车辆，甚至无牌无证车辆、报废车辆上下学，交通安全隐患突出，亟须加强校车安全管理。

一是建立运输学生上下学车辆安全管理档案。为切实保障广大中小学生出行安全，2005年12月，公安部和教育部联合发布了《关于进一步加强中小学校交通安全工作的通知》（公通字〔2005〕94号），要求公安交通管理部门加强校车的管理，详细掌握辖区内接送学生的校车、驾驶人以及校车运行时间、行驶路线等基本情况，并建立档案；对接送学生的校车一律上线检测，必须检验合格；坚决取缔无牌无证、不符合安全技术标准的车辆及低速载货货车、三轮汽车和拖拉机等非客运车辆接送学生；对接送学生专用校车，应当粘贴统一标识。

二是严格执行国家标准，进行校车登记备案。为解决普通客车运输学生上下学时缺少统一规范的问题，2007年，公安部组织修订了国家标准《机动车运行安全技术条件》（GB 7258–2004）第2号修改单，对校车分类、核载、标识、车窗玻璃和座位布置等安全技术要求作出了明确规定。《机动车运行安全技术条件》（GB 7258–2004）第2号修改单是规范和加强校车管理的重要技术依据，增强了校车作为专用车辆的特殊安全要求。同年8月，公安部、教育部联合下发了《关于实施国家标准〈机动车运行安全技术条件〉（GB 7258-2004）第2号修改单的通知》（公交管〔2007〕162号），要求由公安交通管理部门协助教育行政部门，对中小学、幼儿园接送学生、幼儿的车辆进行一次全面排查、摸底。凡学校自有校车或学校租用接送中小学生、幼儿上下学的车辆，由教育行政部门登记造册，符合条件的，由教育行政部门抄送公安交通管理部门备案。公安交通管理部门在核定校车类型和乘员人数时，要审核外观标识或核发校车标牌；同时，按照标准修改单重新核定校车类型和乘员数，在机动车登记系统中录入校车类型、乘员数（包括驾驶人、学生及其照管人员）、学校名称、教育行政部门名称等信息，在《机动车行驶证》副页上签注校车类型和乘员数。该通知还要求，对于专门运送学生上下学的校车按专用校车管理，由教育行政部门会同公安交通管理部门共同组织喷涂统一的外观标识，对不专门用于接送学生的车辆按非专用校车管理，在前风窗玻璃右下角和后风窗玻璃适当位置各放置一块校车标牌。（图4–11）

图4–11　加强校车安全管理

（3）推动客运车辆安装动态监管装置。

科学预防道路交通事故，要从源头抓起，进行综合治理，特别需要对运输企业及其驾驶人的交通安全进行监督。2005年全国道路交通安全工作部际联席会议在《关于深入开展“五整顿”“三加强”活动全面推进道路交通事故预防工作意见》（公交管〔2005〕15号）中提出，要引导运输企业对营运载客汽车安装使用符合国家标准的汽车行驶记录仪或GPS等先进技术装备，提高运输安全管理水平。同时要求发展改革部门督促机动车生产企业严格依照国家标准，在新生产的车长大于9米的长途客车和旅游客车上安装行驶记录仪。

2006年，全国道路交通安全工作部际联席会议在《深入落实“五整顿”“三加强”工作措施继续开展“平安畅通县区”活动实施意见》（公交管〔2006〕84号）中要求，交通、公安、安全监管等部门要积极引导运输企业在所有客运车辆上安装汽车行驶记录仪或者GPS，并严格对汽车行驶记录仪或者GPS的日常使用管理，加强对客运车辆特别是长途营运车辆的动态监控，严防驾驶人疲劳驾驶、超速行驶。

2010年，为进一步加强和改进道路客运安全工作，坚决遏制和防范群死群伤恶性事故的发生，交通运输部、公安部、安监总局联合发布《关于进一步加强和改进道路客运安全工作的通知》（交运发〔2010〕210号），要求旅游包车和三类以上的班线客车必须依法安装、使用符合国家标准的行驶记录仪（具有行驶记录功能的卫星定位装置应视同行驶记录仪）。凡未安装的，交通运输部门不予核发道路运输证，公安部门不予通过定期审验。对已经安装卫星定位装置的车辆，应逐步增加行驶记录功能。该通知同时强调，公安部门要严格客车登记制度，对不符合国家标准的车辆，不得办理注册登记。要会同有关部门强化对营运客车安全检验工作的监督，严把营运客车安全检验关。

为切实加强道路运输车辆动态监管工作，预防和减少道路交通运输事故，2011年3月19日，交通运输部、公安部、安全生产监督总局、工业和信息化部联合下发了《关于加强道路运输车辆动态监管工作的通知》（交运发〔2011〕80号），要求2011年12月31日前所有旅游包车、三类以上班线客车安装使用具有行驶记录功能的卫星定位装置（以下简称卫星定位装置）工作全部完成。自2011年8月1日起，新出厂的旅游包车和三类以上班线客车，在车辆出厂前应安装符合《道路运输车辆卫星定位系统车载终端技术要求》（JT/T 794-2011）规定的卫星定位装置；对于不符合规定的车辆，工业和信息化部不予上车辆产品公告。道路运输管理部门在为车辆办理道路运输证时，要检查车辆卫星定位装置的安装和工作情况；凡未按规定安装卫星定位装置的新增车辆，交通运输部门不予核发道路运输证。公安部门要逐步将旅游包车和三类以上班线客车车辆是否安装使用卫星定位装置纳入检验范围。对于已经取得道路运输证但尚未安装卫星定位装置的营运车辆，道路运输管理部门要督促运输企业按照规定加装卫星定位装置，并接入全国重点营运车辆联网联控系统。从2012年1月1日起，没有按照规定安装卫星定位装置或未接入全国联网联控系统的运输车辆，道路运输管理部门暂停营运车辆资格审验。

（4）严格落实客货运机动车安全管理措施。

客货运机动车是重特大交通事故的易发车型，长期以来一直是车辆管理的重点车型。公安部下发的《关于2009年公安交通管理部门深入开展“五整顿”“三加强”工作的实施意见》中提出，要加强对运输企业的监督和管理，实行危险化学品运输车辆、驾驶人和大中型客运车辆、驾驶人的户籍化管理制度；建立相关车辆的车主、车辆情况、营运线路、检验记录、保险和驾驶人的基本情况、交通违法记分和肇事记录等内容的管理台账，并进行定期教育。之后每年都对客货运机动车和驾驶人提出更严格、更完善的管理要求。为加强重特大交通事故防范，适应社会管理创新的需要，2011年，公安部交通管理局印发了《关于进一步落实客货运机动车和驾驶人管理措施的意见》（公交管〔2011〕63号），要求车辆管理部门进一步加强对客货运机动车的查验工作，对重点项目必须逐一核查；办理车辆注册登记、检验等业务时，发现机动车主要特征和技术参数不符合国家标准，或与《公告》数据不一致的，要通过机动车登记系统上报，进入嫌疑车辆调查程序进行核查。同时要求，各级车辆管理部门要建立客货运企业及车辆数据库，完善计算机登记数据，设立专门管理档案，并设专人维护更新，督促运输企业或车主参加检验；对于逾期未检验的，通报行业主管部门，建议暂停运营并在新闻媒体发布，以提高客货运车辆的安全技术检验率。（图4–12）

图4–12　重点加强对客货运机动车管理

3. 完善安检机构监管机制

严格机动车安全技术检验是加强车辆源头管理的重要环节。对机动车安全技术检验机构及其检验行为进行监督，是公安机关的法定职责。《道路交通安全法》实施后，公安交通管理部门在职责范围内加强与质量监督部门的协作配合，建立联合监督检查制度，认真履行对安检机构的监管职责，坚持集中整治与长效措施相结合，不断完善监管机制。

（1）加强对安检机构的清理整顿。

早在2004年公安部印发的《年内车管部门落实"五整顿""三加强"和规范化建设的重点事项》（公交管〔2004〕169号）中，公安部已经提出了要会同质量技术监督部门对机动车安检机构和检测员队伍进行清理整顿，对不符合条件的安检机构要停业整顿，对检测员要进行培训。同时还提出机动车安检机构要全部实现与车辆管理所的联网，未联网的，不得承担车辆安全技术检测任务。车辆管理所要通过联网对车辆上线检测情况进行实时监控，对发现只收费、不检车，或出具虚假检验证明的，不予发放检验合格标志，并向质检部门通报查处。

（2）加强对安检机构的数据监督。

为保证机动车安全技术检验信息的准确、真实，杜绝安检机构不按照国家标准检验、出具虚假检验结果等违法行为，公安部2010年下发了《关于进一步加强机动车安全技术检验监管工作的通知》（公交管〔2010〕312号），再次强调公安机关加快推进与安检机构的联网工作，搭建机动车安全技术检验监管网络平台，督促安检机构在相关工位安装监控系统，实现对机动车检验过程的视频监控和检验合格数据自动比对。该通知还提出了评估、核查要求，要根据《机动车安全技术检验项目和方法》（GB 21861–2008）的规定，严格评估核定安检机构及各条检测线每年、每月、每日的最高检验数量，报省级公安机关备案，对安检机构超出核定检验数量的，暂停受理其检验合格报告，并依法进行查处。要定期或不定期地对安检机构检验设备计算机管理系统的参数设置、数据处理、数据保存、数据日志及日常维护等进行检查，每周对检测数据进行分析，对一次检验合格率、复检率、受托检验率过高等异常情形要重点核查。要建立车辆检验照片采集上报和审核存档制度，督促安检机构在检验车辆时采集车辆识别代号照片以及车辆外观、灯光、制动等重点项目检验照片，并打印在检验合格报告上或者实时上传到监管平台。在规定时限后，对未实现联网监控的安检机构出具的机动车检验合格报告，一律不予受理。

（3）加强对安检机构的督导检查。

为了引导安检机构良性发展，2011年4月15日，国家质量监督检验检疫总局、公安部、国家认证认可监督管理委员会联合下发了《关于进一步加强机动车安全技术检验机构资格许可和监管工作的通知》（国质检监联〔2011〕179号），要求各省级质量技术监督部门会同同级公安机关根据“统筹规划、合理布局、方便检测”的原则和机动车安检工作实际情况，科学合理设置安检机构。要全面开展普查专项行动，完善联合监督检查制度，把“三查三看”（查资质，看安检机构资质是否合法有效；查能力，看获证安检机构是否持续保持发证时的要求；查条件，看获证安检机构是否存在检测条件变化的情况）做到位。该通知同时要求，公安部门要督促安检机构对计算机管理系统采取应有的数据安全防护措施，相关监控视频、图像和数据信息应至少存储两年。省级公安机关、质量技术监督部门要定期组织对机动车安全技术检验工作进行明查暗访，对机动车检验业务数据进行分析通报。（图4-13）

图4-13　加强对机动车安全技术检验机构的监管

4．推动机动车产品质量的提高

随着经济社会的快速发展，我国的物流业日益发达，为追求利润最大化，部分厂家为迎合市场需要，生产了大量的超长超宽、“大吨小标”不符合国家安全技术检验标准的车辆，成为严重的道路交通安全隐患。根据“五整顿”“三加强”工作意见，公安部会同发展改革委、工业和信息化部、质量监督等部门，严密违规车型上报查验规定，加强车辆生产一致性管理。

（1）严密违规车型上报查验规定。

2008年，工业和信息化部、公安部联合发出《关于进一步加强道路机动车辆生产企业及产品公告管理和注册登记工作的通知》（工信部联产业〔2008〕319号），要求公安车辆管理部门严格机动车登记制度，按《机动车运行安全技术条件》（GB 7258-2004）、《道路车辆外廓尺寸、轴荷及质量限值》（GB 1589-2004）、《机动车查验工作规程》（GA 801-2008）等规定查验车辆，发现不符合国家技术标准的违规产品，取证后按照《机动车查验工作规程》（GA 801-2008）记录具体信息，并通过机动车登记系统“违规机动车产品信息上报程序”报公安部，公安部建立“涉嫌违规机动车产品库”，对违规车辆产品信息进行汇总分析并通报工业和信息化部。办理注册登记时，对已列入“涉嫌违规机动车产品库”车型的车辆，公安交通管理部门要按照《公告》批准的技术参数和有关国家标准，严格查验，重点核查。对确属不符合标准和规定的，不予办理注册登记。

（2）加强生产一致性监督管理。

2010年，工业和信息化部、公安部发布《关于进一步加强道路机动车辆生产一致性监督管理和注册登记工作的通知》（工信部联产业〔2010〕453号），根据道路交通安全和车辆生产企业存在的突出问题，决定将大中型客车、货车类产品的安全性能作为生产一致性监督检查的重点，具体部署要求为：①车辆生产企业要依据国家有关政策和强制性标准的规定，对已生产尚未出厂，或者已经出厂但未销售的大中型客车、重中型货车、商品车运输车和挂车类产品开展一次全面排查，对违规产品要立即停止生产、销售，按照规定整改后方可出厂或销售，对已经销售或注册的违规产品要按照国家法律法规采取有效措施进行整改。②工业和信息化部要对《公告》内车辆产品进行一次清理审查，确保《公告》内所有车辆产品符合国家标准和生产一致性的要求。对不符合有关国家标准及规定的车辆产品，一律予以撤销，并不得在撤销《公告》后以同一车辆型号再次申报《公告》。③汽车产业主管部门、公安交通管理部门对车辆产品一致性专门调查。对存在产品不一致的要对有关车辆生产厂家进行生产一致性监督检查。④工业和信息化部会同公安部，对市场管理、环保、质量、召回、交通运输等领域反映的问题逐一进行分析和处置。被确认为重点监查的违规产品，将责令车辆生产企业无条件收回，并撤销违规产品《公告》，停止办理该车型注册登记，暂停有关车辆生产企业申报新产品《公告》6个月；情节严重的，撤销车辆生产企业准入许可。

（3）提高大中型客货车安全技术要求。

针对重特大道路交通事故暴露出的大中型客车车身结构强度不高、乘员保护设施不完善、卧铺客车安全隐患突出、大型货车超载、超长、超宽严重等问题，为贯彻落实国务院安委会有关会议精神，2011年12月，工业和信息化部、公安部下发《关于进一步提高大中型客货车安全技术性能加强车辆公告管理和注册登记管理工作的通知》（工信部联产业〔2011〕632号）。该通知规定：公路客车、旅游客车均应装置具有卫星定位功能的行驶记录仪，装备最高时速不超过100公里的限速装置，所有座椅均应装置汽车安全带；车长大于9米的公路客车、旅游客车车轮装用子午线轮胎，装备缓速器或其他辅助制动装置，前轮装备盘式制动器；车长大于11米的公路客车、旅游客车车身应为全承载整体式框架结构。危险货物运输车、总质量大于12吨的货车应装备缓速器或其他辅助制动装置，危险货物运输车应装备最高时速不超过80公里的限速装置，前轮应装备盘式制动器。自2012年3月1日起，所有相关企业暂停生产、销售卧铺客车产品，工业和信息化部暂停卧铺客车产品《公告》，公安机关交通管理部门暂停办理卧铺客车注册登记。同时规定，自2012年2月1日至6月30日，开展为期5个月的商品车运输车集中整治。

（二）驾驶人源头管理

人是道路交通系统中的主体，是道路交通安全的决定性因素。在各类交通参与者中，机动车驾驶人的作用又远远大于其他道路交通参与者。统计数据表明，90%以上的道路交通事故主要是由机动车驾驶人的违法行为造成的。随着我国机动化社会步伐的加快，机动车驾驶人数量逐年持续高速增长。截至2011年年底，全国机动车驾驶人数量已达2.36亿，其中汽车驾驶人约1.74亿人。如何适应驾驶机动车从生产技能向生活技能的变化，确保迅猛增加的驾驶人具有相应的安全驾驶意识和技能，预防和减少驾驶人因素导致的道路交通事故，已成为公安交通管理部门面临的严峻挑战。“9·5”会议后，公安交通管理部门切实加强驾驶人源头管理，不断完善驾驶人考试制度，提高考试标准质量，改进考试设施和评判方式，保证考试公平、公正。同时，不断创新驾驶培训机构监管手段，提高驾驶培训质量，深化客货车驾驶人管理，提升驾驶人安全驾驶技能和意识，保障道路交通安全、有序、畅通。

1. 完善考试制度，提高考试标准

机动车驾驶人考试是公安交通管理部门实施驾驶人管理最主要的环节。第一道防线建设工作任务的提出，进一步提升了驾驶人考试的重要性。不断完善驾驶人考试制度，优化考试内容，提高考试标准，提升考试质量，对保证驾驶人具备应有的安全驾驶技能和意识至关重要。

2004年，为保证《道路交通安全法》及其实施条例的施行，公安部颁布实施了《机动车驾驶证申领和使用规定》（公安部令第71号）。针对当时机动车驾驶人考试针对性不强、考试项目设置过于简单等问题，71号令在制定过程中，根据不同车型规定了不同的考试标准，改进了考试办法，突出了重点车型的考试难度，以提高新驾驶人的安全驾驶素质，适应经济社会的发展和交通安全形势的不断变化。71号令的主要特点如下：

一是在理论考试（科目一）方面，针对汽车、摩托车和其他类机动车的不同驾驶特点，分设了汽车类、摩托车类和其他类准驾车型考试题库，并设定了不同的试卷结构和评判标准。

二是在道路驾驶技能考试（科目三）方面，按照不同的准驾车型，统一规范了相应的考试场地和设施设置，设定了不同的考试项目和评判标准。一方面增加了场内道路驾驶技能考试项目，包括驾驶机动车通过单边桥、上坡起步、通过连续障碍、曲线行驶、直角转弯、侧方停车、限速通过限宽门、起伏路行驶、低附着系数路面行驶等9个项目；另一方面增加了实际道路驾驶考试内容，主要考核机动车驾驶人在实际道路上驾驶的心理素质、判断能力及综合驾驶技能，并增加夜间及低能见度条件下驾驶时各种灯光的使用知识的考试内容，以此增强考试的实用性。

三是确立了准驾车型逐级申请制度，对申请驾驶大型客车、牵引车、中型客车驾驶证的增加严格的限制条件，规定初次申领驾驶证的人员不能直接申请上述车型，必须首先取得小型汽车或者大型货车驾驶证，并具备一定年限的安全驾驶经历后方可申请。同时，为加强对中型客车驾驶人和牵引车驾驶人等肇事率较高机动车驾驶人的管理，参考借鉴国外成功做法，增设了牵引车、中型客车两类准驾车型驾驶证。

71号令的实施对规范机动车驾驶证管理、加强驾驶人考试工作，发挥了积极的促进和保障作用。但是，随着经济社会的快速发展和交通安全形势的变化，考试制度存在的一些问题也逐渐暴露出来，考试内容针对性不够强，难易程度不均衡，考试项目和评判标准不够明确，导致一部分驾驶人考试合格后仍不能或者不敢独立驾车上道路行驶。为此，2006年公安部部长周永康签发了公安部第91号令，修订了《机动车驾驶证申领和使用规定》。91号令的主要特点如下：

一是为凸现实际道路考试的重要性，提高新驾驶人上路行驶的驾驶技能，将实际道路驾驶考试单列为一个独立的考试科目。同时，将原科目二“场地驾驶技能考试（桩考）”与原科目三中的“场内道路驾驶考试”合并，形成新的科目二考试（场地驾驶技能考试）。

二是明确实际道路考试包括变更车道、通过路口、靠边停车等13个项目，细化了实际道路考试评判标准，共设评判要点98个。评判要点突出对考生安全意识的考核，注重考核其观察、感知、判断与响应能力，注重对考生安全驾驶行为和意识的养成。

三是针对引发重特大交通事故的大型客车、牵引车、中型客车三类重点车型，91号令规定醉酒后驾驶机动车、3年内有饮酒后驾驶机动车、3年内有驾驶机动车行驶超过规定时速50%以上的，不得申请增驾大型客车、牵引车、中型客车驾驶证，提高了重点驾驶人的准入门槛。

驾驶人考试制度的不断改革引导驾驶人培训从单纯的注重操作技能转变为注重安全驾驶综合素质，确保了驾驶人考试标准质量不断提升，新机动车驾驶人安全驾驶技能和意识不断提高，事故率不断下降。

2. 改进考试方法，确保公平公正

为保证驾驶人考试工作的公平、公正，近年来，各级公安交通管理部门不断提升考试工作的规范化、科学化、现代化水平，使用计算机随机设定考试员，强制推行科目一无纸化考试，科目二、科目三计算机系统考试，实现考试项目智能化评判，将以往的人工考试模式转变为自动化考试模式，最大限度地减少人为因素。

（1）采用计算机随机安排考试员。

为规范驾驶人考试行为，防止暗箱操作，公安部在2003年就下发了《关于开展集中整顿车辆和驾驶员管理工作的实施意见》，要求改进考试机制，公开考试员名单，接受监督；同时，要建立计算机随机设定考试员制度。

2005年《公安交通管理部门深入开展“五整顿”“三加强”工作的实施意见》（公交管〔2005〕50号）重申要实行计算机随机安排考试制度，建立对考试员的考评台账和责任追究制度。随后，在与91号令配套实施的《机动车驾驶证业务工作规范》中再次强调了车辆管理所应当使用计算机随机安排考试员，在考场公开考试员名单。上述举措有效规范了驾驶人考试工作，强化了驾驶人考试管理。

（2）全面推行计算机系统考试。

2003年，公安部在全国范围内开展集中整顿车辆和驾驶人管理工作，提出要大力推行科目一实行计算机无纸化考试，科目二实行桩考仪考试。2004年，在与71号令配套的《机动车驾驶证业务工作规范》中，明确了科目一全部采取计算机闭卷答题，题目由计算机考试系统从考试题库中随机抽取生成；大型客车、城市公交车、中型客车、大型货车、小型汽车、小型自动挡汽车、低速载货汽车的桩考应当使用计算机自动监控考试系统考试。同年，公安部下发了《年内车管部门落实“五整顿”“三加强”和规范化建设的重点事项》的通知，再次强调要求地市以上车辆管理所科目一考试要全部实行计算机无纸化考试；科目二考试除三轮汽车外，其他汽车车型要全部实行计算机桩考仪考试。36个大城市车辆管理所要积极推广科目三场内道路驾驶技能考试计算机路考系统、科目一多语种考试系统。2010年，在与111号令配套实施的《机动车驾驶证业务工作规范》中，公安部规定汽车类驾驶人考试，自2010年4月1日科目二桩考考试应当使用桩考仪，自2011年4月1日起科目二场内道路考试应当使用场地驾驶技能考试系统，考试成绩自动上传计算机管理系统。同年，交警系统推出社会管理创新工作措施，要求各地试行使用科技手段进行科目三实际道路考试，并明确规定实际道路考试路段应是社会车辆通行的道路。截至2011年年底，科目一考试已经全部实现了计算机无纸化考试，95%的车辆管理所科目二考试应用场内道路驾驶技能考试系统，实现考试成绩自动上传，深圳、南京等37个地市车辆管理所应用科技评判手段进行科目三实际道路考试，有力地保障了考试的公平公正。

3. 加强培训监管，提升驾驶培训质量

改革开放以后，我国机动化步伐不断加快，每年学习驾驶机动车的人数量也随之大增，各地驾驶培训学校如雨后春笋一般顺应而生。但是，驾驶培训机构质量良莠不齐，导致在利益驱使之下，驾驶人的学习过程被不断“精简”，甚至成为“考什么教什么”的直接应试教学，导致新驾驶人素质急剧下降。有数据统计，3年以下低驾龄驾驶人导致的事故死亡人数占30%。为此，亟需采取有力措施加强驾驶培训监管，提升新驾驶人素质。

（1）开展驾驶培训学校清理整顿。

2004年，为贯彻落实“9·5”电视电话会议精神，按照全国道路交通安全工作部际联席会议和“五整顿”“三加强”工作措施的有关要求，公安部会同交通部、农业部联合下发了《机动车驾驶员队伍整顿工作实施方案》（公通字〔2004〕50号），部署全面规范机动车驾驶员培训工作，强化驾驶员考试监督，切实提高驾驶员素质。（1）全面对机动车驾驶员培训学校进行清理和规范，通过驾校的培训资格、经营条件、教学和经营行为进行检查，对经营场所、培训设施、人员素质等不符合规定的要求限期整改，整改后达不到要求的取消资格；对只收费不培训、未按教学计划和大纲组织培训、采用虚假广告招揽学员的驾校严肃处理，情节严重的停业整顿，在整顿期间停止受理其考试申请。（2）清理整顿教练员队伍，省级交通部门按照教练员资格条件，对教练员的从业资格进行全面检查，并组织考试，对符合条件且考试合格的教练员，核发《教员准教证》，并向公安部门备案；对不符合资格条件或考试不合格的人员，不得从事教练员工作。（3）公安部门定期向交通部门通报驾校的考试合格率和驾龄在3年以内的驾驶员的交通违法和事故情况，对驾龄在3年以内的驾驶员发生交通死亡事故的，要对培训、考试、发证情况进行责任倒查。

通过几年的清理整顿，先后取消了1900多所不符合条件的机动车和拖拉机驾驶培训学校，清退了9700多名不符合条件的教练员。2003年以来，3年以下驾龄机动车驾驶人交通肇事率年均下降5.5%。驾校经营行为进一步规范，教学培训规定得到落实，教练员教学质量显著改善，驾驶人培训效果得到明显提高。

（2）建立驾驶培训质量监管机制。

2007年，国务院办公厅转发全国道路交通安全工作部际联席会议《关于进一步落实“五整顿”“三加强”工作措施的意见》（国办发〔2007〕35号），要求以提高驾驶人素质为重点，建立健全教学质量监管体系，督促落实驾驶人培训教育方案；建立完善驾驶培训机构和教练员诚信考核体系，推行优质诚信驾校、教练员排名制度，实现驾驶培训市场服务信誉信息的公开透明，强化驾校培训质量监督。

2008年，为进一步提高机动车驾驶人培训质量，从源头上预防和减少道路交通事故，公安部下发《关于加强机动车驾驶培训质量监督工作的通知》（公交管〔2008〕135号），要求各地进一步加强机动车驾驶培训质量监督：（1）集中排查驾驶培训学校资格条件。重点排查教学管理人员和教练车、训练场地等教学设备、设施基本情况，防止培训条件达不到规定要求、教学管理混乱、使用无资格教练员和非教练车号牌车辆培训问题的发生。同时，通过排查对驾校培训能力进行评估，核定其每月培训和报考人数上限，向社会公布。（2）严格审核培训情况和报考条件。建立申请人报名培训和预约报考信息核对机制，认真核查驾校培训学时、培训经历等情况，发现驾校存在弄虚作假、为不符合规定条件的申请人申请报考的，不予受理。（3）全面落实培训质量监督机制，落实驾校考试质量排名通报制度和新驾驶人素质跟踪以及培训质量倒查制度。对考试质量排名较后、培训质量较差、培训的新驾驶人交通肇事和违法行为较多的驾校，适当减少受理报考人数；连续排名靠后或者存在违规情况的，暂停受理报考申请。同时，要建立举报核查奖励机制，鼓励群众监督、举报驾校或者教练员在培训过程中的各类违规行为。（4）进一步加强技术防范和督导检查。建立驾校基本信息监管数据库，推广应用驾校培训质量监控软件，充分利用科技手段，加强对驾校培训质量的监控。

4. 深化客货运驾驶人管理，预防重特大道路交通事故

从事客货车营运的驾驶人作为职业驾驶人，是参与道路交通运输的主体，其安全驾驶意识和素质高低对道路交通安全有重要影响。近年来，各级公安交通管理部门一直把加强客货车驾驶人管理、提高客货车驾驶人的安全驾驶技能和意识作为预防和减少重特大道路交通事故的重要任务。

为深入推进社会管理创新，加强重特大道路交通事故预防工作，2011年3月，公安部交通管理局下发《关于进一步落实客货运机动车和驾驶人管理措施的意见》（公交管〔2011〕63号），提出了进一步落实客货运机动车和驾驶人管理的10项工作措施。（1）建立客货运机动车和驾驶人数据库，逐车逐人审核登记所属企业、从业时间、违法记分和交通事故等信息。（2）排查客货运机动车安全技术状况，对临近检验的机动车，通过手机短信或书面的形式逐一告知运输企业或车主，逾期未检的，通报主管部门暂停运营。（3）排

查客货运驾驶人安全驾驶情况，对交通违法未处理、违法记分满12分的，通过手机短信或书面告知，通报主管部门和所属企业。（4）严格客货运机动车查验，办理车辆登记、检验时，发现机动车主要特征和技术参数不符合国家标准，或与《公告》数据不一致，进入嫌疑车辆调查程序进行核查。（5）严格客货运机动车检验监管，推进与机动车安全技术检验机构联网和监管平台建设工作，实现机动车检验照片和视频自动保存上传。（6）严格客货运驾驶人实际道路考试，对大型客车、牵引车、中型客车和大型货车进行长途驾驶考试，增加山区、涵洞、隧道、模拟高速公路或湿滑路面等考试项目，提高实际道路考试针对性和实用性。（7）严格客货运驾驶人培训监管，会同有关部门对驾校培训资质及培训条件进行一次调查，科学评估驾校培训能力，积极推广应用计算机计时培训管理系统、教练车GPS定位系统等科技管理手段。（8）加强异地客货运机动车和驾驶人管理，对异地机动车和驾驶人纳入本地日常教育管理，并与机动车登记地或驾驶证核发地公安交通管理部门建立信息通报、转递和查处机制。（9）加强客货运驾驶人交通安全提示，建立省、市、县三级手机信息发布平台，对客货运驾驶人开展交通安全文明提示，及时告知违法记分、机动车检验、驾驶证审验等相关信息。（10）加强客货运驾驶人安全文明教育。每季度组织对辖区内运输企业的驾驶人开展一次学习教育，每次学习时间不得少于半天并记录备案。

针对客货运驾驶人准入门槛低、退出机制不健全，一些营运驾驶人交通安全意识不强、素质不高、交通违法问题突出等问题，2012年1月，公安部、交通运输部联合下发了《关于进一步加强客货运驾驶人安全管理工作的意见》（公通字〔2012〕5号）。意见本着突出重点、严格管理的原则，将区分管理客货运等职业驾驶人和普通驾驶人，针对客货运驾驶人的职业特点，从驾驶培训考试、准入资格管理、日常教育监管、严格责任追究等四个方面，出台了17项严格管理举措，提出了更高、更严格的要求。意见有三个方面的明显特点：（1）大中型客车驾驶人培训考试更具针对性和实用性。要求大中型客车严格落实夜间驾驶考试，并在场地内培训和考试中增加模拟雨天、冰雪、湿滑路和突发情况处置等项目，实际道路培训和考试增加山区、隧道、陡坡、高速公路等内容，以增强驾驶人培训、考试的实用性和针对性，提高大中型客货车驾驶人安全意识和技能。明确2012年4月1日起，大中型客货车驾驶人培训要全部应用计算机计时管理系统。

（2）客货运驾驶人准入门槛提高，严重违规将进入“黑名单”库。对申请参加营运驾驶人资格考试的，增加了近3年内无重大以上责任交通事故和交通违法记满12分记录等条件。企业新聘用的大中型客货车驾驶人要参加公安机关交通管理部门组织的道路交通安全法律、法规学习和交通事故案例警示教育后，方可上岗从事运输。交通和公安部门要建立营运大中型客货车驾驶人信息管理平台，实现驾驶证、从业情况、交通违法和事故等信息共享。营运大中型客货车驾驶人发生重大以上交通事故，且负主要责任的，将被吊销从业资格，列入“黑名单”库，3年内不得重新申请参加从业资格考试。（3）教育管理与服务保障并重，打造安全诚信的驾驶人队伍。推行客运安全告知制度，客运企业和驾驶人要在发车前向乘客告知安全服务内容。自2012年2月1日起，全面推行卫星定位监控系统应用。规定客货运驾驶人24小时内驾驶时间不得超过8个小时，连续驾驶时间不得超过4个小时。加强客货运驾驶人权益保障和服务，实行严重交通违法行为有奖举报，加强社会监督。同时，明确了对驾校、教练员、运输企业、道路运输管理人员、交通民警违法、违纪、违规问题的责任追究。

总的来说，自2003年“9·5”会议之后，通过几年来的工作实践，车辆管理部门对于“车辆和驾驶人源头管理是交通安全第一道防线”的意识不断加固，车管工作为事故预防服务、为交通管理整体工作服务的职责不断强化，车辆和驾驶人管理步入良性发展的轨道。

第三节　信息化建设

机动车和驾驶人管理的信息化建设应用起步于20世纪90年代。1998年“进口机动车计算机核查系统”的建设应用，是全国车辆和驾驶人管理信息化建设应用的起步。2005年后，随着全国机动车和驾驶人资源库、机动车登记和驾驶证管理统一版软件系统的推广应用，车辆和驾驶人管理信息化进入快速发展阶段。全国交通管理业务统计监管、机动车驾驶人考试智能评判和监管、机动车安全技术检验机构联网与监管等信息化系统的陆续建成并全面推广应用，为车辆管理业务规范、高效、创新提供了有力支持。通过信息化建设和应用，车辆管理所正规化建设得到了进一步加强，服务水平和工作效率得到了全面提升，便民利民等管理创新措施得到了普及，车辆和驾驶人管理信息化建设应用迈上了一个新的台阶。

一、机动车登记和驾驶证管理信息系统

为有效打击走私车等违法犯罪，1998年公安部建设启用了全国进口机动车计算机核查系统（图4–14），实现了与海关进口车数据的交换和核查，保证了进口车核查的唯一性、安全性和准确性，堵住了走私车非法入户的漏洞，迈出了全国统一的道路交通管理信息系统建设和应用的第一步。

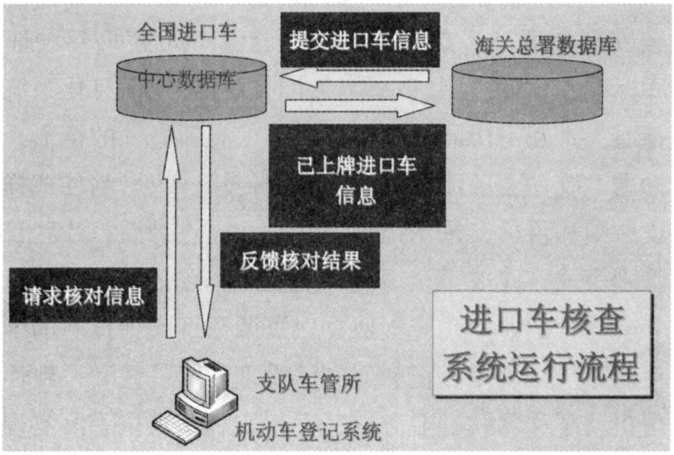

图4–14　全国进口机动车计算机核查系统

（一）建立全国机动车和驾驶人信息查询系统，初步构建交通管理信息系统基础架构

进口车核查系统的成功应用，凸显了信息化在解决业务难点和工作重点问题上的重要性。1999年年底，公安部开始对交通管理信息系统建设进行整体规划，经过充分调研和多次专家论证，编制了全国道路交通管理信息系统建设的基本需求、目标任务以及系统平台设计的总体框架体系。其间，在创建“平安大道”、实施“畅通工程”活动过程中，各地急需先进的科技手段加大对无牌无证、假牌假证等交通违法行为的查处力度。为此，公安部将机动车和驾驶人信息查询系统建设作为实施道路交通管理信息系统总体方案的

龙头项目，投入5000万元作为系统建设专项经费，并明确中央和地方共建的模式。在项目实施过程中，克服了经费严重短缺、各地数据结构不统一、网络资源紧张、技术人才匮乏、项目管理经验不足等实际困难，于2000年建成了全国机动车和驾驶人信息查询系统，首次统一了机动车和驾驶人数据标准以及部、省、市三级系统网络平台，实现了对全国范围内的机动车和驾驶人信息查询，初步构建了交通管理信息系统的基础框架。

（二）统一全国机动车登记和驾驶证管理信息系统，实现了车辆管理工作的跨越式发展

2004年5月1日实施的《机动车驾驶证申领和使用规定》、《机动车登记规定》（公安部令第71、72号）明确规定，“机动车/驾驶证计算机管理系统的数据库标准和软件全国统一”。针对以往各地信息化系统建设“八仙过海、各显神通”，互不协同、容易形成“信息孤岛”的情形，公安部按照“统一数据标准、统一业务流程、统一数据传输、统一制证式样、统一监控方式”的建设原则和目标，采用“集中开发、以点带面、片区管理、协同推进”的项目管理模式，建成了全国统一的机动车登记和驾驶人管理系统。该系统将以往分散运行的业务系统集成在以资源数据库为核心的统一系统环境中，确保了全国办理机动车登记和驾驶证管理的统一性和一致性；按规定全面分解了办理机动车和驾驶证业务的经办权，利用科技手段实现了车辆管理所业务岗位之间的相互监督和制约，基本堵住了机动车和驾驶人管理业务上的漏洞。2004年12月，机动车登记和驾驶证管理统一版软件在全国300多个地市车辆管理所和2600多个县级交警部门全面推广应用。2005年以来，为适应交通管理发展变化和法律法规的调整，机动车登记和驾驶证管理系统先后做了12次重要的升级调整。目前，已实现了与全国进口车核查、被盗抢车比对、车辆生产企业和产品公告核查的自动关联，将车辆识别代号校验程序嵌入统一版软件中，通过技术手段破解了多年来困扰民警的无法有效识别证件真伪、核对车辆信息的技术难题，彻底堵塞了盗抢车、非法拼装车办牌办证的漏洞。机动车登记和驾驶证管理统一版软件投入使用以来，每天办理机动车业务达41万笔，办理驾驶人业务达40万笔；累计办理机动车业务达4.47亿笔，驾驶人业务达4.08亿笔。机动车和驾驶人管理方式从依靠人工操作转变为依靠科技应用，信息化建设在车辆管理部门的严格管理、规范执法、制度

落实中发挥着越来越重要的作用。

（三）实施全国机动车和驾驶人信息资源数据库建设，奠定了以机动车和驾驶人管理为核心的交通管理信息系统应用体系

2003年12月，全国机动车和驾驶人信息资源数据库被列为全国“金盾工程”八大基础性信息资源库之一，对道路交通管理信息系统建设和应用提出了更新、更高的要求。机动车登记和驾驶证管理系统软件的全国统一，实现了机动车注册登记信息和驾驶证信息从地市交警支队到省公安厅、省公安厅到公安部的36小时数据汇总更新，确保了全国机动车和驾驶人信息资源库数据的鲜活、准确、完整。信息资源数据库在机动车/驾驶人登记信息基础上，存储和整合交通违法、交通事故、进口机动车等全项数据信息，实现“业务库”数据内容的“全、准、快”。同时，为国家决策部门和领导提供及时准确的统计分析数据，拓展交通管理信息在不同行业及便民利民查询服务中的社会化应用，更好地为公安执法和国民经济建设服务。为了确保信息资源数据库的数据质量，公安部决定由中央和地方根据职责分工共同完成建设。全国机动车和驾驶人信息资源数据库的建成，为全警提供了快捷便利的机动车和驾驶人基本信息查询，大大地提高了工作效率与规范化程度。截至2011年，共存储全国机动车数据2.24亿多条、驾驶人数据2.35亿多条，平均每天更新机动车数据58万多条、驾驶人数据60多万条，平均每天查询访问量达9.63万次。

机动车登记和驾驶证管理系统是“金盾工程”建设和应用最早、效果最好的系统之一。从车辆管理业务角度看，机动车登记和驾驶证管理系统在全国范围的成功应用，大大提高了机动车和驾驶人管理工作的科技含量，使车辆和驾驶人管理工作克服了区域经济水平差异大、工作基础和管理水平不一、民警素质参差不齐等不利条件，实现了由分散管理到集约管理的重大跨越，在规范业务、提高效率、创新服务、打击犯罪等方面取得了明显成效。从信息化建设应用角度来看，在机动车登记和驾驶证管理系统建设应用过程中，各级公安交通管理部门在信息化基础设施建设、应用软件研发、信息化配套制度建设、信息化人才队伍培养等方面都取得了巨大的成绩，也为整个交通管理信息系统建设应用积累了宝贵经验，奠定了坚实的基础。从此交通管理信息系统建设迈入了快速发展轨道。

二、机动车和驾驶证业务统计监管系统

（一）建立全国机动车和驾驶人业务监管统计系统，充分利用信息化的优势加强车辆管理所正规化建设

2005年以来，各地车辆管理所以“三基”工程建设、车辆管理所等级评定为载体狠抓队伍建设，车管业务管理更加规范、服务群众能力不断增强，车驾管民警整体素质明显提高。但个别车辆管理所、少数民警违规办理业务等违法违纪问题仍很突出，严重影响了交警队伍的整体形象，如违规发放检验合格标志，降低驾驶人考试标准，违规为非暂住人员办理驾驶证，为盗抢车、走私车办理牌证，给不符合《公告》或标准的机动车办理牌证，私自预留和发放“吉祥”号牌等。如何利用信息化手段实现车管主要业务指标信息的实时统计，强化对异常业务的监管，显得紧迫而必要。2007年6月，公安部交通管理局组织部交通管理科研所开发了全国机动车/驾驶人业务统计和监管系统，该系统以机动车登记与驾驶证管理系统为依托，嵌入机动车登记和驾驶证管理业务软件中，其主要功能：一是自动分析和采集异常业务信息，对异常业务信息的动态记录实时上传。二是将各类业务办理数据进行统计汇总，结果及时上传。三是以可视化图形方式，显示各省、市异常业务统计分析结果和主要业务数据统计分析结果，按要求生成标准的统计分析页面。四是通过系统设定各类异常业务的阈值，对于异常业务超过阈值的进行预警，并结合地图动态显示异常业务的主要分布点。五是对统计数据、异常业务数据进行分级管理。系统经试点应用后，取得了良好效果。

2008年3月，公安部交通管理局下发了《关于下发全国机动车和驾驶人业务监管统计系统软件的通知》，系统正式在全国范围内推广应用（图4–15）。目前，全国交通管理业务统计监管系统已在公安部、31个省、352个地市和2253个县级交警部门投入应用。全国31个总队依托“全国机动车和驾驶人业务统计监管系统”建立了对机动车和驾驶人管理业务的定期统计、定期分析、及时通报和督促整改的工作机制，强化了对下业务指导和监督检查力度。通过业务监管系统应用，已发现和查处了多起违规核发和买卖驾驶证、违规考试、违规年检机动车等案件。截至2011年6月，全国机动车和驾驶

人业务监管统计系统共记录异常业务数据1388932条，公安部交通管理局发布了业务数据异常通报65份，平均每个月1.81份，核查了相关省、市车辆管理所违规办理车管业务293起。

图4-15　全国交通管理业务统计监管系统主界面

全国机动车和驾驶人业务统计监管系统的推广应用，发挥了显著成效。一是促进了规范化建设。各级公安交通管理部门建立高效对下督促整改工作机制，对突出问题督促整改，对规范车驾管业务发挥了积极作用，减少了车辆管理工作中的随意性和违法违纪现象，进一步加强了车辆管理所正规化建设。二是提高了主动规范意识。对异常业务由被监督到主动防范，异常业务通报被纳入业务绩效考核，基层民警办业务规范意识加强。同时对异常业务原因进行分析，从源头上进行规范。三是提高了工作效率。统计报表上报方式由人工上报改为系统自动上报，效率明显提高，同时也减轻了民警工作量，有效地解决了以往各类月报表的工作量大、效率低和正确性偏低的问题。四是提高了业务研判分析水平。系统汇总了90多项交通管理业务指标数据，全部实现自动采集和统计分析，经过数据分析处理，提供了多种可视化的数据展现方式，系统成为各地开展业务研判分析的有力技术支撑，对提高业务研判水平发挥了重要作用。

（二）实现对异常业务的动态预警和主动干预，进一步完善和严密车管业务监管

机动车/驾驶人业务统计监管系统对违法违规行为起到了十分重要的监管作用，但该系统主要是对异常业务数据的事后统计分析监管，缺少对异常业务办理过程的动态预警和干预。违规违法的车驾管业务往往在办结以后才“亡羊补牢”——被发现和查处，为了解决这个问题，公安部决定在机动车/驾驶人业务系统中嵌入车驾管业务监管程序，与机动车/驾驶人业务统计监管系统互相补充，推进对车驾管业务办理过程的监管。公安部确定了车驾管业务监管平台软件要实现“动态预警、过程干预、及时纠正、闭环管理”的总要求，并组织公安部交通管理科学研究所进行研究开发。通过业务监管平台，车辆管理所要能对日常异常业务预警信息进行自动采集、及时发现、后续处置和考核管理，形成对异常业务的动态闭环管理。车辆管理所业务监管平台软件要做到全国统一，部、省两级预警平台面向总队和公安部用户，软件结构分部、省、地市三级，与综合应用平台一致，其中软件面向基层车辆管理所用户，监管平台软件内嵌在交通管理综合应用平台中。按照建设要求，2010年11月，公安部完成业务监管平台软件开发工作，与公安交通管理综合应用平台系统一起试运行。建立车驾管业务监管平台，在交通管理综合应用平台基础上，运用动态预警和干预管理的理念与方式，“从被动到主动”全面杜绝违法违规办理车管业务。

（三）拓展业务监管范围，实现对车驾管业务的全面综合监管

除了对机动车/驾驶人业务统计监管系统不断进行完善和升级外，公安部交通管理局还推广应用了与机动车与驾驶人管理配套的一系列监管系统，实现了对车辆和驾驶人管理业务工作的全方位监管。

1. 驾驶人培训考试监管

为强化驾驶人培训质量监督，严密驾驶人考试过程监管，2008年10月22日公安部发出《关于开展驾驶人培训和考试监管系统软件运行试点工作的通知》（公交管办〔2008〕475号），开始运用驾驶人培训和考试监管系统软件。通过运行这些监管软件，有效地规范了驾驶人学习与考试，提高了机动车驾驶人的素质。据统计，新驾驶人3年内交通肇事年平均数下降1.07%，取

得了明显效果。

2．网上绩效考核

2008年，公安部依托机动车登记和驾驶人管理系统，建立了车驾管民警网上绩效考核机制，在全国统一机动车登记和驾驶人管理系统中增加岗位民警、考试员的工作统计和考核功能；建立统一版软件网上交流和服务平台，提供业务技术问题问答、网上业务知识考试、车驾管业务资料等信息查询以及工作经验交流等内容。

3．视频、音频数据监控

2010年，公安部决定落实重点岗位科技监控措施，推动各地建立驾驶人考试和机动车检验监控中心。各总队建立车驾管业务视频、音频和数据监控系统，实现对全省车辆管理所业务大厅、考试场、安检机构等实时监控，自动进行异常业务数据分析比对。依托各省级监控平台，开设公安部监控接口，实现全国车驾管业务实时视频监控，改进对下监督管理模式。截至2011年年底，全国77.78％以上地市应用科目一、科目二考试视频、音频监控设备，2082家安检机构实现检验数据实时上传车辆管理所。

4．综合监管

为了加强车辆管理队伍正规化建设，公安部积极探索，组织开发了整合群众投诉、监控视频等更加丰富的业务监管信息，实现业务监管报警信息的采集录入、业务提醒、监管警告、后续处置、上传汇总、查询统计等流程化管理。群众通过电话或互联网举报的信息、车管大厅触摸屏或窗口服务评价系统产生的群众投诉信息、上级机关转发的核查信息、通过考场或路段视频监管发现的异常情况、巡查车驾管业务窗口或场地发现的异常情况，车辆管理所安排专门的业务监管人员负责采集、汇总和分析，并进行后续处置。从提高查处效率、增强查处力度角度出发，由公安部对监管信息实行分类管理，普通监管信息由地市车辆管理所负责处置，性质比较严重的监管信息直接上传部局业务统计监管数据库，供部局、总队核查。

通过车驾管业务监管系统的综合应用，使每一名民警办理每一宗业务的情况，在信息化系统中留下“透明的脚印”，全方位接受上级与人民群众的监督，全面健全车辆和驾驶人管理业务监管功能，切实提高了道路交通管理服务群众水平。（图4–16）

图4–16　车辆和驾驶人管理业务监管中心

三、机动车驾驶人考试智能评判和监管系统

机动车驾驶人考试是车驾管民警一项重要的执法行为，尽管机动车和驾驶人监管系统在车驾管业务规范化建设中发挥了重要作用，但是在现行的驾驶人考试制度下，传统的驾驶人考试中考官的人为因素还是起主要作用，目前驾驶人考试制度的落实仍是规范执法的薄弱环节和监管难点。从近年来检查情况看，参与、协助或者纵容考试作弊，买卖机动车驾驶证谋利的问题时有发生；车辆管理所与驾校脱钩不彻底，驾校人员贿赂考试员，违规参与考试工作，影响考试公平性的问题比较突出；少数考试民警综合素质较差，执法随意性大，考试项目和要求落实不到位，监考把关不严；考试场地建设不规范，考试设施不全，考场监控手段不足，等等。为解决驾驶考试中存在的突出问题，在完善岗位监督制约机制、提高考官素质的同时，需要强化信息技术应用，公安部从2005年开始全面推动驾驶人考试智能监控和评判系统建设应用。

（一） 推广应用计算机无纸化考试，规范和严密理论考试流程

《道路交通安全法》的颁布实施，为建立机动车驾驶人考试智能评判奠定了法律基础，公安部门大量采用计算机操作，也为运用机动车驾驶人考试智能评判夯实了技术基础。2004年5月1日实施的《机动车驾驶证申领和使用规定》（公安部令第71号）及2004年7月1日实施的《机动车驾驶证业务工作规范》明确规定，“科目一考试应当在考试员的监督下，由申请人通过计算机闭卷答题”（图4–17）。从此，我国机动车驾驶人考试基本摒弃了人工答题、人工改卷的落后方式，驾驶人科目一考试运用计算机评判，变得更“铁面无私”、更科学、更透明、更公正。

图4–17 科目一计算机考试考场

为了进一步加强科目一考试监管工作，2009年10月1日，全国统一版本的驾驶人科目一考试软件完成推广应用工作。自此，全国31个总队均统一了机动车驾驶人考试科目一考试全国题库。为了杜绝考试员进行后台操作修改成绩等违规行为，考试过程也有明确的规范化要求，“科目一考试应当在考试员的监督下，由申请人通过计算机闭卷答题。考试结束后，考试成绩自动上传计算机管理系统”。机动车驾驶人考试科目一实现计算机无纸化考试，全国统一了考试题库，自动录入考试成绩，标志着全国机动车驾驶人考试智能评判迈出了建设与应用的第一步。

（二） 全面推广应用电子化场地驾驶技能考试系统，实现客观、公正、公平

一直以来，机动车驾驶人场地驾驶技术考试（科目二）是由考试员靠人

眼、凭经验对考试人的机动车驾驶操作进行主观评判，容易受天气、场地、车辆等客观因素影响，导致考试员出现误判，加之一些人为因素的影响干预，影响了科目二考试的公平、公正，同时也存在考试效率低的问题，容易造成当事人与民警的矛盾，不利于车驾管民警树立良好的执法形象。2004年7月1日起实施的《机动车驾驶证业务工作规范》明确要求“大型客车、城市公交车、中型客车、大型货车、小型汽车、小型自动挡汽车、低速载货汽车的科目二考试应当使用计算机自动监控考试系统考试”。为了统一规范考试系统建设标准，公安部先后组织制定了行业标准《机动车驾驶人桩考系统》（GA/T 554–2005）、《机动车驾驶人场地驾驶技能考试系统》（GA/T 554–2008），从2005年开始，电子化场地驾驶技能考试系统得到全面推广应用。截至2011年年底，全国31个省共1404个驾驶人考试场建成879套场地驾驶技能考试系统，考试学员累计约4000万人次。场地驾驶技能考试系统的建设应用，大大地提高驾驶人考试工作效率（图4–18）。同时，减少了人为因素干扰，堵塞了考试工作存在的漏洞，充分体现了车驾管工作公平、公正、规范执法的理念，得到了社会各界和广大群众的一致好评。

图4–18　科目二考试计算机自动监控考试中心

（三）研究建立实际道路驾驶考试电子评判系统，逐步实现驾驶考试全过程的智能化

在驾驶考试的全过程中，要实现实际道路驾驶考试的电子化和智能化评判难度最大、技术最复杂，对考试场地和人员的要求也最高，目前还尚未制定相关的技术标准。在公安部的支持下，部分车辆管理所开始了积极的创新和尝试，在实际道路考试中应用科技手段进行监控与评判，建立智能化考试

评判系统。2009年8月，深圳在全国率先自主研发了驾驶人实际道路考试“智能评判”系统，实现了驾驶人考试全科目的电子评判。实际道路考试智能监控和评判系统是一套集计算机技术、自动控制、卫星定位、惯性导航、数字化通信技术于一体的综合性考试系统，主要由场地项目、车载设备以及专用考试评判三大部分组成。实际道路考试“智能评判”系统的运用，能够更加公平、更加客观地为“准司机”评分，也大大提高了工作效率（图4-19）。为此，公安部要求全国各地借鉴深圳等地实际道路考试的经验做法，探索应用科技手段进行实际道路考试的模式，直辖市、省会市和一等车辆管理所要先行先试。截至2011年年底，全国共有37个地市车辆管理所应用了实际道路驾驶人考试智能监控和评判系统。

图4-19　科目三考试智能评判考试中心

除了全科目考试采用智能评判外，为加强机动车驾驶人考试工作管理，进一步推动驾驶考试工作健康、长远发展，公安部还采用了一系列的配套监管手段。2010年10月公安部交通管理局推出了“九项社会管理创新工作措施”，明确要求：“推进驾驶人考试智能监控和评判，加强考试监督制约。车辆管理所进行机动车驾驶人考试要全部使用指纹、视频、录音等监控手段，以加强对考试工作的全程监督。”通过以上技术手段，考试员与考试人在考试全程中处于被监管状态，杜绝了困扰车辆管理所多年的驾驶人请人替考、找人说情，考试员应邀作弊等违规现象。总之，通过在驾驶考试管理中不断深化应用信息化技术，建设应用全流程、全过程的信息系统和智能评判系统，车驾管工作进一步规范化、科学化。驾驶考试工作信息建设应用在以下三个方面发挥了显著效益：一是提高了考试工作的服务水平，通过简化考试流程、减少群众等待时间、合格后现场发证等措施，大大方便了群众，提升了车驾管工作服务质量。二是显著提高了工作效率，减轻了民警劳动强度，也减少了警民纠纷，受到广大民警的欢迎。三是考试过程实现了公开、公正、透明，很大程度上减少了人为因素的干扰，驾驶考试中的违规行为明显减少，群众投诉举报数量大幅下降。

四、机动车安全技术检验机构联网与监管系统

（一）机动车安全技术检验工作发展沿革

机动车安全技术检验工作是道路交通安全管理的重要源头和关键性环节，对机动车安检机构及其检验行为进行监督是公安机关的法定职责。机动车安检机构对机动车辆的安全技术检验，主要从保证整车的安全性能角度出发，按《机动车运行安全技术条件》（GB 7258-2004）、《机动车安全技术检验项目和方法》（GB 21861-2008）等国家标准要求，通过上线检测与人工查验的方式，对机动车进行检验。1987年，全国车辆管理工作统一由公安部负责，公安交通管理部门在交通部建设汽车检测站的基础上，对机动车安全技术检验机构进行了推广和发展。2004年实施的《道路交通安全法》和《道路交通安全法实施条例》规定，对机动车的安全技术检验实行社会化，机动车安全技术检验由机动车安全技术检验机构实施。机动车安全技术检验行为已经由公安交通管理部门的一种行政行为转化为由具有第三方公正性的检验机构向社会出具检验检测数据的行为。

一直以来，机动车安检机构存在的最突出、最主要问题就是安检机构之间存在检测质量和标准把握不一致问题。一方面是由于机动车安全技术检验机构从业人员文化水平有限和技术人员水平不同。另一方面是由于机动车安全技术检验机构竞争压力增大，机构负责人注重经济效益，放松了对严格管理的要求，甚至直接指使工作人员弄虚作假、放松检验标准，置人民生命、财产安全不顾，放任安全技术状况不合格的车辆过关，使其成为道路交通安全的严重隐患。20世纪90年代中期，各地公安机关开始探索如何利用计算机联网技术实时传输检验结果，用科技手段加强对安检机构监管，但进展缓慢，截至2003年，全国只有3个省、直辖市总队的安检机构与公安机关实现了

计算机联网，覆盖率也只有3.9%。

2004年，根据全国道路交通安全工作部际联席会议下发的《预防道路交通事故“五整顿”“三加强”实施意见》，公安交通管理部门加大对机动车安全检验机构的监督力度，会同质检部门对安检机构进行清理整顿，全力推动安检机构与车辆管理所的联网进程，实现对车辆上线检测情况的实时监控。

（二）建设机动车安全技术检验监管网络平台，实现机动车技术安检全过程的主动式监管

为加强机动车技术安检机构监管，确保安检机构按规范进行机动车检验，真正客观、公正、准确地出具检验合格结果，同时进一步提高办理效率，简化办事手续，2010年，公安部下发《关于进一步加强机动车安全技术检验监管工作的通知》，明确机动车检验监管职责和工作重点，要求各地严把机动车检验关，建设机动车安全技术检验监管网络平台，实现机动车安全技术检验机构与车辆管理所联网，实现机动车检验过程的视频监控和检验合格数据的自动比对。同年，制定了国家标准《机动车安全技术检验机构联网技术规范》。2011年4月，国家质检总局、公安部和国家认监委联合下发《关于进一步加强机动车安全技术检验机构资格许可和监管工作的通知》（国质检监联〔2011〕179号），要求各地推动与机动车安检机构联网，加快推进机动车安检机构与公安机关的联网进程，实现检测过程全程监控、检测数据自动传输、车辆外观远程查验、检验合格标志远程核发。截至2011年年底，全国有28个总队制定了全省（区、市）统一的联网标准和规范，有2082家机动车安全技术检验机构与车辆管理所联网，联网率达78%，其中，北京等8个省（区、市）的联网率达到100%。

机动车安全技术检验监管网络平台的建设应用，实现了机动车技术安检全过程的主动式、过程式监管，是利用信息化手段强化机动车检验监督管理的有力保障。

（三）实现机动车远程查验、核发检验合格标志，精心打造“一站式”贴心便民服务

机动车进行定期检验、核发检验合格标志是车辆管理工作中数量最多的一项业务，每年平均3300万宗，占车辆管理业务的44.37%。如何利用信息化

技术，更高效地办理核发检验合格标志业务，对车辆管理所提高工作效率、提高便民服务水平有着重要的意义。机动车安检机构与车辆管理部门联网，实现检测过程全程监控、视频和检测数据自动传输，为开展远程查验、核发检验合格标志奠定了技术基础，车辆所有人在机动车安检机构直接取得检验合格标志成为“可以实现的梦想”。

2011年，为了全面落实“九项社会管理创新工作措施”，公安部完成车辆外观远程查验、检验合格标志远程核发软件设计方案，并在综合应用平台核心业务功能基础上，增加远程查验、远程打印检验合格标志等扩展功能，为各地落实社会管理创新工作措施提供技术支持和手段。为此，公安部在《交警系统推进社会管理创新工作措施》中要求各省、市总队结合本地实际，制定安检机构联网建设规范和工作规范，明确安检机构和车辆管理所的监管网络、监管平台、设备配置等要求，规定车辆管理所对车辆外观远程查验和检验监管的工作职责，并把全面开展车辆外观远程查验、检验合格标志远程核发工作，作为公安部重要社会管理创新措施之一。截至2011年年底，全国有229个地市建成机动车安全技术检验监管平台，89个地市实现了远程核发机动车检验合格标志，每天平均远程核发机动车检验合格标志5.2万个。

全面推进机动车安全技术检验监管平台建设，实现了机动车远程查验、核发检验合格标志，精心打造“一站式”贴心便民服务，凸显了公安交通管理部门“执法为民”的理念。通过远程查验、核发检验合格标志，车辆管理所不再需要派驻民警驻场办公，大大解放了警力。这种工作模式，将核发检验合格标志业务分解为相对独立的查验、审核、制证等环节。车辆所有人在通过安全技术检验后，可直接在安检机构取得检验合格标志，避免了车辆所有人在检测线和车辆管理所之间来回奔波，核发机动车检验合格标志变得更简单、更快捷，原来要三四个小时办结的业务缩短为20分钟办结，大大地方便了群众。

五、公安交通管理综合应用平台建设应用

近年来，通过“金盾工程”一期和二期项目建设，车辆管理信息化工作取得了显著的发展进步和应用成效，但也存在一些突出问题，如信息关联共享不够、系统集成度低、数据分布分散、信息资源共享利用机制不够完善、

各部门和警种间的协作有待加强、车管源头管理和路面执法的联动效应不足等，这些问题在车辆管理工作推进规范执法、服务经济发展和创新服务等方面形成了“瓶颈效应”。对此，必须在现有基础上发展创新，进一步优化完善信息系统，不断提高信息化应用水平，以适应交通管理新形势，满足人民群众新要求。

2010年3月，公安部交通管理局根据“金盾工程”二期及公安警综平台、公安情报平台的总体建设要求，决定以现有公安交通管理信息系统为基础，融合机动车登记、驾驶证管理、交通违法处理、交通事故处理、交警队信息平台、剧毒品公路运输管理等业务系统，对数据资源、软硬件平台、业务流程、软件功能、信息服务、安全保障体系、标准规范体系、运行维护管理等进行全面整合，建立了“促进应用、规范管理、创新服务、共享信息、严格监管”的全国统一的公安交通管理综合应用平台，并组织公安部交通管理科研所历时半年时间完成了公安交通管理综合应用平台软件的开发测试，并在江苏、四川两省成功进行试点。2011年4月，公安交通管理综合应用平台开始在全国推广应用。截至2012年1月，27个省、区、市已经完成综合应用平台的推广应用工作，总体运行情况平稳。基层民警办理业务流畅，使用新系统办理的日均业务量已经达到或超过切换前的业务量。从阶段情况看，综合平台的推广应用已初见成效。

公安交通管理综合应用平台建设是交通管理信息化发展过程中一个里程碑，标志着交通管理信息化应用进入纵深发展阶段。其重要作用在于：一是实现了系统融合和资源整合。平台横向整合各类业务数据、纵向整合各层级资源，做到了“横向集成、纵向贯通、互联互通、全面共享”，建立具有交警业务特色的综合应用系统。二是在服务交通管理业务、服务于执法、服务于群众上有突破，推出一批新的业务功能，提高服务效率和质量，让社会和群众切实感受到了交通管理信息化建设的成果和效益。三是实现了更加广泛的信息共享，进一步打破交通管理信息系统与情报平台、警综平台、外挂软件之间的壁垒，实现信息的顺畅流动和高度复用，有效解决信息重复录入和信息孤岛问题。四是强化了窗口业务静态信息与路面执法动态信息的有机结合，提高交通管控能力和重点违法行为的查处能力，为解决假牌、套牌车、肇事逃逸等难点问题提供了强大的技术支撑。五是功能实用，操作简便。平台满足了交管业务在信息采集、业务办理、执法监督、综合应用等方面的工作需求，彻底整合了车驾管业务受理功能，实现了一窗式业务服务，民警仅需一次登录即可处理各项业务和工作，办理授权范围内的所有业务；数据采集录入一次即可实现多次、各级复用。

综观我国车辆和驾驶人管理信息化建设历程，可以看出，2004年至2011年是我国车辆管理信息化发展取得显著成绩的8年，历史再一次验证了“信息化并不是直接的生产力，而首先是先进的服务力和优化力”，没有强大的信息系统支持，不强力推进信息化，就不可能构建适应新形势需求的“规范化服务型车辆管理所”。以信息化作为车辆和驾驶人管理工作的重要发力点，对实现机动车和驾驶人管理工作的不断创新发展有着决定性的意义。

第四节　正规化建设

“在全部公安工作中，队伍建设是根本，也是保证”。队伍建设是公安工作永恒的主题，是开展各项工作的根本和保障。车辆和驾驶人管理工作是社会公共服务的重要组成部分，车辆管理所是服务经济社会发展、服务人民群众的重要窗口，队伍正规化建设事关对外形象。近年来，全国车辆和驾驶人管理部门坚持以制度管事，以制度管人，坚持不懈抓好民警的思想政治教育和警示教育，不断强化业务练兵和培训，提高业务素质，不断强化制度建设和监督检查，提升正规化建设水平，队伍建设历经了从弱到强、从粗放式管理到精细化管理，规范化、正规化建设取得了显著成效。截至2011年年底，全国地（市）公安交通管理部门共设立了351个车辆管理所，另外，还有2253个县级车辆管理所；全国共有车驾管民警24229人，聘用辅助人员2万余人。

一、组织管理实现标准化

（一）车辆管理所等级评定制度的建立

随着车辆和驾驶人管理工作程序化、科学化、规范化程度的不断提高，以《道路交通安全法》及其实施条例为基础、以4个公安部门规章为支撑、以有关技术标准为保障的机动车和驾驶人管理法律和标准体系已基本形成，实现了管理权责、岗位流程和执法标准法定化，为推进依法管理提供了强有力的保障。在此基础上，建立车辆管理所分类、分等级管理的机制，实现岗位设置、硬件建设等管理标准化，调动车辆管理所争先创优的积极性，更好履行执法和服务职能，充分发挥典型带动作用，推动整体工作就显得尤为重要。

为了加强车辆管理所规范化建设，全面提高车辆管理所的业务工作和队伍建设水平，2005年，公安部在全国实行车辆管理所等级评定制度，制定发布了《车辆管理所等级评定办法》，明确了车辆管理所等级评定的范围、等级评定权限、评定内容以及各个等级具备的基本条件。车辆管理所分为一等、二等、三等、四等和等外五个等级。其中，一等车辆管理所为优秀车辆管理所，等外车辆管理所为不合格车辆管理所。车辆管理所等级评定内容包括机动车管理、机动车驾驶人管理、服务群众、监督管理、队伍建设、警务保障六个方面。公安部评定一等车辆管理所，各省、自治区、直辖市公安厅、局评定二等、三等、四等和等外车辆管理所。公安部可以对各省、自治区、直辖市公安厅、局评定的车辆管理所等级进行复核。

车辆管理所等级评定实行计分考评制，评分标准全国统一。满分为100分，未达到要求的扣减分值。分值达到95分以上的，为一等车辆管理所；达到85分以上不足95分的，为二等车辆管理所；达到75分以上不足85分的，为三等车辆管理所；达到60分以上不足75分的，为四等车辆管理所；不足60分的，为等外车辆管理所。其中，一等车辆管理所应当同时具备以下条件：（1）荣立过集体功或者受过地市以上党委、政府和公安机关表彰；（2）群众满意率达到95%以上，对民警服务态度无投诉；（3）大型客、货车和其他营运车辆报废率达到98%以上、监销率达到100%；（4）科目三考试使用计算机路考系统；（5）3年以下驾龄的机动车驾驶人交通肇事死亡人数占机动车肇事死亡人数的比例不超过30%。有下列情形之一的，为等外车辆管理所：（1）为盗抢、走私、非法拼（组）装、报废以及未列入车辆产品《公告》的机动车办理牌证的；（2）未对大型客、货车以及其他营运车辆报废进行监督销毁的；（3）给未经检验或者检验不合格的车辆核发检验合格标志的；（4）为不符合驾驶许可条件的人员发证或者不考试发证、考试不合格发证、买卖驾驶证的；（5）发现考试中存在舞弊问题，不予制止的；（6）驾驶人初领证后一年内交通肇事死亡人数占全部驾驶人交通肇事死亡人数的比例达到30%以上的；（7）举办或者参与举办驾驶培训学校、驾驶培训班；（8）存在乱收费、指定保险、检测、维修和推销产品等问题的；（9）违反规定，到其他车辆管理所辖区内办理机动车登记、驾驶证业务的；（10）群众对车辆管理所的满意率低于70%的；（11）当年有民警及工作人员违法违纪，被开除党籍、开除公职、辞退的；（12）当年车辆管理所领导班子成员受到党内严重警告以上或者行政记大过以上处分的；（13）在等级评定中弄虚作假的；（14）其他因不履行或者不认真履行职责造成严重后果、恶劣影响的；（15）省级以上公安机关认为应当评定为等外车辆管理所的其他情形。

车辆管理所等级评定工作坚持公开、公正的原则，分级负责，逐级考评。各级公安机关成立由纪检、监察、督察、政工和有关业务部门共同参加的车辆管理所等级评定工作领导小组，采取书面审查与实地考查、定量考核与定性考核相结合的方式，集体进行考核评定工作。为增强车辆管理所等级评定工作的科学性，自2009年开始，公安部在加强日常动态监管的基础上，延长等级评定的周期，由原来的“每年评定一次”调整为“每两年评定一次”。同时，调整评定方法，突出管理重点，公安部对一等管理水平的车辆管理所通过网络测评和实地检查的形式进行考评，对其他等级的车辆管理所只通过网络测评的形式进行复核，实地检查考评由省级公安交通管理部门承担。完善考核监督机制，实行评定结果动态管理。将日常工作监督情况纳入等级评定考核评价体系，对于发现存在违规、违纪等严重问题的，严格按照评定办法和标准，及时调整评定结果，实现管理的动态化。

截至2011年，全国已有北京、成都、杭州、昆明、宁波、南京、武汉、马鞍山、淄博、廊坊、临沂、青岛、曲靖、无锡、阜新、合肥、沈阳、南通、红河、厦门、潍坊、大庆、烟台、呼和浩特、新乡、安顺等26个地市车辆管理所被评为一等车辆管理所，143个车辆管理所达到二等以上管理水平，100个县级车辆管理所被评为全国优秀县级车辆管理所（图4-20），其中成都市车辆管理所被国务院命名为“人民满意车辆管理所”。

图4-20　全国一等车辆管理所授牌仪式

（二）车辆管理所等级评定的成效

经过几年的创建和评定，车辆管理所等级评定的工作成效已开始显现，具体体现在以下几个方面：

一是车辆和驾驶人管理工作得到地方党委政府和上级公安机关的高度重视。公安部《车辆管理所等级评定办法》对车辆管理所的硬件建设提出了明确要求，各地紧紧抓住开展等级评定的有利契机，积极向党委政府汇报，在各级党委政府和公安机关的支持下，车管服务大厅、考试场地、信息系统和设备等进一步规范和完善。

二是各项政策法规和重点工作的贯彻执行力度明显增强。为推动重点工作的落实，公安部每年对车辆管理所等级评定的标准和方法进行修订，将当年的重点工作纳入等级评定的考核内容。各地通过开展等级评定工作，明确年度重点工作目标，强化工作部署和考核，建立了升降级、挂牌管理的激励机制，在全国公安交通管理部门形成了逐级抓部署、抓落实、抓考核的工作机制，确保政策法规落实到基层。

三是一系列惠民便民的服务举措得到巩固深化。2005年以来，公安部先后推出了群众自编自选机动车号牌号码、互联网办理相关车驾管业务、设立交通管理服务站等70多项服务措施，落实情况均列入等级评定的考核内容，引导和激发各地车辆管理所不断优化业务流程，提高服务效率，创新服务模式。各地在此基础上，结合本地实际又推出近200项便民服务新举措，车辆管理所服务群众水平显著提高，受到社会各界的广泛好评。

四是典型示范和引领作用得到充分发挥。各地以召开现场会、组织跟班学习、推广典型做法等形式，充分发挥先进车辆管理所的典型示范和引领作用，促使各地形成了“创典型、学先进、促工作”的良好氛围，推进了车驾管工作整体水平的提升。

二、重点岗位实现专业化

为了加强重点岗位管理，提高考试、查验等工作专业化水平，公安部实施了重点岗位资格管理制度，实行考试员、查验员持证上岗，从关键岗位把好车辆和驾驶人管理第一关。

（一）考试员资格管理

2004年全国道路交通安全工作部际联席会议下发了《预防道路交通事故“五整顿”“三加强”实施意见》，提出了清理整顿考试员队伍，实行资格管理，完善驾驶人考试机制，加强监督制约，保证考试质量的要求。为加强对机动车驾驶人考试员的管理，规范驾驶人考试工作，提高驾驶人考试质量，2005年公安部制定了《机动车驾驶人考试员资格管理办法》，对考试员资格申请、资格培训、审验管理以及法律责任进行了规定。由此，正式建立了全国统一的考试员管理制度。从事机动车驾驶人考试工作的人员应当取得考试员资格，持有考试员资格证书。

省级公安交通管理部门负责组织考试员资格培训、考试工作，核发考试员资格证书。各地重新对考试员进行调查摸底，按照考试车型不同，建立了考试员分类管理制度，对考试员一律进行重新考试，考试合格的，颁发《机动车驾驶人考试员证书》，形成了常态化资格认证和管理机制。截至2011年年底，全国有2万多名各类考试员通过省级资格认证并在全国“驾驶人培训考试监管系统”备案。

为加强考试员监督管理工作，各地不断完善考试员日常监管机制，加强监督制约。

一是使用计算机随机安排考试员，在考场公开考试员名单，有条件的地方采取组织考试员异地交叉考试，确保考试工作的公正、公平。

二是为进一步强化监督，对理论考试、场地驾驶考试、道路驾驶考试3个科目的考试成绩单实行学员和考试员双签名制度，并存入驾驶人档案。同时，在场地驾驶考试、道路驾驶考试时，实行了双考试员监考制度，由两名考试员同时对学员进行考试，相互监督制约。

三是建立驾驶人考试工作远程监控中心，启用车辆和驾驶证业务监控平台，实现了数据实时上传和音频、视频监管异常业务自动报警，实现对车辆管理所每个岗位、每个民警、每笔业务办理情况的监控，强化考试员监督。

四是为确保制度落实，在车辆管理所等级评定工作中，将考试监督制度列入考核内容，要求各地组织考试监督小组，定期对驾驶人考试质量进行抽查，建立抽查台账，作为对考试员的考核依据。

五是建立全国考试员信息库和监控分析机制，合理设置每名考试员单日最大考试量。2010年，在“驾驶人培训考试监管系统”中建立全国考试员信息库，针对考试员个人的日考试量异常情况进行监控分析，加强对考试员的动态管理。

（二）查验员资格管理

机动车查验是进行车辆唯一性认定和核发检验合格标志时实质性审查的重要手段，是机动车登记的重要环节。查验员必须具备一定业务知识，熟练掌握机动车安全技术标准。长期以来，由于机动车查验工作的政策性和技术性较强，加之部分查验员素质不高，责任心不强，存在渎职、失职问题，成为社会、媒体关注的焦点，有必要进一步加强机动车查验工作，对机动车查验项目和查验程序进行规范。

为配合《机动车登记规定》（公安部令第102号）实施，2008年10月1日，公安部实施了公共安全行业标准《机动车查验工作规程》（GA 801-2008），对机动车查验员的资质做了规定，明确规定查验民警应当具备的基本素质和基本技能。同时，统一了查验员职责分工、主要车型查验和其他车型查验、监督的内容，查验工作逐步走向规范化轨道。

为了提高查验员技术水平，公安部交通管理局于2009年在中国道路交通管理干部培训中心分期举办了机动车查验技术培训班，全国351个车辆管理所的500余名业务骨干参加了培训。培训的主要内容为汽车理论知识、机动车查验知识、相关技术标准体系、查验基本技能和工作方法等共计12个讲座，为各地业务培训培养了一大批师资力量，积累了宝贵的经验。

与此同时，各地根据全国统一部署，加大了对查验员的培训、考核、监督力度。

一是根据《机动车查验工作规程》要求，北京、安徽、山东等部分地方制定了《机动车查验员管理办法》和《机动车查验工作细则》，细化了查验流程和查验方法，配置了统一的查验设备，严格机动车查验。

二是开展了大规模的培训，采取集中和分批培训的方式，组织查验员进行理论培训、技术培训、实地查验培训，结合实际培养了一批业务骨干，提高了查验工作水平。

三是开发应用远程查验平台，对查验员查验行为和查验过程进行监督监管，在全国远程查验系统软件的基础上，各地加大科技和财力投入，配备远程查验终端设备，在机动车安全技术检验机构，通过远程查验终端实现查验过程和结果上传，直接打印检验合格标志和行驶证，大大提高了工作效率，增强了监督的时效性和针对性。

四是建立查验员信息库，在全国统一版机动车登记信息管理系统中，按照查验员查验的车型和种类，设定查验权限，将备案的查验员全部在信息库中进行备案，无查验资格或查验资格过期的，从信息库取消查验权限，实现了对查验员的动态监管。

五是加大暗访检查力度，通过不定期突击暗访和集中暗访检查，对查验员的查验工作行为进行监督，查处了一批查验不严格、不规范的民警，保证了相关国家标准的严格执行，把好车辆行驶准入的重要关口。截至2011年年底，全国共培训、考核、认证查验员1.3万余名，全部实现了备案管理。

（三）信息系统管理员管理

信息系统管理员担负着行政区域内信息系统网络、服务器、系统软件、应用软件等运行、使用工作，并承担对应用管理员、安全管理员进行技术指导。随着公安交通管理信息化建设的不断深入，机动车登记、驾驶证管理、违法处理、事故处理4大核心公安交通管理业务处理信息系统已经在全国范围内得到了推广应用，信息系统的管理和维护越来越重要。特别是公安部开发应用综合应用平台，对现有的机动车登记、驾驶证管理、违法处理、事故处理、危险品管理、交警队信息平台的信息资源进行了整合，在提高了公安交通管理部门执法水平和工作效率的同时，也对系统管理提出了新的更高的要求。2008年1月，为加强信息系统安全和系统管理员管理，公安部制定了

《全国公安交通管理信息系统运行管理规定》，规定了信息系统用户管理的职责和权限，要求系统管理员应当经过交通管理业务和信息系统专业技术培训，持证上岗。省（自治区、直辖市）公安交通管理部门系统管理员由公安部交通管理局培训考核，地（市）及以下公安交通管理部门系统管理员和应用管理员由省（自治区、直辖市）公安交通管理部门培训考核，考试合格后核发岗位资格证书。2009年，公安部下发《关于加强公安交通管理信息系统安全管理工作的通知》（公交管〔2009〕1号），组织对全国机动车登记和驾驶证管理统一版软件和全国公安交通管理信息查询系统软件进行了调整和升级，对系统管理员、系统使用和运行管理提出了具体要求，凡涉及系统安装或升级，必须有系统管理员负责，确保统一版软件系统的安全运行。自此，系统管理员管理逐步走向了规范化。

三、执法监督实现制度化

（一）建立健全监督制约机制

1. 坚持制度完善与科技监管相结合

相当一段时间，车辆管理所内部监督内容不明确、不统一，为不符合规定的机动车上牌，办理"人情证"、"关系证"等行为时有发生。1999年，公安部为适应当时形势需要，进一步强化监督，堵塞工作中的漏洞，防止队伍发生问题，制定并印发了《车辆管理所业务岗位规范》等5个规定，进一步规范了车辆管理所各项业务工作，建立和完善了车辆管理所内部监督制约机制，从岗位职责上建立了相互监督措施和监督内容。为进一步加强规范化建设，2007年公安部制定《车辆管理所规范化建设标准》，明确了部、省、市、县四级车辆管理部门的管理事权和工作责任，规定了车辆管理所设置的原则和车管业务申请条件，相关业务办理规定及办理时限，车驾管民警准入资格、条件以及业务培训、考试制度。上述措施从制度层面加强了层级和岗位内部监督，初步形成了监督体系。

随着科学技术的发展，科技监督手段不断应用到车辆和驾驶人管理工作中。1998年全国启用进口机动车计算机核查系统，堵住了走私车非法入户的漏洞，迈出了使用信息系统监管的第一步。2000年，建成了全国机动车和驾驶人信息查询系统，首次统一了机动车和驾驶人数据标准以及部、省、市三级系统网络平台，统一了全国数据标准，为下一步全程监管奠定了基础。2004年，按照“统一数据标准、统一业务流程、统一数据传输、统一制证式样、统一监控方式”的建设原则和目标，公安部组织开发推广了全国统一版本的机动车登记和驾驶证管理系统，利用科技手段实现了业务岗位之间的相互监督和制约。2005年以来，机动车登记和驾驶证管理系统不断进行完善，先后做了12次重要的升级调整，实现了与全国进口车核查系统、被盗抢车比对系统、车辆生产企业和产品公告核查系统的关联，将车辆识别代号校验程序嵌入统一版软件中，堵住了盗抢车、非法拼装车办牌办证的漏洞。2007年以来，公安部又组织开发应用了全国机动车和驾驶人业务监管统计系统软件，实现了对车辆管理所每个岗位、每个民警、每笔业务办理情况的记录和监控，在加强车管队伍建设方面发挥了重要作用。2011年4月，公安部在全国推广公安交通管理综合应用平台，融合机动车登记、驾驶证管理、交通违法处理、交通事故处理、交警队信息平台、剧毒化学品公路运输管理等业务系统，将独立使用的6大业务系统整合成一个系统，进一步提高了公安交通管理部门的管理能力。

2. 坚持日常监管与数据监控相结合

为提高机动车和驾驶证管理数据质量，自2008年开始，由公安部组织对全国数据质量进行了分析，并针对存在的问题，研究提出了清理方案，组织开发了数据质量测评软件不定期进行测评。公安部建立对重点省份和重点车辆管理所的业务数据不定期远程扫描和分析制度，对发现存在问题的，及时处理。为推动业务监管的日常化和常态化，建立健全日常监管机制，公安部要求地市及县级车辆管理所通过业务监管系统每周对机动车和驾驶人业务进行监控、分析。省级公安交通管理部门每月对机动车和驾驶人业务进行监控、分析，对发现的问题要进行通报，依法查处责任人。

为创新社会管理手段，加强业务监管，从2009年开始，以成都市车辆管理所为代表，全国地市车辆管理所陆续建立了“机动车和驾驶人业务信息监控中心”和“机动车和驾驶人信息服务中心”，研发了“车驾管业务监管预警系统”，针对车驾管业务的办理时限异常、机动车登记信息异常、驾驶证申领信息异常、业务流程异常、业务积压异常、档案更正异常、科目考试异常、牌证嫌疑异常、业务数据异常修改、统计巡查异常、未传输数据等进行事前、事中预警和事后监管。根据公安部统一要求，各总队建立了全省（区、市）统一的车驾管视频和数据监控平台，落实监管措施，结合使用公安部“机动车和驾驶证异常业务监管系统”、“驾驶人培训考试监管系统”、“机动车安全技术检验监管系统”，指定专门机构或专人对驾驶人考试、机动车检验等重点业务岗位和数据进行实时监控、核查，合理设置每名考试员单日考试量、每条检测线单日检测量最高限值，实现异常业务自动报警。

3．坚持内部监督与外部监督相结合

本着“监督就是关爱”的理念，全国公安交通管理部门加大了监督考核的力度。在内部，各地采取数据核查、异地互检、集中暗访等方式，加大监督检查力度，全面排查突出问题。同时，严格落实省、市、县三级违规业务举报核查制度，要求凡是查到违规办理驾驶证和车辆牌证等问题，一律追究责任，严肃处理；对曝光的问题，一律不追究责任不放过，不总结教训不放过，不进行整改验收不放过。在外部，各地向社会公开举报电话、举报信箱和网络电子邮箱，设立网站举报专栏，实行“开门评警”和“大走访”，邀请社会监督员监督等措施，建立核查、通报、跟踪督办和责任追究机制，实现了监督手段的多样化和网络化。

（二）严肃违法违纪问题查处

机动车查验和驾驶人考试把关不严、机动车检测工作监管不到位、违规收费、非法中介扰民等问题，一度成为社会关注的热点问题。公安部对车辆管理和驾驶人考试中的违规问题严格要求，坚持从严、从重查处。为加强机动车驾驶人考试工作，防止公安民警及有关工作人员利用职权违规办理机动车驾驶证，2006年9月公安部印发《机动车驾驶人考试工作纪律》，设定了“五条高压线”。2010年，针对部分地方车辆和驾驶人管理工作中存在的违规问题，根据《中国共产党党员领导干部廉洁从政若干准则》、《公安机关人民警察纪律条令》，公安部又制定下发了“车辆管理所九个严禁”，即：（1）严禁为不符合驾驶许可条件、未经考试或者考试不合格人员核发机动车驾驶证；（2）严禁为不符合法律、法规和国家标准的机动车办理牌证；（3）严禁为未经检验或者检验不合格的机动车核发检验合格标志；（4）严禁减少驾驶人考试项目、降低评判标准或者参与、协助、纵容驾驶人考试作弊；（5）严禁参与或者变相参与驾校、机动车销售商、机动车报废回收企业、机动车维修企业等营利性经营活动；（6）严禁违反规定收受企业和个人的现金、有价证券、支付凭证、干股；（7）严禁与非法中介串通谋取经济利益；（8）严禁违反规定侵入计算机系统，泄漏、篡改、买卖系统数据，或者泄漏系统密码；（9）严禁违反规定擅自增加行政事业性收费项目或者提高收费标准，强制收取经营服务性收费，指定机动车检测、体检、照相或者推销产品。民警违反上述禁令的，依据《公安机关人民警察纪律条令》给予记过、记大过、降级、撤职或者开除处分。聘用人员违反的，予以解聘。从制度上采取预防和治理措施，形成了车辆和驾驶人管理的工作纪律保障体系，成为新形势下加强队伍管理和建设的重要依据。

近年来，各级公安机关交通管理部门加大暗访检查和案件查处力度，采取明查暗访、档案复核、走访群众等形式，不间断对车辆管理所的业务工作和队伍建设情况进行全面检查。自2005年开始，公安部共组织了数百个工作组对全国31个省90%以上的地市车辆管理所和60%以上的县级车辆管理所进行了明查暗访，对发现的问题督促被检查单位严格整改，严肃处理责任人。仅2011年，就有80多名责任民警和分管领导受到严肃处分。同时，积极会同纪监、督察部门严肃查处了西藏阿里、贵州贵阳、湖北利川等地车辆管理所违规办理机动车牌证和驾驶证等严重违规违法案件。通过坚决查处违法违纪问题，从严从重处理违法违纪人员，在全国形成了高压严管的态势，有力遏止了违规问题发生，车管队伍纪律作风进一步好转，战斗力明显增强。

为进一步深化对车辆和驾驶人管理工作突出问题的整改，公安部采取了一系列整改措施。2010年12月，公安部部署在全国开展车辆和驾驶人管理违规问题集中整治，认真排查整改驾驶人考试和机动车检验等工作存在的突出问题，通过下发通报、发整改通知、停办业务、召开现场会等方式，督促问题整改到位，查处了一批违纪工作人员，切实提高了规范执法水平。2011年6月，公安部交通管理局下发《关于车辆管理部门深入开展主题教育实践活动的通知》（公交管〔2011〕154号），要求全国车辆管理部门全面开展教育培训和违规问题排查。

四、教育培训实现常态化

2005年以来，车辆和驾驶人管理部门狠抓队伍建设，先后开展了社会主义法治理念教育、警示教育和车辆管理所“三基”工程建设等活动，着力提高车驾管民警队伍的整体素质和战斗力，努力建设学习型、创新型、服务型车辆管理所。

（一）开展法治理念教育和警示教育

车辆和驾驶人管理部门始终坚持把思想政治建设置于车驾管队伍建设的首要位置，定期组织车驾管民警开展政治思想学习，并使其制度化。2005年开始，全国车辆和驾驶人管理部门深入开展社会主义法治理念教育活动，牢固树立执法为民、规范执法等社会主义法治理念，并切实把法治理念落实到车驾管工作的每一个环节，体现到车驾管工作的每一个方面，真正做到严格、公正、文明执法。2006年，公安部交通管理局制定下发了《公安交警系统开展“牢固树立执法为民思想，严格规范执勤执法行为”专项教育培训活动实施意见》，要求全国地市车辆管理所和县级车辆管理部门扎实开展 “以案为鉴”警示教育活动，落实公安交通管理部门开展警示教育活动的17条意见。为增强教育的针对性和实效性，公安部选择了10起典型案例，汇编下发了《车辆管理民警违法违纪典型案例警示录》，车驾管民警人手一本，要求各地结合业务开展教育，通过教育促进业务。各地公安交通管理部门结合“三基”工程建设要求，通过召开车管工作会、整改汇报会等形式，对“以案为鉴”警示教育活动进行动员部署，结合本地实际制订了“以案为鉴”警示教育活动方案，建立了专项检查和民警学习、教育、培训台账。通过剖析典型案例，深刻吸取教训，以案示纪、以案说法、以案学法，使全体民警普遍受到一次深刻教育，打牢了立警为公、执法为民的思想基础。

2011年6月，公安部交通管理局下发了《关于车辆管理部门深入开展主题教育实践活动的通知》，不断深化主题教育活动，要求全国车辆管理部门深入开展“发扬传统、坚定信念、坚持执法为民、树立良好警风”主题教育实践活动，夯实车驾管民警执法为民思想根基，全面排查整改突出问题，创建最廉洁的执法岗位、最高效的服务窗口、群众最满意的车辆管理所，增强车驾管民警爱党爱岗、敬业为民的责任感和使命感。

据不完全统计，全国各省交警总队举办车驾管民警集中培训、考试150多期，培训车驾管民警8000多人次。其中，培训公安交通管理部门领导1500人次，不断增强车驾管民警的法治意识与自律能力。

（二）举办业务技能培训

业务技能的培训是提高执法水平的重要手段。2006年以来，各地公安交通管理部门实行日常教育、集中培训和岗位练兵相结合，通过以会代训、逢会必考、考训结合等方式加强车管业务培训，编制下发专门的车辆管理所各岗位业务培训考试题库，紧紧围绕“三懂五会”的要求开展多种形式的练兵活动，每年坚持举办多期业务技能培训班，坚持“每天一学，每周一评，每月一考，每季一赛”的苦练基本功制度，全面开展车辆管理所民警政策法规、业务知识、操作技能等方面的培训。

2006年至今，公安部共举办领导干部、业务骨干、查验员、部令宣贯等30多期培训班，直接培训1.2万人次，为各地培训出一大批业务骨干、技术能手。同时，各地按照公安部关于开展“大教育、大培训”的工作要求，以贯彻新修订的部令和工作规范及相关标准等为主要内容，举办远程教育讲座，开展执法业务知识网上学习、考试，组织法律法规、岗位业务“一口清”和模拟现场、案例教学，大力开展基层车驾管民警培训，切实提高了车驾管民警的综合素质和实战技能。（图4–21）

图4–21　公安交通管理部门开展“大教育、大培训”活动

五、车管正规化建设取得明显成效

2005年以来，各地深入开展车辆管理所“三基”工程建设，着力提高车驾管民警队伍的整体素质，提升车管工作服务群众、服务社会的水平，努力建设规范型、服务型、创新型车辆管理所，队伍、业务正规化建设不断深化和提高。工作成效具体体现在以下几个方面：

（一）地方党委政府和上级公安机关重视、支持车驾管工作的良好局面初步形成

各级公安交通管理部门始终将车辆管理所正规化建设和等级评定工作置于重中之重的位置，建立健全规章制度，相互借鉴学习，每年推出新的服务举措，推动车驾管工作服务方式的转变，丰富车辆管理所服务内容，不断提升源头管理能力和服务水平，有力促进了队伍的正规化建设，取得了业务工作和队伍建设的双丰收。同时，积极向党委政府汇报，把车驾管工作放到以人为本、科学发展的大气候、大环境中去谋划，在各级党委政府和公安机关的支持下，车管服务大厅、考试场地、信息系统和设备等进一步规范和完善。2005年以来，全国新建或改建地市车辆管理所101个，新设县级车辆管理所944个，新设车辆管理分所和车辆管理服务站3500多个，新设农村地区登记服务站2000多个，车辆管理所的基础条件和办公秩序得到了明显改善。（图4-22、图4-23、图4-24、图4-25）

图4-22 辽宁省公安厅交警总队吴宗琪总队长指导沈阳市车辆管理所工作

图4-23 浙江省公安厅交警总队缪德礼总队长指导杭州市车辆管理所工作

图4-24 湖北省公安厅交警总队马国宪总队长指导武汉市车辆管理所工作

图4-25 四川省公安厅交警总队何宗志总队长指导成都市车辆管理所工作

（二）转变理念，创新措施，惠民便民的服务水平明显提升

树立“靠前管理就是服务，方便快捷是群众最大的要求”的思想，不断创新社会管理措施。车辆和驾驶人管理始终坚持创新发展的理念，不断推进管理模式改革创新，拓展城乡服务网点，推广网络远程服务，实现了以车辆管理所服务体系由“单中心管理模式”向“多中心服务体系”转变，管理模式由集中式向网点式转变，管理方式从被动办理到主动参与转变，管理手段由静态管理向动态服务转变。2005年以来，公安部通过推行便民利民措施，修改部令等形式，先后推出了70多项服务措施，各地也结合本地实际推出便民服务新举措，大大提高了车辆和驾驶人管理和服务的有效性、便捷性，受到社会各界的广泛好评。

（三）明确职责，严密程序，管理服务的法治化程度显著提高

适应经济社会发展要求，不断完善法律体系。公安部先后修订发布了《机动车登记规定》、《机动车驾驶证申领和使用规定》、《警车管理规定》、《临时入境机动车和驾驶人管理规定》等4个部令及其工作规范，优化岗位设置，规范工作流程；制定出台了《机动车查验工作规程》、《机动车驾驶人考试员资格管理办法》、《机动车驾驶人考试工作纪律》、《关于加强县级公安交通管理部门车辆管理工作的意见》等，进一步严明工作纪律，细化工作要求；会同有关部门修订了《机动车运行安全技术条件》（GB 7258–2004）和《道路车辆外廓尺寸、轴荷及质量限值》（GB 1589–2004）等国家强制性标准，保障标准体系更加适应社会发展需求。通过适时修订、

调整有关规章、标准，进一步严密了各项程序性规定，有效解决了各地公安交通管理部门执法标准不统一等问题，实现了管理权责、岗位流程和执法标准法定化，为推进依法管理提供了强有力的保障。

（四）典型引路，以点带面的工作机制初见成效

近年来，全国车辆管理所不断加强制度化、规范化、正规化建设，坚持以典型引路，不断总结经验，全国各地涌现出一批先进典型，形成了你追我赶的良好工作局面。

一是优秀车辆管理所的引领作用越来越明显。从2005年度等级评定共评出成都、北京、宁波3个一等车辆管理所，截至2011年，全国共评出了26个一等车辆管理所以及100个全国优秀县级车辆管理所。其中，2007年5月，成都市车辆管理所被国务院授予“人民满意车辆管理所”荣誉称号，成为全国交警系统唯一受到国务院表彰的车辆管理所先进集体（图4–26）。这些优秀车辆管理所坚持以素质教育为根本，创新社会管理为主线，以规范业务工作为核心，以科技手段为保障，以人民满意为目标，在队伍建设和业务工作上取得了明显成效。各地以召开现场会、组织跟班学习、推广典型做法等形式，充分发挥先进车辆管理所的典型示范和引领作用，促使各地形成了“创典型、学先进、促工作”的良好氛围，推进了车管工作整体水平的提升。

图4–26　成都市车辆管理所被国务院评为“人民满意车辆管理所”

二是全国各地涌现一大批业务标兵。2006年8月至2011年4月，公安部在全国车管系统分四批评选出163名执法规范化标兵，在全国交警系统开展向执法规范化标兵学习的活动。执法规范化标兵立足岗位，积极探索新形势下车辆和驾驶人管理的规律和特点，总结工作方法，在全国巡回演讲，交流了经验，增长了才干，成为全国车驾管系统学习的榜样。

（五）业务素质明显提高，车驾管突出问题得到有效遏制

各级车辆管理所充分利用全国统一的车驾管业务培训和考试系统，组织开展了一系列的车驾管培训活动，坚持了新任车辆管理所领导必训、必考制度，强化了车驾管民警的业务培训、考核机制，推进广大车驾管民警综合业务素质和工作能力普遍提高。公安部每年对车辆管理所等级评定的标准和方法进行修订，将车辆管理所正规化建设和队伍建设纳入等级评定的考核内容，实行一票否决制。各地通过开展等级评定工作，明确队伍建设工作目标，强化监督和考核，建立了车辆管理所升降级、挂牌管理的激励机制，在全国公安交通管理部门形成了逐级抓部署、抓落实、抓考核的工作机制，确保政策法规落实到基层，确保队伍不发生问题。全国建立了省、市、县三级业务监督检查机制，定期开展明查暗访，对发现的问题及时通报，责令限期整改。各地也根据实际，开展暗访检查，进一步完善规章制度，整改队伍和业务突出问题，加强队伍建设，车管队伍执法规范化建设迈上了新台阶。

第五章
国外车辆和驾驶人管理经验与启示

第一节 国外车辆管理

欧美等发达国家机动化进程较早，经过多年探索与实践，在车辆管理方面已经积累了丰富的经验，形成了重点车辆管理、车辆安全检测社会化等一系列行之有效的措施与办法。近年来，随着现代网络通信技术的发展，一些国家又纷纷推出了网上预约、联网注册、销售商代办牌照等服务举措，使得车辆管理更趋人性化。

一、车辆管理模式

大多数欧美等发达国家的车辆管理模式，已经实现了从“部门分权、多头管理”向责权明确、集中高效的“大部制统一管理”的转变。为了进一步方便公民并提高行政工作效率，一些国家还尝试车辆管理社会化的办法，通过政策扶持、适度引导等措施，将部分技术性工作委托（授权）给一些具备相应资质的民间团体、企业承担。

（一）美　国

在美国，道路交通管理工作由交通运输部门负责。国家设立交通运输部，负责全国交通管理法律政策的制定与监督实施，包括运输基础设施规划、产业政策、市场准入、运输行业管理、公路设施管理、交通安全、车辆管理（包括新车认证、车辆注册、发牌发证、车辆检测）、驾驶人管理（包括驾驶人考试、驾驶标准、驾驶证发放）、驾驶培训行业管理、交通监控、交通信号、道路标志线管理等，下设联邦公路管理局、国家公路交通安全局、联邦商用车辆安全管理局等职能机构。其中，联邦商用车辆安全管理局专门策划对大卡车和公共汽车等商用车辆及其驾驶人的管理。各州设立交通运输厅，下设机动车辆管理局（简称车管局），负责机动车及驾驶人管理方面的具体行政事务，包括机动车登记及管理、驾驶人办照及管理、商用车辆和职业驾驶人安全管理等工作。车管局工作人员为公务员，但不属于警察。各州车管局在州辖各市、县分别设立办事处，以方便群众办理相关手续。警察部门属于交通管理工作参与协作部门，只负责路面交通执法；城市道路建设、交通设施的管理及静态停车管理则由城市交通管理局负责。

（二）德　国

在德国实行“大部制”改革后，原来的联邦运输部与联邦土地规划和建设部、联邦房屋部合并为运输部，负责管理全国包括铁路、公路、水路、航空在内的整个运输行业及交通运输方面相关法律政策的制定和监督执行，下设联邦机动车管理局、联邦交通局等职能机构。其中，联邦机动车管理局负责机动车与驾驶人管理工作，包括机动车登记管理、驾驶人考试和驾驶证发放管理、车辆检测管理、二手车和报废车管理、允许生产和注册的车辆产品型号及技术参数管理、车辆产品质量管理和缺陷召回、车辆尾气排放管理等有关政策和技术标准的制定以及监督执行。车辆与驾驶人管理方面的具体行政管理事项，则由各州依据法律、法规相关规定设置的相应机构（如交通运输厅、批审局）实施，通常各州会将机动车管理的技术工作委托给半官方的工业协会和民间机构（如德国技术监督协会、交通安全委员会、对外工商联合大会）承担。

（三）英　国

在英国，同样实行了“大部制”机构模式，目前的运输部由以前的环境保护、交通运输管理及地方事务等三个部门合并组成。运输部实施了“决策和执行”相分离的模式，只保留了一些核心部门，负责有关道路交通的政策制定、政策执行监督以及财政资助等事务；车辆与驾驶人管理的具体事务则主要通过运输部下设的执行局和非政府部门的公共团体来完成。其中，驾驶证发放、车辆许可登记、车辆税征收等由驾驶人和车辆许可局负责，在全国下设39个直属分支机构；驾驶标准制定、驾驶人考试、驾驶教练登记注册、驾驶培训监督等由驾驶标准局负责；车辆的法定检测、路边或定点检测、特殊检测、车辆事故和故障调查由车辆检测局负责；按照欧盟车辆安全、环保标准为汽车生产厂商提供认证服务等由车辆认证局负责。执行局属于政府部门序列，其雇员具有公务员身份，执行公务员工资标准，但资金来源并不完全由政府财政提供。

（四）芬　兰

在芬兰，车辆及驾驶证的注册登记、收缴车税、组织驾驶考试及监督驾驶学校等职能由隶属于交通运输部的芬兰车辆管理处负责。道路规划、设计、维护及安全设施、监控设施的建设由交通部门负责，警察部门可无偿使用监控信息。交通警察的职责较为单一，主要从事交通执法工作，负责核发驾驶证，对违法行为进行执法检查和处理道路交通事故等。交通警察执法范围为主要道路、内陆水域等，执法内容主要涉及超速、酒后驾驶、超载及其他违反交通规则的行为的查处，车辆安全装置使用情况检查等。

（五）意大利

在意大利，道路交通管理由运输部、民用机动化总指挥部负责，警察只负责协助执法。运输部和民用机动化总指挥部负责汽车、摩托车、拖车和相应的汽车底盘或其他车辆底盘以及机器脚踏车等车辆的型式认可。各省设运输厅，下设民用机动化监察局、汽车注册公用局。民用机动化监察局负责对其辖区内的机动车车主核发行驶证并提供注册号，发放车辆号牌，负责给需要上公路行驶的自移式农业机械、脱谷机以及满载总质量超过1.5吨的农用拖车发放行驶证及号牌，负责车辆检验、营运审批，负责临时行驶证的发放，决定行驶证的中止和作废；省汽车注册公用局负责其管辖范围内车辆行驶证的具体发放工作，以及行驶证的变更；省行政公署负责驾驶人考试、发证工作。警察负责预防和及时查明交通犯罪，从司法角度对交通事故作出技术分析，直接指挥交通，进行安全护送，协助进行交通事故急救工作。

（六）日　本

在日本，车辆与驾驶人管理工作由国土运输部和国家公安委员会共同负责。国土运输部负责车辆管理法律、政策的制定与监督执行，以及车辆的型式认定；国家公安委员会负责驾驶人管理法律、政策的制定与监督实施。各都、道、府、县国土运输局陆运分局和汽车检查登记事务所负责具体的车辆登记注册、核发牌证工作，汽车检查所与汽车拆卸修配企业承担机动车检验工作；各都、道、府、县公安委员会负责具体的驾驶人培训、考试、发证、审验、再教育工作。

（七）俄罗斯

在俄罗斯，警察实行垂直领导，联邦政府警察负责省级警察部门人事、经费保障。俄罗斯联邦内务部下设15个局，其中，交通警察局主要负责督导公民遵守道路交通法律法规，预防道路交通事故和降低其后果的严重性，车辆注册登记，处罚交通违法行为，处理道路交通事故等工作。州交警部门领导的任命由内务部交通警察局审核，内务部批准。

（八）澳大利亚

在澳大利亚维多利亚州，道路交通管理工作由政府成立的道路交通安全委员会负责，其职能机构包括路政局、道路交通事故委员会（TAC）、警察局和司法局。其中，维多利亚路政局负责道路基础设施建设、路网规划、限速设定、机动车注册登记、驾驶人考试发证，制定道路交通安全规章制度、制定机动车安全标准，以及开展交通安全教育；道路交通事故委员会负责道路交通事故损害赔偿、道路交通安全新技术推广，并为交通执法及基础设施完善提供资金支持；警察局负责交通执法及公众交通安全教育；司法局负责制定司法政策及执法技术应用管理。各部门协作联动，职责明确，信息资源高度共享。

（九）巴　西

在巴西，机动车注册和驾驶人考试发证由交通局负责。交通局设有两个警察部门，分别负责涉牌涉证犯罪侦查和交通违法处理。此外，还设有事故调查部门，专门负责对发生重大事故的道路进行事故隐患调查，并将调查意见通报给道路建设部门。巴西负责公共安全工作的警察队伍分联邦警察、州军警和民警、市警卫队三级，分别由各级政府领导和管理。联邦警察由司法部主管，主要负责联邦案件。军警主要负责街道巡逻，制止犯罪和维护公共秩序；民事警察主要在警区派出所开展工作，负责案件侦查，包括从事技术鉴定、法医等工作的科技警察。巴西没有统一的市政警察，有些大城市根据需要，建立了市政警卫队负责市政府公有财产、服务设施、设备的保卫，维护市内交通安全。

二、机动车登记程序和要求

欧美等发达国家机动车普及率高，诚信体系和社会保障制度已基本健全，车辆税费负担相对较轻，因此，职能部门有条件简化准入程序，通过网络、电话等公共平台，不断拓展业务申办渠道，最大限度地服务公众，提高属地化管理水平和行车安全保障水平。

（一）美　国

美国机动车登记注册由各州设立的车管局统一负责。在申请机动车登记注册时，应当提交的材料主要包括申请表、车主身份证明、购车发票、完税及缴费证明、保险证明等。

各州车管局对机动车和驾驶人办牌办证都提供了简捷便利的服务程序和多样化的服务平台，因而办事大大方便。除了车主本人亲自到车管局办理以外，主要还有以下渠道：

1．代办登记注册

新车登记注册主要由车管局委托汽车代理商代办。车主在购买新车或旧车时，汽车代理商代收销售税以及车辆登记或过户费用，将以上费用及相关文件（含保险证明）送交车管局，并向车主发放临时通行牌照。车管局在规定时限（6~8周）内办理好全部手续，将车辆注册登记卡、车辆号牌及登记证书邮寄到车主手中，不需要车主到车管局来取牌。

2．联网办理注册

联网办理注册，即采用电子技术联网办理车辆重新注册。目前，美国阿拉斯加州、弗吉尼亚州、密苏里州等10个州允许驾车者联网办理车辆重新注册手续。有些州不仅为一般号牌提供更新服务，而且也为个性化号牌和特别号牌提供更新服务。

3．电话办理注册

用电话办理注册时，一般是用按键电话拨打长途免费电话（或本地电话），然后用信用卡支付注册的费用。电话注册和联网注册一样，不仅使用户感觉更加方便，而且通常还能节省政府的管理费用。印地安纳州和马里兰州还允许使用自动对讲机、传呼机办理重新注册，对讲机通常装在林荫大道、购物中心和其他方便的地方。

4. 流动办理注册

美国至少有两个州——弗吉尼亚州和马里兰州提供在道路上服务的流动注册业务。弗吉尼亚州有4辆流动客户服务中心车（MCSCS）提供注册服务。

5. 专用信箱注册

阿拉斯加州、马萨诸塞州、宾夕法尼亚州等11个州还设立了车管局专用的投入式信箱，代替面对面的注册或邮寄注册。

此外，美国还对车辆信息实行属地化管理，当车主成为本州居民或临时居民后，必须在本州对车辆进行重新登记，换成本州号牌。

（二）法　国

在法国，车辆注册登记可以在90个大都市管理机构（车管部门）或者国外机构（有机构处）办理，通常由售车人代办。登记时车主可以不必亲自到场，但需向车管部门提供身份证明、准确的住址、财产归属的公证以及该车没有债权债务关系的证明。车管部门核查车辆，确认其无被盗抢或犯罪记录后，授予登记编号，签发行驶证，号牌由售车人按规格自行制作，登记费用按照国家规定的标准收取。

（三）德　国

在德国，车辆注册登记由批审局和联邦交通局分工负责。批审局负责地方车辆注册，发放车辆运行所需的地区牌照；联邦交通局负责中心区车辆注册，发放在道路交通法范围内有效的行车牌照。车辆注册时，须记录车辆的特性、设备、识别标志、检验标志、车牌、证件以及与车辆有关的事实关系和法律关系、领取牌照者（车主）的相关信息。

（四）英　国

在英国，车辆注册登记机构设置在交通部门，全国只有一个号牌注册登记机关，总部设在卡的夫市，在重点地区设有39个分支机构。英国的注册登记手续比较简单，90%以上的机动车牌证由销售商免费代为办理，驾驶人和车辆许可局提前将机动车号牌分批分给每一家有资质的销售商，车主买车当时就可以取得机动车号牌。一般由购车人到专卖店看好一款车后，填写好表格，交纳定金，由销售商负责办理号牌、保险、养路税等手续，三天至两周内销售商检验好车辆并安装好号牌，购车人只要交足余款就可提车。其余10% 的机动车，主要是车主选择需要收费的个性化号牌，一般可以直接到分支机构办理。

（五）日　本

在日本，车辆登记注册分属不同部门负责，其中，普通机动车、小型机动车、二轮小型机动车、二轮微型机动车、大型特种机动车由国土运输部门（陆运分局）与汽车检查登记事务所管辖，微型机动车由轻型车辆检验管理部门管辖，小型特种机动车、机动自行车由地方政府管辖。

普通机动车、小型机动车、大型特种机动车需正式注册登记，登记的事项包括车名与车型、底盘号码、发动机型式、汽车所有者的姓名与地址、车辆的停放地、车辆的用途。登记后的车辆才能取得政府对汽车所有权的公证，所有登记过的车辆均可抵押。

（六）澳大利亚

在澳大利亚，机动车登记注册归警察局负责。根据《澳大利亚机动车注册登记法》的规定，机动车所有人提供身份证明、车辆来历证明、车辆检验证明、第三者强制保险证明，交纳车辆登记费用，就可以在警察局下设的车辆管理所办理机动车注册登记。澳大利亚车辆管理部门也在因特网上开办了机动车注册登记业务。

三、机动车检验制度

欧美等发达国家都根据自身的国情，对机动车检验内容、检验周期等进行了法律规定，而且特别重视汽车尾气检测。随着机动车检测技术的发展，国外具体的车辆检测工作基本实行了社会化，委托专业的机动车检测站（线）实施，并由民众技术监督协会负责。机动车检测站（线）不以赢利为目的，因此，通常具有良好的公正性和权威性。目前，由于小汽车已经成为家庭的交通工具，机动车检测站（线）除了承担定期安全技术检验外，通常还为用户提供车辆安全技术性能诊断服务。

（一）美　国

在美国，机动车年检通常是由车管局提前60天通过邮寄的方式向车主发出车辆年检通知书，并附上相关表格，由车主到相关场所接受检验，如实填写表格后寄回车管局并缴纳一定费用，车管局在收到这些资料和费用账单后，即将年检标签邮寄给用户粘贴在车牌上。如果车主对车管局寄发的有关通知拒不理睬，或办牌1年后不办理保险手续，车管局会在4年后销毁该车档案，警察等执法部门会将此车视为黑车予以没收。

在所有检验项目中，美国尤其重视车辆的环保性能，新车办牌以后第4年要做尾气检测，且以后每2年检测一次。一般由车管局授权的汽车修理厂或加油站负责检测，检测结果用电子邮件的方式传给车管局。

（二）加拿大

在加拿大，新车登记3年后需要进行检验，以后每2年检验一次，而且非常重视车辆尾气检测。车辆安全状况是车主自己必须保证的，一般车辆出现机件问题，如刹车、转向等主要部件出现问题，由生产厂家负责保修，但超过规定年限则由个人负责。

（三）欧　盟

欧盟理事会第96/96/EC号指令对机动车检测频次和强制检测的项目进行了统一。座位数（驾驶员座位除外）超过8个的载客汽车、最大设计总质量大于3500千克的载货汽车、最大设计总质量大于3500千克的挂车和半挂车、出租车、救护车首次开始使用之日起1年之后应进行检验，其后每年一次；至少具有4个车轮、通常用于载运货物的最大设计总质量不大于3500千克的汽车（不包括农用拖拉机和农用机械）、至少具有4个车轮并且座位数（驾驶员座位除外）不超过8个的载客汽车首次开始使用之日起4年之后应进行检验，其后每2年检验一次。各成员国还可以将第一次强制性道路适应性试验的日期提前，并且在适当的情况下，在注册之前对车辆进行检测；缩短两次强制性检测之间的间隔时间；将定期检测要求扩展到其他类型的车辆等。

（四）德　国

在德国，机动车检验包括安全性能检验和尾气排放检验两大部分，其中安全性能检验包括车辆一致性、视野状况、灯光及其他电子设备、制动系统、转向系统、底盘部件（转向、悬挂部件）等项目；对燃气驱动车辆需进行燃气系统的检验，对12吨以上的车辆还要附加其他一些项目的检验。德国将机动车安全技术检验（车辆检测）的实际任务委托给具有资质的个人（官方认可的鉴定人或检测站的专职人员）和机构（官方授权的检测机构的检测工程师），操作人员必须满足加入该行业的必备先决条件，并在接受专业培训且通过官方考试后，方可从业并在被委托人的被授权范围内开展车辆检测。

目前，德国运输部将全国16个州的车辆检测业务全部委托给德国技术监督协会（TUV）下属的四个检测机构（TUV莱茵、TUV南德、TUV北德和TUV德卡）进行。每个检测机构负责4个州，按照法律、法规的相关规定建立（机动车安全技术）检测站，具体承担车辆检测业务。

车辆检测的结果分为OM（无损）、GM（微损）、EM（重损）、VU（安全障碍）等四种情形，其中，检验结果为OM的车辆通常占30%，直接发放检验合格标志；检验结果为GM的车辆通常占50%，要求车主及时修复但不需复检，可发放检验合格标志；检验结果为EM的车辆通常占20%，要求在1个月内来检测站复检，复检合格后再发放检验合格标志；检验结果为VU的车辆比例很少，通常仅为0.5%左右，对此类车辆应收回其原先的检验合格标志，通知车辆注册登记管理机构，强制要求其在限期内修复。

德国的机动车检验合格标志包括安检合格标志和环检合格标志，均由检测站直接核发，其中，安检合格标志粘贴在后号牌上，环检合格标志粘贴在前号牌上。

（五）法　国

在法国，轻型车在1996年以前生产的每4年检验一次，1996年以后生产的每2年检验一次；卡车、大型客车每年检验一次。其中，卡车、大型客车由国家负责检验，轻型车由政府批准的公司检验。

法国的机动车安全技术检验在检验项目、检验仪器设备、检验要求等各方面都与德国相似。有所区别的是，法国只有机动车检验合格标志，不区分安检合格标志和环检合格标志，并且检验合格标志不是粘贴在机动车号牌上，而是放置在前挡风玻璃右上角的一个透明塑料套中以方便更换。

（六）英　国

在英国，新车售出3年后进行一次检验，之后每年检验一次。送检的大客车和卡车需缴费40英镑，如检测不合格，复检一次需再缴25英镑，直到合格为止，但复检须在14天之内进行，逾期未检的，则重新收取40英镑。大型客货车由交通部车辆检测局负责检验，重大以上事故的车辆重新上路前，也必须经过检验；小型汽车可由授权的社会组织（MOT）或有资质的汽车修理厂检验。检验一辆车约需50分钟，检测线设置车辆外观、灯光、速度、制动、尾气检测等工位。

为了对在用机动车的技术安全状况进行有效的监控，英国车辆检测局设立了机动车检测总部，全国共有91个检测中心，员工属于国家公务员。经费来源有两个：一是国家拨款，二是收取检测费。检测中心的管理系统是比较先进的，91个检测中心都运用计算机进行管理，并与总部联网。对车辆检测的每一个环节都运用计算机，检测的数据随时存入，每一辆汽车的检测记录都能随时查询，进一步强化了对车辆的安全监控。

除了车辆的定期检测外，检测中心平时还派出小组，乘坐专门的流动检测车到公路上对过往汽车进行抽查，对被怀疑有故障的车辆，限时到检测中心去检测。

（七）日　本

在日本，机动车检查的主要内容为汽车的安全性能和排气状况，检查主要是依靠先进的仪器仪表及其他检测设备来完成。机动车接受初次登记时，由国土运输部门或机动车检验登记部门负责检查，轻型汽车由轻型汽车检查协会负责检查。检查合格后发放机动车检验合格证，同时颁发机动车检验合格标志，标注机动车检验合格证的有效期后，粘贴于汽车前挡风玻璃的内侧。

检验合格证的有效期满后，机动车必须接受地方国土交通部门检查所或指定的汽车拆卸修配企业的再次检查。私家用客车第一次再次检验为3年，以后每2年进行一次检验；小型或中型载货汽车第一次再次检验为2年，以后每年进行一次检验；出租车、公交车及大型货车每年进行一次检验。

机动车检验时，需提交申请表、检验交费凭证、车辆重量税的交付证明、机动车税的交付证明、参加机动车强制责任保险的证明。

通过指定维修企业进行检查和保养的机动车，可以免于再次接受国土运输部门的机动车检验（只向国土运输部门提供经过检查保养的文件，不需再提供车辆）。

（八）澳大利亚

在澳大利亚，各州根据车辆不同类型，采取不同的检验政策。新车上牌不需检验，各州政府交通局根据联邦政府制定的车辆安全标准及发布的合格车辆目录，直接对新车发牌。一般车辆除转让过户或发生严重车损事故外，都不需要年检，只需每年对号牌重新注册一次，即可继续使用；而卡车、客车则需要定期检验，实行季度检验或半年度检验，大型客车必须到政府部门设立的检测中心进行检验。

澳大利亚对车辆检测实行社会化，检验站与车辆管理所车辆信息网联网，审核车辆的注册登记情况、第三者强制保险情况，对车辆的安全性能进行检验后，将检验结果自动反馈到车辆管理所的车辆信息中。

四、机动车报废制度

除对某些特殊用途的车辆外，国外一般没有机动车强制报废的规定，也不规定车辆强制报废的年限或里程，只是对车辆定期检验，对检验项目提高要求，并在检验结果不符合要求时，限制车辆上路。发达国家主要从经济角度，通过提高使用成本、增加保险费用等，引导车主自愿报废机动车。从国外事故车的报废情况来看，保险公司在其中起到了很重要的作用。

（一）欧　盟

欧盟委员会2000年9月通过了《关于报废汽车的指令性文件（2000/53/EC）》，对车辆回收利用提出了要求。欧洲没有用来判定车辆报废的技术标准，车辆所有者要定期到技术服务机构对车辆进行检查，检查的项目包括排放、制动和灯光等，车辆只要能满足这些项目的最低要求，即可继续使用。

（二）日　本

在日本，车辆报废实行车辆检查制度下的自愿报废原则。车辆只要通过每2年（新车为出厂后3年）一次的检验，就可以上路行驶，并无达到一定行驶里程或年限后强制报废的要求。但在车检中，首先逐年加强环保标准，未达标者不予通过；其次年限越长的车，在检验中收取的税金等也越多，以推动车主报废旧车。同时，在税制上对新型环保、低耗油汽车采取优惠税制，如对低于2010年油耗标准5%、废气排放量低于2005年标准75%的汽车，最多可减免约50%的汽车税和30万日元的汽车购置税，以推动机动车报废更新。

（三）韩　国

韩国对汽车报废标准的规定是按营运车和私家车区别对待的，对营运车实行规定报废年限的强制报废制度，对私家车则无报废年限规定，只要能通过年检便可继续使用。

营运车辆的报废年限具体是公共汽车10年、个人出租车5年、公司出租车3年，对行驶里程没有限制。韩国报废汽车回收拆解主要由专门的报废汽车回收拆解公司负责。

五、机动车牌证制度

国外在车辆牌证管理方面普遍建立起了比较完善的制度，在号牌分类、号牌式样、号牌制作、牌证申领、补换牌证等方面都有严密的工作流程，管理也比较规范。为了满足群众对个性化号牌的需求，许多国家在规范运作模式等措施的前提下，纷纷推行了各具特色的个性化号牌业务。

（一）号牌种类

国外机动车号牌种类划分主要有以下两个特点：一是大多根据车辆号牌的不同使用性质划分若干个号牌种类，大体上可以分成民用和公用两类，其中，民用号牌又可以分为普通号牌和个性化号牌两类，各号牌类别主要通过具有明显分辨性的特殊字母标识、图案、颜色等加以区分；二是合理规范个性化号牌的使用，并通过价格杠杆控制发行量，既满足特定民众对号牌的不同偏好，又增加了公用经费和公益事业经费的来源。

1. 美　国

美国的车辆号牌分成政府公务免税号牌（如警车）、普通号牌和个性化号牌三种，前两种号牌由车管局免费提供，号码不能自选；对于个性化号牌，车主需向车管局提出正当合理的申请，车管局确认其是唯一的且在含义上不存在道德问题后才正式下发，可终生使用，但这种号牌不仅需要支付制作费，而且还必须缴纳选号费，以后每年还要缴纳一定数量的使用费。如果是选择有特别图案的号牌，则收费更高，如加州有一种汽车车牌上印有鲨鱼保护协会的图案，缴纳的费用由州政府拨给这个协会做基金用。（图5-1）

图5-1

美国营运车辆采用专用的车辆号牌以区分其他非营运车辆。以加州为例，营运车辆的号牌号码的编码规则为XA11111（即第一位为英文字母或数字，第二位为英文字母，后五位为数字），且营运大型客车号牌上标有“CAL APPORTIONED”字样。（图5-2）

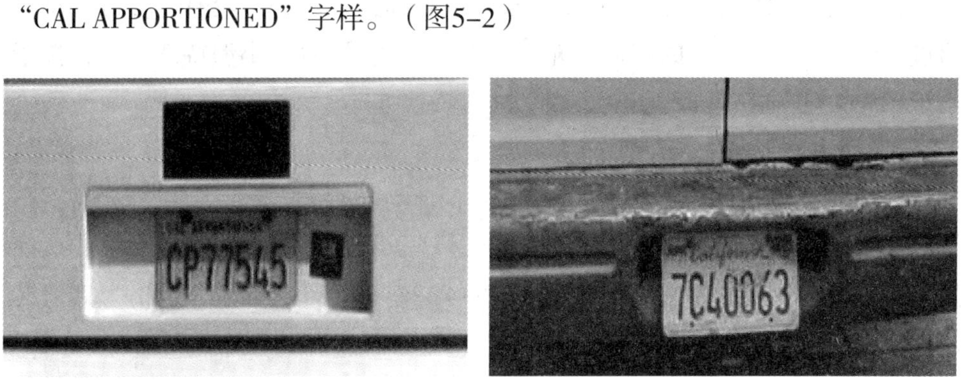

图5-2

2. 英　国

英国的车辆号牌在2000年后分为统一号牌和个性化号牌两种。

统一号牌编码的前两位为英文字母，代表售车地区，如伦敦为LD，第三位为数字，为0则代表在3月至8月之间购车，为5则代表在9月至次年2月之间购车，第四位数字代表购车年份，后三位为英文字母，由发牌机关随机确定（图5–3）。此种号牌收费38英镑。

图5–3

个性化号牌编码没有固定规则，由购车人确定并经发牌机关审核确认即可。个性化号牌编码属个人终生所有，车辆报废或转让，号牌仍可保留。该种号牌另行收费，起价为300英镑。申请者即使手边没有汽车，也可以申请个性车牌，留着日后自用。

3. 日　本

日本对车辆号牌实施分类号管理，不同车辆种类指定不同的分类号段。

大型两轮摩托车以及排量超过250cc的普通二轮摩托车没有分类号，排量超过125cc但小于250cc的普通二轮摩托车的分类号为1。小型特殊汽车，排量小于125cc的普通二轮摩托车可以不办理登记。

4. 澳大利亚

澳大利亚的机动车号牌分为一般号牌和个性化号牌。

一般号牌又分为普通号牌、高性能号牌、欧盟式号牌，白底黑字或黄底黑字，编码由6位数字或字母组成（图5–4），不能自由选号，价格为31~180澳元。

图5–4

个性化号牌的编码可以选择数字、字母的组合，号牌价格很高，只有1位数字的号牌价格为7000多澳元，特殊定制的号牌每年还必须缴纳300澳元的保留费用，如超过21天未交纳费用的，该号牌将被注销。

（二）号牌式样

1. 美　国

美国车辆号牌的尺寸全国统一，但号牌式样由每个州自行设计。在号牌编码问题上，各州根据车辆总数自行选择，既有7个字码的，也有6个字码的，编码字母和数字的排列也完全由各州根据需要自行确定。通常每个州的车牌都标明州名全称，而不用缩写。（图5–5）

图5–5

在美国，出售新车辆号牌是地区政府的收入来源之一。因此，不少州每隔几年就会重新推出新的车牌式样，同时，这也是防止变造、伪造车牌的有效手段。

2. 英　国

英国机动车号牌由字母和数字组成（图5–6），分为三种：第一种是一个字母后面跟一至四位数编号；第二种是两个字母后面跟一至四位数编号；第三种是三个字母后面跟一至三位数编号。字母表示车辆注册地，但如果是三个字母时，第一个字母表示系列，后两个字母表示注册地。数字不够用时，数字可用字母代替。一般情况下，号牌字符不超过6个。后来，有些地方不够用，又加了一个字母表示注册年度，因此，现在英国号牌的字符最多为7个。

英国对车辆号牌尺寸没有统一的规定，号牌尺寸根据车辆号牌悬挂的位置及号码编码确定。为了防止号牌被盗，英国制造了一种可以将车辆号牌永久固定在车上的六角螺钉，只有用与该螺钉唯一配对的工具才能打开。另一项防盗技术是向车主提供一个与车牌配套的芯片，装在车内适当位置。一旦车牌被盗用在别的车辆上，没有芯片很快会被识破。

图5–6

3. 法　国

在法国，机动车号牌字符编号排序有单排和双排两种形式，由三部分组成，前（或上）为注册编号，中（或下前）字母为单列代码，后（或下后）为注册机关编号（两位数的编号表示国内注册机关，三位数的编号表示在国外注册）（图5–7）。前号牌尺寸为100mm × 550mm，后号牌尺寸为100mm × 520mm。号牌颜色为黑底白色字符，或任选白底或橙底黑色字符，前后号牌都用反光材料制成。

图5–7

图5–8

4．意大利

意大利从2002年7月1日开始，私人车牌可以使用固定组合（2个字母—3个数字—2个字母）的个性化字母和数字。（图5–8）

5．日　本

在日本，机动车号牌牌面由日文汉字、阿拉伯数字、日文字母（平假名）组成，号牌颜色和大小根据车辆的种类、用途而定。不同类型的车辆采用不同的号牌尺寸，其中大号牌的尺寸为440mm × 220mm，中号牌的尺寸为330mm × 165mm，小号牌的尺寸为230mm × 125mm。

大号牌用于总质量为8吨或以上的机动车、最大载质量为5吨或以上的机动车、载客人数在30人或以上的机动车，其式样见图5–9。

图5–9

号牌中的日文汉字“品川”表示机动车登记所属地区，数字“599”为分类号，日文平假名“SA”等表示机动车为自用车辆（白底绿字）或营业用车辆（绿底白字）。号牌数字编号用“XX–YY”表示，从···1到99–99（用“·”表示无数字，而不用“0”来表示）。

小号牌用于二轮小型机动车（排量在250cc以上的摩托车）、二轮微型机动车（排量在126cc~250cc的二轮摩托车，这种摩托车不需要进行机动车检验）及三轮微型机动车。小号牌在设计上与上图所示的大号牌有所不同。

日本机动车号牌颜色表明车辆的使用性质，白底绿字表示自用车辆，绿底白字表示营业用车辆，黄底黑字表示微型自用车辆，黑底黄字表示微型营业用车辆。

6．澳大利亚

澳大利亚对于特殊车辆的号牌，在设计上有明显的区分。一是联邦政府部门的公车悬挂红色“Z”起头的号牌，警车则用“ZZ”起头的号牌，以区别于私人车辆；二是实习期驾驶人的车辆号牌旁边另挂一块与车牌宽度相当的方型 “P”字标志牌，既利于区别管理，又便于他人识别、避让。澳大利亚还有一种个性化号牌，其前后号牌尺寸可以不一样，根据号牌安装位置的大小而定，号牌尺寸一般为372mm × 135mm或372mm × 100mm。（图5—10）

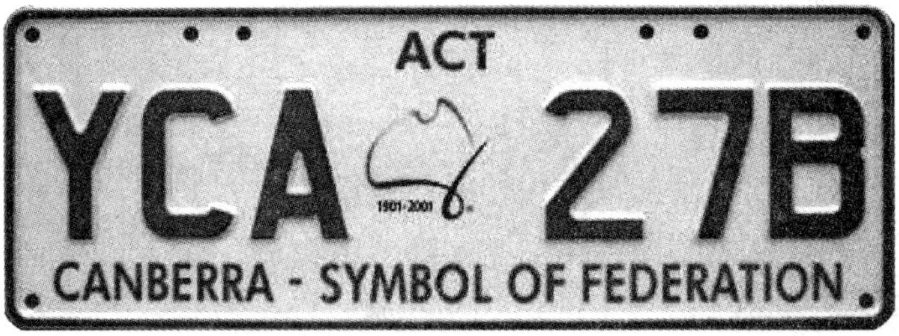

图5–10

7．俄罗斯

俄罗斯在号牌设计上有比较显著的特点，号牌上不但印有加盟共和国的俄文缩写，而且还印有加盟共和国的旗帜，并用数字代表城市和地区，如77、99、97和177代表莫斯科，看上去十分醒目。（图5–11）

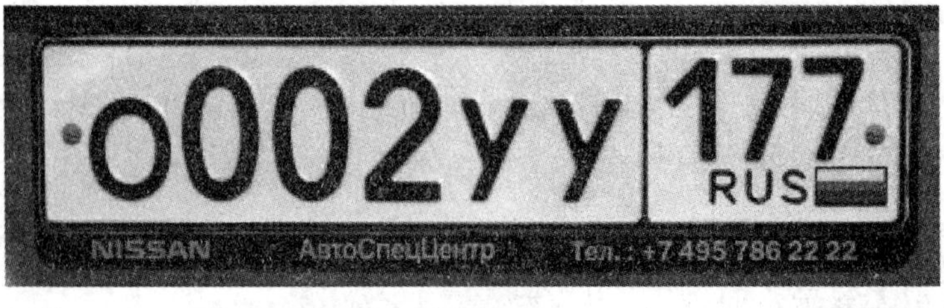

图5–11

（三）号牌制作

有关机动车号牌的制作，这里仅以美国为例进行说明。美国严格控制机动车号牌的生产，联邦政府规定了机动车号牌厂的生产条件，州政府具体负责机动车号牌的生产和发放。美国严格控制机动车号牌生产厂家，每个州只有一个，有的州甚至没有。对所有机动车号牌厂，统一原材料，统一管理，统一质量控制，统一废品报废方法。为了保证机动车号牌在生产过程中的安全，美国50个州中有42个州的机动车号牌在州监狱生产，而且是在重犯区生产。在机动车号牌的生产中，要求加入生产的序列号，以便查证真伪。

（四）号牌申领

1. 美　国

在美国，新车上牌由车管局在规定时限内办理好手续后，通过邮局将新车正式号牌邮寄给车主。购买二手车，须申领新号牌，也可以保留老号牌，但需缴纳4美元。跨州搬迁，需要重新登记，换领新的车辆号牌。

2. 德　国

在德国，车主在购买新车时，必须购买新的车辆号牌，收费30欧元。当二手车出售时，旧车主随即失去原有车辆号牌。同一城市或地区的人购买二手车，车牌号可以不变。注销旧车辆号牌和换领车辆号牌也要收费10到40欧元不等。

3. 意大利

在意大利，汽车和摩托车号牌的制造和销售权为国家专有，车辆号牌在车辆进行注册时由民用机动化监察局发给车主。

4. 葡萄牙

在葡萄牙，由车辆供货商向职能部门申办机动车号牌后再将车辆出售，号牌一经发放则随车终身使用。

5. 澳大利亚

在澳大利亚，警察局负责根据申请车型，核发具有不同视认性的号牌。车主只要将自己选择的车号及式样寄给警察部门，警察部门就会在规定时限内做好并寄给车主，此外也可以在因特网上申请一般号牌号码和个性化号牌号码。车辆号牌的所有权一律归警察局所有，车主只有使用权。正式核发号牌的两辆机动车可以互相调换号牌，但须根据相关规定缴纳费用。

六、重点机动车管理

（一）美　国

美国把校车作为重点机动车进行管理，已经形成了一整套十分严格、完善的制度。美国采取 “政府出资、部门监管、公司经营、服务学生” 的经营管理体制，实施严格的校车安全技术标准，全国统一校车车型、统一标识（图5–12）。联邦政府和各州以立法的形式确保校车在道路通行中的安全性和优先权。比如，校车运载学生在道路上行驶时，后方车辆不得超越，必须保持安全的距离；在遇到拥堵或特殊情况时，必须让校车优先通过。又如，当校车将要减速停车时，车身上的黄色闪光灯就会闪烁，提醒过往的车辆准备减速停车；当校车停下时，红色闪光灯闪烁，停车标志牌打开，双向过往的车辆都必须停下来等待。如果贸然超越校车，不仅要被罚款，严重时还会被吊销驾驶证。加州法律规定，如果违反上述规定，将被处以最高达1000美元的罚款，并吊销驾驶证1年。如今，校车已成为全美国道路上最安全的车辆，据专家估算，在美国乘坐校车的安全系数是轿车和公共汽车的40倍。

图5–12

美国还把商用汽车（包括客运车辆、货运车辆）作为重点车辆，由联邦汽车运输安全管理局管理，并负责制定商用汽车及驾驶人、运输企业安全战略等。为加强对商用汽车的检查，华盛顿特区警察局专门成立了商用汽车管理部门，负责检查商用车辆超载、酒后驾驶、超速行驶、疲劳驾驶等交通违法行为。商用汽车管理部门会同华盛顿特区商用汽车协会制定检查规则，分六个级别制定检查项目（包括车辆制动、灯光、轮胎等安全性检查、装载检查、车辆及驾驶人证件检查、行驶速度及登记情况检查等），编印检查执法手册，在工作中严格按照程序规定执行。每个季度，商用汽车管理部门都会联合交通部门到各运输公司进行检查，警察可以抽查车辆行车记录本、读取行驶记录仪数据。如果发现商用车辆存在没有填写行车记录或错记、漏记，致使行车记录与驾驶人的行车记录单不一致的，驾驶人将被处以高额罚款，严重的将被吊销驾驶证。重新申领驾驶证后，如再次发生上述情形，则吊销驾驶证且终生不得重新申领商用车辆驾驶证。

（二）欧　盟

欧盟多数成员国主要把儿童运输用公共汽车和长途汽车、大件运输车辆、危险货物运输车辆等特种车辆作为重点车辆加以管理，并要求配备公路运输记录设备、限速装置等。

对儿童运输用公共汽车和长途汽车，一是限定承载儿童的最大人数；二是限定儿童运输用车的最高车速，一般不超过100公里/小时；三是设置醒目的识别标志；四是喷涂相应的车身颜色。对大件运输车辆，一是要求必须获得大件运输特别许可证；二是必须设置前后都能看到的警告标志，车辆两侧必须有车辆宽度指示标志，车后必须设矩形反光标志，而且在夜间（或黑暗条件下）必须打开这些标志；三是大件运输车辆需要进行公告。对危险货物运输车辆，直接适用关于国际危险货物公路运输的欧洲协议（ADR），同时规定行车路线的限制及安全监督员的职责履行等。

欧盟大多数成员国都要求重点车辆配备公路运输记录设备和限速装置，从事营运的载质量6.5吨以上的货车和7座以上的客车必须强制安装机动车行驶记录仪；高速公路上行驶的大车（包括大旅行车、集装箱车等）都必须在驾驶室方向盘附近安装一种名为“汽车黑匣子”的安全装置；对于载质量3.5吨以上的货车必须安装90公里/小时的限速装置，大型客车必须安装100公里/小时的限速装置。同时，还要求对行驶记录仪、限速装置正确使用并及时维修保养。

（三）德　国

德国把客车作为重点车辆进行管理，要求高档的大客车安装卫星导航系统，帮助驾驶人在行车阻塞的时候立即找到最佳行车路线，以迅速疏导缓解交通；要求中档以上的客车设置两套操作系统，在道路条件良好时可锁定时速自动操作，驾驶人只需掌握方向，在道路条件拥挤时或在城内驾驶时选用人工操作系统，操作十分简便。

（四）英　国

英国不断开发和装配车辆新设备，提高重点汽车的安全性能。一是研发新的转向灯，提前显示车辆转换方向，通知后方车辆；二是研发保持车距的自动刹车装置；三是在驾驶室安装酒精检测仪器，如检测到驾驶人饮酒，汽车将无法启动。

（五）澳大利亚

澳大利亚要求从事运营的客车和货车都必须安装行驶记录仪，并保持行驶记录仪始终处于正常工作状态，否则不准从事营运作业；仪器损坏时，必须立即报告。除了仪器记录外，还要求驾驶人在停车时及时填写《国家驾驶人记录日志单》（一式两联），一份存档，备查1年；另一份交运输公司检查后，上交给运输企业的主管部门核查。

为了加强对重载车辆的管理，各州在主要道路上设置了重载车辆检测站，检测载货汽车的超速、超载和疲劳驾驶以及车辆登记更新等情况。载质量4.5吨以上、载客30人以上的大型车辆，都要主动进站接受检查。

第二节　国外驾驶人管理

欧美等发达国家对驾驶人管理都十分严格，驾驶准入门槛很高，处罚力度大，同时还辅以记分制度、信用挂钩制度，从驾驶人源头上保障了驾驶安全。

一、申领驾驶证条件

（一）美　国

在美国，只要拥有合法的身份证明（如居住证明、美国护照、公民证书、绿卡等），年龄达到18周岁以上即可申请正式驾驶证。未成年者（15岁半至17岁半）可以申领临时驾驶证，但必须要有父母或监护人签署的申请书方可办理，而且必须年满16周岁方可领取临时驾驶证。申领驾驶证一般不需要体检，只需做视力检查，且单只裸眼矫正视力必须达到20/200或以上，但申领商业性驾驶证则必须到车管局指定的医院进行体检，合格方可办理。

（二）欧　盟

欧盟理事会第2006/126/EC号指令对申请驾驶证的最低年龄要求做了规定，具体见表5–1。

表5–1

驾驶证种类	最低年龄要求	可驾驶车型
AM类	16周岁	适用欧盟理事会第2002/24/EC号指令第1(2)(a)条规定的两轮车或三轮车(不包括最大设计车速低于或等于25km/h的两轮车或三轮车)，但最大设计车速不超过45km/h，及适用欧盟理事会第2002/24/EC号指令第1(3)(a)条规定的轻型四轮车
A1类	16周岁	适用欧盟理事会第2002/24/EC号指令第1(2)(b)条规定，但气缸容量不超过125cm³，功率不超过11kW，功率/重量不超过0.1kW/kg的摩托车，及适用欧盟理事会第2002/24/EC号指令第1(2)(c)条规定，但功率不超过15kW的三轮摩托车
A2类	18周岁	适用欧盟理事会第2002/24/EC号指令第1(2)(b)条规定，但功率不超过35kW，功率/重量不超过0.2kW/kg的摩托车，且不可通过功率为其两倍多的车辆改装
A类	20周岁(拥有A2类驾驶证至少2年时)或24周岁	所有适用欧盟理事会第2002/24/EC号指令第1(2)(b)条规定的摩托车；及所有适用欧盟理事会第2002/24/EC号指令第1(2)(c)条规定的三轮摩托车(驾驶功率超过15kW的三轮摩托车的最低年龄核定为21周岁)
B1类	16周岁	适用欧盟理事会第2002/24/EC号指令第1(3)(b)条规定的四轮车
B类	18周岁	最大允许质量不超过3500kg，设计制造用于载运不超过8人(除驾驶人外)的机动车；此类机动车型可与一辆最大允许质量不超过750kg的挂车连接
BE类	18周岁	在不违反相关车辆型式批准准则规定的前提下，由一辆B类牵引车和一辆挂车或半挂车连接而成的车辆组合，其中挂车或半挂车的最大允许质量不超过3500kg

（续 表）

C1类	18周岁 (不违反欧盟理事会第2003 /59/EC号指令时)	除D1类或D类车型以外，最大允许质量超过3500kg但不超过7500kg，设计制造用于载运不超过8人(除驾驶人外)的机动车；此类机动车型可与一辆最大允许质量不超过750kg的挂车连接
C1E类		在不违反相关车辆型式批准准则规定的前提下，由一辆C1类牵引车和一辆挂车或半挂车连接而成的车辆组合，其中挂车或半挂车的最大允许质量超过750kg，但牵引车和拖车组合的允许质量不超过12000kg；及在不违反相关车辆型式批准准则规定的前提下，由一辆B类牵引车和一辆挂车或半挂车连接而成的车辆组合，其中挂车或半挂车的允许质量超过3500kg，但牵引车和拖车组合的允许质量不超过12000kg
C类	21周岁 (不违反欧盟理事会第2003 /59/EC号指令时)	除D1或D类车型以外，最大允许质量超过3500kg，设计制造用载运不超过8人(除驾驶人外)的机动车；此类机动车型可与一辆最大允许质量不超过750kg的挂车连接
CE类		在不违反相关车辆型式批准准则规定的前提下，由一辆C类牵引车和一辆挂车或半挂车连接而成的车辆组合，其中挂车或半挂车的最大允许质量超过750kg
D1类	21周岁 (不违反欧盟理事会第2003 /59/EC号指令时)	设计和制造用于载客，载客数除驾驶人外不超过16人，且最大长度不超过8米的机动车；此类机动车型可与一辆最大允许质量不超过750kg的挂车连接
D1E类		在不违反相关车辆型式批准准则规定的前提下，由一辆D1类牵引车和一辆挂车连接而成的车辆组合，其中挂车的最大允许质量超过750kg
D类	24周岁 (不违反欧盟理事会第2003 /59/EC号指令时)	设计和制造用于载客，载客数除驾驶人外超过8人的机动车辆；D类驾驶证准驾的机动车可与一辆最大允许质量不超过750kg的挂车连接
DE类		在不违反相关车辆型式批准准则规定的前提下，由一辆D类牵引车和一辆挂车连接而成的车辆组合，其中挂车的最大允许质量超过750kg
注：各国视情选用B1类驾驶证，不设此类驾驶证的成员国应允许B类驾驶证准驾此类车型。		

欧盟理事会第2006/126/EC号指令按照驾驶证种类，分两组对机动车驾

驶证申请人的身心健康最低标准提出了要求。对第一组驾驶证（AM、A1、A2、A、B1、B和BE类驾驶证）申请人，如果相关部门在办理申领手续时或是在考试期间，发现申请人有生理障碍，必须接受一次体检；对第二组驾驶证（C1、C1E、C、CE、D1、D1E、D和DE类驾驶证）申请人，在首次领取驾驶证前必须接受体检。

（三）英　国

在英国，年满16周岁可申领准许驾驶助动车、某些拖拉机和踏板式机动车辆的驾驶证；年满 17周岁可申领准许驾驶小型摩托车（2年后可驾驶大型摩托车）、小汽车、三轮摩托车、三轮汽车、小型压路机、拖拉机的驾驶证；持普通驾驶证满3年且年满21周岁可申领准许驾驶公共汽车、带拖车或不带拖车的大型货车、大型压路机、轨道车辆和大型摩托车（此前需要有2年熟练期）的驾驶证。

（四）德　国

在德国，驾驶证申请人必须满足三个条件：一是最低年龄要求，即16周岁以上方可学习驾驶；二是健康要求，即申请人不能患有癫痫症、精神紊乱、未受控制的糖尿病等疾病以及影响驾驶的身体伤残；三是视力要求，即可在配戴矫正视力眼镜的协助下，读出20米远的机动车牌号码。

（五）瑞　士

在瑞士，年满14周岁经理论考试合格后，允许驾驶轻型摩托车；年满18周岁通过理论考试和路考后，可驾驶所有合格的机动车辆。在瑞士，申请驾驶证应先领取由交通局免费提供的学车视力检测表，并到指定的眼镜商行进行驾车必需的常规视力检查，检测主管人会把检测的结果填在表上并签字盖章。如果检测报告要求戴眼镜开车，那么申请人今后只要开车就必须戴眼镜，否则将被罚款。

（六）日　本

在日本，申领驾驶证必须向管辖地公安委员会提出申请，并参加该地区的驾驶考试。申请人的条件有：申请大型驾驶证必须年满20周岁；申请普通驾驶证、大型特种驾驶证及牵引驾驶证必须年满18周岁；申请二轮驾驶证、小型特种驾驶证及带发动机自行车驾驶证必须年满16周岁。同时，申请人必须身体健康，没有患精神病、神经衰弱、癫痫病，非盲人、聋哑人，非政令规定的残疾人，没有因酒精、麻药、大麻、鸦片或兴奋剂中毒。申请大型临时驾驶证必须年满20周岁，申请普通临时驾驶证必须年满18周岁；且身体健康，没有患精神病、神经衰弱、癫痫病，非盲人、聋哑人，非政令规定的残疾人，没有因酒精、麻药、大麻、鸦片或兴奋剂中毒。

（七）澳大利亚

在澳大利亚，申请1A、R级驾驶证必须年满17周岁。申请1B、3A、3B级驾驶证必须年满18周岁，并且必须已持有驾驶证，驾驶一个时期机动车（摩托车除外），或总累计时间为1年。申请4A、4B、5A、5B级驾驶证必须年满19周岁，其中，申请4A级驾驶证必须已持有驾驶证，并且驾驶一个时期机动车（摩托车除外），或总累计时间为1年；申请4B级驾驶证必须已持有3A、3B、4A级驾驶证，并且驾驶一个时期机动车（摩托车除外），或总累计时间为1年；申请5A级驾驶证必须已持有3A、3B、4A、4B级驾驶证，并且驾驶一个时期机动车（摩托车除外），或总累计时间为1年；申请5B级驾驶证必须已持有3A、3B、4A、4B、5A级驾驶证，并且驾驶一个时期机动车（摩托车除外），或总累计时间为1年；申请5C级驾驶证必须年满21周岁，必须已持有5B级驾驶证，并且驾驶一个时期机动车（摩托车除外），或总累计时间为1年。

二、驾驶人培训

（一）美　国

在美国，初次申领驾驶证者，通常在车管局或各市县车管局办事处通过验证手续后，即进行笔试和视力测验，通过后即领取一张期限为1年的学车许可证，就可以自行选择一所车管局认可的社会驾驶学校参加驾驶培训。学习开车时，学车者不可单独驾驶，必须要有一名25岁以上、持有美国驾驶证且驾驶经验丰富的成人坐在驾驶室副座上指导。初次学车的人，必须要练习20小时才能报考，在20小时的驾车技术练习时间内，至少要有5小时应该在交通繁忙的街道上练习。如申请在高速公路上驾驶，还必须实地在高速公路上驾车训练，这种情形下，经考试合格后，驾驶证上会注明可以上高速公路驾驶的资格，否则只能在城市道路上驾车。

（二）欧　盟

欧盟没有对驾驶人培训学习作出统一的时间要求，各成员国都有一些对参加实际驾驶考试要求的最低理论课程数量、最低实习课程数量等方面的规定，具体见表5–2。

表5–2

	参加实际驾驶考试要求的最低理论课程数量					参加实际驾驶考试要求的最低实习课程数量				
驾驶证类别 / 国家	A	A	A1	B	C	A	A1	B	C	D
AT-奥地利	34	34	34	32	36	12	12	18	20	20
BE-比利时	0	0	0	0	0	10	10	10	10	10
DE-德国	4	4	4	2	10	德国系统和规则是 e				
DK-丹麦	26	26	-	26	16	22	-	20	18	18
ES-西班牙	没有最低数量要求					没有最低数量要求				
EL-希腊	10	10				-	10			
FR-法国	-					20				
FI-芬兰	12	12	12	20	32	12	12	32	32	36
IT-意大利	课程是可选的					课程是可选的				
IE-爱尔兰	0					0				
LU-卢森堡公国	12					16				
NL-荷兰	没有最低数量要求					没有最低数量要求				
PT-葡萄牙	30					20	20	30	15	25
SE-瑞典	0					0				
UK-英国	0					0				

（三）英　国

在英国，考驾驶证可以通过自学和在驾驶学校学习两种方式完成。通过自学考驾驶证的人，先到当地邮局去领取申请临时驾驶证表格。办理相关的保险后，持有临时驾驶证的人可随持有英国正式驾驶证3年以上的驾驶人驾车，但必须在汽车前后贴有红颜色“L”的标志（表示学车）。英国没有专门的考场或练车场，其发达的城乡公路就是考场和练车场。学车人在经过一定时间驾车并认为自己已经掌握要领后，可在邮局向考证机构（驾驶标准局）寄出申请，经考证机构回复后即可参加考试。

（四）德　国

在德国，申请人到驾驶学校填写报名表后，到指定地方检查视力，并学习急救知识（课时为4小时）。视力检查合格后，参加驾驶理论学习，学习时间由自己选择，如工作学习忙可以安排在周末。理论考试有题库，也可以自修，理论学习的主要内容是学习交通规则，通常情况下都是一边学习理论一边学驾驶，当然是在模拟驾驶器上驾驶。

（五）法　国

法国的驾驶人培训、考试由交通部负责。驾驶人可以通过培训学校培训后考试，学习通常需历时半年；也可以不通过培训学校直接考试。培训学校的资格由交通部认定，培训学校需获得交通部门核发的资格证才能开办驾驶培训业务，且每 3 年审核一次。目前已有20%的驾驶人通过培训学校取得驾驶证。

（六）日　本

在日本，驾驶人培训主要由机动车驾驶培训学校实施。为了提高驾驶汽车的教学水平，进一步提高汽车驾驶人的素质，日本实施了指定机动车驾驶培训学校制度，并对指定学校的人员标准与设施标准做了严格限定。日本还对汽车和摩托车驾驶人技术训练和理论训练的时间做了相应的规定，以确保培训质量：手动挡汽车至少34小时的技能训练和26小时的理论培训，自动挡汽车至少31小时的技能训练和26小时的理论培训，同时规定，在驾驶训练中，前一半时间在场地内训练，后一半时间上实际道路训练；小型摩托车至少21小时的技能训练和26小时的理论培训，中型摩托车至少19小时的技能训练和26小时的理论培训，大型摩托车至少36小时的技能训练和26小时的理论培训。

（七）澳大利亚

在澳大利亚，驾驶人培训科目从理论学习（交通规则和机械常识）到实际驾驶（场地和道路驾驶）共有12个科目，每个科目都有具体的学习时间规定。培训工作由社会化的驾驶培训学校实施，教练员负责具体安排学习时间。每个科目学习完毕合格后，教练员在预约科目单上签字。除了学习考试取得驾驶证之外，目前在堪培拉地区试行一种全新的叫做LOGBOOK的驾驶证取得方式，准备试点成功后在全国推广。LOGBOOK学习方式有一个专用的学习记录本，其中规定了很详细的学习内容，首先是交通安全常识与法规，然后是驾驶技术（共包括识别车辆的各种控制装置、驾驶室训练、车辆启动、车辆起步、换挡、操纵方向盘等22项驾驶技术）。由注册考官带领，边学习边测试。全部科目学习并测试通过后，学习者即可凭LOGBOOK直接向有关部门领取驾驶证，而无须再进行考试。在澳大利亚，学习驾驶技术必须在道路上进行。

（八）俄罗斯

在俄罗斯，驾驶人培训分为理论课与驾驶实践课。理论课为206小时（原来是106小时），驾驶实践课为50小时，培训学期为半年。驾驶培训学校必须配置专业车道及每辆车必须配备摄像机，以便拍摄每个教学过程和考试过程。驾驶培训学校也必须有专门的电脑中心来评估未来驾驶人的各种素质，如空间和时间认识、视力、心理和情绪的稳定性、注意力分散和驾驶能力的变化等。

三、驾驶人考试

（一）美　国

美国的驾驶人考试科目包括笔试、视力测验以及路考，驾驶人可在任何提供驾驶证服务的车管局进行这些科目的考试。当申请新的驾驶证、换领驾驶证或者升级到另一类型的驾驶证时，必须进行笔试和视力测验。如果申请的驾驶证与目前持有的驾驶证属相同类型，通常可以免予路考。所有的车管局服务均可预约，申请人通过验证手续后，即可进行笔试和视力测验。笔试主要考查申请人的安全和法律意识，笔试共有36题，均为单项选择题，必须答对31题以上才算合格。笔试合格后，当场参加视力测验，合格后领取一张期限为1年的学车许可证。学车许可证在1年有效期内可有3次路考机会，如果1年内无法通过路考，则需重新缴费及验证。路考内容包括如何启动车辆、如何控制车辆、如何在车流中驾驶、如何驶入和驶出高速公路、是否遵守交通信号灯及交通标志、如何穿越复杂路口、如何使用方向盘、如何临时停车、如何倒车、如何变换速度、如何判断距离、行车是否文明礼让、是否专心驾车等。在考试结束后，考官会把评分单发给考生，并与考生讨论考试结果。考试通过后，车管局颁发一份临时驾驶证（有效期为60天），60天内制作正式驾驶证并邮寄给考生本人，其即成为一名正式驾驶人。

在美国，营运车辆驾驶人考试难度大，营运车辆驾驶人必须经过严格的考试，获得不同于普通车辆驾驶人的商业车辆驾驶证。在参加驾驶人考试时，一般需要约30分钟的实际操作考试，包括15分钟的车辆安全部件的检查和15分钟的道路实际驾驶。一般情况下，这种考试的通过率比较低，即使是有多年驾龄的职业驾驶人往往需要多次考试方可通过。

（二）加拿大

加拿大对驾驶证申请人及持有人进行实际驾驶操作考试（路考）和笔试、心理和生理考核，包括视力、听力测试。在安大略省，驾驶人的路考每次40分钟，都是在市区道路上进行，每次考试大约行驶5～10公里。考官的评判标准，首先是申请人是否严格遵守交通法规，其次是对车辆的操控能力。考试过程中，只要出现一次遇红灯或停车标志（STOP）未停满3秒钟，或是压双黄线行驶，就不能通过考试；如果不能正确地上下坡停车或路边平行停车（出现压停车线的情况），也不能通过考试。

（三）英　国

在英国，驾驶人考试分为书面的理论考试和驾驶实践考试（路考）。理论考试主要测验应试者对交通规则的熟悉程度及对各种机动车的驾驶要求；路考是实战考，时间45分钟，标准非常高，要求非常严。每名考官每天最多只允许考8名考生。考官随机挑选路线，包括市郊小路、住宅区、城中闹市区和连结两个城市的快速路。路考不是看驾驶人会不会开车，而是看能否100%达到安全标准，按要求路考驾驶45分钟时间内只允许有一个明显错误，否则视为严重犯规。在实际道路考试中，考生只要出现一次随意变道、未保持安全车速和车距、未避让行人等可视为“危险驾驶”的行为，即判定不合格。2008年，全英国有185万人申请驾驶证考试，理论考试合格率70%，路考合格率43%；而大伦敦地区驾驶人首次通过率多年保持在20%左右。

驾驶人考试由驾驶标准局实施，对合格的应试者发给考试合格证，然后送交驾驶人和车辆许可局颁发正式的驾驶证。驾驶考官也要把一份考试合格证的副本送交驾驶人和车辆许可局。考试合格者必须在两年内申领驾驶证，否则必须重新考试。

（四）德　国

在德国，机动车驾驶人考试包括理论考试和实际道路考试。考试工作由政府部门委托TUV莱茵交通有限公司等有资质的机构进行。目前，德国的机动车驾驶人考试工作分别由四个考试机构负责，每个考试机构负责四个州。德国法律规定，每个人只能在自己的常住地进行机动车驾驶人考试，因此，不存在驾驶人异地考试的问题。

理论考试即交通法律法规和安全驾驶意识的考试，一般采用计算机无纸化考试的形式进行。理论考试的题库包括1500道题，每个学员每次进行考试时需回答30道题、110个要点，只有答对100个要点以上的学员才能通过考试。没有通过考试的学员，14天之后才能重新考试，通过率大约在70%左右。

实际道路考试在理论考试之后进行，两个考试之间没有间隔，但实际道路考试应在理论考试通过后10个月内进行，否则要重新进行理论考试。实际道路考试使用考试机构提供的教练车进行，学员和教练员分别坐在驾驶座和副驾驶座，考官坐在后排发出考试指令，监督考试过程。实际道路考试的必考项目包括起步、变更车道、正常行驶、绕过公共汽车站、信号灯交叉口转弯、优先权路口转弯等。考试用时，小车考试一般在45分钟左右，其中包括考官与学员互致问候，考官查验学员证件、询问车况、向学员介绍考试要求等环节，实际行驶考试时间约25分钟；大车考试一般在75分钟左右，其中实际行驶考试时间约50分钟。在德国，实际道路考试通过率在75%左右。

（五）法　国

在法国，驾驶人考试包括交通法规考试和道路驾驶考试（路考）。考官独立于培训学校，资格由政府部门认定。理论考题涉及交通法规的每个细节和汽车机械常识，考完交通法规20小时后就可参加路考。交通法规考试可以有5次免费补考的机会。申请路考之前，申请人必须已上路练习至少20小时，其中12小时是在实际道路上进行的。路考直接在实际道路上进行，考试的车辆由培训学校提供。路考非常严格，只要出现一个明显失误就会被判为不及格，路考包括冰雪路段、油滑路段、漫水道路、山区路段等多种实际情况。路考一次考试通过率仅为30%。通过交通法规考试者，有权在2年内参加5次路考，2次路考间隔至少2周，但第二次补考就要增加费用，5次补考未通过就要重新学习，且每次要增加10小时培训才能补考。通过考试者，由考官发给有效期为2个月的临时驾驶证。

（六）日　本

在日本，驾驶人考试由公安委员会负责，内容主要包括机动车驾驶必要适应性（适应性检查）、机动车驾驶必要技能（技能考试）和机动车驾驶必要知识（学科考试）。小型特种执照及带发动机自行车执照只进行适应性检查与学科考试；牵引执照只进行适应性检查与技能考试；普通驾驶证须进行全部考试，其中技能考试须在实际道路上进行。

在指定驾驶培训学校（机动车教练所）学习的人，必须参加两个阶段考试，一是学成考试，学员在完成了10小时的理论培训和10小时的场地训练后接受由学校组织的考试，合格后转入下一阶段的上路训练；二是毕业考试，学员完成了规定的所有训练科目后，在实际道路接受毕业考试，通过考试的学员被授予毕业证书。在指定驾驶培训学校取得毕业证书的学员可以免于当地公安委员会的技能考试，只需再通过学科考试，就可以获得机动车驾驶证。

（七）澳大利亚

澳大利亚的驾驶人考试实行社会化，由驾驶培训学校负责。一般要求在有人监督的情况下，经过120小时甚至更多时间的学习后，到有关部门考试，考试在考核警官的监督下进行。成绩合格并且年满18周岁的方可取得驾驶证。目前，在堪培拉出现了采用LOGBOOK获取驾驶证的方式，驾驶人都有一本内容很详细的驾驶学习记录本，驾驶教练又兼职考官。只要按规定逐步学习LOGBOOK中的内容，并逐项通过相关测试后，就能凭LOGBOOK去有关部门领取驾驶证，而不需要考试。由于澳大利亚实行分级驾驶证，通常驾驶人必须具有36个月以上的经验（25周岁以下者必须有42个月以上的经验）才能获得学习驾驶证，而且必须通过以下四项测试才能最终获得正式驾驶证：（1）通过计算机驾驶人知识考试（DKT）后，取得学习驾驶证；（2）通过驾驶技能考试（DART）后，取得临时实习驾驶证P1；（3）通过危险处置考试（HPT）后，取得临时实习驾驶证P2；（4）通过驾驶资格考试（DQT）后，取得正式驾驶证。取得学习驾驶证后，可以在持正式驾驶证者的陪同督导下进行各类练习，这时车辆前后须挂“L”绿色牌。实习期分P1、P2两个阶段，P1为1年，挂红牌；P2为3年，挂绿牌，P2实习期中，驾驶车辆只能乘载一名18～21岁的乘客。

（八）埃　及

在埃及，驾驶人考试由以交通管理部门首长或其代表人为首的交通管理部门委员会负责，委员会成员中有一名工程师。考试内容包括口头考试和实践考试，必要时，委员会可以借助学校（或中心）任何学科的教练员对学员进行考试。

四、驾驶证管理

（一）美　国

美国驾驶证分为实习驾驶证和正式驾驶证。正式驾驶证按性质可分为普通驾驶证和商业驾驶证（图5-13、5-14），按准驾车型可细分为A类、A类消防车、A类非商业车辆、B类、B类消防车、B类非商业车辆、C类、C类商业车辆、M1类和M2类等10类。

图5-13 加利福尼亚州商业驾驶证

图5-14 纽约州商业驾驶证

以下（表5-3）为加利福尼亚州驾驶证种类与可驾驶车型及可牵引车型之间关系的对照表。

表5–3

驾驶证种类	可驾驶车型	可牵引车型	备注
1. A 类	任何合法组合车辆，包括 B 类和 C 类车辆	-任何最大允许总质量超过 10000 磅的单体车辆 -任何经批准的客车挂车 -经批准由两辆或多辆车组合而成的车辆 -任何 B 类(可能需要另外批准)或 C 类车辆	详细资讯及学习材料需参阅专业驾驶者手册
2. A 类消防车	A 类和 B 类按照规定方式组合而成的消防车和所有 C 类车辆	总质量超过 10000 磅的单体车辆	
3. A 类非商业车辆	任何 C 类车辆	总质量超过 10000 磅的旅居挂车或者总质量超过 15000 磅的五轮旅居挂车，但不包括租用的挂车(支付租金或提供其他报酬)	
4. B 类	-最大允许总质量超过 26000 磅的任何单体车辆 -最大允许总质量超过 6000 磅的三轴车辆 -任何经批准的大客车(不包括客车挂车) -任何经批准的农用车辆 -所有 C 类车辆	总质量不超过 10000 磅的单体车辆	
5. B 类消防车	-规定的 B 类单体消防车辆 -所有 C 类车辆	总质量不超过 10000 磅的单体车辆	
6. B 类非商业车辆	-任何 C 类车辆 -经批准的长度超过 40 英尺但不超过 45 英尺的房车	任何 C 类车辆	
7. C 类	-最大允许总质量不超过 26000 磅的两轴车辆 -最大允许总质量不超过 6000 磅的三轴车辆 -长度不超过 40 英尺的房车 -设计乘客数量超过 10 人但不超过 15 人(包括驾驶人)的多人合乘车辆 1) 农民或农场雇员可驾驶： -最大允许组合总质量不超过 26000 磅的组合车辆，但该车辆必须专门用于农业生产，并且不用于赚取租金或其他报酬	-最大允许总质量不超过 10000 磅的单体车辆 -船只挂车，前提是其最大允许组合总质量不超过 26000 磅，牵引目的是休闲活动或送往修理，挂车不用于商业活动或承包载运客货，或从事业务活动，并且不属租用车辆，亦无需超大型车辆许可证 如果车辆质量至少为 4000 磅，可以牵引一辆 -客车挂车，或最大允许总质量在 10000 磅以下的五轮旅居挂车，但牵引应无报酬 -最大允许总质量超过 10000 磅但在 15000 磅以下的五轮旅居挂车，但牵引应不涉及报酬且须经过批准	2)关于牵引： -无论质量如何，任何客车牵引的车辆不得超过 1 辆 -任何空车质量在 4000 磅以下的机动车辆均不得牵引总质量达 6000 磅的车辆 -C 类驾驶证持有者牵引的车辆不得超过 1 辆

（续表）

8. C类商业车辆	任何载运需要加标牌的危险材料或废弃物的任何 C 类车辆	同样的C类车辆	驾驶证中必须标明载运危险材料(HAZMAT)的许可
9. M1类 2)	任何两轮摩托车或机动自行车		
10. M2类	任何机动自行车或加装马达的自行车		

注：1) 驾驶人必须在车管局存有有效医疗档案，并持有有效医疗卡，驾驶人还必须有一份签名的证明，声明该驾驶人在过去 5 年内未因鲁莽驾车、酒后驾车或事故后逃逸而被定罪。

2) 车管局不会为任何未满 21 岁的人颁发两轮机动车辆驾驶证，除非该人士已经完成了CHP(加利福尼亚州公路巡警)批准的摩托车驾驶培训计划并持有摩托车培训结业证书。

3) 如果希望驾驶用于急救服务的商用救护车，可在任何 DMV 办事处申请。

4) 如果希望驾驶公共汽车，必须持有 A 类或 B 类驾驶证并加注驾驶客运车辆的许可。

5) M1 和 M2 类驾驶证可以和其他 8 类驾驶证复合签注。

在美国，驾驶证一般有效期为4～5年，使用过期驾驶证属违法行为。驾驶证到期时，驾驶人会提前2个月收到延期通知，延期申请费为15美元。如果驾驶人的驾驶记录良好，就可能有资格通过邮件办理驾驶证延期，而无须考试；如果有不良记录，则其驾驶证的有效期会相应缩减，最短可缩减到半年。

所有持C类驾驶证的驾驶人每5年换一次驾驶证，只需要填写一个简要的申请表格并邮寄给车管局即可，但70周岁以上的驾驶人必须进行书写和视力测试。如果测试未通过或者有身体缺陷，缺乏安全驾驶能力，则需要进行驾驶考试。考试有3次机会，未通过则驾驶证会被撤销。

持有外州驾驶证的驾驶人在成为本地居民或临时居民后必须申请转换为本州的驾驶证，且必须参加本州车管局的理论考试（但可免除路考），合格后方可更换本地驾驶证。为了方便区分青少年与成年人，21周岁以下驾驶人的照片在驾驶证的右边，21周岁以上驾驶人的照片在驾驶证的左边。

（二）加拿大

加拿大的驾驶证分为初级和高级两种。报考初级驾驶证可在12个月内完成，报考高级驾驶证要在20个月内完成。驾驶证每2年需审验一次，每5年需换证一次。从1994年开始，安大略省实行了“分级驾驶证”制度。在申请人通过理论考试获得学习驾驶证（G1）12个月后方可申请参加路考（如果到政府认可的驾驶学校参加驾驶培训则可缩短到8个月）；路考通过后，即可获得实习驾驶证（G2）；持有实习驾驶证12个月以后必须再通过一次路考，合格后方能获得正式驾驶证（G）。持有实习驾驶证的驾驶人如果出现酒后驾车的情况（只要血液酒精含量大于0），其实习驾驶证将会无条件降为学习驾驶证，并且只能在12个月以后重新通过路考才能再次拿到实习驾驶证。

按准驾车型分类，加拿大驾驶证共有13种（A、B、C、D、E、F、G、G1、G2、M、M1、M2和L），不同准驾车型驾驶证规定驾驶不同的交通工具，具体见表5–4。

表5–4

驾驶证类别	交通工具的类型	交通工具的级别
A	超过 4600 千克的卡车(包括拖拉机)	D 和 G
B	校车或者超过 24 个座位的校车	C,D,E,F 和 G
C	容量超过 24 个座位的车	D,F 和 G
D	超过 11000 千克的卡车	G
E	容量少于 24 个座位的校车	F 和 G
F	规则的 24 个座位的车和救护车	G
G	餐车和小卡车	
G1	普通驾驶证，有 4 年经验可以升级	替代 L 驾驶证
G2	有时间限制	试用级别
M	摩托车(包括限速的 Scooter)	MLR 试用期
M1	摩托车(包括限速的 Scooter)1 级	正式
M2	摩托车(包括限速的 Scooter)2 级	
L	摩托车(包括限速的 Scooter)最高级	80km/h 可在高速公路上行驶

（三）英　国

英国的驾驶证分为普通驾驶证和职业驾驶证两种。普通驾驶证只能驾驶小型客货车，职业驾驶证可以驾驶重型货车和大型客车。

普通驾驶证正常的有效期到持证者70周岁生日时为止，最多3年需更新一次。只要驾车人符合适用于该类驾驶证申请人的健康标准，则驾驶证可以更新并再延长3年。驾驶证更新不要求提交健康报告（除非有理由需要对陈述的健康状况作进一步调查），也不需要对驾车技能进行考试。

职业驾驶证的有效期到持证者45周岁生日时为止，以后每隔5年更新一次，直到65周岁生日。驾驶人与车辆许可局（DVLA）在驾驶证有效期期满前56天发出催办更新手续的通知。

（四）德　国

德国驾驶证分为实习驾驶证和正式驾驶证两种。驾驶证按准驾车型分为15类，16周岁可驾驶轻便摩托车，18周岁可驾驶9座以下的客车和载质量不超过7.5吨的货车，21周岁可驾驶9座以上的汽车。路考通过，即核发实习驾驶证；取得实习驾驶证就拥有了驾驶权利。一般实习驾驶人通常在车尾挂初学者标牌，提醒后面车辆行驶时予以关照。实习期为2年，实习期满后换正式驾驶证。实习期间，如因违反交通规则而被罚款或禁止驾驶或被记录到交通中心登记簿，则驾驶证管理机关将要求其参加特殊培训班；如有重大违规（A级行为）则需进行再次培训，违规不严重（B级行为）2次，也需进行培训。特殊培训后，如仍未达到要求，则将吊销其驾驶证。驾驶人在实习期间参加此种特殊培训的机会只有一次。

（五）法　国

法国的驾驶证按准驾车型分为A类、A1类、B类、B1类、C类、D类、E类等7类。其中，A类和B类无有效期限；对于C类、D类、E类驾驶证，60周岁以下的驾驶人每5年体检一次，60周岁以上的驾驶人每2年体检一次，76周岁以上的驾驶人每年体检一次。大客车、货车和汽车列车驾驶人须每年体检。

（六）荷　兰

荷兰采用了临时驾驶证制度，所有驾驶证在颁发时都是5年期的临时驾驶证。如果没有严重交通违法情况，这段时间过后驾驶证状态转变为永久。虽然荷兰没有统一的罚分制度，但是，当出现严重交通违法时（严重超速、导致严重交通事故、酒后驾驶等），驾驶人仍会被增加罚分，而当罚分超过一定限值时，临时驾驶证将不能转变为永久状态。

（七）日　本

在日本，驾驶证分为第一种驾驶证、第二种驾驶证以及临时驾驶证。

第一种驾驶证分为大型驾驶证、普通驾驶证、大型特种驾驶证、机动二轮驾驶证、小型特种驾驶证、带发动机自行车驾驶证、牵引驾驶证等7个种类。每一类驾驶证可驾驶的机动车种类见表5–5。

表5–5

第一种驾驶证的种类	驾驶机动车的种类
大型驾驶证	大型机动车、普通机动车、小型特种机动车、带发动机自行车
普通驾驶证	普通机动车、小型特种机动车、带发动机自行车
大型特种驾驶证	大型特种机动车、小型特种机动车、带发动机自行车
机动二轮驾驶证	机动二轮车、小型特种机动车、带发动机自行车
小型特种驾驶证	小型特种机动车
带发动机自行车驾驶证	带发动机自行车

第二种驾驶证相当于旅游客运职业驾驶证，分为大型第二种驾驶证、普通第二种驾驶证、大型特种第二种驾驶证、牵引第二种驾驶证等4个种类。驾驶从事运送旅客事业的大型机动车、普通机动车及大型特种机动车时，必须分别取得表5–6右栏相应种类的第二种驾驶证。

表5–6

机动车的种类	第二种驾驶证的种类
大型机动车	大型第二种驾驶证
普通机动车	普通第二种驾驶证
大型特种机动车	大型特种第二种驾驶证

临时驾驶证分为大型临时驾驶证和普通临时驾驶证，只为练习与考试用。练习时，必须在其车辆前后两侧贴上规定样式的标志。取得临时驾驶证的人不得驾驶运送旅客的旅客车。

第一种驾驶证及第二种驾驶证的有效期，是在接受驾驶证考试中的适应性检查这一天以后开始，到第三次过生日那天止。在原有效期前1个月内，持有人必须申请更新，接受居住地公安委员会进行的有关机动车驾驶的必要的适应性检查，如果有特殊原因，驾驶证持有人可以申请提前更新，并接受适应性检查。经检查未有不适的情况时，公安委员会必须给予更新驾驶证。正常更新的驾驶证的有效期为原驾驶证有效期满之日后到第三次过生日那天止，提前更新的驾驶证的有效期为接受适应性检查这一天后到第三次过生日那天止。申请更新驾驶证的人应尽量参加规定的讲习班学习。

临时驾驶证有效期间，是指从接受驾驶证考试之日起6个月。如果在此期间持大型临时驾驶证的人取得了能够驾驶大型机动车或普通机动车的第一种驾驶证或第二种驾驶证，则其临时驾驶证失效。

（八）澳大利亚

澳大利亚的驾驶证分为学习驾驶证、临时实习驾驶证P1、临时实习驾驶证P2、正式驾驶证和国家重载车辆驾驶证。

学习驾驶证为绿色，有效期为3年，由车辆管理所核发给年满16周岁、视力测试合格、学习了《道路使用者手册》、通过计算机驾驶人知识考试（DKT）的驾驶人。学习驾驶的车辆前后保险杠处必须安装清晰可见的“L”绿色牌，车辆速度最高不得超过80公里/小时。

临时实习驾驶证P1为红色，有效期为18个月，由车辆管理所核发给年满17周岁、通过驾驶技能考试（DART）的驾驶人。实习车辆必须在前后保险杠处安装清晰可见的绿色“P”字白底牌，最高车速不得超过90公里/小时，最高记分分值4分，超过4分的，暂停驾驶3个月。

临时实习驾驶证P2为绿色，有效期为30个月，由车辆管理所核发给持有P1驾驶证1年以上、通过危险处置考试（HPT）的驾驶人。持P2驾驶证驾驶实习车辆最高车速不得超过100公里/小时，最高记分分值7分，超过7分的，暂停驾驶3个月。

正式驾驶证为银色，分有效期为1年和3年两种，由车辆管理所核发给持有P2驾驶证2年以上、通过驾驶资格考试（DQT）的驾驶人。持有银色驾驶证5年以上的，可以申请换领金色驾驶证。正式驾驶证的记分分值3年12分，超过12分的，暂停驾驶3个月。正式驾驶证按准驾车型分为7类，分别为：C——轿车；LR——轻型货车；MR——中型货车；HR——重型货车；HC——

重型集装箱货车；MC——多用途集装箱货车；R——摩托车。

国家重载车辆驾驶证（NHVD）核发给从事职业重载车辆驾驶工作的驾驶人，其分类与一般机动车驾驶证的分类一致，只是在驾驶证的颜色和有效期上有所区分，国家重载车辆驾驶证的颜色为银色、金色和棕红色，有效期分别为1年、3年和5年。取得国家重载车辆驾驶证还需要通过专门的分类培训和考试，并实行由低到高、驾龄1年的逐级升级制度。

在澳大利亚，驾驶人欲驾驶营运车辆时，除了需要取得相应的驾驶证外，一般都要附加一些条件，如欲以驾驶公共客车作为职业，则必须向运输署申请公共客车驾驶许可证；欲驾驶计程车，须向运输署申请计程车驾驶许可证；欲驾驶或操作汽车列车，必须向拖车业理事会申请驾驶证或操作证。

一般成人驾驶证每5年审验一次，驾驶卡车、客车的驾驶证需每年接受严格的审验。

（九）新西兰

新西兰采用了分级驾驶证制度（GDLS），年满15周岁便可以申请驾驶证，不论申请人年龄大小，只要是第一次申请驾驶证，都必须经历学习驾驶证、限制驾驶证和正式驾驶证这三个阶段。不同的驾驶证对持有人有不同的要求，持有人负有不同的责任。

学习驾驶证核发给通过理论考试的申请人，持学习驾驶证的人，必须在有持有效的正式驾驶证 2 年以上的指导者坐在驾驶座副座的情况下才可以驾驶机动车，且要在车辆前后窗各展示一块“L”牌。

限制驾驶证核发给取得学习驾驶证6个月并通过限制驾驶证路试的申请人，持限制驾驶证的人可以单独驾驶机动车，但在晚上10时至早上5时驾驶时要有指导者坐在驾驶座副座，而且只能搭载配偶、子女或配偶的子女；如有合格的指导者陪同时，则可以搭载其他乘客。如果是驾驶自动挡机动车通过路试的，除非在指导者陪同下，否则只能驾驶自动挡机动车（驾驶证上有注明）。

正式驾驶证核发给取得限制驾驶证18个月（25周岁以下者）或6个月（25周岁或25周岁以上者）并通过正式驾驶证路试的申请人，如果已经完成某一认可的课程，时间可以缩短为12个月或3个月。

五、驾驶人管理

（一）美　国

在美国，驾驶人管理有以下五个特点：

一是实行驾驶证记点管理制度。18个月为一个周期，凡在1年内记满3个点、2年内记满5个点、3年内记满7个点或18个月内记满4个点以上，就会被法院吊销驾驶证。凡是被记点的驾驶人，保险公司会增加其投保的保险费用，但是，如果记点不超过4个点的违法驾驶人在18个月内主动参加一次交通安全学校组织的8小时以上的安全教育学习（通常是警察局指定的民办业余学校），则可以减少1个点，以鼓励驾驶人主动学习交通法规，增强交通安全意识。驾驶证记点管理制度与个人信誉档案管理制度是相结合的，个人交通违法行为及处罚情况将一律记入个人信誉档案并至少保存3年。

二是实行职业驾驶人制度。在美国，营运车辆必须由经过专门的培训和考试的职业驾驶人驾驶，而且每天要填写行车记录，如不按规定填写或造假等，一旦被发现将受到处罚，严重者将被吊销职业驾驶证。行车记录由交通局发放，每年一册，记录的内容包括驾驶人对车辆安全状况的检查，驾驶的时间、路线、里程等，记载的行车时间不但要有驾驶人本人的签名，而且还需要行车路线上交通安全管理部门的签字证明。警察可随时拦停营运车辆检查记录表，根据记录内容判定驾驶人是否有超时（疲劳）、超速驾驶等违法行为。营运性大客车驾驶人记点制度比一般驾驶人更为严格，每5年仅为8个点，一旦记满8个点将被吊销驾驶证，所以美国的营运车辆驾驶人在驾驶车辆时都严格遵守交通法规，自觉地遵守信号灯、限速、驾驶时限等规定，不敢“越雷池半步”。

三是实行高龄驾驶人从严制度。虽然美国没有限制高龄者驾驶行为的规定，但从保证高龄者驾驶安全的角度出发，要求持有驾驶证的65周岁以上的驾驶人，如欲继续驾驶车辆，必须每2年进行一次体检；70周岁以上的驾驶人，如欲继续驾驶车辆，必须每年进行一次为时45分钟的路考。

四是实行处罚累进制度，且十分严厉。驾驶人酒后驾车一旦被查获，要先做呼吸检测，如果拒绝配合检测将被立即拘捕；第一次酒后驾驶，吊销驾驶证1年，罚金1000美元，并且要到驾校重新培训6周时间；第二次酒后驾驶，则要罚5000美元，缴纳培训费500美元，保险费率也要上浮，还要吊销驾驶证3年；第三次就要终身禁驾。第一次闯红灯，罚款370美元，还要记3个点；1年内如第二次出现闯红灯，除加倍罚款外，还将通知保险公司提高保险费；如出现第三次，则吊销驾驶证1年，同时通知保险公司加倍提高保险费。处罚高速公路超速驾驶违法行为时，通常只处罚开在最前面的一辆车的驾驶人，即处罚带头人。外州人开车违法只罚款；本州人在本州公路上开车违法，则既要罚款，又要扣点。

五是交通违法与保险、信用挂钩。美国利用个人信誉档案管理约束有交通违法行为的驾驶人，警方将公民的交通违法行为及处罚情况一律记入个人信誉档案，一旦被发现有交通违法行为处罚后，当事人在求职、贷款等方面都会受到一定的影响。此外，旧金山、洛杉矶等城市实行了交通违法与保险挂钩的办法，保险公司有权根据驾驶人安全记录的档案，在3年内按照每点每年30%调高其保险费率，有良好驾驶记录的驾驶人的保险费会降到每年300～500美元；驾驶记录不良的人，保险费可能会提高到每年3000～5000美元。

（二）加拿大

加拿大十分重视高龄驾驶人管理。对65周岁以上的驾驶人，每年需复考一次，并且要同时审验健康检查表，及查询是否有交通违法记录；对80周岁以上的驾驶人，驾驶证审验条件更加严格。

（三）英　国

在英国，驾驶人管理有以下四个特点：

一是对轻微违法驾驶人采取处罚和教育相结合的措施。轻微违法驾驶人既可选择接受教育，也可选择接受处罚。驾驶人若选择教育方式，只需学习一天并交纳一定的费用，即可免于处罚。

二是实行违法记点制度。违法驾驶人除了要支付规定的罚金外，还要根据违法的严重程度记上3～11个处罚点（扣分）或者给予在一定时间内取消驾驶资格的处罚，任何驾驶人在3年内累计达到12个或更多处罚点时，将面临自动取消驾驶资格的处罚，需再次通过考试才能重新获得驾驶证。新驾驶人如果在通过首次考试后的2年内达到6个或更多处罚点，必须重新通过考试。当记分达到9分时，相关信息即转递至交通驾驶标准委员会，对驾驶人能否继续驾驶进行裁定。对酒后、闯红灯等危险驾驶行为记点较高，一般记6个处罚点；酒后或吸毒后驾驶等记录还会在驾驶人档案中保存11年。与之配套的是，根据违法情况和车辆运行记录，英国将驾驶人及车辆划入红、黄、绿三个信用等级，以确定监管重点。

三是对重点违法行为处罚严厉。驾驶人超速和闯红灯将会被罚50英镑，记3个处罚点。一般驾驶违法记录将保留4年，但对于酒后驾车或吸毒后驾车的违法者需保留11年。

四是加强重点车辆驾驶人管理。凡申请或持有客运汽车或大型载货汽车驾驶证者必须符合高标准的行为处事要求，申请此类驾驶证者需声明其没有违反驾驶工作/车辆道路法规或装卸法规的犯罪行为；申请客运车辆驾驶证者还必须没有与驾驶有关的犯罪记录，如性犯罪。

（四）德　国

在德国，驾驶人管理有以下两个特点：

一是把某些违反交通法规的行为上升为犯罪行为，并予以严厉打击。具体包括：（1）无证驾车；（2）未经许可离开事故发生地，放弃施救；（3）在道路交通中侵犯他人权利；（4）醉酒驾车；（5）不注意优先行驶规则，粗暴肆意违法；（6）错误超车或超车时开错车道，错开在人行道上，等等。这些犯罪行为可导致拘留或罚款，并录入联邦中心犯罪记录簿。

二是实行交通违法记分制度。根据交通违法的严重程度，德国在对驾驶人实行罚款的同时，还对其进行违法记分（1～7分）。记8分时，驾驶人将会收到驾驶证管理机关的提示通知，如参加特殊培训班，并在结业后3个月内将结业证书呈报驾驶证管理机关，可抵4分。记8分以上时，驾驶人将会收到驾驶证管理机关的提示通知，如参加特殊培训班，可抵2分。记14分以上时，必须参加规定期限的特殊培训班，并按期将结业证书呈报驾驶证管理机关，否则将被吊销驾驶证，如参加交通心理咨询班，可抵2分。记18分以上时，将被吊销驾驶证，至少6个月后才能重新申领。如果驾驶人连续快速被记14分（如在一次驾车中），在记9～13分时，驾驶证管理机关没能通知到本人，则作为记9分处理。如果驾驶人连续快速被记18分（如在一次驾车中），在记9～13分时，驾驶证管理机关没能通知到本人，则作为记9分处理；在记14～17分时，驾驶证管理机关没能通知到本人，则作为记14分处理。

如果在处罚后没有新的记录，交通违法罚款通知书上的记分2年后自动消除，交通犯罪行为记分5年后自动消除（拘留超过3个月，记分10年后自动消除）。

在德国，一旦违法，驾驶人不仅会被罚款和记分，其违法情况还会在网上公布，今后驾车、购车和享受相关社会福利都会因此受到影响。

（五）法　国

在法国，驾驶人管理有以下四个特点：

一是对交通违法行为的处罚越来越严格。比如，使用假驾驶证可判刑2年，无证驾驶、故意掩盖车牌号可判刑1年。驾驶人的许多错误行为都会导致被罚款并吊销驾驶证，如转弯未开转向灯、在高速路紧急停车带行驶、违法停车等均可被吊销驾驶证3年；连续多次超速可判监禁3个月并吊销驾驶证。

二是实行驾驶证记点制度。每个驾驶证上附有6个点，当驾驶人有违法行为时，由警察根据不同情况每次按规定分别记1～3个点。当驾驶证上的6个点被记完时，驾驶证被吊销，而且原持证人在6个月内不能重考。6个月后还要通过一定期限的专门培训方可重新获得一张只有2个点的驾驶证。要想重新得到附有6个点的驾驶证，必须在3年内没有任何违法行为。

三是严格新驾驶人管理。学员经过一定学时的理论和实践课程学习，经考试合格后即可取得实习驾驶证，并获得6个“安全分”。在为期3年的实习期结束时，只有保留3个以上的“安全分”，才能取得正式驾驶证。如果实习期内“安全分”减少到3分以下，须重新参加学习班；如果6个“安全分”都被扣光，将被取消驾驶资格。在法国，刚取得驾驶证的新驾驶人须在车辆后粘贴新手标记直至驾龄满3年。

四是实施驾驶人再教育制度。法国好几个省都实行了驾驶人继续教育制度（每10年要进修一次）。按照这种制度，驾驶人必须不断提高自己的驾驶理论知识水平，甚至要定期接受驾驶技术检查和体检。

（六）日　本

在日本，驾驶人管理有以下三个特点：

一是严格管理重点违法行为。日本把无证驾车，酒后驾车，因过度疲劳、生病、药物等影响不能正常驾驶时驾车作为重点违法行为严厉打击。对饮酒驾车的惩罚为3年以下徒刑或50万日元以下罚款，对醉酒驾车的惩罚为5年以下徒刑或100万日元以下罚款。并且实行“连坐”制度，凡借车给饮酒者的人也将受到与酒后驾车相同的惩罚，而提供酒类饮品导致驾驶人醉酒驾车或饮酒驾车的，则将被分别处以“3年以下徒刑或50万日元以下罚款”或“2年以下徒刑或30万日元以下罚款”的惩罚。在明知驾驶人饮酒的情况下，仍主动搭乘其车辆的人将触犯“搭乘罪”，在醉酒驾车和饮酒驾车时，其惩罚力度分别为“3年以下徒刑或50万日元以下罚款”和“2年以下徒刑或30万日元以下罚款”。

二是实行累积分数制度。日本对汽车驾驶人主要以累积分数制度进行管理与行政处罚。累积分数制度的内容是，首先对违反道路交通法的行为和交通事故预先规定一定的点数，再以过去3年中驾驶人的累计点数（合计分数）的多少为依据进行行政处罚。其中，按照违法行为的种类分别规定了1～25点的基础分数。交通事故的记分除了基础分数外，还要按照事故的种类、责任程度加2～20点；并且，如果驾驶人在交通事故中有违反救援和危险防止措施义务的行为将被再度追加分数，如撞人逃跑将被追加23点，撞物逃跑将被追加5点；如果事故属于故意造成的，造成人员死伤、建筑物损坏及构成危险运输致死伤罪的将各被记45点。

三是实行驾驶人讲习制度。这是日本驾驶人管理制度的重要特点，申请驾驶证者和已考取驾驶证者必须按照规定接受相应的讲习，这些讲习通常由警方负责实施，主要包括考取驾驶证讲习，驾驶证更新讲习，高龄驾驶人讲习，违法驾驶人讲习，驾驶证暂扣、吊销讲习等。

（1）考取驾驶证讲习。考普通驾驶证，需强制参加普通车讲习和应急救护处理讲习；考大型摩托车驾驶证或者普通摩托车驾驶证，需强制参加大型摩托车讲习或者普通摩托车讲习和应急救护处理讲习；考原付（轻便摩托车）驾驶证，需强制参加原付讲习；考大型第二种驾驶证或者普通第二种驾驶证，需强制参加大型旅客车讲习或者普通旅客车讲习及应急救护处理讲习。

（2）驾驶证更新讲习。准备更新驾驶证的人员，除接受高龄驾驶人讲习外，还必须接受更新时的讲习。更新时的讲习是利用更新的机会进行定期的教育，以补充安全驾驶的必要知识，提高驾驶者的安全意识为目的，按照优良驾驶人、一般驾驶人、违法驾驶人及初次更新人员将讲习划分为4类，按照驾驶人的违法、事故的状况等特征，进行更加详细的讲习。

（3）高龄驾驶人讲习。年满70周岁及70周岁以上的人员，在驾驶证有效期届满之时，更新驾驶证前有义务接受高龄者的交通安全讲习。

（4）违法驾驶人讲习。对于轻微违法行为（基础分数3分及3分以下的违法行为）及达到一定基准（累计分数为6分并无前科及过去3年内无符合驾驶证处分基础的行为）的驾驶人，必须进行违法驾驶人讲习，在听讲时不停止其驾驶证的效力。听讲人员可以选择作为提高驾驶人资质的讲习，包括国家公安委员会规定的活动（社会参加活动）体验的讲习。

（5）驾驶证暂扣讲习。这是为矫正、改善多次违反交通法规，或者因发生交通事故被判定为危险驾驶而受到暂扣驾驶证或者停止驾驶证的效力的行政处罚的人员而进行的讲习。根据处分天数，可分为短期讲习、中期讲习和长期讲习。在讲习结束时，为评价听讲人员的教育效果而进行考查，从考查结果中推定危险性的改善程度，可以据此缩短处分期间。

（6）驾驶证吊销讲习。以受到被吊销驾驶证等处分的人员为对象，为谋求改善其危险性而对吊销处分人员进行讲习，听取该讲习是为了再次取得驾驶证人员的报考资格。吊销处分人员的讲习是通过实施适应性检查来把握听讲人的心理、性格特征，并以此为基础通过汽车驾驶及驾驶模拟操作进行驾驶适应性指导的团体讨论性的讲习。

（七）澳大利亚

在澳大利亚，驾驶人管理有以下四个特点：

一是实行驾驶记分管理。澳大利亚对驾驶人实行违法驾驶记分制，一旦记分将保留3年。如果记分超过12分，驾驶证将被吊销，吊销期为前12分3个月，以后每4分加1个月。如果要保留现有的驾驶证，必须确保在未来1年内不再被记分，否则驾驶证吊销期将加倍。

二是对重点违法行为处罚严厉。对酒后驾车的处罚规定得非常详细和严格，对血液中酒精含量低于5%的初犯者，罚款最高额度为1100澳元，吊销驾驶证最长半年，最短3个月；对血液中酒精含量达15%以上的初犯者，罚款最高额度为3300澳元，入狱时间最长为18个月，吊销驾驶证最长无期限，最短12个月。对疲劳驾驶的违法行为，要求大型车辆的驾驶人全天开车的时间不得超过10小时，每次上路连续行车的时间不得超过5小时。

三是严格实习驾驶人管理。澳大利亚在实习驾驶人的实习期、实习期考试、实习期违法分值以及实习驾驶证的式样和实习车辆标记等方面，进行了较为细致的研究，制定了较为完善的实习期管理制度，长达2年的实习期，保证了新增驾驶人的质量。

四是严格营运驾驶人管理。澳大利亚每个营运驾驶人只要出车，即需填写《国家驾驶人记录日志单》（National Driver Working Dairy），记录每天工作、休息起止时间，驾驶人相关信息等。驾驶人记录的工作日志有多联，既要交给运输公司或旅行社等雇主单位，也要留存底单以备警察检查。运输公司可能随机要求某位营运驾驶人提交某一段时间的驾驶工作日志。一旦被查出超出工作时间，如每天工作总时间超过10小时，驾驶人则面临处罚。

第三节　国外车辆和驾驶人管理的经验与启示

一、国外车辆和驾驶人管理经验

欧美等发达国家进入机动化社会的时间较长，在多年的管理实践中，逐步建立了一套较为完善的机动车和驾驶人管理制度，积累了丰富的管理经验。

（一）高质量的驾驶培训与严格的驾驶考试相结合，确保新驾驶人具备安全驾驶意识和相应的驾驶技能

1. 严格驾驶学习时间要求

美国要求初次学车的人，必须要练习20小时才能报考。在20小时的驾车技术练习时间内，至少要有5小时应该在交通繁忙的街道上练习。日本则要求，手动挡汽车至少需34小时的技能训练和26小时的理论培训，自动挡汽车至少需31小时的技能训练和26小时的理论培训，并且在驾驶训练中，前一半时间在场地内训练，后一半时间上实际道路训练。参加普通驾驶证考试的人，必须持有临时执照且在之前3个月内在道路上驾驶机动车练习5天以上。埃及则要求，申领驾驶证，理论学习至少30小时，实践学习时间根据驾驶证种类不同有所不同，小轿车驾驶证至少12小时，三级驾驶证至少15小时，二

级驾驶证至少20小时，一级驾驶证至少30小时。

2. 强化安全驾驶意识的培养与考核

国外首先将驾驶人严格遵守交通法规行车的安全意识作为驾驶培训和考试的基本要求，其次才是对车辆操控能力的考核。美国实际道路考试时，除考核实际驾驶技能外，着重考核驾车时是否遵守交通信号灯及交通标志、行车是否文明礼让、驾车是否专心等。德国理论考试的题库包括1500道题，内容涉及交通法律法规、标志标线、安全驾驶常识、安全驾驶意识、交通环保、事故紧急救援等8个方面。英国实际道路考试时，目的并不是考核驾驶人会不会开车，而是考核驾驶人能否百分之百安全驾车，按要求路考驾驶40分钟时间内只允许有一个明显的错误，否则视为严重犯规。

3. 把交通事故救护知识纳入培训体系

瑞士要求在申请驾驶培训之前，驾驶人必须先行参加救护课学习。课程共10个课时，目的是培养驾驶人树立“救死扶伤”的人道主义精神，主要内容为在事故第一现场如何救护事故受伤人员。课程不仅讲授必要的救护常识（如包扎伤口、人工呼吸等一系列紧急救护措施），还讲授如何报警和保护事故现场等基本知识。埃及则将基本的急救常识与交通法及其实施条例，交通规则、礼让、信号及信号种类，汽车驾驶原理和汽车机械原理并列为理论学习的五大内容。

4. 严格监管驾驶培训学校质量

日本对机动车驾驶培训学校实行指定制度，学员在指定驾驶培训学校完成规定的培训科目并获得毕业证书后，可免于政府组织的驾驶技能考试，只要通过理论考试就可以获得机动车驾驶证。对违反有关规定的指定驾驶培训学校，公安委员会将给予严厉的处罚，直至取消其指定驾驶培训学校资格。目前，日本超过95%的驾驶培训学校为指定驾驶培训学校。瑞典则规定，政府可以关闭学员考试合格率达不到75%的驾驶培训学校。埃及则规定，驾驶培训学校（或中心）必须经所在地交通管理部门和警察局批准，不经交通管理部门和警察局批准的，不准从事培训工作。

5. 加强考试员和教练员监督管理

日本规定，教练员年龄应在21岁以上，完成由当地指定教练员训练学校组织的训练科目并通过当地公安委员会的考试；技能考试员年龄应在25岁以上，具有教练员资格，同时通过了由当地公安委员会组织的考试。教练员与考试员每年要接受政府管理部门十几个小时的训练和指导，教练员还必须定期接受法定的讲座，并在机动车安全驾驶中心中央研修所参加专门的业务培训（包括理论和实际驾驶技能培训）。荷兰则实行全国统一的考练员（既能从事教练工作，又能从事考试工作的人员）资格认证制度，政府委托CBR公司（全国驾驶人测试局，属私营企业）负责全国驾驶人和考练员从业资格认证工作。CBR公司按照政府要求，每年抽3个星期对全国的考练员进行专业测试，如果考练员技术水平下降或不能满足工作需要则会被取消资格。

（二）科学的交通违法记分制度与严厉的处罚措施相结合，确保严惩严重交通安全违法行为和严管重点驾驶人

1. 普遍实行驾驶证记分（记点）制度

驾驶人在一个记分周期超过规定分值时，将被吊销驾驶证；同时，驾驶人的交通违法行为及处罚情况将记入个人信誉档案，与保险公司保险费率相挂钩。美国规定，凡在1年内记满3点、2年内记满5点、3年内记满7点或18个月内记满4点以上，就会被法院吊销驾驶证。英国则规定，4年内，若驾驶证分数被扣12分，或第一次领取驾驶证2年内被扣6分，都会被吊销驾驶证，需重新考试合格后才能再次获得驾驶证。德国根据交通违法的严重程度，在对驾驶人实行罚款的同时，还对其进行扣分（1～7分），扣分超过18分时将被吊销驾驶证并列为不适合驾驶人员。日本对汽车驾驶人和轻便摩托车驾驶人的交通违法行为（对比较轻微的违法行为，分别记1分、2分或3分；对饮酒驾驶或者无证驾驶等严重违法行为，分别记6～25分）或责任交通事故（最多会被附加43分）均予以记分，当过去3年间的总分达到一定的基准时，将给予暂扣驾驶证或吊销驾驶证的处罚。

2. 加大交通违法行为处罚力度

在美国，驾驶人酒后驾车，第一次吊销驾驶证1年，罚款1000美元，并到驾校重新培训6周时间；第二次吊销驾驶证3年，罚款5000美元，另缴纳培训费500美元；第三次将被终身禁驾。在德国，无证驾车、醉酒驾车、未经许可离开事故发生地、放弃施救、不注意优先行驶规则、错误超车或超车时开错车道、错开在人行道上等行为被列为犯罪行为，将被录入联邦中心犯罪记录簿及处以高额罚款，并可能导致拘留。在法国，对于无证驾驶或使用假驾

驶证开车者，可被判刑。在荷兰，酒后驾车、开车时打手机等违法行为除了被处以高额罚款外，还可以并处监禁。

3．严格管理从事营运的重点驾驶人

美国规定，营运车辆驾驶人每天要填写行车记录，如不按规定填写或造假等，一旦被发现，将受到处罚，严重者将被吊销职业驾驶证。该记录每年一册，由交通局发放，记录的内容包括驾驶人对车辆安全状况的检查，驾驶的时间、路线、里程等。警察可随时拦停营运车辆检查记录表，根据记录内容判定驾驶人是否有超时（疲劳）驾驶、超速等违法行为。欧盟规定，每辆大中型客车都必须装备一个能自动记录每位驾驶人一天开始驾车时间、连续驾车时间、中途休息时间和当天累计行车距离等信息的磁卡，欧盟任何一个成员国的警察都可以检查该记录磁卡，根据记录内容判定驾驶人是否存在违法行为。一经发现违法，驾驶人将被罚款2000欧元，视情可并处吊销驾驶证。澳大利亚则规定，从事运营的客车和货车的驾驶人必须保持所安装的行驶记录仪始终处于正常工作状态，否则不准从事营运作业，仪器损坏时必须立即报告；并且驾驶人在停车时应及时填写《国家驾驶人记录日志单》（一式两联，一份存档，备查1年；另一份交运输公司检查后，上交给运输公司的主管部门交通局核查），警察和交通局的核查人员随时可以在路上抽查日志记录情况，日志单的主要内容（出发地点、时间、事由、到达地点、休息时间等）应与行车记录仪记录的内容一致。

4．从严管理高龄驾驶人

美国规定，持有驾驶证的65周岁以上的驾驶人，如欲继续驾驶车辆，必须每2年进行一次体检；70周岁以上的驾驶人，如欲继续驾驶车辆，必须每年进行一次为时45分钟的路考。加拿大则规定，65周岁以上的驾驶人必须每年复考一次，同时还要审验健康检查表及查看是否有犯罪记录；对80周岁以上的驾驶人，审验条件更加严格。日本则规定，年满70周岁以上的驾驶人，每年必须参加3个小时的讲习。

（三）法律法规限定、部门监管、政策引导等多种方式相结合，严格重点车辆安全管理

1．提高校车安全性，赋予通行优先权

美国在全国范围内统一了校车车型和标识，实施严格的校车安全技术标

准，规定校车须由专业厂商制造，使得校车安全性能明显高于普通车辆。同时，通过立法确保校车在道路通行中的安全性和优先权。校车运载学生在道路上行驶时，后方车辆不得超越，必须保持安全的距离，在遇到拥堵或特殊情况时，必须让校车优先通过；当校车将要减速停车时，车身上的黄色闪光灯就会闪烁，提醒过往的车辆准备减速停车，当校车停下时，红色闪光灯闪烁，停车标志牌打开，双向过往的车辆都必须停下来等待。如果违反上述规定，将被处以最高达1000美元的罚款，并可能被吊销驾驶证1年。一整套十分严格、完善的校车管理制度，使校车成为全美道路上最安全的车辆。

2．从严管理营运车辆

欧盟、澳大利亚、日本规定，从事营运的重型、中型货车和客车必须安装行驶记录仪并需在后部粘贴标识，标明法律法规允许的最高行驶速度。行驶记录仪应能详细记录该车辆每天实际行驶情况资料，包括运行速度、连续行驶时间、停驶时间、出车时间和结束时间等信息。欧盟机动车安全技术标准还规定，载重量3500千克以上的货车应安装限速值为90公里/小时的限速装置，大型客车应安装限速值为100公里/小时的限速装置。

3．规范旅游客车管理

南非对旅游车辆管理实行准入审核听证制，旅行社如经营旅游客车从事旅游客运，首先应向交通旅游部门提出申请，由该部门召集有关部门（警察、旅游、税务、交通等）进行听证。申请经听证通过后，旅行社方可办理营业手续。审批部门对从事旅游客运的车辆核发专门证件，证件必须按规定粘贴在前挡风玻璃上。对参加营运的旅游客车，审批部门每2年审验一次，对不按规定经营或发生重大交通事故的，将取消其营运资格。为切实保护所乘游客的利益，政府还规定，凡参加营运的旅游客车，保险费是普通客车的10倍。

4．强化检测站的管理

德国所有的固定式机动车检测站都必须和政府相关管理部门联网，每一辆车的检测数据都会被实时传送到管理部门，非正常范围内的检测结果则会自动显示，并且检测机构和检测站必须定期整理、分析机动车检测数据并形成分析报告，检测分析报告及检测站经营情况说明应定期报送给政府相关管理部门。检测站的日常监督管理工作主要由检测机构内部负责，政府相关管理部门（或其委托的机构和人员）根据需要对检测站的检测和经营情况加以评定和监督。德国政府相关管理部门建立有一个机构，其成员包括德国4个有资质的检测机构的质量负责人，定期开会分析机动车检测数据，必要时还会抽查部分检验项目以验证检测站的机动车检测情况。

（四）严密的分类管理制度与牌证信息的及时更新相结合，为严格监管创造有利的条件

1. 实行分级管理，从严管控实习期

加拿大、德国、瑞典、澳大利亚等国对实习期内的新驾驶人核发实习驾驶证。加拿大规定，持有实习驾驶证G2的驾驶人如果出现酒后驾车的情况（只要血液酒精含量大于0），其实习驾驶证将无条件地被降为学习驾驶证G1，并且只能在12个月以后重新通过路考才能再次拿到实习驾驶证G2。德国则规定，驾驶人在2年的实习期中，如因违反交通规则而受到罚款、禁止驾驶或被记录到交通中心登记簿等处罚的，驾驶证管理机关将要求其参加特殊培训班。特殊培训后如仍未达到要求，则将吊销其驾驶证。驾驶人在实习期间参加此种特殊培训的机会只有一次。瑞典则规定，驾驶人2年实习期间若发生责任交通事故，其实习驾驶证将被收回，驾驶人需重新学习驾驶。日本则规定，领取普通执照、摩托车执照或者轻骑执照之后1年是实习期，驾驶人在此期间违反交通法规必须参加公安委员会举办的“实习驾驶员学习班”，没有参加学习班或参加后在余下的实习期内又违反交通法规的，实习期结束时必须参加公安委员会组织的再次考试，没有参加再次考试或考试不合格的，其驾驶证将被取消。

2. 实行职业驾驶证，严格营运驾驶人管理

美国规定，驾驶商用车辆必须持有C类商业车辆驾驶证。澳大利亚规定，从事职业重载车辆驾驶工作的驾驶人，应当持有国家重载车辆驾驶证；从事职业驾驶公共汽车的人员，必须具有公共汽车驾驶许可证；出租车驾驶人必须具有出租车驾驶许可证。日本则规定，驾驶营运车辆的人员，必须持有相应的职业驾驶证。

3. 明确信息更新义务，确保对驾驶人及时监管

美国规定，车辆及驾驶人信息必须在发生改动后10天内报车管局备档，否则将视为违法。英国规定，驾驶证上驾驶人照片每隔10年必须至少更新一次，以便与持证者的相貌一致。澳大利亚则规定，当驾驶人的居住地发生变更时，不管是在本州辖区范围内，还是从外州搬迁到本州工作或居住，驾

驶人必须在14天之内到车管所办理驾驶证变更手续，否则一经发现将予以重罚。驾驶人因没有及时收到车管所发出的违法通知单或暂停驾驶通知书而继续驾驶的，将受到更大的处罚或经济损失。

（五）强化机动车和驾驶人管理的公共服务功能，最大限度地方便公众办理相关业务

1. 对部分车型在新车注册登记时免于检验，并根据各类车型特点适当延长检验周期

法国、英国、葡萄牙、澳大利亚、日本都规定经比对目录核实后的新车注册登记时免于检验。法国、葡萄牙等欧盟国家对登记后的新车从第四年开始检验，私人小型客车每2年检验一次，货车、大中型客车每年检验一次。日本对私人小型客车登记后间隔3年进行再次检验，以后每2年进行一次检验；小型或中型载货汽车间隔2年进行再次检验，以后每年进行一次检验；出租车、公交车及大型货车每年进行一次检验。美国、加拿大、澳大利亚不强制要求私人小汽车定期进行安全技术检验，但均规定新车登记后第四年起要进行尾气检测，且以后每2年检测一次。

2. 最大限度地简化车辆注册登记程序

各国普遍允许汽车销售商代理顾客申请机动车登记注册手续。在美国，车主可以通过互联网、电话办理注册登记手续，弗吉尼亚州和马里兰州还提供在道路上服务的流动注册业务。在英国，购车人到专卖店看好一款车后，填写好表格，交纳定金，由销售商负责办理号牌、保险、养路税等手续，3天至两周内销售商检验好车辆并安装好号牌，购车人交足余款后提车。在法国，登记时车主可以不必亲自到场，只需向车管部门提供身份证明、准确的住址、财产归属的公证以及该车没有债权债务关系的证明。车管部门核查车辆无被盗抢或犯罪记录后，授予登记编号，签发行驶证，号牌由售车人按规格自行制作。在澳大利亚，车主可以通过互联网办理机动车注册登记及申请一般号牌号码和个性化号牌号码，车主只要将自己选择的号牌号码和式样寄给交通部门并通过信用卡付款，交通部门就会按时将号牌做好并寄给车主。

3. 采取规范措施，确保个性化号牌的依法、合理使用

美国、澳大利亚规定，车主提出正当、合理的个性化号牌申请，车管

所在确认其唯一性且在含义上不存在道德问题后颁发。但是，车主需要为个性化号牌支付制作费，并且以后每年还要交一定数量的使用费。如果是选择有特别图案的个性化号牌，则收费更高。英国的个性化号牌编码没有固定规则，由购车人确定，发牌机关审核确认即可。个性化号牌需另行收费，起价300英镑，该号牌归个人终生所有，即使车辆报废或转让，号牌仍可保留；即使申请者手边没有汽车，也可以申请个性化车牌留着自用或送礼。

4．实施法定保险，保护交通事故受害人利益

在美国，新车在购买之时，必须同时先购买保险，否则是违法行为，由代理商负法律责任（罚款500美元）。在加拿大不列颠哥伦比亚省，车辆及驾驶人保险业务由不列颠哥伦比亚省保险公司独家从事。该公司是一家不以赢利为目的的官方机构，收取的保险费除用于交通意外事故理赔外，还用于投资道路交通安全项目；如扣除上述费用和公司运营费用外收取的保费仍有节余，则将节余部分按比例返还投保者。德国实行强制保险制度，车辆不上保险是不允许上路的。德国的保险分为15个档次或等级，凡是首次参加车辆保险，驾车者的档次一般处在中间位置，即第7档；如果1年之内没有出任何交通事故，即将档次下调一级，驾车者可以少交一点保险费，反之，每出一次交通事故，驾车者的保险档次就上升一级，要交纳更多的保险费用。在法国，受害人不必解释事故原因和举证，只需证明伤害本身与该车有关，第三者责任险赔偿即生效，且赔偿没有最高限额；对于无人员伤亡事故且双方无争议的，可不通过警察直接到保险公司办理赔偿事宜。并且，为了完善强制推行机动车辆第三者责任险机制，法国还专门建立了一个名为“BCT”的机构，负责为那些因有酒后驾车、骗保、拖欠保费、事故多发记录的驾驶人指定和安排保险公司。任何一个被指定的保险公司，只能在法律许可的范围内提高保险费率，不得拒保。在意大利，机动车法定保险工作已步入良性循环，机动车注册登记、检验时的把关，发生事故后的高额赔偿，以及未保险后的罚款和下一年度增加保费，都促使车主自觉参加保险。购买汽车和办理注册登记时，有关部门均会提醒购车者办理车辆保险手续，保险公司也和汽车销售商建立信息联系，定期上门为车主办理保险。

（六）全民交通安全宣传教育与专门针对驾驶人的教育相结合，着力培育安全文明驾驶的汽车交通文化

1. 高度重视学校交通安全教育

美国、德国、法国、瑞典、日本等国将交通安全教育纳入义务教育体系。美国从1928年开始在小学设立交通安全教育课程，开展日常性交通安全教育；中小学校每学期第一周都要进行专门的安全教育，其中，交通安全是重点内容。德国一直注意培养孩子的交通安全意识，小学设有交通安全课，学习如何过马路、如何骑自行车、怎样识别交通信号、如何保障自己或他人的安全，以及怎样避免侥幸心理等。法国在20世纪50年代即以法律的形式规定学校有义务对学生进行交通安全宣传教育，每月有半小时的交通知识教育和一个半小时的技术训练。从小学三年级开始增设道路交通安全课程，讲授交通法规，熟悉各种交通标志，增强学生的道路交通安全意识，在中学开设"道路安全执照"课程，为今后考驾驶证做准备。瑞典小学生每学期要接受20个课时的交通安全知识教育。日本中小学校规定每月有一天为"交通安全指导日"，具体规定居住地区小组每天实行集体排队进校、排队离校的制度，每年春秋两季还要举行交通安全活动让学生学习交通常识。瑞典、丹麦、日本等国在幼儿园建立儿童交通俱乐部，教授幼儿最基本的交通知识。丹麦儿童从2岁半进入幼儿园时起就开始接受交通安全教育，并被邀请加入儿童交通俱乐部；6岁起在学校接受交通安全教育，至8岁时就知道应为实现交通安全目标采取行动、了解预防和减少交通事故的手段和措施。

2. 积极开展全社会交通安全宣传

法国每年都有固定的交通安全宣传周。宣传周期间，城市主要街道张贴有关标语，电视台专门播放宣传片，请酒后驾车肇事的驾驶人讲述车祸给家庭带来的不幸，以增强人们的交通安全意识。日本每年都有全国性的交通安全宣传日，届时各级政府主要领导人会亲自参加。为提升宣传效果，各国均会提出相应的鲜明的宣传口号，如法国的"车速每提高5公里，交通事故死亡率就上升20%"、"如果不超速、不酒后驾驶、行车系安全带，每年就可减少1000个死亡人数"，日本的"只要关心别人的想法，事故就会为零（针对驾乘人员）"、"反射材料，你生命的护身符（针对行人和骑自行车人）"、"举起手来，好好看左右（针对小学生）"等。

3．实施驾驶人交通安全再教育

荷兰每年集中组织对驾驶人进行事故成因分析、驾驶技术讲解等方面的培训。日本规定，驾驶人在考取驾驶证、更新驾驶证、因交通违法被记分或暂扣、吊销驾驶证时必须参加由警方组织的讲习以提高交通安全意识，培养高尚的交通道德，致力于创造良好的道路交通环境。法国对于已取得驾驶证的人员，目前采取的培训方法是每年自愿参加1小时的培训，驾校和一些公司均可开办这样的培训班。法国政府现已考虑将每年1小时的培训变为强制性制度，对于驾龄在2年以下且严重违法的驾驶人，法律规定强制培训2天。

4．培育安全文明交通意识

美国、德国在强调交通“优先权”的同时，特别重视向申领驾驶证者灌输安全和礼让意识。瑞典于1997年起提出了“零伤亡”的交通安全新理念，并在驾驶培训教材中提出了“车辆在人行横道线处让行人时，最好与人行横道线保持一个车位的距离，让行人更安心地通过”等要求。

二、对我国机动车和驾驶人管理的启示

国外机动车和驾驶人管理措施有效、经验丰富，对提高和改进我国机动车和驾驶人管理工作有诸多启示。

（1）完善培训内容、改进考试方式，是提高驾驶人综合素质、确保道路交通安全的治本之策。良好的驾驶习惯主要在学习驾驶期间养成。要改进驾驶人培训、考试制度，增加文明驾驶、安全驾驶技能和知识的考核机制，注重驾驶道德与安全意识的培养。

（2）强化对机动车驾驶人培训学校的监管，是保证驾驶人培训质量的重要手段。驾驶培训学校承担着为社会输送合格驾驶人的社会责任。要强化对驾驶培训学校的监督考核，建立培训质量监管体系和诚信考核体系，完善对新驾驶人交通安全违法、交通事故情况责任倒查制度，健全驾驶培训学校培训质量排名制度，完善驾驶培训学校退出制度。

（3）实行分类管理、强化重点驾驶人的监管，是提高工作效率、确保交通安全的有效举措。研究数据表明，70%的交通违法行为及交通事故源于30%的驾驶人，这30%的驾驶人就是管理的重点。要切实加强驾驶人的分类管理，引进职业驾驶人概念，对职业驾驶人实行更严格的管理措施。

（4）提高车速均衡性、改善机动车安全技术性能，是提升道路交通整体安全性的根本基础。车辆的安全性能直接关乎道路交通安全。要修订完善汽车产业发展政策，严格实施汽车生产准入制度，提高机动车安全技术标准，淘汰落后产能，加强车辆生产和销售源头管理，健全车辆生产一致性监管制度，保证新生产、销售机动车的安全技术性能。

（5）严格牌证管理、打击假牌假证，是维护群众利益、构建和谐交通的前提条件。要改进机动车牌证防伪技术，运用信息化手段构建多层次的防伪体系，严格牌证核发和管理制度。进一步简化机动车登记程序，大力推行电话、网络办理牌证，为群众办理机动车牌证提供更多的便利。

（6）强化交通安全宣传、推进驾驶人再学习，是新时期加强交通安全管理工作的长效机制。全民良好交通习惯的养成，要靠长期的灌输与引导，必须发挥全社会的力量共同开展宣传教育。要进一步加强交通安全宣传教育工作，加强交通安全宣传教育立法，制定交通安全宣传教育长期规划，明确相关部门在交通安全宣传教育中的职责，使交通安全宣传教育真正转化为政府行为和全社会的行为。完善交通安全教育体系，形成从幼儿、小学生、中学生、大学生、青年、中年直到老年人各阶段的交通安全教育制度，实现驾驶人交通安全终身教育。

第六章
车辆和驾驶人管理发展环境和发展方向

当前，国际、国内形势正在发生新的深刻复杂变化。“十二五”规划提出，当前和今后一个时期，我国发展仍处于可以大有作为的重要战略机遇期，既面临难得的历史机遇，也面对诸多可以预见和难以预见的风险挑战。[①] 对车辆和驾驶人管理工作来说，同样也是如此。经济体制深刻变革、社会结构深刻变动、利益格局深刻调整、思想观念深刻变化，既给我国发展带来巨大活力，也给车辆和驾驶人管理带来这样或那样的矛盾和问题。这些矛盾和问题的存在，既凸显出车辆和驾驶人管理工作发展的阶段性特征，又对车辆和驾驶人管理工作发展提出了新的要求。车辆和驾驶人管理必须主动迎接新的挑战，适应环境变化，有效解决发展中的各种矛盾，根据政治、经济和社会的发展态势，不断创新管理理念、管理体制、管理机制和管理手段，提高社会管理的能力和水平。

第一节　车辆和驾驶人管理面临的形势和挑战

随着我国经济持续平稳较快发展，科学发展观的深入贯彻落实，以及道路交通管理体制改革20多年来积累的丰富经验，为做好车辆和驾驶人管理工作创造了许多有利条件。但是，也必须看到，当前和今后一个时期，做好车辆和驾驶人管理工作面临的形势和问题可能比以往任何时候都要复杂，面临

---

①参见《中华人民共和国国民经济和社会发展第十二个五年规划纲要》，载新华网。

的困难和风险可能比以往任何时候都要多，面临的压力和挑战可能比以往任何时候都要大。

一、经济社会发生深刻变化

我国已经进入了一个经济社会快速发展期，预计“十二五”时期，我国人均国内生产总值（GDP）将从4500美元增至6100美元。机动车和驾驶人快速增长带来的压力前所未有。截至2011年年底，全国机动车保有量超过2.2亿辆（其中，汽车10579万辆），而1987年交通管理体制改革初期，全国机动车保有量为1061万辆（其中，汽车408万辆）。按照现在的速度发展下去，估计再过10年，我国机动车保有量将超过4亿辆，每千人拥有汽车量将大大超过120辆的世界平均水平。市场经济的发展、经济贸易量的增加和参与经济方式的多样化，机动车因其价值性、普遍性作为标的物、附着物，越来越多地参与到经济活动中，车辆产权的变更、转移、抵押、质押形式不断增多，机动车登记任务更加繁重，服务形式和内容呈现多样化趋势，车辆和驾驶人管理部门的服务能力和群众对政府公共服务的需求矛盾将更加突出。同时，随着机动车和驾驶人数量的快速增长，预防道路交通事故的压力越来越大，车辆和驾驶人管理从源头上保证交通安全的任务也越来越艰巨。

随着经济结构、城乡结构、阶层结构的变化，经济成分、就业方式、组织形式、利益关系和分配方式的多样化，越来越多的“单位人”变成“社会人”。由于工业化和城市化的推进，农民的数量不断减少，外来务工人员成为一个数量庞大的社会群体。社会成员的流动性增加，一些人长期在暂住地工作、生活，单位、社区对居民的管理功能弱化。人们的生活方式也在发生变化，汽车、计算机网络在社会生活中的作用越来越重要，国际、国内的交流活动越来越频繁。车辆和驾驶人管理的对象增多、范围扩展，车辆和驾驶人管理的理念、思路、机制、方式必须与形势发展变化的客观要求相适应。

汽车产业政策进入调整期。近年来，我国汽车产业发展迅速，产销量均位于世界前列，推动了国民经济稳定快速发展，提高了人民群众生活质量和水平，同时也带来一定的社会问题。现阶段，汽车行业发展处于重要的转型期，注重自主创新和产业转型升级，鼓励企业推进核心技术创新，提高国际竞争力。汽车产业政策从单独注重产销量的增长、刺激汽车消费、拉动汽车产业发展，向统筹考虑能源、环保和城市道路、停车等综合承载能力方面转变。新能源汽车规划、汽车下乡、报废更新等政策不断推行。车辆和驾驶人管理政策要适应汽车产业政策的变化，以保障汽车产业健康发展。

二、和谐社会建设成为执政目标

和谐是我国传统文化的展现和要求，也是党和政府新时期执政方针的精髓所在。建设社会主义和谐社会的总目标对车辆和驾驶人管理工作提出新要求、新期望。车辆和驾驶人管理工作要牢牢把握最大限度地增加和谐因素、最大限度地减少不和谐因素的总要求，以回应人民群众的新期待、满足人民群众的新要求。

（一）满足人民群众对公共服务的新期待

积极回应人民群众的新期待，努力满足人民群众的新要求，是我们党坚持立党为公、执政为民的必然选择，是加快推进以改善民生为重点的社会建设的重大任务，是党中央、国务院关注民生、重视民生、保障民生、改善民生的重要政策取向，是党的“十七大”鲜明的特点。车辆和驾驶人管理工作是一项政策性、社会性很强的工作，涉及人民群众的生产、生活各个方面，与人民群众的切身利益息息相关。近年来，随着经济的发展和人民群众生活水平的提高，车辆和驾驶人管理服务需求呈现出增长迅速、主体多元、需求多样的特点。人民群众不仅要求实现基本服务的公平、公正，而且还要求优质、高效、便捷、热情。车辆和驾驶人管理工作要主动适应人民群众对社会管理和公共服务的新期待，需要进一步简化办理程序，缩短办理时限，优化办理方式，提高整体服务水平，为群众提供更多的便利。要从事关人民群众切身利益的问题入手，积极研究推出新的便民、利民、惠民政策和措施，让人民群众实实在在地感受到车辆和驾驶人管理工作带来的实惠。同时，车辆管理所作为公安交通管理部门服务群众的重要窗口，代表公安机关的形象，必须坚持公开、公平、公正的原则，提高公共管理的公信力。要以健全机制、完善程序、严密制度、强化监督等措施为基础，加强硬件建设、软件服务等方面的规范化建设，严格车辆检验、车辆查验、驾驶人考试、牌证管理等方面的监督管理，满足人民群众对车辆和驾驶人管理公信力的新要求。

（二）追求法律效果与社会效果的协调统一

从某种意义上讲，拳头是一种力量，微笑也是一种力量。在车辆和驾驶人管理工作中，我们既要注重业务办理过程和程序的规范化，做到严格、公正、规范，又要注重管理方式和方法的柔性化、人性化，做到理性、平和、文明，努力实现执法目的与执法形式、法律效果和社会效果的有机统一。现在整个社会处于转型期，一方面我国改革开放30多年来发展很快，另一方面也要看到社会矛盾仍比较多。例如，2008年10月22日，珠海斗门交警大队依法扣查骆某驾驶的载客营运的无牌无证摩托车，执法本身没有问题，但是，骆某因此失去生活来源，加之生活不顺，2008年11月5日，骆某偷了一辆大卡车报复社会，驾驶车辆故意撞向路边刚刚放学的学生，造成5人死亡、19人受伤的严重恶性事件。这一典型案件说明，面对日益复杂的社会矛盾和问题，仅仅认为执法只要有据，只要符合有关的规定，或者简单执法、粗暴执法，结果非但不会取到良好的执法效果，反而会加重执法对象的对立情绪，引发部分群众的强烈不满，最终演变成为重大群体性事件和严重恶性事件。车辆和驾驶人管理工作因为接触群众面广，要适应执法环境的变化，主动化解社会矛盾，准确把握执法对象的感受，更加注重讲究执法的策略、改进执法的方式，善于用群众语言、用群众易于接受的方式来管理，使群众通过车辆和驾驶人管理服务的执法活动，既能感受到法律的尊严，又能感受到公安机关对人民群众的尊重与关怀。

三、民主法治建设全面推进

随着社会主义民主政治的发展、依法治国基本方略的实施、人民群众维护自身合法权益意识的增强、社会透明度的提高，人民群众对公安机关执法的公平、公正提出了热切期盼。发展社会主义民主政治，建设社会主义法治国家，对车辆和驾驶人管理工作提出了新的要求。

（一）依法治国方略的新要求

全面落实依法治国基本方略，要求各级政府及其相关部门加强自身的法制建设，依法行政，公正廉洁执法。公安交通管理部门作为政府依法对车辆和驾驶人进行管理和服务的窗口，在维护法律的尊严、权威，弘扬社会主义法治精神方面起着重要的作用。车辆和驾驶人管理工作要积极适应执法环境的新变化，准确把握人民群众对公正执法的新期待，进一步创新执法制度、机制，建立健全各个执法领域、执法环节的实体性和程序性制度规定，建立健全权责明确、行为规范、监督有效的执法机制，从源头上减少、杜绝执法的随意性。车辆和驾驶人管理部门要进一步加强执法能力建设，综合采取各种有效措施，切实提高执法能力和执法水平，改进执法的方式方法。既要依法办事，又要维护人民群众的合法权益，维护社会公平正义；既要做到实体公正，又要做到程序公正；既要严格执法，又要文明执法，坚决防止发生执法不严格、不公正、不文明和不作为、乱作为等问题。从事车辆和驾驶人管理的民警要打牢执法为民的思想基础，牢固树立依法履行职责的观念、法律面前人人平等的观念、尊重和保障群众权利的观念，自觉用正确的执法为民理念指导执法工作。要具备相应的法律知识和法律素养，熟悉和把握我国的基本国情，在办理车辆和驾驶人管理业务中能够准确把握法律的精神，准确把握执法与服务的关系，有效解决业务办理不规范、机动车查验和驾驶人考试随意性大的问题。

（二）群众维权意识的新要求

随着民主法治建设的逐步深入，人民群众的法律意识、维权意识也进一步增强，对车辆和驾驶人管理工作的法治要求越来越严格，对公安机关的执法活动提出了新的更高的要求。这就需要我们严格依照国家机动车和驾驶人管理的法律、法规和相关规章规范执法行为；严格依法行政，维护公民的合法权益。在确保严格执法、规范执法的同时，减少法律纠纷和争议，保障法律效果的实现。

社会生活节奏的不断加快，人民群众需要车辆和驾驶人管理工作主动适应社会的节奏，公开服务承诺，明确业务的办理时限，最大限度地为广大人民群众节省人力、物力和财力，创造更好的社会效益。

（三）执法规范化的新要求

车辆和驾驶人管理与广大人民群众的生活息息相关，并逐渐成为人民群众不断关心、关注的热点和焦点。人民群众要求车辆和驾驶人管理工作进一步规范，涉及机动车号牌号码、驾驶人考试等关键工作环节和服务程序，需要向人民群众告知和公示，在这种情况下，更加需要将车辆和驾驶人管理置于社会各界和广大人民群众的广泛监督之下，以公开促公正、以公正促满意。

公安交通管理部门从自身建设出发，也必须加强执法规范化建设。社会主义民主法制建设快速进步，对执法工作的要求越来越高；社会日益开放透明，对公安民警执法的法律监督、社会监督、舆论监督越来越严；维护社会稳定和社会秩序的任务日益复杂艰巨，需要公安机关有更高的执法能力；人民群众维权意识的日益增强，要求公安机关执法工作更好地体现社会公正。加强执法规范化建设是公安工作主动适应新形势、新任务的迫切需要。当前一些车辆和驾驶人管理部门的执法工作和公安民警的思想作风、业务素质都还存在不少与新形势、新任务、新要求不相适应的问题。一些车辆管理所执法能力偏低，执法理念陈旧，执法工作粗糙；一些民警执法不公正、不规范、不文明，损害了人民警察的形象。

公安交通管理部门拥有较大的审批权和执法权，特别是在改革开放的条件下，交警也不是生活在真空中，一定要正确对待手中权力，保持清醒头脑，时刻绷紧反腐倡廉这根弦，筑牢拒腐防变的心理防线。公安交通管理部门的队伍建设，同经济社会发展的新形势、人民群众的新期待相比，还存在着许多不适应之处。加强队伍建设，造就一支政治坚定、业务精通、执法公正、作风优良的交警队伍，是一项长期的任务。

四、科学发展观成为时代特征

科学发展观是党的重大战略思想，也是推进各项事业改革和发展的一种方法论。科学发展观要求车辆和驾驶人管理工作实现全面、协调、可持续的发展，必须依靠管理创新、现代科技，不断拓展社会服务渠道，提高车辆和驾驶人管理工作服务群众的能力和水平。

（一）管理创新

创新是民族发展进步的不竭动力，也是解决发展中遇到问题的根本出路。2011年2月19日，胡锦涛总书记在省部级主要领导干部社会管理及其创新专题研讨班开班仪式上指出，我们加强和创新社会管理，根本目的是维护社会秩序、促进社会和谐、保障人民安居乐业，为党和国家事业发展营造良好社会环境。同时强调，要牢牢把握最大限度激发社会活力、最大限度增加和谐因素、最大限度减少不和谐因素的总要求，以解决影响社会和谐稳定的突出问题为突破口，提高社会管理科学化水平，完善党委领导、政府负责、社会协同、公众参与的社会管理格局，加强社会管理法律、体制、能力建设，维护人民群众权益，促进社会公平正义，保持社会良好秩序，建设中国特色社会主义社会管理体系，确保社会既充满活力又和谐稳定。

车辆和驾驶人管理工作向前发展，必须深入推进社会管理创新，坚持以创新的精神、改革的办法研究解决车辆和驾驶人管理发展中的难题。公安部黄明副部长指出，必须把交通管理作为一门学问来对待，不断学习新知识、研究新情况、掌握新本领，特别要认真研究和把握交通管理工作的规律特点，善于抓住当前一些难点问题、关键环节，积极探索交通管理工作新机制。[①]车辆和驾驶人管理工作创新必须要更新管理理念，用开放的思维管理开放背景下的社会事务，用市场的手段处理市场经济条件下的社会问题，既充分发挥职能作用，又善于运用社会资源，发展社会组织，建立服务社会、反映诉求、科学管治的新渠道，形成社会管理和服务的合力。作为公安交通管理部门，要更加自觉地关注民生、惠及民利、维护民权、保障民安，以“感情上亲民、职能上利民、管理上惠民”的实际行动，回应人民群众对社会安定、公平正义的新期待；要时刻把“为人民群众服务、为市场经济主体服务、为改革发展服务”内化于心、外化于行，努力实现平等型、服务型、无偿型管理服务；要充分认识到与人民群众是相互联系和相互作用的统一体，实行过程开放、手段多样、与民合作、使民参与，增强社会管理的亲和力，从行政型向综合参与型转变；要深谙和谐之理，善做和谐之事，从促进和谐的角度看待和处理问题，最大限度地满足社会和人民群众的需求，让人民群众在社会管理创新中感到更快捷、更便利、更文明、更和谐。

（二）现代科技

当前，信息化正在引领着新一轮警务革命。公安部孟建柱部长指出，信

[①]参见2011年1月19日公安部黄明副部长在全国公安交通管理工作座谈会上的讲话。

息化是提高公安机关整体战斗力的重要途径，是提升基层基础工作水平的重要载体，是牵动警务机制改革的重要纽带。从警务运作、公安执法到队伍管理，全面深入的信息化应用将深刻影响公安工作的方方面面。经济发展促进了电话和互联网的普及延伸，成为广大群众与外界沟通交流的良好平台，群众足不出户了解办理车辆和驾驶人业务的要求也越来越强烈。要善于运用信息科技手段推进车辆和驾驶人管理，充分运用信息网络手段，不断强化社会服务功能，通过互联网站和咨询电话等服务平台，大力推行网上预约、网上受理、网上审批、网上办公，进一步简化审批手续，努力为社会和公众提供方便、快捷、优质、高效的服务，让现代科技的成果更多、更直接地体现在促进和谐、惠及百姓上，提高群众满意度。

（三）社会服务

车辆管理工作的改革发展是一个复杂的系统工程，社会化是重要的发展方向。车辆管理社会化是在整个交通管理工作社会化进程的背景下逐渐形成的。车辆管理的社会化，是指车辆管理工作的社会服务性增强，从行政机关的直接管理向社会管理、行政机关管理监督并重的过程。做好车辆和驾驶人管理工作，仅靠公安交通管理部门是远远不够的。我们既要发挥自身的作用，又要发挥我国的政治优势，完善部门合作、区域警务合作、警种合作机制。推行车辆和驾驶人管理社会化服务，把车辆和驾驶人业务向外围延伸，推广车管业务服务点进驻汽车销售企业或汽车经销商代办业务，实现机动车“带牌销售”，同时在社区设立便民服务站，建成“家门口的车辆管理所”，形成社会管理整体合力，积极推动车辆和驾驶人管理工作社会化。

五、交通安全形势仍然严峻

近年来，在各级公安交通管理部门的共同努力下，在各级人民政府及相关部门的大力支持下，道路交通事故总量稳中有降，交通安全形势有一定好转。2011年，全国共发生道路交通事故210812起，造成62387人死亡、237421人受伤，分别比上年下降3.97%、4.35%和6.56%。

随着科学发展观的深入贯彻落实，各级党委、政府和社会各方面越来越重视交通安全工作，为进一步加强交通安全工作奠定了坚实的组织领导基础。党中央、国务院高度重视交通管理工作，全国人大常委会专门审议这项工作，国务院部际联席会议制度已建立运行8年，从国家到省、市、县、乡五级道路交通安全工作组织领导机构日臻完善。特别是党的十七届五中全会明确提出“十二五”时期要以科学发展为主题、以加快转变经济发展方式为主线，各级党委、政府必将更加注重以人为本、安全发展、协调发展，对道路交通安全畅通的重视程度会越来越高，将道路交通作为关系民生、关系发展的大事来抓。今后一个时期，道路通行、安全保障条件和机动车安全水平等都将得到进一步改善，公安交通管理部门的执法能力也将进一步增强，道路交通事故预防能力将明显增强。

但是，我们必须同时看到，当前和今后一个时期，交通安全的外部环境还未得到根本改善，道路交通安全工作面临严峻挑战。“十一五”时期，全国道路交通事故死亡人数年均7.6万人，占所有安全生产事故死亡总数的80%以上；一次死亡10人以上特大交通事故年均30起，并呈现起伏波动态势，道路交通安全基础整体依然薄弱。“十二五”期间，我国人均GDP将从4500美元增加到6100美元，而从西方一些发达国家的发展历程看，人均GDP从4000美元到6000美元的阶段正是道路交通事故高发期，特别是农村地区交通安全问题将更为严重，城市快速路、绕城高速公路、城郊结合部交通安全问题将更加凸显，道路交通供需矛盾和道路交通安全的系统性矛盾将更加突出。我国道路交通安全工作压力将前所未有，面临许多亟待解决的难点问题。2011年，全年发生一次死亡10人以上特大交通事故27起，特别是10月7日天津滨保高速特大事故，造成35人死亡、19人受伤，其中，绝大多数是在校大学生；11月16日甘肃庆阳特大校车事故，造成20人死亡、44人受伤，其中，绝大多数是幼儿园学生，后果严重，影响恶劣。

第二节　当前车辆和驾驶人管理存在的制约因素

我国社会管理领域存在的问题，是我国经济社会发展水平和阶段性特征的集中反映。解决社会管理领域存在的问题，既要增强紧迫感，又要长期努力，加强实践探索和工作落实，深化认识，总结经验，把握规律，开拓创新，全面提高社会管理科学化水平。[1]随着社会形势的发展，车辆和驾驶人管理工作的管理理念、管理制度以及服务方式随之发生了根本性的转变，服务经济社会发展的能力逐步增强，在构建和谐社会过程中的作用日益显现。但是，车辆和驾驶人管理工作同任何事物的发展一样，当前还存在诸多外部和内部因素的制约，社会化管理的工作机制和体制存在不适应经济社会发展的总体要求。

一、车辆和驾驶人管理自身发展的制约

近年来，各级公安交通管理部门在完善车辆和驾驶人管理工作规章制度、规范工作流程、提高服务水平方面做了大量工作，在推进工作过程中，各地坚持走改革发展之路，不断开拓创新车辆和驾驶人管理工作，积累了许多先进的经验。但是，制度建设和完善是一个长期的过程，车辆和驾驶人管理工作在向前发展的同时，也必须认识到车辆和驾驶人管理发展还存在一定的制约因素。

（一）队伍素质需要适应新形势的时代要求

随着社会的不断进步，车辆管理工作必须服务于社会进步和人民群众的需求。依法治国方略的确立，以人为本、执法为民等思想的树立，使管理与服务并重成为当前行政管理的时代特征。汽车进入家庭，驾驶汽车从职业化、技能化向大众化发展，群众对车辆和驾驶人管理工作的需求量和期望值不断提高，传统管理方法与人民群众所需要的人性化服务不适应。一些公安交通管理部门对新的形势认识不清、把握不准，还存在一些因循守旧的思想观念，工作方式方法与当前社会现实需要存在较大差距。一是执法为民的思想根基不牢。少数公安交通管理部门和车驾管民警还没有将执法为民要求落实到实际工作中，考虑工作从管理需要出发，办事程序复杂，手续繁琐，甚至有意刁难群众，态度生硬，群众办事需要多次往返。二是服务群众措施不落实。个别地方在推进服务型车辆管理所建设方面，存在敷衍、应付的现象，只做表面文章，没有深入组织落实各项便民服务措施。一些地方执法形

[1]参见2011年2月19日胡锦涛总书记在省部级主要领导干部社会管理及其创新专题研讨班开班式上的讲话。

象和执法态度不好，窗口民警形象差，对待群众态度生硬，解答问题不够耐心细致。三是部分车驾管民警素质相对不高，队伍结构不合理。车驾管工作技术性强，岗位专业性要求较高，部分民警由于业务、文化素质的限制，服务意识不高、业务素质不强，影响了工作效率和服务群众的质量。四是少数考试民警综合素质差。驾驶人考试监管把关不严，不履行查验工作的监督职责，甚至发生买卖驾驶证和为走私、盗抢机动车办牌办证等严重违法违纪行为，不仅影响公安机关和交警队伍的形象，损害广大交通民警用鲜血乃至生命赢得的荣誉，也给道路交通安全带来严重隐患，危害人民群众的生命财产安全。

（二）管理制度需要适应社会生活的丰富变化

公安交通管理部门在制度建设方面起步较早，也建立了比较完善和齐全的管理制度。但是，制度建设是一个长期的过程，管理制度也要随着经济社会生活的发展而进行相应的调整变化。从目前来说，机动车登记和驾驶证管理制度还有不够完善的地方。具体来说，一是在应该严格的方面不够严格，对重点车辆、重点驾驶人管理的针对性不强。例如，在机动车查验方面，查验方法相对简单，查验技术相对落后，查验制度和标准落实不到位，对一些超长超宽、不配置安全装置等明显不符合国家标准的车辆通过查验。又如，在驾驶人考试方面，评判驾驶人安全驾驶能力的方法有待进一步提高；在严格把关方面，管理制度有待进一步加强，考试制度的针对性、实用性有待加强，新驾驶人不敢或不能独立驾车上路的问题仍很突出。二是在可以便民的方面不够便民，一些业务的申请资料、办理程序比较复杂，服务的渠道、手段不够丰富，群众办事还有很多不方便的地方。一些地方没有找准车驾管工作定位，还没有实现由管理职能向服务职能转变，仍把车辆管理所看做是简单的办牌办证机构，个别地方在推进服务型车辆管理所建设方面，存在走过场的问题，各项便民服务措施落实不到位。三是未形成有效的激发民警积极性、主动性和创造性的新型管理机制，民警队伍中工作积极性不高、动力不足等现象还有一定程度的存在，目标管理考核体系简单，难以对民警工作量和难易程度进行客观评定。在监督管理制度方面还有不足，监督管理职责不明确、不到位，一些地方和民警有制度不执行，有规定不遵守，甚至违法违纪情况时有发生。

（三）基础保障需要适应经济水平的高速发展

从执法、服务设施上看，与机动车检验、驾驶人考试、车辆和驾驶人业务权限下放相配套的设施、设备远远不能适应实际工作需要，考试场地建设不规范，考试设施不全，考场监控手段不足，技术保障欠缺，便民利民设施短缺，服务措施不到位，滞后于经济形势的发展，服务环境不能满足需要。警力增长严重滞后于车辆和驾驶人的增加。2011年全国机动车、驾驶人数量与1987年相比，分别增长20倍和18.7倍，但同期交通警察警力仅增长1.5倍。全国现有交通民警261419人，其中，车驾管民警29828人，占11.4%。公安交通管理部门面临着警力少、任务重、压力大的严峻形势，车驾管队伍的发展不适应形势需要的矛盾在短时间内难以解决。部分车驾管民警年龄老化、业务不熟练，在一定程度上影响了工作效率，造成警力资源的相对下降。县级车辆管理所工作基础差，基础设施差，警力严重不足，服务群众能力不高，受理业务的网点少、范围小，与群众对公共服务的新要求不适应。

二、车辆和驾驶人管理外部环境的制约

（一）机动车安全技术性能整体不高与道路交通安全形势严峻的矛盾

车辆安全性能是道路交通安全的基本保障。分析当前道路交通安全形势严峻的原因，除了道路交通安全设施不完善、机动车驾驶人安全意识与驾驶技能不高等因素外，机动车主被动安全性差也是重要原因之一。据抽样调查统计，19%的一次死亡3人以上道路交通事故与车辆机械故障相关。[①]

1. 机动车总量大，种类庞杂，安全技术性能低的车辆比例高

从车型结构来看，我国的机动车包括汽车、汽车列车、摩托车、上道路行驶的拖拉机和轮式专用机械车等各种类型，种类庞杂。在汽车产品中，除了三轮汽车和低速货车外，栏板式货车和卧铺客车是两种安全性能较差、容易引发重特大交通事故的车型。比如，栏板式货车外部照明和信号装置不齐全、不完好，且经常超限超载，发生交通事故的次数死亡率和死伤比超过平

[①]参见《道路交通安全“十二五”规划》，国务院安全生产委员会办公室印发。

均值约30%～50%。而卧铺客车是我国独有的一种车型，车辆重心较高，在逃生、防火等方面问题突出，连续运行时间长，载客量大且易于超员及客货混装，安全隐患多。2010年以来，全国共发生一次死亡10人以上的卧铺客车交通事故8起，造成157人死亡，其中，2010年辽宁阜新“5・23”事故，一次就造成33人死亡、24人受伤；2011年河南信阳“7・22”事故，一次就造成41人死亡、6人受伤。（图6–1）

图6–1　2011年河南信阳“7・22”41人死亡事故中卧铺客车燃烧情况

2．大中型载客汽车被动安全性差，发生碰撞交通事故后车内乘员得不到应有的安全防护

大中型载客汽车车身结构强度差，发生碰撞交通事故后车身变形严重甚至解体挤压乘员；因座椅未配备乘员安全带，座椅固定强度差，导致座椅脱位后乘员被抛撒出车外，成为造成乘员伤亡的重要原因。2006～2010年，全国共发生客车翻、坠车事故16347起，造成34600人死亡。其中，因客车车体挤压变形严重而导致乘员伤亡的占50.1%；在一次死亡10人以上特大道路交通事故中，翻、坠车事故占56.5%。（图6–2、图6–3）

图6–2　2011年天津“10・7”35人死亡事故中金旅大客车整体被护栏切割

图6-3 2008年新疆克州“8·12”25人死亡事故中大客车顶部整体塌陷

3. 货运车身反光标识、侧后防护装置等安全装置安装合格率低，货车被动安全性差

国家标准要求货车和挂车出厂前应粘贴车身反光标识、安装侧后防护装置，但生产厂家基本没有落实。许多新机动车（尤其是重中型货车和挂车）出厂时未按标准安装侧后防护装置和车身反光标识，而是由车主在办理注册登记时自行加装，普遍存在防护装置材质强度明显不足、安装位置不统一等问题，小微型客车与其追尾碰撞时防护装置无法起到应有的防护效果，使得小微型客车前部钻入货运车辆后部，造成车内人员伤亡（图6-4）。其次，货车超长、超宽、大吨小标或小吨大标等问题突出，其中，商品车运输车超长、超宽现象尤为突出。目前，半挂牵引车和重型货车绝大部分为平头驾驶室，发生碰撞交通事故后驾驶室乘员死伤后果严重。另外，货车超载和疲劳驾驶现象也相当普遍，但目前在技术层面还没有实施有效的防范措施。

图6-4 因货车未安装后防护装置导致追尾小客车钻入车底

4．车辆生产集中度低，货车非法改装问题严重

目前，我国汽车企业多，整车企业有174家，改装企业有900多家（其中80%以上从事货车改装），不少企业产能低、技术落后，特别是一些改装企业为迎合市场需求，根据用户需求进行“点单式”生产，车辆安全技术条件严重不符合国家标准。据调查，许多改装企业从事非法改装，加高栏板、加长车身、增加钢板弹簧片数，甚至加装车轴，使车辆实际装载能力远远超过设计标准，造成严重的交通安全隐患。

（二）交通参与者安全意识淡薄与构建和谐平安交通环境的矛盾

在道路交通活动中，机动车处于比较强势的地位，机动车行驶中是否能够守法行车、文明行车、礼让行车是保障道路交通安全畅通的关键。目前，机动车所有人、管理人、驾驶人的交通安全意识整体不高与构建和谐平安交通环境的矛盾越来越明显。

1．机动车驾驶人、管理人交通安全意识不高

随着经济社会的发展，机动车在我国的城乡广泛使用，机动车驾驶人、管理人来自不同的社会阶层，经济水平、生活环境、受教育程度等方面存在很大差异，在安全意识、守法意识方面也存在很大的差异。一些机动车驾驶人忽视道路交通安全学习和教育，超速行驶、酒后驾车、客车超员、货车超载等违法行为比较突出；一些机动车管理人不按规定申请机动车注册登记，不参加机动车定期检验；一些驾驶人无证驾驶机动车，甚至有一些人采取欺骗、贿赂等非法手段取得机动车驾驶证、办理机动车登记或者取得检验合格标志。这些问题均成为严重的道路交通安全隐患。

2．驾驶人培训质量有待提高

由于驾驶培训、考试的条件和制度与新驾驶人快速增长的状况不相适应等原因，新驾驶人在驾驶培训过程中，多以应试学习和训练为主，通过考试后往往不敢驾车上路，做不到文明、安全驾驶。在驾驶人的培训、考试上，衔接机制不健全，社会管理的资源没有得到充分利用。目前，我国驾驶人培训市场的监管机制不健全、不完善，培训市场处于无序状态，培训质量得不到充分保障。

3．对营运驾驶人教育管理有待加强

驾驶人的流动性强，分布相对分散，素质也参差不齐，驾驶人的素质和

法制意识还没有达到一定水平，交通运输企业的主体责任意识较差，常常忽视驾驶人道路交通安全学习教育，管理和教育处于边缘状态，缺乏信用机制的制约，行政、经济手段的制裁不足。目前，我国具有大型客车、牵引车、中型客车驾驶资格的驾驶人4470万人，占汽车驾驶人的29%。这部分驾驶人大多长期从事客货运经营，出行率较高，而且载客载货数量大，交通安全责任重大。但是，由于交通运输企业主体责任落实不到位等原因，对这些驾驶人的交通安全教育非常缺乏。受经济利益驱动，这些驾驶人往往是交通违法行为的主要群体，超速行驶、酒后驾车、客车超员、货车超载等违法行为也比较突出。

（三）机动车和驾驶人数量的快速增长与车驾管服务能力之间的矛盾

随着我国经济社会的不断发展，道路交通机动化程度越来越高，机动车和驾驶人数量一直呈现高速的增长态势，给车辆和驾驶人管理的广度和难度都带来了非同寻常的影响和挑战。

从管理范围上看，机动车的快速增长使得车辆和驾驶人管理的范围大大扩展。截至2011年年底，全国机动车保有量2.25亿辆，仅2011年一年，全国公安交通管理部门办理新购机动车注册登记2665万辆；新驾驶人以平均每年近2000万人的速度快速增长，3年以下驾龄驾驶人达8975万人，占机动车驾驶人总数的37%。目前，汽车消费的热点正逐步由沿海向内地、由一线中心城市向二三线城市甚至乡镇转移，汽车需求呈现排浪式的发展态势。据测算，未来10年，我国机动车保有量将超过4亿辆，每千人拥有汽车量将大大超过120辆的世界平均水平，机动车和驾驶人的管理范围、管理数量将大大扩展。公安交通管理部门办理机动车登记和驾驶人考试业务的能力受各种因素的影响，很难在短时间内迅速增加，车辆注册登记业务、定期审验以及驾驶人考试业务量的迅速增加，警力不足的矛盾日益凸显，车辆和驾驶人管理面临巨大的压力。

从管理难度上看，汽车工业的快速发展使得车辆和驾驶人管理的复杂性大大增加。《2011中国汽车产业发展报告》认为，未来10年将是中国从汽车大国迈向汽车强国的关键时期，中国汽车工业应积极推动自主创新和自主品牌发展，积极参与到国际汽车标准的制定中去，推动汽车产业国际竞争力不断提高。汽车行业的改革和发展，汽车产业政策的调整和完善，对车辆和驾驶人管理工作提出了新的、更高的要求。汽车保有量在快速增加的同时，汽车产品性能的保证、安全技术标准与国际的接轨、机动车驾驶人素质的同步提高等，都需要相关管理部门积极研究，建立配套的管理制度。公安交通管理部门的车辆和驾驶人管理作为机动车行驶准入和驾驶人驾驶准入的关口，在把好预防道路交通事故源头、促进汽车产业健康科学发展、构建现代化的和谐交通等方面面临巨大的压力和挑战。

（四）车辆和驾驶人管理工作的社会性与部门协调机制不健全之间的矛盾

目前，我国汽车行业相关管理部门涉及工业和信息化、质量监督检验、公安、交通、商务等多个部门，对汽车在生产、流通和使用环节管理各个层面上都有管理权。但各部门在健全工作协调机制、形成工作合力等方面还有待加强。

1. 机动车生产和产品质量监管的法规制度有待完善

目前，我国对机动车生产、改装和产品质量监管还没有一部统一的法规进行规范。就机动车生产管理而言，工业和信息化部门主要负责生产许可，对机动车实行公告管理；质量监督部门主要负责产品质量监管和缺陷车辆召回；工商管理部门主要负责机动车产品销售市场监管。但由于没有统一的法律法规对各部门的管理职责和手段进行明确规范，各部门对机动车生产企业的管理手段比较单一、分散，又难以形成合力。对机动车生产企业违反规定生产机动车、产品不符合国家标准、因车辆安全引发交通事故等行为，如何查处违法、如何追究责任、如何召回缺陷产品等，缺乏有力的法律依据和制度保障。

2. 对安检机构的监管有待加强

严格机动车安全技术检验是加强车辆源头管理的重要环节。虽然公安机关、质量技术监督部门都承担对机动车安检机构的监督，但就目前看，公安机关、质量技术监督部门的工作协调机制还不尽完善，缺乏对机动车安检机构的有效监管，查处违法违纪行为不严格，机动车安检机构出具虚假检测合格报告的现象仍然时有发生。公安机关与质量监督部门的协作配合、联合监督检查机制有待进一步完善。此外，公安、交通、环保等部门都具有检验车辆的职能，在实践中难免会产生重复、重叠现象给管理增加难度。

3. 对报废机动车的监管有待加强

在报废机动车管理上，由于相关的法律法规和管理制度不够完善、部门工作协调机制不够健全，报废机动车回收、拆解等方面存在不少问题。目前，全国有正规报废汽车回收拆解企业512家，回收网点2175个。2011年全国办理报废注销机动车418万辆，机动车保有量2.25亿辆，实际报废量仅占保有量的1.9%，远远低于欧美等发达国家报废注销量占保有量5%~8%的水平。由于报废回收价格偏低、回收网点不足等原因，一些机动车所有人受非法利益驱动，将应报废的机动车高价倒卖给汽车拼装企业或二手车企业，报废车、拼装车大多被倒卖至农村和偏远地区，成为严重的交通安全隐患。另外，还有的报废回收企业不按规定拆解回收的报废机动车，而是高价出售给拼装企业，有关部门对违法经营企业难以实施有效的监管，报废机动车回收监管面临"真空地带"。

第三节　车辆和驾驶人管理的发展理念

随着经济社会的发展和人民群众生活水平的提高，车辆管理所担负的工作任务越来越艰巨，党委、政府、社会各界和广大群众对车辆和驾驶人管理的期望和要求也越来越高。车辆和驾驶人管理要积极适应形势的需要，立足当前，着眼长远，科学规划，创新发展，走出一条有中国特色的车辆和驾驶人管理工作新路子。

一、车辆和驾驶人管理的指导思想

思想是行动的先导，视界决定境界。车辆和驾驶人管理要实现科学发展、和谐发展、可持续发展，首先要形成一套科学、系统的指导思想。当前和今后相当长的一段时期，车辆和驾驶人管理工作要主动适应国家转变经济发展方式的新形势、新任务，深入落实科学发展观，按照构建和谐社会、建设服务型政府的总要求，以人民满意为出发点和落脚点，以执法规范化和服务优质化为核心，以创新发展为动力，以正规化建设为保证，为道路交通安全奠定坚实的基础，为经济社会发展提供有力的保障，为群众提供便捷、高效、温馨的服务，积极构建适应新形势需求的“服务型车辆管理所”。

经过十年的努力，到2020年，车辆和驾驶人管理力争实现以下目标：（1）车辆和驾驶人管理法律法规标准体系更加完善，管理制度精细化程度明显提高；（2）驾驶人安全驾驶信用制度基本建立，机动车安全性能监管机制基本完善；（3）车辆和驾驶人科学管理水平明显提升，管理和服务效能显著提高，警民关系更加和谐；（4）车辆管理所基层基础工作全面加强，队伍规范化、现代化水平全面提升，努力将车辆管理所建设成为最亲民的窗口、最严格的窗口、最规范的窗口、最廉洁的窗口。

二、车辆和驾驶人管理的发展理念

车辆和驾驶人管理的发展理念可以概括为一个核心理念、两项基本职能、三个动力源泉、四种职业精神。一个核心理念是以人民满意为出发点和落脚点；两项基本职能是严格交通安全源头监管，提供便捷、高效、优质服务；三个动力源泉是坚持管理理念创新，坚持管理机制创新，坚持信息化应用创新；四种职业精神是树立规范是生命、服务是灵魂的职业信念，建立专业高效、规范定式的职业标准，形成以人为本、尊重关怀的职业素养，坚持公开透明、廉洁公正的职业操守。

（一）车辆和驾驶人管理工作的核心理念：以人民满意为出发点和落脚点

一切为了群众，一切依靠群众。胡锦涛总书记在庆祝中国共产党成立90周年大会上提出，“90年来党的发展历程告诉我们，来自人民、植根人民、服务人民，是我们党永远立于不败之地的根本。以人为本、执政为民是我们党的性质和全心全意为人民服务根本宗旨的集中体现，是指引、评价、检验我们党一切执政活动的最高标准”。车辆和驾驶人管理是公安机关社会管理的重要组成部分，理应将人民满意作为工作的衡量标准和最高追求，作为工作的出发点和落脚点。这也正是公安机关执法为民核心思想在车辆和驾驶人管理工作中的集中体现，是公安机关不断满足人民群众新要求、新期待，推动社会主义和谐社会建设、服务型政府建设的行动指南。

社会管理主要是对人的服务和管理，说到底是做群众的工作。车辆和驾驶人管理主要是授益行政行为，办理机动车登记、核发机动车驾驶证、进行驾驶人考试，都是在为群众做好事、办实事，是为群众共享改革发展成果创造条件，为群众提高生活质量和幸福指数提供保障。因此，车辆和驾驶人管理要始终坚持思想上尊重群众、感情上贴近群众、工作上依靠群众，坚持以人为本、执法为民，始终以群众利益为重、以群众期盼为念，把好事办好、把实事办实，着力解决好群众最关心、最直接、最现实的利益问题。要把群众工作作为车辆和驾驶人管理的基础性、经常性、根本性工作，既要认真履行好法定职责，把好机动车行驶准入、驾驶人驾驶准入关，为道路交通安全奠定坚实基础，为群众创造良好的道路交通安全环境；又要积极创新社会管理，为群众办理机动车、驾驶证业务提供便捷、高效、优质服务，为经济社会发展提供有力保障；还要主动听取群众的意见和建议，把群众观点、群众路线贯穿于管理始终，把群众工作渗透到管理的各个方面、各个环节。

“意莫高于爱民，行莫厚于乐民。”坚持以人民满意作为工作的出发点和落脚点，是车辆和驾驶人管理工作的核心理念。要始终把群众呼声作为第一信号，把群众需要作为第一选择，把群众满意作为第一标准，使群众利益得到充分保障，群众意愿得到充分尊重，群众积极性得到充分发挥，积极构建适应新形势需求的“服务型车辆管理所”，努力将车辆管理所建设成为亲民惠民的窗口、规范高效的窗口、廉洁公正的窗口。

（二）车辆和驾驶人管理工作的基本职能：坚持源头严管与快捷服务并重

1. 严格交通安全源头监管是公安交通管理部门履行政治责任和社会责任的基本要求

道路交通安全事关人民群众生命、财产安全，事关人民群众安居乐业。民生问题，安全第一；安全问题，生命至上。大力加强和改进道路交通安全工作，最大限度地预防道路交通事故的发生，最大限度地减少道路交通事故给人民群众生命、财产造成的损失，是保障民生、改善民生的具体体现，是公安机关的重大责任。车辆和驾驶人管理工作是交通安全管理的基础性工作，是预防道路交通事故的第一道防线。要从落实科学发展观、构建和谐社会的高度，从维护最广大人民群众生命安全的高度，从肩负的社会责任和政治责任的高度，进一步增强责任感和使命感，牢固树立以人为本、安全发展的理念，严格交通安全源头监督管理，规范和完善机动车和驾驶人管理制度，切实加强在整个公安交通管理工作中的基础性地位。要加强和改进机动车登记检验工作，严把机动车登记和定期检验关，提高机动车安全技术性能，切实从源头上杜绝“带病”车、报废车、拼装车上路；要加强和改进驾驶人考试和管理工作，严格考试制度、标准和程序，提高驾驶人驾驶操作技能和交通安全意识，切实从源头上杜绝“马路杀手”驾车上路。

2．提供便捷、高效、优质服务是衡量车辆和驾驶人管理工作水平的基本标准

公安执法的本质是服务人民。公安机关社会管理创新就是要不断满足人民群众的新期待、新要求，不仅要保护人民群众的生命、财产安全，还要保护群众的社会政治权利；不仅要维护社会正常秩序，确保社会平安稳定，还要激发社会创造活力，促进社会和谐；不仅要严格执法、公正执法，还要热情服务、优质服务。车辆和驾驶人管理工作是公安机关社会管理和公共服务工作的重要组成部分，是与人民群众联系最紧密、打交道最多的窗口。要按照建设服务型车辆管理所的要求，通过观念创新、制度创新、管理创新，坚持管理与服务的有机统一，在服务中实施管理，在管理中体现服务，为人民群众提供便捷、高效、优质的服务。要提供便捷的服务，缩短服务半径，增加服务手段，使人民群众方便、快捷地享受到服务平台；要提供高效的服务，简化办理程序，提高工作效率，彰显“效率就是满意率”的服务理念；要提供优质的服务，使人民群众在办理车辆和驾驶人管理业务中能感受到尊重，感受到温馨，感受到愉悦，感受到和谐。

（三）车辆和驾驶人管理工作的根本动力：坚持管理理念创新、管理机制创新、信息化应用创新

1．坚持管理理念创新是基础

管理理念创新是车辆和驾驶人管理发展的先导和基础。按照社会管理“服务行政、公平行政、透明行政、高效行政、责任行政”的理念要求，车辆和驾驶人管理要充分利用社会公共资源，更加注重运用社会的力量、群众的力量、道德的力量和科技的力量，实现管理模式由政府主导型向社会合作型转变，推动建立政府行政功能同社会自治功能互补、政府管理力量同社会

调节力量互动的社会管理网络。整合社会管理资源，依托机动车销售商、交易市场、运输单位等社会组织，实现管理模式由对单个机动车和驾驶人的管理转变为对社会组织的管理。

2．坚持管理机制创新是根本

管理机制创新是车辆和驾驶人管理发展的根本保障和支撑。按照提高自身履职能力、服务公安工作大局的要求，车辆和驾驶人管理要抓住源头性、根本性问题，改革和完善管理机制，实现工作的法治化、标准化、精细化。创新驾驶人管理模式，建立驾驶人安全驾驶信用制度，完善驾驶人考试、培训衔接监管机制，提高驾驶人安全驾驶意识和能力；建立机动车安全性能检测与反馈机制，形成源头管理与执法的合力，从根本上优化机动车结构和性能；建立全方位的执法工作监管体系，提高执法队伍专业化管理水平，实现车辆和驾驶人管理工作健康发展。

3．坚持信息化应用创新是关键

信息化应用创新是车辆和驾驶人管理发展的动力和支撑。回顾这些年车辆和驾驶人管理发展变化的历程，凡是能够取得实质性进展、突破性成效的工作，都是依靠科技信息化应用推进的，如进口车核查系统的启用，机动车登记和驾驶证管理系统的推广，网上办理、网上选号、网上查询等便民服务工作的开展等，都为规范管理、打击犯罪、保护人民、服务群众等发挥了巨大的作用。当前，信息化的快速发展为我们带来一场新的警务革命，车辆和驾驶人管理要积极适应形势变化的需求，就必须加大信息化应用力度，深入推进信息化建设，将信息化的新成果、新技术更直接、更广泛地运用到工作当中，进一步提升社会管理和服务效能，实现车辆和驾驶人管理工作科学发展、长远发展。

（四）车辆和驾驶人管理工作的职业精神：培养科学的职业信念、职业标准、职业素养和职业操守

1．树立规范是生命、服务是灵魂的职业信念

规范化建设是车辆和驾驶人管理工作发展的基础和关键，是车辆和驾驶人管理的生命线。离开了规范管理、规范执法，该作为的不作为，不应作为的乱作为，车辆和驾驶人管理就会失去根基，成为“无本之木”。只有严格管理、规范管理，牢牢把住驾驶人考试和机动车登记这两个重要环节，严密执法程序、规范执法行为、堵塞执法漏洞，防止、杜绝不符合标准的机动

车办理登记和检验、为不符合条件的人员领取驾驶证，才能履行好预防道路交通事故第一道防线的基本职责，才能担负起社会责任和政治责任的重大使命，才能发挥好为经济社会发展和人民群众服务的重要作用。要完善管理制度，健全简明管用的法律法规标准体系，以标准化促进规范化；要加强科学管理，以科学的理念、科学的精神、科学的方法加强管理体系建设，以科学化推动规范化；推进信息化建设，强化对执法全程的刚性制约、系统管理，以信息化支撑规范化；强化执法培训工作，提高车驾管民警的法律素养和实战本领，以专业化保障规范化。

服务群众是车辆和驾驶人管理工作的核心和永恒主题，是车辆和驾驶人管理的灵魂。以服务为中心是新时期车辆管理工作社会管理创新的基本要求，是公安机关执法为民的具体体现，是车辆管理部门主动适应和满足人们群众新期待、新要求、推动经济社会发展的工作方向。一切车辆和驾驶人管理工作的出发点都应从服务群众的角度出发。离开了服务，单纯为管理而管理，为执法而执法，车辆和驾驶人管理就会失去方向和意义，成为“无源之水”。车辆和驾驶人管理要树立“群众的需求就是对我们的要求”的理念，出台政策、制定措施、办理业务等都要从服务群众的角度出发，为群众享有安全的道路交通环境服务好，为群众行使社会公共权利和政治权利服务好，为群众提高生活质量和幸福指数服务好，为维护社会和谐稳定奠定基础。

2. 建立专业高效、规范定式的职业标准

专业素质决定着工作的能力和水平。车辆和驾驶人管理工作技术性强，管理人员必须具备一定的专业知识和技能，做到专业知识全面扎实，专业技能熟练稳定，业务办理高效准确。要细化工作标准，严密工作程序，使车辆管理所形成统一的服务标准，统一窗口设置，统一办事程序，统一业务标准，要使全体管理人员养成统一规范的服务定式，规范行为举止，规范执法执勤，强化作风养成，做到对工作高度负责、一丝不苟，对服务对象不卑不亢、一视同仁。要建立健全“大教育、大培训”的工作体系，全面开展政策法规、业务知识、操作技能等各方面的培训，实行日常教育、集中培训和岗位练兵相结合，提高教育训练的科学化、规范化水平。

3. 形成以人为本、尊重关怀的职业素养

服务是建立在尊重人、关心人的基础上的，内含着对人性的尊重，体现着文明社会人文关怀的光辉。只有在强调以人为本的现代管理活动中，服务的理念和价值才能得到重视和弘扬。[①]车辆和驾驶人管理立足服务，就必须在执法活动中坚持以人为本，方便群众，体恤民情，尊重当事人的人格尊严，保护群众的合法权益，实现法律效果和社会效果的统一。车辆和驾驶人管理要体现人性化、富有人情味，转变工作视角和思路，变“从管理的角度”为“从群众的角度”考虑工作、安排工作，本着“千方百计让守法群众把事办好”的原则，把方便留给群众，把困难留给自己。管理人员要带着深厚的感情、和气的态度、饱满的热情、快乐的心情去工作，将车辆管理所建设成为充分释放才能、释放正气、释放善良、释放内在美的服务窗口。

4. 坚持公开透明、廉洁公正的职业操守

公开透明是现代民主政治的应有之义，其目的在于保障公民的知情权，实现公民对行政的参与和监督，以达到强化民主政治、防止行政腐败的功效。廉洁公正是政府机关做好执法、管理和服务工作的基石，是社会主义法治理念和现代法治原则的结晶。坚持公开透明是保证廉洁公正的必要前提和基本条件。车辆和驾驶人管理是重要的社会管理工作，既是执法，又是服务，与广大群众的切身权益联系密切，与社会的和谐稳定关系密切。管理人员必须坚持公开透明、廉洁公正的职业操守，做到事先公开职权依据、事中公开决定过程和事后公开决定结论，让权力在阳光下运行，时时处处接受社会和群众的监督；做到廉洁自律、公平正义，强化证据意识、程序意识、权限意识和接受监督意识，自觉抵制权力、关系、人情、利益等各种因素的影响和干扰，真正做到一身正气、两袖清风、无私无畏、廉洁奉公，守住维护社会公平正义的最后一道防线。

第四节　车辆和驾驶人管理的发展方向

“十二五”发展纲要指出，“我国发展中不平衡、不协调、不可持续问题依然突出”，“我们必须科学判断和准确把握发展趋势，充分利用各种有利

[①]参见邢捷著：《公安行政执法权理论与实践》，中国人民公安大学出版社2009年版，第7页。

条件，加快解决突出矛盾和问题，集中力量办好自己的事情。”“按照转变职能、理顺关系、优化结构、提高效能的要求，加快建立法治政府和服务型政府”[①]，成为推进行政体制改革的重要目标。车辆和驾驶人管理工作要主动适应社会管理创新和经济社会发展的要求，把预防和减少道路交通事故作为工作的核心任务，把方便人民群众工作生活、促进经济社会发展作为工作的主要方向，坚持管理与服务的有机统一，在服务中实施管理，在管理中体现服务，实现管理和服务的“三个转变”，构建适应新形势需求的规范化服务型车辆和驾驶人管理体系。

一、转变管理和服务理念

（一）管理内容从限于一般向突出重点转变

车辆和驾驶人管理作为一种社会管理工作，社会环境和外部条件的变化会导致管理主体和相对人需求取向的变化，车辆和驾驶人管理工作必须适应经济社会发展而不断调整方法、方式以及管理内容，管理工作才能具有科学性和先进性。车辆管理和服务水平的提升必须适应社会环境的变化，创新管理模式，创新服务措施，形成科学管理体系，以此实现社会管理和社会服务的价值。创新既要切合实际，又要具有前瞻性和可预见性，能够满足人民群众对车辆和驾驶人管理工作提出的新需求，适应时代发展的新需要。转变管理理念是提升管理服务水平的基础，要摆正服务和管理的关系，改变传统的以单纯办牌办证为主要内容的管理方式，树立以人为本的现代公共管理理念，从解决人民群众最关心、最直接、最现实的利益问题入手，不断调整职能定位。在管理内容上，实现从限于一般向突出重点转变，具体表现在：突出服务理念，强化服务措施，在服务中实施管理，在管理中体现服务，积极推动简单的、基本的车驾管业务向县级车辆管理所、向交警中队、交通管理服务站、汽车4S店等下放和延伸；进一步简化程序，下放权限，方便群众。在此基础上，拿出更多的警力和精力，抓住大中型客车、校车、危险品运输车等重点车辆和重点驾驶人管理，抓住预防重特大交通事故的核心和关键，运用科学管理手段，对重点车辆要严格检验、严格登记、严密管控，对重点

[①]参见《中华人民共和国国民经济和社会发展第十二个五年规划纲要》，载新华网。

驾驶人要严格考试、严格教育、严格管理。

（二）管理方式从被动办理向主动参与转变

这种转变是管理策略和方式的重大变革，更是服务理念的重大转变。传统的车辆管理体制是依靠固定的机构，在固定的环境和条件下实施的单一管理，管理资源内部化使用，采取“被动主义”式行政模式，管理手段仅依靠内部单元完成管理任务；采取“坐等群众上门”的服务模式，缺乏必要的应变机制和能力；社会资源的有效利用不足，内部环节比较多，程序设计复杂，制约性过程周期长，扩大了社会和人民群众需求与管理效率的差距。在社会需求复杂化和多样化的条件下，车辆和驾驶人管理工作必须适应时代要求，借用系统管理模式，在制度设计和服务手段上采取社会化、开放式现代公共管理方法，发挥内部管理资源的潜力，科学运用社会资源；选择与时俱进的主动式管理和服务手段，科学、系统、合理地设置服务站点，缩短管理服务半径，形成以市车辆管理所为核心，城区内依托汽车4S店和旧机动车交易市场，区县依托县级车辆管理所，农村依托公路交警中队的网格式、系统化、开放式服务格局。通过互联网、电话等载体，利用“流动车辆管理所”上门服务等措施，将便民服务延伸到企业、农村和家庭，送到群众身边，使车辆管理业务从“被动式办理”向“主动式服务”转变，使群众可以更方便、更快捷、更高效地办理相关业务，实现服务地域、服务空间、服务范围的无缝覆盖。在此基础上，更多的民警要走出车辆管理所，到运输企业去、到驾校去，主动参与到预防重特大交通事故的源头管理中，对运输企业法人和驾驶人定期进行安全教育，对客货运输车辆安全状况定期排查，落实好驾校培训质量监管工作。

（三）管理手段从静态管理向动态监控转变

任何管理手段的运作，与时代进步和社会发展的规律息息相关。管理目标的确立、服务网络的布局、管理资源的科学利用，甚至管理机构的设立都离不开一定社会环境和社会需求。因此，要把车辆和驾驶人管理工作放到整个社会以人为本、科学发展的大环境当中去谋划。现阶段，车辆和驾驶人管理工作根据形势的需要，根据目前车辆和驾驶人管理工作的特点，从城乡发展、社会需求多样化及车辆和驾驶人流动性强的角度出发，在制度设计上确立了业务的下放和拓展的模式，合理设置了服务机构和管理制度，发挥了各个层级的职能优势，为经济社会发展提供了更好的服务。但是，随着社会进步，各群体、各行业的社会需求呈现出复杂化、多元化，信息化条件下网络科技的发展日益强大，整个社会系统运行单元之间相互影响、相互作用，使得车辆和驾驶人管理工作日趋复杂，社会公众对政府管理的及时性、有效性提出了更高的要求。与此相适应，管理的运行规则、体制和方式程序必将发生重大转变。在严格机动车登记、检验，严格驾驶人考试、考核的基础上，更加注重对车辆和驾驶人的日常管理，及时告知其交通违法记分情况，发布车辆检验和驾驶证审验提示，发布交通事故预警信息，做到早告知、早提醒、早纠正，真正对重点车辆、重点驾驶人能够管起来、管得住。深化执法告知服务水平，在驾驶证审验、换证、注销或者机动车检验、报废前，通过手机短信、信函、电话等方式告知驾驶人或车主，突出主动服务，提高管理效能。

二、构建“规范化服务型”车辆和驾驶人管理体系

车辆和驾驶人管理要主动适应国家转变经济发展方式的新形势、新任务，以创新发展为主线，以执法规范化和服务优质化为主题，构建科学合理的机动车管理体系，建立健全有效的驾驶人信用体系，多元化、多层次的社会服务体系，规范化、动态化的队伍管理体系，积极构建适应新形势需求的“规范化服务型车辆管理所”。

（一）以改进驾驶人考试制度为重点，建立健全分类管理、突出重点的驾驶人管理体系

通过修改完善《机动车驾驶证申领和使用规定》强化对重点车辆驾驶人的管理，建立更加科学合理的驾驶人考试制度，突出安全驾驶、文明驾驶意识的养成，提高驾驶人在各类道路条件下的驾驶技能，降低诱发交通事故的人为因素，完善重点驾驶人的考试标准、日常教育、资格准入、资格退出等管理制度，建立重点驾驶人从业信用制度。

一是增加大中型客货车驾驶人考试难度，提高准入门槛。优化科目一考试内容和题库结构，增加安全驾驶、文明驾驶常识和技能内容，采用情景、案例、动漫等多种形式考试，增强考试的实用性、针对性和引导性。突出恶劣条件驾驶、紧急情况避险和事故救护等方面的考核，如遇有高速公路爆胎

或山区道路刹车失灵等情形该如何避险等题目，以增强驾驶人的安全风险意识和判断处置能力。改进场地驾驶技能考试项目，明确大中型客货车实际道路驾驶考试里程，要求实际道路驾驶考试必须在国省道路上进行，并结合实际增加山区、涵洞、隧道、弯道、陡坡、高速公路等复杂道路考试，以增强驾驶人在恶劣交通环境下的应对能力。

二是严格大中型客货车驾驶人教育监管措施，完善退出机制。为加强对大中型客货车驾驶人的日常管理，改进驾驶证审验制度，大中型客货车驾驶人应每年审验一次驾驶证，审验时参加不少于3小时的交通安全法规学习，接受交通事故典型案例警示教育，处理交通违法和记分。驾驶证审验信息纳入职业驾驶人信用管理体系，增强大中型客货车驾驶人安全守法意识、文明礼让道德和社会责任感。为遏制大中型客货车驾驶人交通违法突出问题，提高违法成本，完善驾驶证降级制度，发生死亡交通责任事故或者有严重交通违法行为的，逐级降低驾驶证准驾车型，剥夺其驾驶大中型客货车资格。会同有关部门建立客货运驾驶人信息管理平台，实现从业资格、交通违法和事故等信息共享，建立客货运驾驶人严重交通违法、负有重大责任交通事故、吊销从业资格等“黑名单”库，定期向社会公布。

三是改进驾驶人考试和实习期管理制度，提高新驾驶人素质。增强小型汽车理论考试针对性，突出安全文明知识和实用驾驶常识考试，强化新驾驶人安全文明驾驶意识养成。驾驶人在领取驾驶证前应接受交通事故典型案例警示教育，并参加新驾驶人宣誓仪式。优化场内驾驶技能考试项目，强化实际道路驾驶考试要求，解决驾驶培训中存在“重场地、轻路考”的问题，解决新驾驶人不能独立驾车上路的问题。加强对实习期驾驶人的管理，借鉴国外的经验，对实习期内记分超过一定分值的延长实习期，对有严重交通违法的注销其驾驶证。

四是严格机动车驾驶人考试和培训质量监管，严肃责任追究。制定驾驶人考试工作规范，进一步细化考试组织程序，规范考试场地和考试系统设备的使用管理，明确考试项目和内容的具体操作办法。规范人工评判和计算机评判相结合的考试方法，保证考试的客观性、公正性。健全考试工作监管机制，根据考试场地、设备、考试员数量等情况，对考试人数进行限定，核定每个考试员每日最大考试量，并使用视频、音频等手段加强对考试过程的监督检查。省级公安交通管理部门要建立驾驶人考试监管系统，每月对驾驶人考试、驾驶证业务进行分析、通报。会同有关部门推广应用计算机计时培训和教练车卫星定位管理系统，加强对驾校培训质量监管。

（二）以加强机动车检验监管为重点，建立健全更科学、更合理的机动车管理体系

通过加大科技手段在机动车检验工作中的应用，加快建立机动车检验过程的视频、数据监控平台，研究建立分类管理的机动车检验制度，提高重点车辆检验工作水平，严把车辆安全技术检验关。

一是建立分类管理的机动车检验制度。按照不同车型对机动车安全技术检验实行分类管理，严格大中型载客、载货汽车安全技术检验制度，增加检验项目，严格检验标准，保证重点车辆安全性能。试行由汽车品牌专卖店对小型、微型载客汽车进行定期安全技术检验，实行车辆检验与维修保养相结合，方便群众在维修和保养车辆时进行车辆检验。适当延长非营运小型载客汽车的安全技术检验周期，同时简化小型非营运载客汽车的检验项目，提高检验效率，增强检验的针对性和实用性。

二是切实履行好对安检机构的监管职责。严格检测，严格查验，维护好检测场站工作秩序，组织对各地落实情况进行专项检查。加快推进与安检机构的联网工作，督促各地搭建机动车安全技术检验监管网络平台，实现对机动车检验过程的视频监控和检验合格数据自动比对，完善远程监督管理的工作程序规定。

三是加强机动车生产质量监管。进一步完善机动车查验工作和查验民警行为规范，严格车辆查验、检验制度，配备统一的查验装备和工具，在机动车登记、检验环节严把安全性能。建立出厂车辆不符合国家标准的机动车产品信息预警、通报和查处机制，定期向社会公布违规车辆生产企业及产品的相关情况。

（三）以推进信息化、科技化应用为支撑，建立健全多元化、多层次的管理服务体系

充分利用网络信息手段，结合公安交通管理综合应用系统的应用，建立统一的交通管理信息服务平台，推广应用交通管理自助服务机，完善多元化的社会服务体系，实现服务模式由集中式、柜台式、被动式向远程式、自助式、主动式转变。扩大通过互联网、电话和自助机办理机动车和驾驶证业务

量的比例，从根本上解决办牌办证量不断增长与警力资源相对不足的矛盾，把更多的民警投入到重点车辆和驾驶人的监管工作中去。

一是建立统一的交通管理信息服务平台。借鉴银行系统电话和互联网服务网络的经验，建立统一的驾驶人服务电话和互联网服务平台，统一受理号码、统一办理标准、统一工作程序，形成服务品牌效应，提高群众知晓率和社会影响力。针对目前群众业务咨询多、答复渠道少等问题，健全互联网、电话业务咨询制度，为群众搭建交流互动平台，为群众提供远程一对一的咨询服务，将业务咨询窗口开设到群众的家中。

二是推广交通管理自助服务机。在车辆管理所、交警队、派出所、车辆交易市场以及社区、商场、医院等单位或公共场所，设立交通管理自助服务机，24小时提供补换领机动车驾驶证、预约驾驶人考试、提交身体条件证明、变更车主和驾驶人信息、自助处理交通违法并缴纳罚款等业务受理或办理服务，以及机动车、驾驶证、交通违法、交通事故等信息查询服务。结合公安交通管理综合应用系统的应用，推进与身份证管理系统、银行网上支付系统等联网，提供查询信息、办理业务、缴纳费用“一屏式”服务，实现证件识别智能化、数据采集联网化、申请表格电子化、业务办理人性化。

三是丰富和完善多元化的社会服务体系。充分挖掘社会公共管理资源，在全面推广依托机动车销售商、交易市场等社会企业开展小型汽车登记、驾驶人交通安全宣传等工作的基础上，进一步发挥邮政、银行、保险、民间团体、乡村自治组织等社会力量，进一步拓展社会服务范围，延伸服务触角，进一步规范社会化服务流程，进一步强化对社会组织的监督管理，做精做细、做大做强多元化的社会服务体系。

（四）以推进执法规范化建设、狠抓规章制度落实为基础，建立健全动态化、长效化的队伍监管体系

通过建立科学合理的考评体系和监管平台，进一步完善监督管理机制，狠抓各项规章制度落实，狠抓规范行为和纪律作风养成，教育民警牢固树立执法为民的理念，建设学习型、创新型、服务型的车辆管理所，培养一批具备良好职业精神、熟练掌握机动车和驾驶人业务知识和技能的民警，造就一支政治坚定、业务精通、作风优良、执法公正、服务热情的车辆和驾驶人管理队伍。

一是健全科学公正的动态考评体系。贯彻落实《公安机关执法细则

（2011年修订版）》，细化各执法岗位的执法标准，建立网上执法考评系统和网上执法案件审核系统，完善考核机制，变单一考核为综合考核，结果与过程并重，提高考核评价工作的实效性和科学性。改进车辆管理所等级评定办法和标准，变纸质档案考核为网上业务考核，变年底集中检查为日常暗访检查，督促和指导各地狠抓工作制度的日常落实和考核。

二是健全专业化的队伍管理体系。创新培训教育方式，建立交通管理专家人才库，建立业务培训经验交流制度，推进服务模式标准化和管理职能专业化。优化警力资源配置，规范辅助人员的使用和管理，建立文职人员的录用、培训、使用、管理和保障机制。进一步强化民警业务培训，实行岗位民警每日岗前一考制度，考试成绩直接记录到计算机系统中，纳入民警业务资格考核。落实考试员、查验员重点岗位人员资格认证制度，建立统一的网上资格考试系统，统一资格条件，统一考试标准，切实提高重点岗位的专业化水准。

三是健全全方位的执法监管体系。创新执法监管模式，建立业务工作监控中心，对服务窗口和执法场所实行可视化管理，为查验员、考试员配备执法记录仪，对业务办理、驾驶人考试、车辆查验、执勤执法等工作开展动态、实时的语音监督和视频监督。完善车辆和驾驶人业务数据监控系统，对重点业务数据进行监测分析，建立异常业务数据的事前预警、事中干预、事后查处的闭环式监管机制，强化执法监督，实现让民警“在监督下工作”，提高执法公信力和群众满意度。

车辆和驾驶人管理工作大事记

1950年

3月20日，中央人民政府政务院批准发布《汽车管理暂行办法》。共分五章，42条。

7月15日，交通部发布《汽车管理暂行办法实施细则》。共分五章，160条。

1952年

12月16日，公安部下发《中共公安部为加强北京市交通管理工作给北京市公安局的指示》（〔1952〕公治字第238号），转去苏联民警专家法捷扬诺夫同志对北京市交通管理工作的考察报告及建议，要求“民警应监督所有培养机动车司机的学校和训练班，以便提高对汽车、交通及路牌的研究质量”。

1955年

4月29日，公安部三局下发《关于转发中国人民解放军总后勤汽车拖拉机管理部关于军用自行车、三轮平板车变更牌照事的通知》（〔1955〕公治交字第31号）。

8月19日，公安部发布《城市交通规则》，同年10月正式施行。共分六章，60条。其中，第三章“车辆”分为一般规定、机动车、机动车驾驶员、非机动车四节。

10月21日，公安部、交通部印发《关于城市交通管理规则与汽车管理暂行办法实施细则执行原则的联合通知》，确定了不同规定分别执行，相同部分结合执行的原则。

1956年

7月4日，公安部下发《关于改变接管公路汽车管理工作的通知》（〔1956〕公治字第147号），要求停止接管工作。

10月，交通部、公安部印发《关于实行汽车驾驶员升等制度的指示》，开始在全国实行汽车驾驶员升等制度，开展驾驶员学习考试、记载安全里程等工作。

12月30日，交通部、公安部、总后勤部联合印发《关于修订中国人民解放军复员转业汽车驾驶员考领〈中华人民共和国汽车驾驶员执照〉规定的通知》（〔1956〕公治字第303号）。

1957年

4月6日，交通部、公安部印发《关于汽车驾驶员升等工作中若干问题的通知》（〔1957〕公治字第111号）。

7月26日，财政部、公安部印发《关于简化和统一制发车辆牌照办法的联合通知》（〔1957〕公治字第211号）。

12月17日，交通部、公安部、国家统计局联合印发《关于修订汽车及其他车辆监理业务统计报表的联合通知》（〔1957〕公治字第331号）。

1959年

11月6日，公安部下发《批转河北省公安厅关于唐山市公安局保卫当前短途运输安全的经验和天津市公安局协同有关部门对汽车新司机人员普遍进行技术复查的通报》（〔1959〕公治字第410号），要求各地采取有效措施，大力预防和减少交通事故。

1960年

1月10日，国务院批准《机动车管理办法》，同年2月11日交通部发布施行。共分七章，42条。

2月24日，交通部、公安部印发《关于颁发实施“机动车管理办法”的联合通知》（〔1960〕公治字第79号）。

12月7日，公安部三局转发中国人民解放军总后勤部运输部颁布的“军用车辆驾驶执照”及通知。

1962年

9月22日，公安部印发《关于城市汽车监理工作领导问题的通知》，要求各地继续执行政务院1951年有关城市汽车监理工作的规定，不要随便向交通部门移交城市汽车监理工作。

1970年

4月18日，周恩来总理作出指示：机动车没有反光镜是不安全因素，要由公安部、卫戍区、公安局军管会发联合通知，在25日前都安上。20日，公安部、北京卫戍区、北京市公安局联合下发《关于机动车安装反光镜的通知》。

1972年

3月25日，公安部、交通部下发《关于印发〈城市和公路交通管理规则〉（试行）的通知》（公发〔1972〕15号）。

1975年

12月23日，交通部、公安部印发《关于加强对机动车驾驶员管理教育的通知》，要求各地加强对交通安全工作的领导，整顿驾驶员队伍，严格驾驶员技术业务考核。

1976年

1月21日，国家计划委员会、第一机械工业部、交通部、公安部印发《关于不得用维修配件拼装汽车的联合通知》。

1981年

7月31日，公安部颁发《城市轻便摩托车和轻便摩托车驾驶员管理的暂行规定》，附轻便摩托车号牌、行驶证、驾驶证等式样。

1982年

6月12日，公安部印发《关于严防发生重大交通事故的通报》，要求各地加强驾驶员安全思想教育与路面检查，进一步推进城市机动车驾驶员违章记分考核办法，从严处理酒后开车肇事的驾驶员。

1983年

3月20日，国务院印发《关于公安与交通部门交通管理工作分工问题的通知》，确定各省、市、自治区人民政府驻地城市、开放的旅游城市和公安部门现在管理的城市，共105个城市交通管理工作，包括交通指挥、维护交通秩序、行车安全管理、处理交通事故以及对机动车辆的检验、驾驶人员的考试考核与发牌发证，由公安部门负责。分工自1983年6月1日起实行。

4月30日，公安部印发《关于抓紧做好接管部分城市车辆管理准备工作的通知》。

1985年

4月16日至22日，公安部三局在云南省昆明市召开城市车辆管理工作会议，总结近几年城市车辆管理工作的情况和经验，研究确定在新形势下加强和改革城市车辆管理工作的措施。会议提出了加强与改革城市车辆管理工作的意见，强调本着既要保障交通安全，维护社会治安秩序，又要方便群众，便利交通运输的原则，改革一些过时的、不合理的规章制度和管理方法；要加强经常性的车辆和驾驶员安全管理工作，加强车辆管理业务建设和队伍建设。7月4日，公安部印发《关于城市车辆管理工作会议情况的报告》。

7月19日，公安部发布《城市机动车驾驶员考试暂行办法》、《城市机动车辆安全检验暂行标准》、《公安系统机动车考验员管理试行办法》，自1985

年9月1日起试行。

1986年

10月7日，国务院下发《关于改革道路交通管理体制的通知》（国发〔1986〕94号），决定全国城乡道路交通由公安机关负责统一管理，组建全国统一的交通管理机构。

12月31日，公安部成立交通管理局，编制35人。

1987年

3月10日至4月4日，公安部交通管理局与武汉汽车研究所在武汉联合举办了两期车管干部车辆检测线技术训练班，各地98名车管干部参加了培训。

3月31日，李鹏副总理在接见全国交通厅（局）长会议代表时，听取了道路交通管理体制改革进展情况的汇报。

6月30日，为了加强机动车辆管理工作，维护城乡道路交通秩序，公安部交通管理局下发了《关于机动车辆管理工作若干问题的通知》（〔1987〕公交第441号），就机动车号牌和行车执照、驾驶员的培训、车辆检测线的管理、车辆与驾驶员档案管理、车管干部队伍的建设等工作提出要求。

9月2日，公安部、农牧渔业部印发《关于农用拖拉机道路交通管理问题的通知》（〔1987〕公（交管）字82号），对农用拖拉机牌证管理委托问题、拖拉机号牌及行车执照的式样、安全技术检验、违章车事故处理做了明确规定。

9月21日，公安部交通管理局下发《关于实施〈机动车运行安全技术条件〉国家标准的通知》（〔1987〕公交管字92号），决定从1988年1月1日起在全国实施《机动车运行安全技术条件》国家标准。

12月2日，为了加强对公安专用车辆的管理，保证公安专用车辆顺利执行任务，公安部下发通知（〔1987〕公交管字109号），决定自1988年1月1日起在全国启用公安专用车辆号牌。

1988年

1月1日，机动车安全检验开始统一执行国家标准《机动车运行安全技术条件》。

3月9日，国务院发布《中华人民共和国道路交通管理条例》，自8月1日起正式实施。此条例是我国道路交通管理的基本法规，它系统地总结了新中国成立以来特别是80年代以来我国道路交通管理的基本经验，同时吸取了国外一些符合我国情况的先进管理方法，是加强和统一城乡道路交通管理的法律依据和准则。

11月13日，公安部下发《关于严格执行核发车辆牌证规定等问题的通知》，坚决制止某些地方公安交通管理部门违反国家有关规定，滥发车辆牌证的问题。

1989年

2月1日，公安部部长王芳发布公安部第1号令《机动车驾驶员培训学校（班）管理办法》。

2月22日，公安部部长王芳发布公安部第2号令《机动车辆安全技术检测站管理办法》。

4月20日，公安部下发《关于印发〈启用机动车新驾驶证的规定〉的通知》（〔1989〕公交管字38号）。根据公安部1988年发布的《中华人民共和国机动车驾驶证证件》（GN 43−1988）标准规定，决定于1989年7月1日开始启用全国统一的新机动车驾驶证。

5月1日，公安部部长王芳发布公安部第4号令《临时入境机动车与驾驶员管理办法》。

12月14日至18日，公安部召开了第一次全国公安交通管理工作会议。

1990年

11日28日至29日，由公安部承担的国家“七五”重点科技攻关项目“城市交通安全技术及通信系统”的子专题——“机动车、驾驶员档案计算机管理系统”在辽宁鞍山通过了专家正式鉴定验收。

1991年

3月31日，公安部下发《关于大力加强客运车辆安全管理狠抓事故预防工作的通知》（公通字〔1991〕22号），要求各地要切实抓好交通运输企业和社会单位交通安全责任制的落实；加强车辆安全检验，严禁带"病"车上路；严格驾驶员的安全管理。

10月15日，公安部向国务院报送了《关于提请审核发布〈中华人民共和国机动车管理条例〉的报告》。公安部在国务院1960年批准发布的《机动车管理办法》的基础上，经认真调查、论证，起草了《中华人民共和国机动车管理条例（送审稿）》，并初步征求了交通部、农业部、中国汽车工业总公司、解放军总后勤部等有关部门的意见，提请国务院审核发布。

11月18日，公安部下发《关于严格管理公安专用车辆号牌的通知》（公通字〔1991〕108号），要求各级公安机关严格控制公安专用车辆号牌核发范围，并对已发的重新审核登记；严格各项审批制度，依法从严管理。

1992年

3月9日，遵照中央的指示精神，公安部下发《关于停止拍卖机动车号牌号码的通知》（公交管〔1992〕160号），要求各地公安机关立即停止拍卖机动车号牌号码；已发布拍卖消息的，要通过适当形式，向社会各界和人民群众做好说明、解释工作。

4月25日，公安部发布《中华人民共和国机动车号牌》（GA 36-1992）和《中华人民共和国机动车行驶证》（GA 37-1992）标准。

5月8日至9日，公安部交通管理局在沈阳召开了机动车及驾驶员信息计算机管理推广会，决定从1993年1月1日起，全国所有的车辆管理所都要使用计算机管理机动车、驾驶员信息及打印驾驶证。

5月22日，公安部交通管理局下发《关于启用全国统一的汽车定期检验标志的通知》，决定从6月1日开始，全国启用统一的汽车定期检验合格证。

11月15日，公安部下发《关于驾驶和乘坐小型客车必须使用安全带的通告》，决定从1993年7月1日起，上路行驶的小型客车驾驶员和前排座乘车人必须使用安全带。

1993年

3月15日，公安部交通管理局向全国下发《关于军队更换军车号牌（车号）有关问题的通知》（公交管〔1993〕35号），要求各级交警部门配合当地驻军做好更换、清理新、旧军车号牌（车号）工作。

3月22日，公安部下发《关于在深圳、大庆、乌鲁木齐三市进行“九二”式机动车号牌及行驶证使用试点的通知》（公交管〔1993〕45号），决定从1993年5月1日起，在深圳、大庆、乌鲁木齐三市先行试点。

5月13日，公安部部长陶驷驹发布公安部第12号令《农用运输车安全基准》。

5月13日，公安部部长陶驷驹发布公安部第13号令《机动车号牌生产管理办法》。

5月17日，公安部下发《关于农用运输车道路交通管理的规定》（公通字〔1993〕46号），规定农用运输车的检验、核发牌证和驾驶员培训、考核、发证等管理工作，一律由公安交通管理部门按机动车统一进行管理；对农用运输车统一实施产品目录管理制度。

9月4日，为贯彻国务院办公厅《关于加强进口汽车牌证管理的通知》（国发〔1993〕55号）的精神，公安部下发《关于严格审查进口汽车申领牌证手续等有关问题的紧急通知》，对严格审查进口汽车、摩托车申领牌证手续，缉查走私汽车、摩托车等有关问题提出要求。

1994年

1月12日，公安部部长陶驷驹发布公安部第15号令《摩托车安全基准》。

2月1日，为严厉打击盗窃机动车违法犯罪活动，公安部下发《关于严格牌证管理打击盗窃机动车犯罪活动的通知》（公通字〔1994〕4号）。

3月7日，为加强对特种车辆安装使用警报器和标志灯具的管理，严格控制特种车数量，经报国务院批准，公安部下发了《关于特种车辆安装使用警报器和标志灯具范围的通知》（公通字〔1994〕15号）。

6月15日，公安部印发《关于发布启用换发“九二”式机动车牌证公告的通知》（公交管〔1994〕96号），决定自1994年7月1日起，全国启用、换发“九二”式机动车号牌和行驶证；从1996年7月1日起，旧的机动车号牌和行驶证停止使用。

12月23日，公安部交通管理局与海关总署监管司共同下发《关于启用新版〈中华人民共和国海关货物进口证明书〉有关问题的通知》，要求自1995年1月1日起，所有进口机动车，海关一律签发新版证明书；所有进口机动车车主申领牌证时，必须交验新版《货物进口证明书》，公安交通管理部门方予核发牌证。

12月29日，公安部交通管理局下发《关于暂停核发进口机动车和没收走私汽车、摩托车牌证的紧急通知》（公交管〔1994〕196号），要求各地自1995年1月1日起，严格执行暂停核发进口机动车和没收走私汽车、摩托车牌证工作的规定。

1995年

3月1日，公安部、海关总署、国家工商行政管理局下发《关于启用新版〈没收走私汽车、摩托车证明书〉的通知》（公通字〔1995〕20号）。公安部交通管理局从1995年3月开始签发全国统一的《没收走私汽车、摩托车证明书》。

5月23日，公安部下发《关于取消公安专用车辆号牌换发民用号牌的通知》（公通字〔1995〕43号），决定取消公安号牌，除警车外，公安机关在编的其他车辆统一换发使用发牌代号为“O”的“九二”式专段民用号牌。

6月29日，公安部部长陶驷驹发布公安部第27号令《警车管理规定》，自1995年10月1日起施行。

10月15日，江泽民总书记为济南交警支队做了“严格执法，热情服务”的重要题词。

10月16日至17日，公安部召开全国公安机关学习济南交警先进经验现场会。陶驷驹部长、蒋先进副部长分别在会议上做了重要讲话。

1996年

6月3日，公安部部长陶驷驹发布公安部第28号令《机动车驾驶证管理办法》和公安部第29号令《机动车驾驶员考试办法》，两个“办法”自1996年9

月1日起施行。7月9日，公安部交通管理局下发《关于做好实施〈机动车驾驶证管理办法〉和〈机动车驾驶员考试办法〉各项准备工作的通知》。

8月12日，公安部下发《关于清理整顿警车、警灯警报器和非法定标志牌的通知》（公通字〔1996〕48号），决定从9月起至年底，在全国范围内对《警车管理规定》的执行情况和对车辆前、后部悬挂、放置非法定标志牌的行为进行一次清理、整顿。

9月5日，公安部下发《关于暂停办理进口散件拼（组）装车辆牌证和签发〈没收走私汽车、摩托车证明书〉的通知》（公交管〔1996〕165号），决定从1996年9月10日起暂停办理一切进口散件拼（组）装车辆牌证和签发《没收走私汽车、摩托车证明书》。

1997年

4月，国家技术监督局批准发布国家标准《机动车运行安全技术条件》（GB 7258—1997），从1998年1月1日起正式施行。

5月20日，公安部交通管理局印发《机动车注册登记工作规范》（试行），从1997年7月1日起实行。

7月15日，国家经济贸易委员会、国家计划委员会、国内贸易部、机械工业部、公安部、国家环境保护局联合下发《汽车报废标准》。

11月，公安部交通管理局下发《关于启用驾驶证防伪膜的通知》，要求自1998年1月1日起启用驾驶证防伪膜，采取渐进方式，逐步推广。

11月20日，公安部交通管理局下发《关于印发〈车辆管理所文明服务规范〉的通知》。

12月31日，公安部交通管理局下发《关于加强进口汽车注册登记审批工作的通知》，决定建立全国统一的进口汽车注册登记审批制度，规范进口汽车注册登记，严厉打击走私、非法拼（组）装汽车犯罪活动和利用假证明、假发票等非法手段申领汽车牌证的行为。

1998年

8月1日，“全国进口机动车计算机核查系统”正式开通运行。

11月19日，公安部下发《关于实施〈车辆识别代号（VIN）管理规则〉

有关问题的通知》，以简化车辆识别信息检索，逐步与国际惯例接轨，该管理规则自1999年1月1日起正式施行。

1999年

6月21日，公安部下发《关于印发〈车辆管理所业务岗位规范〉等5个规定的通知》，以进一步加强机动车登记管理，规范车辆管理所各项业务工作，建立和完善车辆管理所内部监督制约机制，确保国家有关法律、法规的严格执行。

9月3日，公安部交通管理局印发《进口机动车登记审批管理规定》和《全国进口机动车计算机核查系统管理规定》，以进一步加强进口车辆的管理。

12月9日，公安部部长贾春旺发布公安部第45号令《机动车驾驶员交通违章记分办法》，自2000年3月1日起施行。

2000年

6月9日，公安部交通管理局下发《关于做好全国公安交通管理信息系统建设有关工作的通知》，统一组织建设全国机动车、驾驶员信息计算机网上查询系统。

9月8日，公安部下发《关于右置方向盘汽车管理有关问题的通告》，规定不再办理右改左方向盘车辆的注册登记，对现有的右置方向盘汽车进行清理。

12月22日，公安部交通管理局下发《关于做好使用驾驶证防伪膜有关工作的通知》，决定自2001年5月1日起，新签发的驾驶证一律使用统一的防伪膜，以更好地预防和打击伪造、变造驾驶证行为。

12月29日，公安部办公厅下发《关于建立机动车和驾驶员统计报表制度的通知》，决定从2001年1月1日起，建立机动车和驾驶员统计报表制度。

2001年

1月4日，公安部部长贾春旺发布公安部第56号令《中华人民共和国机动车登记办法》，自2001年10月1日起施行。

5月31日，公安部制定下发了《机动车登记工作规范》，以进一步加强机动车管理，规范机动车登记行为。

6月16日，国务院发布第307号令《报废汽车回收管理办法》，要求各级经贸、监察、公安、工商等部门明确责任，密切配合，认真做好报废汽车回收的监督管理工作。

8月1日，“全国进口车计算机核查系统2000版”在北京、天津、上海、重庆、江苏、浙江、安徽、山东、广东等省（直辖市）试点运行，“全国进口车计算机核查系统1998版”同时停止使用。

11月15日，“全国进口车计算机核查系统2000版”在全国试运行。

2002年

1月25日，为杜绝少数机动车检测站利用机动车年检乱检测、乱收费现象，公安部下发《关于集中整顿机动车检测站的通知》，决定在全国开展集中整顿机动车检测站的专项行动。

7月23日，公安部下发《关于开展“二〇〇二”式机动车号牌试点工作的通知》，决定自8月12日至12月31日，在北京、天津、杭州和深圳4个城市开展“二〇〇二”式机动车号牌试点工作，以改革和加强车辆管理工作，更好地实现机动车所有人选择号牌的个性意愿。

2003年

8月2日，公安部下发《关于印发〈公安部三十项便民利民措施〉的通知》，其中涉及交通管理工作的便民措施共十七项。

8月19日，公安部、国家发展和改革委员会联合下发《关于进一步扩大新车入户免上检测线范围的通知》，决定对已通过生产一致性审核的汽车生产企业生产的小型、微型载客汽车办理新车注册登记时，免上检测线进行安全性能检测。

9月5日，国务院召开进一步加强道路交通安全工作电视电话会议，这是首次以国务院名义部署道路交通安全工作的重要会议。国务委员周永康同志出席会议并讲话。在此次会议上，第一次提出了车辆和驾驶人管理是预防道路交通事故的第一道防线。

10月22日，国务院批复同意建立由公安部牵头的全国道路交通安全工作部际联席会议制度。联席会议的工作职责是：在国务院领导下，掌握全国道路交通安全情况，分析道路交通安全形势，研究政策，制定中长期战略规划；统筹研究全国道路交通安全工作，指导和监督各省、自治区、直辖市人民政府及其职能部门的道路交通安全工作；协调解决涉及相关部门的道路交通安全问题，促进部门协作配合，实现信息共享，建立长效机制，预防和减少道路交通事故，全面推进道路交通安全工作。

10月28日，第十届全国人民代表大会常务委员会第五次会议审议通过了《道路交通安全法》，该法以保障道路交通安全为根本出发点，着眼于解决道路交通存在的突出问题，从现实需要和交通管理的实际出发，确立了依法管理、方便群众的基本原则，突出了以人为本的思想，确立了管住重点、方便一般、简化手续、提高效率的总体思路。该法自2004年5月1日起正式施行。

11月3日，公安部交通管理局召开集中整顿车辆和驾驶员管理工作电视电话会议，部署进一步贯彻落实国务院“9·5”电视电话会议精神，解决当前车辆和驾驶员管理工作存在的突出问题，切实把好预防道路交通事故的第一道防线。

11月13日，公安部交通管理局下发《关于表彰宜昌南京成都宁波市公安交警支队车辆管理所的通报》。

12月26日，公安部“金盾工程”领导小组决定将“全国机动车/驾驶人信息资源数据库”列为全国公安八大基础性信息资源库。

2004年

2月18日，公安部部长周永康视察了湖北省宜昌市车辆管理所，在肯定车辆管理所工作的同时，强调今后要加大科学管理力度，实现科技强警、科技廉警，实现人民群众更加满意的目标。

4月28日，国务院第49次常务会议通过《道路交通安全法实施条例》，该条例自2004年5月1日起正式施行。

4月30日，公安部部长周永康发布公安部第71、72号令《机动车驾驶证申领和使用规定》、《机动车登记规定》，自2004年5月1日起施行。

6月29日，公安部印发《机动车驾驶证业务工作规范》和《机动车登记工作规范》。

7月6日，公安部、交通部、农业部联合印发《机动车驾驶员队伍整顿工作实施方案》，要求各地认真贯彻落实《道路交通安全法》及其实施条例和《预防道路交通事故“五整顿”“三加强”实施意见》，全面规范机动车驾驶员培训工作，强化驾驶员考试监督，切实提高驾驶员素质，从源头上预防和减少道路交通事故。

8月2日，为贯彻落实第二十次全国公安会议关于“四统一、五规范”的要求，加强公安机关警车的规范化管理，公安部决定，在全国公安机关启用“2004式”警车外观制式。

10月1日，“全国机动车/驾驶证信息管理系统”统一版软件试运行工作顺利启动。

10月1日，经国家质量监督检验检疫总局批准，国家标准《机动车运行安全技术条件》（GB 7258-2004）正式实施。

12月13日，国家发展和改革委员会、公安部联合下发《关于规范机动车整车出厂合格证明管理的通知》，决定规范合格证的式样和内容，建立合格证信息管理系统，加强对机动车生产企业及其产品管理，有效防范被盗抢、走私和拼装车辆违法入户，打击倒卖、伪造、假冒合格证等违法行为，提高机动车注册登记工作的效率。

12月29日，公安部下发《关于加强三轮汽车、低速载货汽车及其驾驶人道路交通管理工作的通知》，要求各级公安交通管理部门严格执行法律、法规，切实履行管理职责，2005年5月1日前完成三轮汽车、低速载货汽车和拖拉机车辆档案及驾驶证档案交接工作。

2005年

1月21日，国家质量监督检验检疫总局、公安部和国家认证认可监督管理委员会联合下发《关于加强机动车安全技术检验机构管理有关工作的通知》，决定自通知发布之日起至2005年3月31日，公安交通管理部门向质检部门移交机动车安全技术检验机构资格及监督管理工作。

2月18日，公安部交通管理局下发《关于开展打击盗抢机动车等违法犯罪活动专项行动的通知》，决定从2005年3月1日开始，在全国开展为期10个月的打击盗抢机动车等违法犯罪活动专项行动。

4月14日，公安部、国家工商行政总局联合发布《关于加强对机动车交易、维修及报废机动车回收（拆解）监督管理的公告》，进一步规范机动车交易市场秩序，堵塞盗窃、抢劫机动车销赃渠道。

6月8日，公安部制定印发了《车辆管理所等级评定办法》，组织在全国开展车辆管理所等级评定工作。

11月3日，公安部交通管理局制定下发《车辆管理所等级评定方法与标准》。

11月20日，公安部交通管理局印发《机动车驾驶人考试员资格管理办法》，进一步加强对机动车驾驶人考试员的管理，规范机动车驾驶人考试工作。

2006年

3月29日至30日，公安部交通管理局在北京召开部分省市公安交通管理部门“三基”工程建设领导干部培训班暨车辆管理所突出问题整改汇报会，研究部署车辆管理部门开展“以案为鉴”警示教育活动和加强“三基”建设的工作意见。

6月27日，公安部下发《关于印发〈关于加强县级公安交通管理部门车辆管理工作的意见〉的通知》，对县级公安交通管理部门车辆管理工作的职责定位、业务范围、办理相关业务应具备的条件、规章制度等方面提出了明确要求。

7月22日，公安部通报了2005年车辆管理所等级评定结果。其中，一等车辆管理所3个（成都、北京、宁波），二等车辆管理所56个，三等车辆管理所184个，四等车辆管理所91个，等外车辆管理所19个。

9月22日，经公安部纪委监察局、警务督察局、人事训练局会签同意，公安部交通管理局制定印发《机动车驾驶人考试工作纪律》，加强机动车驾驶人考试工作，防止公安民警及有关工作人员利用职权违规办理机动车驾驶证。

11月29日，公安部部长周永康发布公安部第89号令《警车管理规定》，规定自发布之日起施行。

12月1日，公安部部长周永康发布公安部第90号令《临时入境机动车和驾驶人管理规定》，自2007年1月1日起施行。

12月20日，公安部部长周永康发布公安部第91号令《机动车驾驶证申领和使用规定》，自2007年4月1日起施行。

2007年

1月11日至14日，公安部交通管理局在浙江省杭州市举办交警系统车辆管理部门“三基”工程建设领导干部培训班。研究部署推进“三基”工程建设的意见；宣贯新修订发布的第89、90、91号等3个部令；交流优秀车辆管理所典型经验。

2月1日至3月20日，公安部交通管理局在全国部署开展了清理交警系统车辆管理部门收费项目和标准工作。

4月4日，为贯彻实施《临时入境机动车和驾驶人管理规定》（公安部令第90号）、《机动车驾驶证申领和使用规定》（公安部令第91号），规范办理机动车驾驶证业务，公安部印发了新修订的《机动车驾驶证业务工作规范》。

4月30日，公安部印发《关于2006年车辆管理所等级评定情况的通报》。成都、北京、宁波、南京、杭州、临沂等6个车辆管理所被评为一等车辆管理所，天津等66个车辆管理所、石家庄等218个车辆管理所、张家口等52个车辆管理所、松原等11个车辆管理所分别被评为二等、三等、四等和等外车辆管理所。

5月21日，公安部印发《公安交警队和车辆管理所标识制作及设置规范》。

5月23日，公安部交通管理局印发了《服务群众十六项措施》，推出了缩短驾驶证办理时限，允许机动车报废后机动车所有人按规定申请继续使用原机动车号牌号码，允许具备条件的汽车销售商、二手车交易市场代办机动车牌证等便民利民措施。

5月24日，公安部印发《关于北京奥运会及其筹备期间临时入境机动车和驾驶人管理的通告》。

5月25日，四川省成都市公安局交警支队车辆管理所被国务院授予“人民满意车辆管理所”荣誉称号。

8月8日，公安部交通管理局印发《车辆管理所正规化建设标准》，明确了车辆管理所正规化建设的目标。

9月28日，公安部技术监督委员会批准了公共安全行业强制性标准《中华人民共和国机动车号牌》（GA 36-2007）。该标准自2007年11月1日起实施。

2008年

3月18日，国家发展改革委、公安部联合印发《关于进一步加强机动车整车出厂合格证管理的通知》，进一步加强对机动车生产企业及产品、机动车产品合格证的管理，打击倒卖、伪造、假冒合格证等违法行为，防范被盗抢、走私和非法拼装车辆办理注册登记，加强机动车源头管理。

3月24日，公安部交通管理局印发《关于贯彻执行〈中华人民共和国机动车驾驶证件〉行业标准的通知》。自4月1日起分批在全国启用新版驾驶证。

5月27日，公安部部长孟建柱发布公安部第102号令修订《机动车登记规定》，自2008年10月1日起施行。

8月16日，公安部印发《机动车登记工作规范》，规范办理机动车登记业务。

8月27日，公安部交通管理局印发《关于加强机动车车身反光标识粘贴等工作的通知》，贯彻实施国家标准《机动车运行安全技术条件》（GB 7258-2004）第3号修改单，加强机动车车身反光标识粘贴和侧后部防护装置安装工作。

11月17日，工业和信息化部、公安部联合印发《关于进一步加强道路机动车辆生产企业及产品公告管理和注册登记工作的通知》，加强和规范公告管理工作，严格机动车登记制度。

2009年

3月10日，财政部、国家发展改革委、工业和信息化部、公安部、商务部、工商总局、质检总局联合印发《汽车摩托车下乡实施方案》。3月20日，公安部印发《关于做好汽车摩托车下乡交通管理工作的通知》。

3月25日，公安部印发《关于2008年车辆管理所等级评定情况的通报》，共评出一等车辆管理所18个，二等车辆管理所120个，三等车辆管理所195个，四等车辆管理所17个，等外车辆管理所3个，全国一等县级车辆管理所16个。

5月15日，公安部交通管理局印发《交通管理服务群众十项措施》，推出了实行车辆管理所“一窗式”综合服务，通过互联网传输机动车驾驶人身体条件证明，通过互联网、电话办理部分业务，在商业中心、社区、大型企业等场所或单位设立交通管理服务站等十项服务群众措施，自2009年7月1日起实施。

6月4日，财政部、国家发展改革委、工业和信息化部、公安部、商务部、工商总局、质检总局联合印发《关于加大汽车下乡政策实施力度的通知》、《汽车摩托车下乡操作细则》。

6月5日，公安部交通管理局印发《关于开展机动车涉牌涉证违法行为集中整治工作的通知》，部署各地公安交通管理部门自6月20日至8月底开展机动车涉牌涉证违法行为集中整治。

8月27日，公安部交通管理局印发《关于实施〈机动车驾驶人考试场地及其设施设置规范〉公共安全行业标准的通知》，自2009年12月1日起实施。

11月10日至26日，公安部交通管理局在中国道路交通管理干部培训中心举办3期机动车查验技术培训班，各省（区、市）420余名业务骨干参加培训。

11月26日，商务部、公安部、环境保护部、交通运输部、国家工商行政管理总局联合印发《关于加强报废汽车监督管理有关工作的通知》。

12月7日，公安部部长孟建柱发布公安部第111号令《关于修改〈机动车驾驶证申领和使用规定〉的决定》，自2010年4月1日起实施。

2010年

3月4日，中国残联、工业和信息化部、公安部、交通运输部、卫生部、国家工商总局、国家质检总局联合下发《关于切实做好残疾人驾驶汽车相关工作的通知》，要求各地切实做好残疾人驾驶汽车相关工作，保障残疾人驾驶汽车权利。

3月20日，国家质量监督检验检疫总局、公安部联合下发《关于进一步加强机动车安全技术检验机构和机动车安全技术检验工作监管的通知》，部署开展机动车安全技术检验工作专项整治行动，进一步加强机动车安全技术检验机构和机动车安全技术检验工作的监督管理。

3月25日，公安部下发新修订的《机动车驾驶证业务工作规范》。

4月12日，公安部交通管理局下发《关于推广“全国交通管理业务监管系统”等3个安全管理软件的通知》，部署推广应用“全国交通管理业务监管系统”、“基于指纹识别技术的数据库用户认证和审计系统”和“机动车/驾驶证信息一致性比对系统”3个系统安全监管软件。

4月28日，第十一届全国人民代表大会常务委员会第十四次会议听取和审议了国务院《关于加强道路交通安全管理工作情况的报告》。国务委员、公安部部长孟建柱向全国人大常委会报告了贯彻实施《中华人民共和国道路交通安全法》，加强道路交通安全管理工作的情况。

5月5日，公安部交通管理局下发《交警系统推进社会管理创新工作的意见》。

6月2日，公安部交通管理局下发《整治车辆和驾驶人业务非法中介进一步落实便民服务措施的意见》，组织各地整治车辆和驾驶人业务非法中介，落实各项便民服务措施。

7月20日至21日，公安部交通管理局在广东召开部分省（区、市）交警系统社会管理创新工作部署会，听取各地创新交通管理工作情况的汇报，研究部署推进交警系统社会管理创新工作意见。

8月13日，公安部交通管理局下发《交警系统推进社会管理创新工作措施》，提出交警系统推进社会管理创新的9项工作措施。

8月26日，公安部下发《关于2009年车辆管理所等级评定情况的通报》，评出一等车辆管理所26个，二等车辆管理所143个，三等车辆管理所165个，四等车辆管理所12个，等外车辆管理所5个，全国优秀县级车辆管理所100个。

9月4日，工业和信息化部、公安部联合下发《关于进一步加强道路机动车辆生产一致性监督管理和注册登记工作的通知》，进一步加强机动车公告管理、生产一致性监督管理和机动车登记注册工作。

9月26日至27日，公安部交通管理局在北京召开交警系统社会管理创新工作推进会，听取各地落实交警系统推进社会管理创新工作措施情况汇报，研究部署推进意见。

9月29日，国务委员、公安部部长孟建柱在《我局召开交警系统社会管理创新工作推进会》信息上批示：交警是与人民群众联系最广泛的警种，望在社会管理中进一步解放思想，加强调研，开拓创新，推出更多的便民、惠民新举措。

11月17日，公安部下发《关于进一步加强机动车号牌管理的通知》。

12月31日，公安部下发《关于进一步加强机动车安全技术检验监管工作的通知》，部署各地加强机动车安全技术检验监管工作。

2011年

3月18日，公安部、工业和信息化部、国家工商行政管理总局、国家质量监督检验检疫总局联合下发《关于加强电动自行车管理的通知》，从制定出台管理规定、加强生产、销售、登记管理和路面执法等方面，提出加强电动自行车管理的意见。

3月30日，公安部交通管理局下发《关于进一步落实客货运机动车和驾驶人管理措施的意见》，提出了建立客货运机动车和驾驶人数据库、严格客货运机动车和驾驶人管理等十项措施，加强重特大道路交通事故预防工作。

4月15日，国家质量监督检验检疫总局、公安部 、国家认证认可监督管理委员会联合下发《关于进一步加强机动车安全技术检验机构资格许可和监管工作的通知》，规定要加快推进计量认证和资格许可工作，开展普查专项行动，强化对安检机构检验行为的监督，严格规范计量检定收费管理，从严查处机动车检验工作中的违法违纪行为。

6月17日至19日，公安部交通管理局在江苏无锡举办交警系统车辆管理部门领导干部培训班，传达学习全国公安机关反腐倡廉建设电视电话会议和全国公安厅局长座谈会精神，对车管部门深入开展主题教育实践活动进行部署，总结今年以来全国机动车和驾驶人工作，部署下半年重点工作。

6月23日，公安部交通管理局下发《关于车辆管理部门深入开展主题教育实践活动的通知》，部署在车辆管理部门深入开展“发扬传统、坚定信念、坚持执法为民、树立良好警风”主题教育实践活动，创建最廉洁的执法岗位、最高效的服务窗口、群众最满意的车辆管理所。

12月31日，工业和信息化部、公安部联合下发《关于进一步提高大中型客货车安全技术性能加强车辆公告管理和注册登记管理工作的通知》，从加装安全带、限速装置等方面提高大中型客货车安全技术要求，严格机动车生产监管和注册登记管理，暂停卧铺客车生产和登记。

附录1：

全国历年车辆和驾驶人情况

年份	机动车（万辆）	汽车（万辆）	驾驶人（万人）	汽车驾驶人（万人）	年份	机动车（万辆）	汽车（万辆）	驾驶人（万人）	汽车驾驶人（万人）
1950	5.43	5.43			1981	234.73	199.14		277.25
1951	6.19	6.19			1982	259.77	215.75		303.10
1952	6.63	6.63			1983	283.88	232.63		326.82
1953	7.81	7.81			1984	587.37	260.41		348.11
1954	8.95	8.95			1985	655.65	321.12		462.44
1955	10.14	10.14			1986	819.07	361.95		517.03
1956	11.74	11.74			1987	1061.03	408.07	1196.82	556.82
1957	12.60	12.60			1988	1190.20	464.38	1396.86	654.49
1958	17.26	17.26			1989	1318.53	511.32	1577.99	722.32
1959	21.07	21.07			1990	1476.26	551.36	1635.85	790.96
1960	22.38	22.38			1991	1657.66	606.11	1791.57	859.44
1961	24.00	24.00			1992	1945.03	691.74	2017.83	969.55
1962	24.80	24.80			1993	2331.64	817.58	2359.42	1112.97
1963	26.13	26.13			1994	2735.60	941.95	2812.12	1269.23
1964	27.61	27.61			1995	3179.78	1040.00	3501.52	1673.39
1965	29.95	29.95			1996	3609.65	1100.07	4275.26	2100.74
1966	33.92	33.92			1997	4209.32	1219.09	5206.79	2619.25
1967	33.21	33.21			1998	4507.70	1334.18	5991.63	2849.83
1968	34.80	34.80			1999	5404.73	1473.72	6504.38	3269.69
1969	37.16	37.16			2000	6000.49	1609.80	7479.26	3693.31
1970	42.41	42.41			2001	6851.88	1844.55	8226.15	4260.90
1971	49.44	49.44			2002	7975.68	2141.73	9147.73	4871.21
1972	57.74	57.74			2003	9649.96	2421.16	10278.14	5420.68
1973	67.27	67.27		100.09	2004	10783.44	3588.36	11643.85	7476.64
1974	78.57	78.57		113.95	2005	13039.45	4328.69	13408.63	8399.70
1975	91.71	91.71		130.00	2006	14522.90	4984.78	15012.21	9484.84
1976	124.13	106.70		151.62	2007	15977.76	5696.78	16388.74	10708.71
1977	140.44	119.93		179.26	2008	16988.77	6467.21	18066.07	12209.21
1978	158.87	135.84		192.45	2009	18658.06	7619.30	19976.59	13820.39
1979	182.71	155.49		224.84	2010	20706.13	9085.94	21293.71	15181.90
1980	208.84	178.29		245.23	2011	22478.86	10578.77	23562.34	17381.40

附录2：

全国历年道路交通事故统计数据

年份	事故起数	死亡人数	受伤人数	直接财产损失	万车死亡率	10万人口死亡率
1951	5922	852	5159		137.64	0.15
1952	4702	675	4026		101.81	0.12
1953	8744	1200	7255		153.65	0.20
1954	8467	917	5762		102.46	0.15
1955	9249	955	5463		94.18	0.16
1956	11332	1126	6364		95.91	0.18
1957	14980	1219	6789		96.75	0.19
1958	26938	3009	13259		174.33	0.46
1959	37126	4901	19038		232.61	0.73
1960	33634	5762	18637		257.46	0.87
1961	22358	4436	14355		184.83	0.67
1962	21238	3908	14879		157.58	0.58
1963	19212	2648	10789		101.34	0.38
1964	18157	2253	10490		81.60	0.32
1965	20967	2382	11949		79.53	0.33
1966	27367	3466	17639		102.18	0.46
1967	29264	5728	18517		172.48	0.75
1968						
1969						
1970	55437	9654	37128		227.63	1.16
1971	69975	11331	52119		229.19	1.33
1972	77465	11849	58738		205.21	1.36
1973	71192	13215	53827	37666779	196.45	1.48
1974	81672	15599	66498	44704449	198.51	1.72
1975	91606	16862	71776	51363635	183.86	1.82
1976	101878	19441	81908	55673377	156.62	2.07
1977	112222	20427	84779	62953015	145.45	2.15
1978	107251	19096	77471	56412909	120.20	1.98
1979	117848	21856	80855	53742835	119.62	2.24

（续表）

1980	116692	21818	80824	49602939	104.47	2.21
1981	114679	22499	79546	50837376	95.85	2.25
1982	103777	22164	71385	48594796	85.32	2.81
1983	107758	23944	73957	58358392	84.35	2.33
1984	118886	25251	79865	73363944	42.99	2.43
1985	202394	40906	136829	158676425	62.39	3.89
1986	295136	50063	185785	240180000	61.12	4.70
1987	298147	53439	187399	279389380	50.37	4.94
1988	276071	54814	170598	308613669	46.05	5.00
1989	258030	50441	159002	335984528	38.26	4.54
1990	250297	49271	155072	363548114	33.38	4.31
1991	264817	53292	162019	428359749	32.15	4.60
1992	228278	58729	144264	644829636	30.19	5.00
1993	242343	63508	142251	999070121	27.24	5.36
1994	253537	66362	148817	1333827223	24.26	5.54
1995	271843	71494	159308	1522665624	22.48	5.90
1996	287685	73655	174447	1717685165	20.41	6.02
1997	304217	73861	190128	1846158453	17.50	5.97
1998	346129	78067	222721	1929514015	17.30	6.25
1999	412860	83529	286080	2124018089	15.45	6.82
2000	616971	93853	418721	2668903994	15.60	7.27
2001	754919	105930	546485	3087872586	15.46	8.51
2002	773137	109381	562074	3324381078	13.71	8.79
2003	667507	104372	494174	3369146852	10.81	8.08
2004	517889	107077	480864	2391410103	9.93	8.24
2005	450254	98738	469911	1884011686	7.57	7.60
2006	378781	89455	431139	1489560352	6.16	6.84
2007	327209	81649	380442	1198783999	5.10	6.21
2008	265204	73484	304919	1009721657	4.33	5.56
2009	238351	67759	275125	914368329	3.60	5.10
2010	219521	65225	254075	926335315	3.15	4.89
2011	210812	62387	237421	1078730349	2.78	4.55

结 语

中国城市的机动化时代已经来临，汽车正在快速进入千家万户，汽车从生产资料演变为代步工具，驾驶从特殊职业发展为生活技能，对车辆和驾驶人管理模式提出了挑战。这些年，我们对车辆和驾驶人管理进行过艰苦的探索与追寻，历经了披荆斩棘般的磨砺，实施了一系列的改革创新措施，但与经济社会快速发展的新形势相比，与人民群众日益增长的新需求相比，仍有许多的遗憾和不足。亚里士多德说过，“人生最终价值在于觉醒和思考的能力”。我们常常在工作之暇苦苦思索车辆和驾驶人管理的困惑，始终不得其解。“以人为本、科学发展”治国方略的提出，终于让问题有了答案。

社会管理是一门哲学，更是一门艺术，涉及自然、人文、科技、法律、道德、宗教等诸多领域，车辆和驾驶人管理也概莫能外。“海不辞水，故能成其大；山不辞土石，故能成其高。”实践证明，如果单纯依靠行政的力量，过分强调管理，往往事倍功半，收效甚微；反之，如果坚持以人为本，依靠人文、科技、法律、道德、舆论的综合力量，则能收到事半功倍之效。这就需要我们的管理部门转变理念，决策、施策皆以人民群众的需求为导向，从管理者变身为服务者，寓管理于服务之中，使车辆和驾驶人管理真正成为一门哲学、一门艺术，在人类文明的长河中泛出奔腾的浪花。这正是我们撰写本书的原因与目的，也是我们的一种期待。

车辆和驾驶人管理产生伊始，就带有深厚的权力痕迹，无论是古代的御者还是近代的司机，其管理本质，更多地是体现在赋权方面。随着汽车交通平民化时代的到来，原来由少数人专享的驾驶权力已经成为普通群众的一项基本权利，车辆和驾驶人管理的本质，渐变为一种确权，即只要符合条件、达到要求，必须予以认可，更多地体现出我们对人权的尊重。赋权时代“颐指气使”式的管理方式已经结束，确权时代构建服务型车辆管理所的号角已经吹响。“为天地立心，为生民立命，为往圣继绝学，为万世开太平。”数百年前先哲们的铮铮之言仍然萦绕在我们的耳边。让我们继续坚持民本思想，创新管理模式，勇担重任，砥砺前行，为构筑更具人性化的车辆和驾驶人管理体系而不懈努力。

为此，与读者共勉。

参考文献

1.张传仁主编：《车辆管理学》，城市交通管理1986年版。

2.许培星主编：《交通法规》，上海交通大学出版社1995年版。

3.中华人民共和国交通部编：《中国交通年鉴（1986-1999）》，人民交通出版社2000年版。

4.交通部公路司审定：《道路运输法规汇编》，人民交通出版社2000年版。

5.马怀德主编：《行政法与行政诉讼法》，中国法制出版社2000年版。

6.胡大鹤主编：《车辆管理学》，黄河出版社2000年版。

7.国务院法制办政法司编著：《中华人民共和国道路交通安全法实施条例释义》，人民交通出版社2003年版。

8.《中华人民共和国道路交通安全法》，中国民主法制出版社2004年版。

9.《中华人民共和国道路交通安全法实施条例》，中国民主法制出版社2004年版。

10.王昆元主编：《道路交通运输安全管理》，机械工业出版社2004年版。

11.张永杰主编：《交通运输法规》，人民交通出版社2005年版。

12.陈家瑞主编：《汽车构造》，人民交通出版社2006年版。

13.中共中央宣传部理论局编：《2007理论热点面对面》，学习出版社、人民出版社2007年版。

14.《中华人民共和国担保法》，中国法制出版社2008年版。

15.高小平主编：《政府管理与服务方式创新》，国家行政学院出版社2008年版。

16.杨钧、李江平、王京等著：《道路交通科学管理概论》，中国人民公安大学出版社2008年版。

17.应松年主编：《行政法与行政诉讼法》，中国法制出版社2009年版。

18.邢捷著：《公安行政执法权理论与实践》，中国人民公安大学出版社2009年版。

19.林为众编著：《机动车与驾驶人管理》，中国人民公安大学出版社2009年版。

20.周佑勇主编：《行政法专论》，中国人民大学出版社2010年版。

21.茅铭晨著：《中国行政登记法律制度研究》，上海财经大学出版社2010年版。

22.应松年主编：《行政法》，北京大学出版社、高等教育出版社2010年版。

23.国务院发展研究中心产业经济研究部、中国汽车工程学会、大众汽车集团（中国）编著：《中国汽车产业发展报告（2011）》，社会科学文献出版社2011年版。

24.赵炳强：《机动车驾驶证制度的沿革》，载《汽车运用》1997年第1期。

25.张新海：《从〈道路交通安全法〉看我国车辆管理制度的完善》，载《政法学刊》2005年第5期。

26.翟双合、王建国等：《欧盟城市道路交通管理考察见闻》，载《道路交通与安全》2006年第5期。

27.王斌：《美国道路交通管理的特色及启示》，载《武汉公安干部学院学报》2007年第4期。

28.颜祥：《美国交通安全状况及机动车安全法规》，载《世界标准化与质量管理》2007年第6期。

29.郭忠银：《对德国道路交通管理工作的考察及其思考》，载《公安研究》2007年第6期。

30.李忠东：《别具特色的国外交通管理（一）》，载《东北之窗》2007年第6期。

31.李忠东：《别具特色的国外交通管理（二）》，载《东北之窗》2007年第8期。

32.周永康：《加强和创新社会管理，建立健全中国特色社会主义社会管理体系》，载《求是》2011年第9期。

33.李刚：《我国道路交通管理体制改革问题研究》，长安大学交通运输与规划管理系2001年硕士论文。

34.戴希律：《上海市机动车管理的问题及对策研究》，上海交通大学公共管理系2007年硕士论文。

35.美国加利福尼亚州交通部：《美国2005年城市机动性报告》，2005年。

36.《中华人民共和国国民经济和社会发展第十二个五年规划纲要》，载新华网。

37. 2011年2月20日周永康在省部级主要领导干部社会管理及其创新专题研讨班上发表讲话——《加强和创新社会管理树立服务为先理念》，载中国新闻网。